台湾研究系列

易梦春 著

台湾高等教育评鉴制度的价值研究

九州出版社
JIUZHOUPRESS

图书在版编目（CIP）数据

台湾高等教育评鉴制度的价值研究／易梦春著.

北京：九州出版社，2025.3. -- ISBN 978-7-5225

-3646-0

Ⅰ. G649.22

中国国家版本馆 CIP 数据核字第 2025VU0479 号

台湾高等教育评鉴制度的价值研究

作　　者	易梦春　著	
责任编辑	关璐瑶	
出版发行	九州出版社	
地　　址	北京市西城区阜外大街甲 35 号（100037）	
发行电话	（010）68992190/3/5/6	
网　　址	www.jiuzhoupress.com	
印　　刷	鑫艺佳利（天津）印刷有限公司	
开　　本	720 毫米 × 1020 毫米　16 开	
印　　张	20.75	
字　　数	338 千字	
版　　次	2025 年 5 月第 1 版	
印　　次	2025 年 5 月第 1 次印刷	
书　　号	ISBN 978-7-5225-3646-0	
定　　价	79.00 元	

目　录

绪　论

第一节　问题缘起

在进入台湾研究领域之前，笔者曾经历了三年高等教育学专业的学习生涯，并以"我国高等教育生源供给与需求关系"为研究主题完成了硕士学位论文。这项研究是从人口学的视角来探讨高等教育规模的问题，得出的结论之一就是，导致生源供需失衡问题的原因表面上来看是人口因素，但最根本的还是高等教育制度问题和质量问题。从某种意义上来说，这算是硕士研究生生涯所留下的一个研究课题，也引领着笔者在博士研究生阶段继续探索。进入到台湾研究领域之后，台湾高等教育问题成了笔者主要的研究方向。之所以在众多问题中选取了高等教育评鉴[①]制度作为研究的选题，主要是基于以下几点考虑。

一、高等教育质量保障与评估——两岸面临的重大议题

在过去的几十年里，不论是大陆还是台湾，高等教育的规模都经历了跨越式的发展，大陆从高等教育精英化阶段过渡到大众化阶段，目前已进入普及化阶段，台湾则从高等教育大众化阶段迈进了普及化阶段。1996 年，大陆高等教育毛入学率仅为 8.3%[②]，到 2020 年该数值则达到

[①] "评鉴"是台湾地区的习惯表达，意为"评价""评估"，"高等教育评鉴"与大陆"高等教育评估"的意思基本相同。

[②] 中华人民共和国教育部. 各级教育毛入学率 [EB/OL]. http：//www.moe.gov.cn/s78/A03/moe_560/s8492/s8493/201412/t20141216_181724.html，2017-12-20.

54.4%①（以 18-22 岁人口作为高等教育适龄人口）。台湾的高等教育毛入学率在 1996 年为 40.90%，到 2006 年上升至 83.58%，随后十年基本保持在这个水平（以 18-21 岁人口作为高等教育适龄人口）。② 高等教育规模的扩张为广大的普通民众提供了更多的受教育机会，同时也为社会经济的发展提供了更为丰富的人力资源，但规模的快速扩张也给高等教育质量保障带来了更多的压力，提出了更高的要求。所谓压力主要表现在，如何在资源有限的情况下确保高等教育投入，让每一位学生都能不被忽视，接受到高品质的教育。而更高的要求则指的是，高等教育质量观和质量保障机制都亟须迭代升级。在大众化和普及化阶段，高等教育受众的类型和需求更加多元化，什么是高质量的高等教育再也不能用统一的标准去衡量，如何造就高水平的大学也不能再用相同的模版去规划。在压力与要求之下，两岸的教育主管部门一方面更加强调提升高等教育质量的战略意义，另一方面则积极开展高等教育质量保障与评估机制的改革工作。2010 年颁布的《国家中长期教育改革和发展规划纲要（2010—2020 年）》（简称《教育规划纲要》）明确指出要把"提高质量作为高等教育发展的核心任务"。③ 2017 年，台湾教育主管部门提出《高等教育深耕计划》，该计划将"全面性提升大学品质及促进高教多元发展"作为了今后高等教育发展的核心目标。④ 在机制改革方面，大陆积极推进"管办评分离"，试图构建基于公共治理的高等教育质量保障体系，同时对高等教育职业教育人才培养评估制度、本科教学评估制度、研究生教育学位与学科评估制度等进行改革，将其作为全面提高高等教育质量的重要着力点；台湾则大力推动"大学评鉴

① 中华人民共和国教育部. 2020 年全国教育事业发展统计公报 [EB/OL]. http：//www. moe. gov. cn/jyb_sjzl/sjzl_fztjgb/202108/t20210827_555004. html，2021-09-01.
② "中华民国"统计资讯网. 各级教育学龄人口在学率 [EB/OL]. http：//statdb. dgbas. gov. tw/pxweb/Dialog/Saveshow. asp，2017-12-20.
③ 中华人民共和国教育部. 国家中长期教育改革和发展规划纲要（2010-2020 年）[EB/OL]. http：//old. moe. gov. cn/publicfiles/business/htmlfiles/moe/moe_838/201008/93704. html，2017-12-10.
④ 台湾"教育部高等教育司". 高等教育深耕计划正式启动 [EB/OL]. https：//depart. moe. edu. tw/ED2200/News_Content. aspx? n=90774906111B0527 & sms=F0EAFEB716DE7FFA & s=C85106C3E60F68F5，2017-12-20.

改革"，简化校务评鉴项目，停办强制性系所评鉴①，鼓励高校构建内部质量保障体系，以期望提升高校自主治理的能力。

从学界的研究来看，高等教育质量保障与评估问题也是近几年的重点。2015 年，由华中科技大学主办的第十二届两岸高等教育论坛将"高等教育质量标准及质量保障体系建设"作为了主题。2016 年，由台湾淡江大学、政治大学以及东华大学联合举办的第十三届海峡高等教育论坛也将"高等教育质量保障与提升"作为核心议题。笔者有幸参加了 2015 年的两岸高等教育论坛，并以"两岸高等教育评估制度比较"为主题与两岸的学者专家一同进行了探讨。通过这次会议，笔者发现，两岸高等教育评估制度在评估理念、评估标准、评估方法等诸多方面具有相似之处，两岸高等教育都试图通过制度改革完成从注重评估的管理性价值到更加注重其教育性价值的转向，大力推动高校内部质量保障机制的建设与完善，支持民间专业评估机构的发展，使多元主体共同参与评估。但是，为什么要推动高等教育评估制度的价值转向，高等教育评估制度要实现什么样的价值，为什么要促进多元主体共同参与等仍是悬在笔者心中的疑问。

二、历史与现实的迷思：谁为台湾高等教育质量负责？

纵观台湾高等教育发展的历史可以发现，1945 年之后，台湾高等教育发展速度非常之快，"配合经济发展"与"维持政治上的控制"在很长一段时期都被作为各项教育政策的最高指导原则。② 1945 年日本投降后，国民政府教育部台湾区教育辅导委员会接收并改组了原有的 4 所大专院校③，加上

---

① "系所评鉴"是指对台湾高等院校下属的三级学术单位进行评估，台湾高等院校一般由若干二级学院组成，二级学院又由若干系（科）、所组成。台湾高等院校包括大学、独立的学院和专科学校，三级学术单位在大学和独立学院中，一般被称为"学系""系""学位学程"或"研究所"，而在专科学校中，则被称为"科"；"系""学系""学位学程""研究所""科"一般情况下被统称为"系所"。

② 周祝瑛. 全球化潮流中的台湾高等教育 [EB/OL]. http://www3.nccu.edu.tw/~iaezcpc/C-The% 20trend% 20of% 20globalization% 20of% 20higher% 20education% 20in% 20Taiwan.htm，2017-12-30.

③ 台湾地区的高等院校一般被统称为大专院校，包括公私立大学、独立的学院和专科学校；大专院校根据分属体系的不同，可划分为一般大学院校和高等技职院校，前者指的是普通高等教育体系中的大学和独立的学院，后者指的是技职高等教育体系中的科技大学、技术学院以及专科学校。

之后创办的 3 所专科学校，到 1950 年台湾共有 7 所大专院校。① 为了快速发展台湾的高等教育，台湾当局鼓励私人及教会团体办学，到 1960 年，台湾大专院校共有 27 所，其中私立大专院校就达 13 所。② 1961-1972 年，台湾实施了第三、四、五期的四年经济计划，大力推动产业从劳动密集型向技术密集型的转型。为了配合经济发展的需要，台湾教育主管部门开始积极扩充专科学校。到 1975 年，台湾大专院校已达 101 所（其中，大学 9 所、学院 16 所、专科学校 76 所，公立院校 33 所、私立院校 68 所）。③ 高等教育规模的快速扩充很快让台湾当局意识到管理可能失去控制，于是自 1973 年起，限制新设私立大专院校。台湾教育主管部门则自 1975 年起，实施对大专院校的评鉴，拉开了高等教育评鉴制度建设的序幕。此时的高等教育评鉴制度主要是为行政管理服务，其评鉴结果不对外公布，只供台湾教育主管部门内部使用，作为"辅助奖助及核准各种申请案件的参考"，评鉴的目的在于审核高校的课程设置、专业设置是否遵循教育主管部门的相关规定。因此，在这个时期，政治控制与经济规划的双重束缚使得台湾高校的办学自主权极其有限，不论是公立高校还是私立高校其发展基本都遵循统一的路径。

1987 年，台湾解除"戒严"，受到新自由主义的影响，台湾当局开始在管理方式上实行"松绑"。随后"教改团体"兴起，他们纷纷表达自己的诉求，要求大学自治、教授治校。为了回应这些诉求，并配合管理体制的转型，台湾当局于 1994 年修订"大学法"，试图凸显大学自治精神，规定"由各高校依'国家'需要及学校特色自行规划发展方向报'教育部'核备后实施，但需接受'教育部'的评鉴"。④ 之后，台湾当局逐步下放高等教育的决策权，台湾高等教育治理结构开始发生变化。1991-1996 年，台湾教育主管部门尝试委托社会专业学术团体试办电机、管理与机械等三学门⑤的

① 汪知亭. 台湾教育史料新编 [M]. 台北：台湾商务印书馆，1978：235.
② 汪知亭. 台湾教育史料新编 [M]. 台北：台湾商务印书馆，1978：315.
③ 曲士培. 台湾高等教育 [M]. 长沙：湖南教育出版社，1990：14.
④ "国家教育研究院". 第七次"中华民国"教育年鉴 [EB/OL]. http：//www. naer. edu. tw/ezfiles/0/1000/attach/32/pta_5456_1563025_23798. pdf，2018-06-11.
⑤ "学门"是台湾的习惯表达，意为学科、领域（Fields of Study），相当于大陆的"一级学科"；除此之外，"学类""科系所"也是台湾的习惯表达，分别等同于大陆的"二级学科"和"专业"。

评鉴工作，然而这样的尝试并未得到各高校以及民众的认可，专业团体公信力受到质疑，高校仍希望由教育主管部门来主导评鉴工作。所以，1997年的大专院校综合校务评鉴工作仍由台湾教育主管部门主导并实施。在解除"戒严"之后的十多年里，台湾高等教育依然处于行政部门的控制之下，有学者戏称"台湾所有的大学都是'教育部'的大学"。行政主管部门与高校、行政权力与学术权力之间的矛盾与冲突开始凸显。为此，台湾教育主管部门通过给予补助推动高校"自我评鉴"工作，并在2005年与各高校一同捐助成立"财团法人高等教育评鉴中心基金会（以下简称：高等教育评鉴中心）"，由其负责之后大部分的评鉴工作，并更加强调评鉴的目的是为了"帮助高校自我改善"。至此，评鉴工作的实施者由教育主管部门转向了第三方评估机构，台湾高等教育在一定程度上摆脱了行政部门的直接控制。

将评鉴工作交由高等教育评鉴中心负责是台湾教育主管部门缓解与高校之间矛盾冲突的一项重要措施，但这并没有在根本上解决问题。调查显示，"财团法人高等教育评鉴中心基金会"自成立以来全无自筹款项，长期依赖教育主管部门的补助款办理评鉴事务，这也就导致其评鉴事务的运作仍受行政部门的影响。[①] 教育主管部门、评鉴中心以及高校之间的矛盾冲突不断，高校的同质化问题依然严重，高校并没能在高等教育评鉴制度中实现自己的诉求，高校教师与行政管理人员消极应对、甚至抵制评鉴的情况时有发生。笔者在2016年6月与12月前往台湾地区就该主题进行前期调研时了解到，台湾地区很多高校教师及行政人员对高等教育评鉴制度怨声载道，评鉴工作在开展过程中面临着很大的阻力。考虑到当前评鉴制度的种种弊端以及迫于财政预算紧缩与高校方面的压力，台湾教育主管部门在2017年2月实施了一项重要改革，即"取消强制性的系所评鉴工作，由各校自行决定是否开展系所评鉴，如有需求者，自行联系评鉴机构自费办理"[②]。此项改革一出，高校教师及行政人员纷纷拍手叫好。然而，激动过后随之而来的又是担忧：高等教育质量是否会因此失控？谁来为台湾高等

---

① 秦罗群，陈遵行. 台湾高等教育评鉴制度与实施之分析研究 [J]. 教育资料与研究，2012，（106）：105-141.

② 台湾大同大学. "教育部"有关2017学年度起不再委托评鉴机构办理院、系、所及学位学程评鉴（以下简称系所评鉴）乙案 [EB/OL]. http://fle.ttu.edu.tw/files/14-1093-48838,r527-1.php? Lang=zh-tw，2017-12-20.

教育负责？这些质疑与担忧都反映出，关于台湾高等教育质量保障还有很多的问题亟待探讨与解决，其中最为迫切的就是，在新的评鉴制度中，教育主管部门、高校、评鉴机构等利益相关者要如何调整自己的角色，实现自己的利益诉求？学术自由与绩效责任、大学自治与行政权威、公平与效率等多种矛盾冲突该如何协调？高等教育评鉴制度之于台湾高等教育又应发挥怎样的作用？

三、价值的探寻：台湾高等教育评鉴制度何去何从？

从本质上来讲，高等教育评估是对高等教育价值的挖掘、展现与判断，其具有鉴定、反思、导向、激励、改进、参谋、批判、中介等重要功能。作为一项制度，高等教育评估不仅反映着人们的高等教育价值观，同时还具有极强的价值导向性。从台湾高等教育发展的历程来看，高等教育评鉴制度在引领台湾高等教育发展方向上起着重要作用，其中影响最大的莫过于谁掌握评鉴权、谁设置评鉴标准、谁来实施评鉴。短短几十年里，台湾高等教育评鉴实现了从教育主管部门"一手包办"到高等教育评鉴中心等评鉴机构参与承办再到鼓励高校"自办"的系列转变，其背后的理论逻辑是什么？这其中又存在着怎样的矛盾与冲突？根据制度及制度变迁理论，制度是在一定的价值观念基础上确立起来的，价值及价值关系的变化是制度变迁的原因之一。[①] 那么，台湾高等教育评鉴制度究竟具有怎样的价值？在过去的几十年里它的价值取向是什么，又发生了怎样的变化？这些问题的探讨将在很大程度上影响未来台湾高等教育的走向。

马克斯·韦伯（Max Weber）曾指出，社会科学的基本任务在于对"实在"进行经验的因果分析，社会科学研究要依据一定的价值与一定的"实在"发生联系。要确定对"实在"进行因果分析的"入手处"，必须首先对事件可能的文化意义从价值入手进行分析。[②] 从目前的研究来看，针对台湾高等教育评鉴实务操作问题的研究有很多，对于整个评鉴制度文化意义的

① 李汉林，渠敬东，等. 组织和制度变迁的社会过程——一种拟议的综合分析 [J]. 中国社会科学，2005，（1）：94-108.

② ［德］马克斯·韦伯. 社会科学方法论 [M]. 韩水法，莫茜，译. 北京：中央编译出版社，1999：12.

探讨却十分匮乏。然而，要想解决"实在"中存在的问题，就必须对"实在"背后的因果关系进行分析。正是基于对现实问题的审思以及从理论中得到的启示，本研究试图通过从价值问题的切入，厘清台湾高等教育评鉴制度发展过程中的种种矛盾关系。从新制度主义的观点来看，制度变迁具有路径依赖性，而路线依赖性则意味着历史是重要的，如果不回顾制度的渐进演化，我们就不可能理解当今的选择。① 所以，本研究不仅对当前台湾高等教育评鉴制度进行研究，同时还将从历史的角度，对台湾高等教育评鉴制度变迁过程中的价值问题进行探讨。

第二节　研究意义

高等教育评估制度作为高等教育质量保障体系中的重要组成部分是两岸高等教育改革与发展中的重要议题。台湾高等教育评鉴制度自 1975 年建立起，经历四十多年的发展与改革，一直以来都是社会各界热议的话题。从价值分析的角度对台湾高等教育评鉴制度进行研究不仅有助于丰富高等教育评估理论，而且对于两岸高等教育评估制度的改革具有实践指导意义。

一、有助于深化高等教育评估理论研究

关于高等教育评估的本质，国内外已有许多学者对其进行了探讨，并基本达成共识。目前学术界比较认同的一种观点就是高等教育评估是对高等教育价值进行选择与判断的认知活动。近些年来高等教育评估的价值问题成为高等教育评估理论探讨的热点。但对于高等教育评估应该彰显什么价值，应该优先考虑谁的利益诉求，如何协调不同价值主体之间的矛盾，学术界还存在很多争论。学者们的观点之所以难以达成一致主要是因为高等教育评估所具有的多元价值属性，高等教育评估涉及多个价值主体，不同价值主体有着不同的需要且在某些时候存在着矛盾冲突。要想找到高等教育评估的核心价值，并充分地、客观地分析矛盾冲突，则必须与实践相

① ［美］道格拉斯·C. 诺斯. 制度、制度变迁与经济绩效 ［M］. 刘守英，译. 上海：上海三联书店，1994：134.

结合。高等教育评估制度是高等教育评估实现其功能与价值的重要载体，高等教育评估制度的价值取向在某种程度上包含着人们对高等教育评估价值的认识与选择。所以，通过对具体高等教育评估制度中所包含的价值问题进行分析有助于突破人们在高等教育评估价值等问题探讨中的困境，在一定程度上丰富与深化高等教育评估理论。

二、有助于厘清高等教育评估制度的文化意义

对于高等教育评估制度，国内外都曾进行热烈的探讨，但却少有研究对高等教育评估制度进行文化意义层面的探寻。高等教育规模的扩张，类型的多样化使得人们对高等教育的认识在不断发生变化，促成了价值观念的多元化，高等教育评估制度能否容纳与引导社会大众、高校自身的价值选择，不仅是一个有关高等教育评估活动开展规则的问题，而且还包含着高等教育制度文化发展走向的问题。高等教育评估制度不仅使高等教育评估活动获得了规范基础，而且也在一定程度上反映着高等教育之于人类社会的特殊意义，高等教育的核心价值、不同主体的价值追求能否在制度框架中得以实现首先要求人们对高等教育评估制度的文化意义有深刻的认识。文化的核心是价值，高等教育评估制度作为现代大学制度的重要组成部分，其价值内涵无疑应受到关注。台湾地区的高等教育评鉴制度经过几十年的发展，逐渐明晰且规范，但随着社会环境和需求的快速变化，台湾高等教育评鉴制度正面临着重大变革，不可否认这种变革已触及高等教育评鉴制度的核心问题——意义与价值。所以，选择台湾地区的高等教育评鉴制度作为研究对象从某种意义上来讲可以帮助人们更为清晰地观测到高等教育评估制度的价值及其转向，更为深刻地理解高等教育评估制度的文化意义。

三、有助于加深对台湾高等教育管理体制的认识

高等教育管理体制是制约或推动高等教育发展的核心要素。从目前的研究来看，大陆对台湾高等教育管理体制的认识主要基于对其政策文本的梳理、描述与分析，这样的研究对于人们了解台湾高等教育管理体制改革的动向很有帮助，但却无法道出其体制改革背后的矛盾冲突。例如，有研究指出，台湾高等教育管理体制正从"政府集权"转向大学自主，举出的

例证包括台湾"大学法"在 1994 年赋予了大学在规定范围内的自主权、大学校长遴选制度化、大学入学方式改革等。① 但是，体制的转变绝非一帆风顺，其中充满种种矛盾与冲突，而这些仅通过政策分析很难了解。高等教育评鉴制度是台湾高等教育管理体制的重要组成部分，其价值取向与变化在一定程度上反映着台湾高等教育管理体制发展与变革的内在轨迹。所以，本研究将高等教育评鉴制度作为主要观测点，分析其价值取向，实证调查教育主管部门、高校及评鉴机构的价值追求与矛盾在一定程度上有助于加深对台湾高等教育管理体制的理解与认识。

四、有助于推动两岸高等教育评估制度的改革

不论是台湾还是大陆，其高等教育评估制度的改革，大多源于各种价值矛盾与冲突。从社会层面看，高等教育评估制度的价值冲突可能导致主导价值观功能的弱化，导致高等教育质量保障的失范；从个体层面看，价值冲突可能导致价值主体行为失范，进而弱化高等教育评估的功能。目前，两岸高等教育发展都正面临着复杂态势和潜在挑战，未来高等教育能否稳定发展，在很大程度上取决于高等教育评估制度的价值取向以及对矛盾冲突的解决。除此之外，评估文化的营造将是两岸高等教育质量保障的核心任务，而价值观是文化的核心。一直以来，台湾高等教育评鉴制度都跟着西方价值观亦步亦趋，本土化的评鉴文化氛围十分稀薄。核心价值观的重塑，各价值主体之间的协调，对多元价值冲突的回应，都是未来台湾高等教育评鉴制度改革中必须解决的问题。因此，本研究从价值分析的视角探讨台湾高等教育评鉴制度的演变过程，揭示其中的价值矛盾与冲突，展望其未来走向将有助于推动台湾高等教育评鉴制度的改革。两岸高等教育评估制度的很多问题具有相似性，所以这项研究同样可以为大陆高等教育评估制度的改革提供启示。

---

① 王孙禺，蓝劲松. 祖国大陆与台湾高等教育体制的宏观比较研究 [J]. 清华大学学报（哲学社会科学版），2000，(2)：27-33.

第三节 概念界定

有关高等教育评估的一些名词，两岸有着不同的表达，其内涵有着细微的差异，故有必要对其进行说明。制度变迁与价值分析分别是本研究的研究对象与方法，故也需要进行解释与界定。需要特别说明的是，由于两岸语言文字本质上是相通的，对于不涉及政治原则问题的台湾社会制度的相关表达，本研究尊重原表达，不做更改，如评鉴制度、系所、学门等用语；对于受访者和文献资料的直接引用，为保持语言的真实性，本研究亦不做更改，但对一些敏感词汇进行加双引号处理；需特别强调的是，台湾学者和受访者的用语均不代表笔者的立场。除此之外，在一些普适性问题的探讨部分，本研究仍遵循大陆的表达习惯。

一、评鉴

"评鉴"是我国台湾地区的习惯表达，其对应的英文表达是"evaluation"。"evaluation"这个词在大陆一般将其翻译为"评价""评估"，都是表示对事物的价值进行估量。但在实际使用中，"评价"和"评估"有时又不能进行互换。"评价"使用的范围相对更广，在教育领域，评价的对象可以是教师、学生、教学、课程等，但我们却很少采用"评估学生""评估教师"这种说法，总体上来看，"评估"一词的对象一般都是较为抽象的事物，例如，高等教育、教学、课程等。台湾对"评鉴"一词的定义与诠释也不尽相同，其用法也未有统一的标准。台湾高等教育评鉴专家吴清山与王湘栗综合众多学者的定义后，将其界定为：依据适当的标准，对某事项进行审慎、系统化的搜集资料、分析和报告的价值判断，透过价值层面与事实层面的比较，量订事务的利弊得失和原因，以获取做决定的有用咨询，并提供改进的历程。[①] 对于"评鉴"的用法，台湾学者胡森建议，将其专门用于抽象的存在物，比如方案、课程以及组织变量等，用于概括性估计事

---

① 杨莹. "两岸四地"高等教育评鉴制度 [M]. 台北：高教评鉴中心基金会，2010：10.

物的价值与成就。① 按照这种理解，"评鉴"与大陆的"评估"在内涵和用法上大体相同。为遵循表达上的一致性，在此对"评鉴""评估"二词在本书中的使用做出说明：在一般性理论问题的探讨上，笔者采用"评估"这一表达，在对台湾地区具体的问题进行探讨时，则采用"评鉴"这一表达。

　　与"评估""评鉴"意思相近的词还有"评定""评量""测量"，其中"评定"和"评量"对应的英文表达一般为"assessment"，而"测量"一般被翻译为"measurement"。两岸对这些词的理解基本是一致的，只是在使用频率上有所不同。大陆在教育领域会更多使用"评定"一词而较少使用"评量"，二者均是指对人的相关表现的评价，其结果通常以等级的形式呈现。"测量"在教育领域主要是指：通过借助一些测量工具（如智力水平测量量表等）来对教育对象的认知水平、思维能力、行为习惯进行衡量。除此之外，"认可（accreditation）"和"审核（audit）"也是高等教育评估话语体系中经常出现的表达，二者在两岸的内涵和使用方式也基本相同。"认可"是指某一机构或学位项目所获得的地位，此地位是该机构或学位项目在经过某个被授权的单位或机构根据其评定结果所授予的，一般来说，认可的结果通常是以"认可"或"不认可"这两种方式呈现。"审核"一词在教育领域中，指的是行政管理部门用来检核教育（尤其是大学）水准的方式，主管单位通常不站在第一线直接进行评估，而是在松绑放权给高校自行负责确保质量的基础上，对大学自评的结果进行事后的审核。② 在对台湾高等教育评鉴制度的探讨中，"认可"与"审核"都是较常出现的概念。

二、高等教育评鉴

　　"高等教育评鉴"等同于大陆所说的"高等教育评估"。对于什么是高等教育评估，国内外学者都有界定，大多是源于"教育评估"的"价值判断说"。2004年，陈玉琨在其著作中对"教育评估"给出定义："对教育活动满足社会与个体需要的程度做出判断的活动，是对教育活动现实的（已经取得的）或潜在的（还未取得，但有可能取得的）价值做出判断，以期达

---

① 陈玉琨. 教育评鉴学［M］. 台北：五南图书出版公司，2004：25.
② 转引自：杨莹. "两岸四地"高等教育评鉴制度［M］. 台北：高教评鉴中心基金会，2010：9-10.

到教育价值增值的过程。"他认同美国学者格朗兰德（Norman E. Gronlund）在 1971 年为教育教学评估总结的简单表述：评估=测量（量的记述）或非测量（质的记述）+价值判断。[①] 对于高等教育评估，学者们也强调其中的价值特性。例如，有学者认为高等教育评估不仅仅是考虑"事实"，而是具有价值导向性[②]。所以，有学者将高等教育评估定义为："以高等教育为对象，利用一切可行的评价技术或手段对高等教育活动进行价值认识、评定和判断的活动和过程。"[③] 总体来看，这样的理解是被广泛认可的。也有学者从认识论的角度，对高等教育评估的本质特征进行描述，认为高等教育评估是评估主体对评估客体所进行的一种认识活动，在这一认识活动过程中，评估主体与评估客体之间所形成的关系是一种认知性主客体关系，认知性是其本质特征。[④] 以古巴（E. G. Guba）和林肯（Y. S. Lincoln）等人为代表的教育评价理论家认为，评估是由评估者不断协调各种价值标准间的分歧、缩短不同意见间距离、最后形成公认的一致看法的过程。[⑤] 这种理解强调的是评估过程中的意义建构。有学者进一步指出高等教育评估的互动性特征[⑥]，认为在高等教育评估主体作用于客体的同时，对主体也具有重要的作用。也有学者从系统论的角度来对其进行定义，例如，台湾学者苏锦丽认为"高等教育评鉴是由一评鉴团体依据系统化、科学化的方式（如以客观公正的评鉴标准、周详适切的评鉴方式等），搜集并分析相关资料，以评估高等教育机构及其专业领域的目标达成程度、输入条件、运作情形与教育成果的过程"。[⑦]

综合学者们的观点，笔者认为，从抽象意义来看，高等教育评估是由

① 陈玉琨. 教育评鉴学 [M]. 台北：五南图书出版公司，2004：9.

② CHALMERS D. Teaching and Learning Quality Indicators in Australian Universities（2008）[EB/OL]. http：//www. oecd. org/site/eduimhe08/41216416. pdf，2017-12-30.

③ 荀振芳. 大学教学评价的价值反思 [D]. 武汉：华中科技大学博士学位论文，2005：56.

④ 别敦荣. 论高等教育评估的基本特征 [J]. 辽宁教育研究，2004，（4）：14-16.

⑤ 转引自：吕楠，刘理. 论高校教学评估教育价值的含义及构成 [J]. 湖北师范学院学报（哲学社会科学版），2007，27（4）：113-116.

⑥ 别敦荣. 论高等教育评估的基本特征 [J]. 辽宁教育研究，2004，（4）：14-16.

⑦ 杨莹，等. 欧盟高等教育品质保证制度 [M]. 台北：高教评鉴中心基金会，2008：13-17.

评估主体利用有效的评价技术或手段对高等教育活动的价值进行选择与判断的认识活动，从操作层面来看，高等教育评估是由某一评估机构或高等教育机构自身设定一定的评估项目、标准和方式来评价高等教育机构或项目达成程度、表现情况的活动。本研究笔者重点探讨的是台湾高等教育评鉴，所以，有必要对台湾高等教育体系也做一下说明。台湾高等教育是典型的"双轨制"体系，分为普通高等教育与技职高等教育两轨，前者包括公私立的一般大学、独立学院、军警校院以及空中大学等四类学校，后者则包括公私科技大学、技术学院以及专科学校（分为两年制专科和五年制专科）等三类学校。因此，若以学校类型划分，台湾高等教育评鉴可分为一般大学院校评鉴和高等技职校院评鉴。除此之外，也有其他的划分方法。就实施方式而言，有自我评鉴和外部评鉴，前者是由高校就其本身需求，设计评鉴指标和程序，自行举办或邀请校外学者专家参与评鉴活动，强调学校自身的能动性；后者则是由具有公信力的评鉴机构组织评鉴团队对学校实施评鉴工作，更多强调高校外部的需求和作用；自我评鉴和外部评鉴的交叉之处在于近些年台湾地区所采用的"自办外部评鉴"，即由学校单位自主委托具有公信力的评鉴机构实施评鉴或认可工作。若以评鉴对象的属性来划分，则有人员评鉴（如教师评鉴等）、机构评鉴（如校务评鉴、系所评鉴等）、专案评鉴（如体育评鉴、性别平等教育评鉴、师资培育评鉴、通识教育评鉴）等。[①] 本研究主要以评鉴对象的属性和学校类型进行划分，重点关注针对一般大学院校和高等技职院校的校务评鉴、系所评鉴等。

三、制度与制度变迁

关于制度是什么，即使是在同一学科领域，不同学者都有着不同的解释。例如，在经济学研究领域，旧制度经济学家的代表人物托斯丹·邦德·凡勃伦（Thorstein B. Veblen）认为："制度实质上就是个人或社会对有关的某些关系或某些作用的一般的思想习惯。"[②] 约翰·洛克斯·康芒斯

① 转引自：吴清山，王令宜，等. 台湾地区高等教育评鉴发展与实务［M］. 台北：高教评鉴中心基金会，2010：2.

② 袁庆明. 新制度经济学［M］. 上海：复旦大学出版社，2012：210.

（John R. Commons）则认为："制度是一种运行机构、一种组织。"① 前者强调了制度的抽象性，而后者强调的是制度的实体性。新制度经济学家们则又有不一样的理解，其代表人物道格拉斯·C. 诺斯（Douglass C. North）认为，制度是为决定人们的相互关系而人为设定的一些契约。② 同为新制度经济学代表人物的西奥多·舒尔茨（Theodore W. Schultz）则认为，制度就是一种行为规则。③ 社会学家马克斯·韦伯（Max Weber）也对此表示认同，他认为制度应是任何一定圈子里的行为准则。④ 当然，也有学者将制度看作是一种行为模式或文化现象。但总体来看，具体制度的研究中，将制度看作是一种约束行为的规则或规范，这样的观点更为学者普遍认可与采用。制度也有不同的表现形式，诺斯指出，制度既有正规的也有非正规的，正规制度指那些由人类设定的规章、法规、规则等，非正规制度则指习俗和行为准则等。⑤ 还有学者根据制度的来源，将其分为内在制度和外在制度，文化、习俗、价值理念、行为习惯等都是内在制度，由外在的权力强制性推行的规则，政策法规即为外在制度，认为外在制度的制定要以内在制度为基础。⑥ 这些观点不仅能帮助我们更好地理解制度，同时还为制度问题的研究提供了理论视角。

制度在一个社会中的主要作用是通过建立一个人们相互作用的稳定的（但不一定是有效的）结构来减少不确定性。但是制度的稳定性丝毫也没有否定它们是处于变迁之中的这一事实。⑦ 在新制度经济学领域，制度变迁被

① ［美］康芒斯. 制度经济学（上卷）［M］. 于树生，译. 北京：商务印书馆，1962：86.

② ［美］道格拉斯·C. 诺斯. 制度、制度变迁与经济绩效［M］. 刘守英，译. 上海：上海三联书店，1994：3.

③ ［美］R. 科斯，A. 阿尔钦，D. 诺斯，等. 财产权利与制度变迁——产权学派与新制度学派译文集［M］. 刘守英，等，译. 上海：上海人民出版社，1994：253.

④ ［德］马克斯·韦伯. 经济与社会（上卷）［M］. 林荣远，译. 北京：商务印书馆，1997：345.

⑤ ［美］道格拉斯·C. 诺斯. 制度、制度变迁与经济绩效［M］. 刘守英，译. 上海：上海三联书店，1994：4.

⑥ 孟凡. 利益相关者视角下的大学学生评教制度研究［D］. 武汉：华中科技大学博士学位论文，2010：29.

⑦ ［美］道格拉斯·C. 诺斯. 制度、制度变迁与经济绩效［M］. 刘守英，译. 上海：上海三联书店，1994：7.

定义为：一种或一组制度发生变更、替代、调整甚至创造的过程或事实，是用一种制度安排替代另一种制度安排。① 在历史的长河中，尽管有快有慢，但制度始终处于演进之中。由于制度本身界限的不明晰，制度变迁也被认为是一个复杂的过程。学术界对制度的产生、变迁过程的解释有着不同的理论逻辑。考虑到非正规制约在制度中所发挥的作用，新制度经济学家们普遍认为制度变迁具有路径依赖性，变迁过程一般是渐进的而非连续的。② 基于这样的观点，研究制度的变迁史显然对于理解当前制度的整体状态具有重要意义。

基于以上的理论，在本研究中，笔者将"台湾高等教育评鉴制度"界定为：台湾社会约束各相关行为主体（教育主管部门、高校、评鉴机构、社会公众等）在高等教育评鉴活动中相互交往的一系列规则或规范。而"制度变迁"则是指这些规则或规范变化或演变的过程。按照制度的表现形式，大部分对于台湾高等教育评鉴制度的研究都是指向正式制度和外在制度，即推动或约束高等教育评鉴活动开展的一系列政策法规、规范等。但需要指出的是，这里所提到的规则或规范并不等同于以文字形式呈现的一条一条的规则，而是从这些文本与实践中所抽象出来的、系统化的规范体系。这套规范体系中不仅包括行为准则，也包括主体、对象、理念、价值取向等要素。正式制度和外在制度是笔者研究的主要对象，但并不是唯一的部分。评鉴活动中，一些并不在政策文本中进行规范却约定俗成的行为习惯以及违背正式规则却受到默认的行为习惯也被笔者认为是评鉴制度的一部分。例如，在正式制度中，高等教育评鉴中心自成立开始就应是一个独立的第三方评鉴机构，除了成立时受捐助的资金，之后运营的主要经费应该由其自筹。但在实际运行当中，台湾教育主管部门承担着其主要的开支。

四、价值与价值分析

日常生活中，人们经常会用"好""坏""有意义""无意义"等抽象

---

① ［美］R. 科斯，A. 阿尔钦，D. 诺斯，等. 财产权利与制度变迁——产权学派与新制度学派译文集［M］. 刘守英，等，译. 上海：上海人民出版社，1994：266-295.

② ［美］道格拉斯·C. 诺斯. 制度、制度变迁与经济绩效［M］. 刘守英，译. 上海：上海三联书店，1994：8.

词汇来评价某种事物，而哲学范畴中"价值"的概念其实就是来源于人们生活实践中这样具有普遍意义的理论抽象。从马克思主义哲学来看，价值是指客体的存在、属性及其变化同主体的尺度是否相一致或相接近。这样的概念中至少包含三个层面的意思：其一，人的主体地位，也就是人是一切价值的主体，客体的价值是依人而定的；其二，主客体关系既可以是人与物的关系，也可以是人与人的关系；其三，主体的尺度不仅仅是主体的需要，现实的价值不仅表现为主体的一定需要得到满足，还包括超越需要、制约需要的主体其他方面，如主体的能力及其变化等，仅为主体所需要却不能为主体所接受者，并不对主体构成现实的价值。① 在现实世界中，"价值"与"利益"有着紧密的联系，因为二者都是基于人的需要，所以在有些场景中，人们甚至将二者等同看待。但实际上，"利益"所涵盖的"需要"只是"价值"中"需要"的一部分，即生存需要、物质需要、经济需要等，而除此之外，人还有思维发展的需要、认知的需要、情感的需要、社会关系的需要等。② 关于"价值"有不同的学说，有的强调价值的主体性，也有强调价值中的客体属性，而为人们所普遍接受的是"关系说"，即认为价值本质上是一种主体需要与客体属性之间的一种特定关系，在这个关系中，"主体"并不是抽象的、唯一的，而是具体且多样的，"主体的需求"和"客体的属性"也是在不断变化之中，因此价值也就具有多样性。哲学上关于价值的探讨不胜枚举，20世纪60-80年代，经过实证主义的方法论的统治以及对其的反思之后，人文科学研究领域强调"价值涉入"就变成了一种趋势。③ 价值分析作为一种方法论被用于人文社科研究领域主要来源于马克斯·韦伯（Max Weber）关于"文化事件"的经典论述："社会科学的对象是文化事件……文化事件的规定包含两种基本的要素，这就是价值和意义。"④ 他还提出了"价值关联"和"价值分析"的概念，价值关联是指"社会科学工作者依据一定的价值与一定的实在发生联系，其实际就是价值判断"，而价值分析则是"阐明和确定价值与事实的文化意义之间

① 李德顺. 价值论（第2版）[M]. 北京：中国人民大学出版社，2007：27-28.
② 李德顺. 价值论（第2版）[M]. 北京：中国人民大学出版社，2007：63.
③ 刘复兴. 教育政策的价值分析 [M]. 北京：教育科学出版社，2003：17.
④ [德] 马克斯·韦伯. 社会科学方法论 [M]. 韩水法，莫茜，译. 北京：中央编译出版社，1999：5.

的清楚的联系"。两者都是经验分析必不可少的前提，但后者才是经验科学的任务和目的，是从价值关联到因果分析的中间环节，其操作过程就是抽出有关对象的无数可能的理解中的一种，使之定向化。①

在本研究中，笔者就是以价值分析为主要工具，来挖掘和探究台湾高等教育评鉴制度的价值意蕴。价值有不同的类型，从一般意义上来看，若从客体方面来划分，高等教育评估制度就至少涉及三种类型的价值：高等教育的价值、高等教育评估的价值以及高等教育评估制度的价值。若从主体方面来划分，则还有不同的角度。例如，以主体的身份来划分，高等教育评估制度的价值则可区分为对于政府部门的价值，对于高校的价值，对于学生、家长、用人单位的价值等；若根据不同社会领域来划分，制度的价值又可以分为经济价值、政治价值、文化价值等；若依据所满足的需要在主体活动中的整体性质和地位，价值也可以区分"目的价值"和"工具（手段）价值"。在本研究中，笔者主要分析的是台湾高等教育评鉴制度作为客体对于台湾教育主管部门、高校、评鉴机构、社会公众等主体的价值以及这些价值之间的关系，研究中还会涉及概念有价值诉求、价值实现、价值取向、价值矛盾与冲突；其中，价值诉求主要是指教育主管部门、高校、评鉴机构等价值主体对于高等教育评鉴制度的某种需要；价值实现主要是指不同主体的价值诉求在高等教育评鉴制度中的实际体现；价值取向是指不同主体的价值诉求在高等教育评鉴制度中实现后所体现出来的总体倾向；价值矛盾与冲突主要是指在高等教育评鉴制度中教育主管部门、高校、评鉴机构等主体的价值诉求的不一致及其所带来的对立、碰撞、争议等现象。

第四节　文献综述

台湾高等教育评鉴制度的问题不仅具有地区特殊性，同时也与整个学界对高等教育评估理论和高等教育评估制度的探讨密切相关。根据从"中国学术期刊网""中国优秀硕士学位论文全文数据库""中国博士学位论文全文数据库""Springer Link""Elsevier Science Direct"等电子数据库以及厦

----

① ［德］马克斯·韦伯. 社会科学方法论［M］. 韩水法，莫茜，译. 北京：中央编译出版社，1999：9–11.

大图书馆收集到的资料来看，国内外关于高等教育评估理论的研究有很多，主要集中在对高等教育评估的本质、目的及功能的探讨，对高等教育评估价值的研究近些年也逐渐丰富起来，而关于高等教育评估制度，学者们则主要是从具体某个或某些国家入手，探讨其特点、演变路径、价值取向等，这些成果都为笔者开展台湾高等教育评鉴制度研究提供了重要基础。

通过检索和查询"中国学术期刊网""中国优秀硕士学位论文全文数据库""中国博士学位论文全文数据库"以及"读秀学术搜索"平台等多处的文献资料，笔者发现大陆对台湾高等教育评鉴制度的研究主要集中在期刊论文中，博硕士学位论文并不多，相关专著只有一本。从文献主题上来看，大陆学者关注的议题类型比较丰富，有关于台湾整体高等教育评鉴制度的研究，也有对通识教育评鉴、技职教育评鉴、系所评鉴、教师评鉴等方面的探讨。但总体来看，这些研究更多集中在对台湾高等教育评鉴制度实然层面的介绍与特点的总结，并未结合台湾社会以及高等教育发展的背景从历史的角度进行理论探讨与因果分析。台湾关于自身高等教育评鉴制度的研究则比较丰富，笔者通过多次前往台湾各图书馆收集到大量电子及纸质文献资料，具体包括专著、博硕士学位论文以及期刊论文。从笔者掌握的这些文献来看，台湾学者对于台湾高等教育评鉴制度的研究更多基于批判的视角，揭示当前制度中存在的问题，提出改进策略。这些研究成果都为笔者更深刻地认识台湾高等教育评鉴的相关问题提供了帮助。在这一部分，笔者将对国内外关于高等教育评估制度的相关研究、大陆关于台湾高等教育评鉴制度的相关研究以及台湾关于自身高等教育评鉴制度的相关研究分别进行综述。

一、关于高等教育评估制度的相关研究

学术界关于高等教育评估制度的研究至少包含两部分，其一是对于高等教育评估理论的研究，其二是关于具体高等教育评估制度的研究，前者是后者的重要基础，故在此分两部分对相关研究成果进行综述。

（一）关于高等教育评估理论

关于高等教育评估的研究大多离不开对高等教育评估本质、目的及功能的探讨。前文概念界定部分，笔者已就高等教育评估本质的几种观点做

了阐述，这里主要就高等教育评估的目的及功能进行综述。从语言学的角度来看，高等教育评估是教育评估的下位词，二者是上下位的关系，所以，许多关于高等教育评估的观点都与关于教育评估的探讨一脉相承。从教育评估理论发展历程来看，瑞芙·泰勒（Ralph Tyler）、L. 克龙巴赫（L. Crobach）和 D. L. 斯塔菲尔比姆（D. L. Stufflebeam）对于教育评估基本目的的观点和争论构成了教育评估学的重要理论。不同于泰勒对结果评估的重视，克龙巴赫认为，用于改进工作的形成性评价的作用，远比总结性评价重要得多。斯塔菲尔比姆则强调，评估最重要的意图不是为了证明（prove），而是为了改进（improve），教育评估是指导如何决策，满足教育效能核定的需要。[①]这些都超越了哈格多恩在 1976 年所提出的"为决策服务"的教育目的观。大卫·霍普金斯（David Hopkins）等学者从学校改进的角度出发，将教育评估分为三种：对学校提升效果的评估（Evaluation **Of** School Improvement）、为学校提升的评估（Evaluation **For** School Improvement）和作为学校提升的评估（Evaluation **As** School Improvement）。他指出，评估的发展趋势已从这种对学校提升效果的评估转移到为学校提升的评估，而这也促使学校和教师从评估的对象转变为评估活动的参与者。但是，只有将评估活动和学校改善过程融为一体的评估才能真正帮助学校构建可持续发展的文化。[②]这些观点无疑为人们对于高等教育评估的目的与功能的认识提供了基础。

在高等教育评估基本目的的探讨中，"证明还是改进？"的争论依然在继续。学者刘振天将高等教育评估分为"象征性评估"和"真实性评估"，他将认证、排名、绩效评价等为代表的监测、督促、展示和证明大学教育教学活动质量或效果为目的的评估活动，统称为"象征性评估"，并认为当代高等教育评估制度在很多方面具备了"象征"的属性，即这种评估更多地表明政府、社会及公众对高等教育质量问责的立场和姿态，并不将评估本身是否对质量提升作为关注重点。而"真实性评估"的目的则不在于证明，还在于改进。[③]在这场争论中，"以提升和改善为目的"的评估目的观

① 陈玉琨. 教育评鉴学 [M]. 台北：五南图书出版公司，2004：15-17.

② CALLINGFORD C. *Assessment versus Evaluation* [M]. London：Cassell, Wellington House, 1997：169.

③ 刘振天. 从象征性评估走向真实性评估——高等教育评估制度的反思与重建 [J]. 高等教育研究，2014，(2)：27-32.

显然受到更多学者的认可。有学者指出，目前所倡导的"以评促改、以评促建"就是高等教育评估目的最好表达，[①] 高等教育评估的主要目的不在于价值判断，而是通过价值判断，科学地利用其判断结果，优化高等教育，使其功能充分发挥，其根本目的在于教育改善。[②] 对于教学评价，有学者指出其最根本意义是对大学教学进行服务、促进、匡正和改善。[③] 对于针对高等院校的评估，台湾学者成永裕认为其目的在于"确保提升高等教育品质"[④]。由此可见，目前学界对于高等教育评估基本目的的认知已逐渐从侧重结果、证明与为决策服务转为改进和改善教育质量。除了探讨高等教育评估基本目的，学者们还对高等教育评估的一般性目的进行了分类和阐述。台湾学者成永裕根据不同的利益主体对评估的目的进行阐述："于主管教育行政机构及受评大学而言，希望通过定期的评估，协助大学自我改善，迈向卓越；对于学校学生、家长及社会大众而言，则是通过评估报告的公布，便利其了解各大学办学绩效，透过咨询透明化及市场机制，选择大学院系所，借以发挥高等教育'奖优汰劣'的激励效果。"[⑤] 也有学者认为，高等教育机构和国家层面的政府部门在使用绩效指标时是出于不同的目的。[⑥] 对于高等教育机构而言，用绩效指标主要有四个目的：出于比较的目的来监控他们自己的表现，为了提升对学校教育活动的评定与评估，为外部质量认证提供信息，以及为政府履行职责和向公众发布报告提供信息。[⑦] 而从国

① 顾明远. 高等教育评估中几个值得探讨的问题 [J]. 高教发展与评估, 2006, 22 (3): 1-3.
② 康宏. 高等教育评价标准的价值反思 [D]. 武汉：华中科技大学博士学位论文, 2010: 84.
③ 荀振芳. 大学教学评价的价值反思 [D]. 武汉：华中科技大学博士学位论文, 2005: 63-64.
④ 吴清山, 王令宜, 等. 台湾地区高等教育评鉴发展与实务 [M]. 台北：高教评鉴中心基金会, 2012: 19-20.
⑤ 吴清山, 王令宜, 等. 台湾地区高等教育评鉴发展与实务 [M]. 台北：高教评鉴中心基金会, 2012: 19-20.
⑥ CHALMERS D. Teaching and Learning Quality Indicators in Australian Universities (2008) [EB/OL]. http://www.oecd.org/site/eduimhe08/41216416.pdf, 2017-12-20.
⑦ ROWE K. Analysing and Reporting Performance Indicator Data: "Caress" the data and user beware! (2004) [EB/OL]. http://research.acer.edu.au/learning processes/13, 2017-12-20.

家层面来看，绩效指标是用来保证对公共经费使用的可解释性，提升高等教育供给的质量，刺激高等教育机构内部或之间的竞争，审核新建院校的质量，赋予机构地位，承担并保证政府与高校之间权力的转移，以及促进国际比较，等等。① 由此可见，高等教育评估具有多种目的，而这在很大程度上是因为其具有多种功能。综合学者们的观点，高等教育评估能够发挥鉴定、反思、导向、激励、改进、参谋、批判、中介等重要功能，但高等教育评估也会带来一些消极影响，例如，马太效应、认同效应和逆反效应。②

　　除此之外，高等教育评估的价值问题探讨也是近些年来的研究热点。从现有研究来看，主要有以下几种观点：第一，高等教育评估具有价值多元性。"评估所反映的是一种价值事实，其不同于科学事实之处就在于，价值事实主要是一种主体性事实。高等教育评估活动由于不同主体的价值追求而表现出多样性的价值事实。"③ 有学者认为，在高等教育利益主体趋于多元化的情况下，社会、家长、学生、教师等理论上都是评估活动的利益主体。④ 由此高等教育评估的价值会因为评估的主体、利益相关者的不同价值追求变得多元。第二，高等教育评估的价值有着不同的分类。有学者认为高等教育评估的价值具有三方面的内涵，即认知性价值、合理性价值、功能性价值，高等教育评估的价值则体现在四个方面，即社会价值、教育价值、经济价值（决定社会资源的投向）、学术价值（决定科学、知识的发展），并认为学术价值体现着高等教育评估的核心价值。⑤ 与此分法不同，有学者认为大学评估具有社会价值和人的价值，根据手段和目的的关系，可分为手段型价值（外在价值，包括"工具价值"和"技术价值"）和目的型价值（内在价值，包括"贡献价值"和"自由价值"），依次排序为

　　① CHALMERS D, Teaching and Learning Quality Indicators in Australian Universities (2008) [EB/OL]. http：//www. oecd. org/site/eduimhe08/41216416. pdf, 2017-12-20.

　　② 别敦荣. 论高等教育评估的功能 [J]. 高等教育研究, 2002, 23 (6)：34-38.

　　③ 刘徐湘. 论高等教育的价值事实与评估 [J]. 国家教育行政学院学报, 2009, 140 (8)：36-40.

　　④ 刘理. 论高校教学评估的教育价值 [D]. 武汉：华中师范大学博士学位论文, 2007：29.

　　⑤ 黄兢. 我国高等教育评估的价值透视 [J]. 求索, 2014, (8)：178-182.

技术价值、工具价值、贡献价值、自由价值。该学者指出，评估的终极价值关怀是在对自由自觉的高等教育发展目标及人的目标的目标文化的追求。[1] 也有学者认为，高等教育评估所涉及的价值包括管理价值和教育价值、知识价值和能力价值、社会价值和个人价值、终结性价值和形成性价值。以往的高等教育评估在价值选择上重管理价值、知识价值、社会价值和终结性价值。[2] 学者们对高等教育评估究竟应该彰显什么价值等问题也提出了自己的观点。罗纳德·巴尼特（Ronald Barnett）认为，将质量评估作为一种"启发形式（form of enlightenment）"而非"政府监控（state sur-veillance）的机制"将更有利于教学和社会发展，因为前者能够加强高校的自我理解。[3] 李·哈维（Lee Harvey）和杰斯罗·牛顿（Jethro Newton）也持有这种观点，他们大力倡导外部质量保障模式的转型，主张质量评估要更多关注学习者和学习体验，以提高质量作为评估的导向。但也有学者对于一个新制度是否能够直接越过被广为诟病的问责导向型外部质量保障模式，直接进入到注重学生学习、以改善为导向的质量保障模式提出了质疑，也给我们留下了另一个问题，即"问责（accountability）"和"改善（im-provement）"会不会是制度形成中不可或缺的两种价值取向，只有经历了以问责为价值取向的阶段，才有可能进入以改善为价值取向的阶段？对此，马拉·辛格（Mala Singh）认为，未来高等教育评估体系还将在问责与改善之间、外部社会压力和内部学术自治之间徘徊，而这主要依赖政策制定者对高等教育责任的看法以及如何应答的选择。[4]

（二）关于具体高等教育评估制度的相关研究

学者们对于具体高等教育评估制度的研究主要涵盖四方面的内容：一是研究不同国家或地区高等教评估制度的演变路径；二是总结不同国家或

① 吕楠，刘理. 论高校教学评估教育价值的含义及构成 [J]. 湖北师范学院学报（哲学社会科学版），2007，27（4）：113-116.

② 刘慧珍，张红伟. 论高等教育评估的价值选择 [J]. 国家教育行政学院学报，2015，（3）：50-53.

③ BARNETT R. Power, Enlightenment and Quality Evaluation [J]. *European Journal of Education*, 1994, 29（2）：165-179.

④ SINGH M. Quality Assurance in Higher Education: Which Pasts to Build on, What Futures to Contemplate? [J]. *Quality in Higher Education*, 2010, 16（2）：189-194.

地区高等教育评估制度的特点；三是研究不同国家或地区高等教育评估制度的价值取向；四是提出高等教育评估制度改革的建议。

第一，关于高等教育评估制度演变路径的研究，从分析方法来看，大部分学者采用的是事实描述。也有学者运用新制度经济学中的制度变迁理论对不同国家或地区的高等教育评估制度的变迁方式进行研究，例如，刘淑芸在其博士学位论文里对美国、英国和我国的高等教育评估制度变迁进行分析，认为美国高等教育评估制度变迁显示出明显的诱致性制度变迁特征，英国高等教育评估制度的变迁则呈现出政府主导的特征，而我国高等教育制度变迁则是由国家作为制度变迁主体进行制度选择和制度变革的强制性制度变迁。① 对我国高等教育评估制度的变迁，有很多学者进行了研究，其看法与上述观点大体相同。有学者还指出，我国高教评估制度的产生和发展过程是与我国高等教育管理体制的改革密切联系在一起的。② 第二，关于不同国家或地区高等教育评估制度特点的研究。有学者总结了国外高等教育评估制度的一些共性特征与趋势，例如，利益回避制度、学生参与评估、对评估本身的监督等。③ 也有学者从评估机构的功能定位与性质、评估对象、目的导向、经费来源、评估类型、实施方式、评估报告处理方式及结果运用等方面，比较分析美国、英国、法国等发达国家的高等教育评估制度。④ 第三，关于不同国家或地区高等教育评估制度或体系的价值取向及其变化。刘理总结了西方教育评估模式中存在的几种价值取向，即科学取向、决策取向、人文取向、参与取向。⑤ 张继平则认为，国际上高等教育评估制度的价值取向经历了以信仰为中心的宗教价值、以知识为中心的理性价值、以测量为重的工具价值、以经验为中心的实用价值、以决

---

①　刘淑芸. 基于新制度经济学视角的我国高等教育评估制度重建研究［D］. 上海：华东师范大学博士学位论文，2014：92-117.

②　韩晓燕，张彦通，李汉邦. 基于新制度经济学的我国高等教育评估制度变迁研究［J］. 国家教育行政学院学报，2006，106（10）：34-39.

③　蒋冬梅，潘艺林. 国外高等教育评估的制度性特征分析［J］. 江苏高教，2011，1（5）：143-146.

④　施星国，戚啸艳，胡汉辉，等. 高等教育评估制度的国际比较研究［J］. 科研管理，2007，28（S1）：71-76.

⑤　刘理. 论高校教学评估的教育价值［D］. 武汉：华中师范大学博士学位论文，2007：31-33.

策为中心的政策价值和以服务为中心的公共价值等演变历程。① 关于我国大陆地区的高等教育评估制度，有学者指出其包括政府主导的价值取向、多元合一的价值取向、以人为本的价值取向、反思和批判的价值取向，也有学者认为我国大陆地区高等教育评估制度的价值取向经历了人本价值、公平价值、政策价值和社会价值的变迁过程。② 第四，关于高等教育评估制度的改革建议，有学者指出，应该基于利益关系的变化和评估能力、评估成本，对评估职能进行调整，构建科学合理的高等教育评估信息管理体制，构建以评估主体满意度为核心的高等教育评估指标体系，构建公开透明的和适应教育行政体制改革趋势的评估激励机制等。③ 也有学者提出，我国高等教育评估制度要尽快从单一行政策动的评估行为转变为和谐分治的质量保障体系建设。④ 综合来看，学者们的核心建议是我国高等教育评估制度的改革要遵循教育行政体制从管理到治理的总体导向。

总体来看，国内外学者对于高等教育评估和高等教育评估制度都有诸多研究，而且对于其中包含的价值问题也愈来愈重视。不论是关于高等教育评估的本质、目的、功能以及价值的探讨，还是对不同国家不同历史阶段高等教育评估制度价值取向的总结，都是高等教育评估理论的重要组成部分，也是笔者研究的重要基础。但必须指出的是，目前对于高等教育评估制度价值问题的探讨更多侧重于应然层面的理论推演，至于不同价值主体如何影响高等教育评估制度的价值取向，在制度设计中如何平衡不同价值之间的冲突，促使多元价值的实现等问题的研究并不多见。因此，未来在对高等教育评估制度的价值问题进行研究时，可以更加注重理论联系实践，用理论成果来帮助分析和解决实际问题，同时通过对实践经验的总结和升华来丰富高等教育评估的价值理论。

---

① 张继平. 从冲突走向和谐：高等教育评估价值取向的社会学分析 [D]. 武汉：华中师范大学博士学位论文，2011：68-74，97-100.

② 张继平. 从冲突走向和谐：高等教育评估价值取向的社会学分析 [D]. 武汉：华中师范大学博士学位论文，2011：68-74，97-100.

③ 农卫东，廖文武. 利益主体多元化与高等教育评估制度改革 [J]. 清华大学教育研究，2003，24（4）：98-103.

④ 董云川. 二八分治：中国高等教育质量评估制度改良的必然归属 [J]. 高教探索，2010，（4）：5-9.

二、大陆关于台湾高等教育评鉴制度的研究

大陆学者对于台湾高等教育评鉴制度有一定的研究。在"读秀学术搜索"平台，以"台湾高等教育""台湾大学""台湾高校"与"评鉴""评估""评价""质量保障""品质保证"作为关键词组合搜索图书，只搜索到相关著作一本，为学者蒋华林于 2012 年出版的《台湾高等教育评鉴研究》，该书对台湾高等教育评鉴中的学门评鉴、校务评鉴、系所评鉴、专案评鉴、技职教育评鉴等评估活动的实施程序和相关规定进行了简要的介绍，这本著作可以帮助我们了解台湾高等教育评鉴制度的大体面貌。在"中国知网"硕博学位论文和期刊论文中，关于台湾高等教育评鉴制度的相关研究并不多。"台湾高等教育""台湾大学""台湾高校"与"评鉴""评估""评价"作为关键词组合进行搜索发现，相关期刊论文有 44 篇，硕士学位论文有 6 篇，博士学位论文有 0 篇。根据研究主题和内容可以分为三类：一是关于台湾大学系所评鉴的研究，二是关于台湾高等技职教育评鉴的研究，三是关于台湾高等教育评鉴制度整体的研究。

（一）关于台湾高校系所评鉴制度的研究

刘振天、尚红娟、张宝蓉、王洋、兰应飞等学者对台湾地区高校系所评鉴制度的特点、存在的问题以及可借鉴的经验进行了论述。归纳而言，这些研究在以下几个问题上做了重点阐述：第一，关于台湾高校系所评鉴制度的演变。从现有研究来看，大部分学者主要根据评鉴类型和评鉴主体对系所评鉴制度的演进过程进行分期。也有学者从制度变迁的视角对其进行了分析，例如，兰应飞分别从制度变迁的层次与规模、演进方式、速度、主体对其进行分析，认为其具有局部变迁、人为设计式变迁、渐进式变迁、诱致性变迁等特点。同时，他还从权利博弈的角度对行政主管部门、高校、社会这三个权力主体在系所评鉴制度变迁中的权力博弈关系进行了分析，认为其总体呈现出行政主管部门主导型博弈模式特点。[①] 第二，关于现行系所评鉴制度的特点。王洋认为台湾系所评鉴制度具有法制化、认可制精神

---

① 兰应飞. 台湾地区大学系所评鉴研究 [D]. 广州：广州大学硕士学位论文，2016：34-40.

的采用、评鉴主体多元化、评鉴委员专业化、结果认可程序严谨等特点。① 也有学者认为台湾高校系所评鉴具有彰显系所办学自主、注重过程与发展、公平公正、规范严格、简单务实等特点。② 张宝蓉则认为，台湾高校系所评鉴机制在理念、规划和具体实施过程等方面深受美国"认可制"的影响，但它也逐渐彰显出自己的特色，例如，在主体上，培育评鉴中介机构，逐步实施第三方评鉴；在方式上，内外部评鉴互补，突出系所的自我评鉴；在标准上，注重质与量的结合，凸显系所办学特色等。③ 也有学者指出台湾高校系所评鉴中贯穿着三种理念，即 CIPP 评鉴模式、PDCA 评鉴模式和认可制评鉴模式。在这三种评鉴理念中，CIPP 评鉴模式和 PDCA 评鉴模式主要参考美国的教育评价理念。④ 第三，关于台湾高校系所评鉴制度的问题与趋势。王洋对台湾某大学教育系的系所评鉴进行观察研究，并结合文献分析，总结了台湾大学系所评鉴制度中的诸多争议。其中最为激烈的是关于评鉴结果与退场机制结合的争议。大部分的学者认为退场机制违背了评鉴的初衷，妨碍了大学自治、学术自由的真正发挥。⑤ 王洋认为争议的最主要根源在于台湾教育主管部门对评鉴的强势介入与大学基于利益维护的视角对客观公正评鉴诉求的矛盾。⑥ 从某种意义上来说，这样的观点的确指出了台湾高等教育评鉴制度中的核心问题。

（二）关于台湾高等技职教育评鉴制度的研究

从学位论文来看，我国大陆共有两篇关于台湾高等技职教育评鉴的研究。两份研究均对台湾高等技职教育评鉴制度建设的历史进行了回顾，对当前制度进行分析，总结出其特点与问题。关于台湾高等技职教育评鉴制

① 王洋. 台湾地区大学系所评鉴制度研究 [D]. 杭州：浙江师范大学硕士学位论文，2011：33-36.
② 刘振天. 台湾高校系所评鉴活动观感 [J]. 中国高等教育，2010，(6)：40-42.
③ 张宝蓉，郑蔚. 台湾地区高校系所评鉴机制及对大陆的启示 [J]. 中国高教研究，2011，(5)：53-56.
④ 孟范杰，于海丽. 台湾地区高校转型期系所评鉴过程及效果分析 [J]. 中国高等教育评估，2017，(1)：17-23.
⑤ 尚红娟. 台湾大学系所评鉴制度研究 [J]. 复旦教育论坛，2011，9 (1)：51-55.
⑥ 王洋. 台湾地区大学系所评鉴制度研究 [D]. 杭州：浙江师范大学硕士学位论文，2011：47.

度的演变。陈淼将其分为产生阶段、发展阶段和改进阶段，并分析了每个阶段的制度特点。① 梁燕将其分为以"类"为主要单位的评鉴（1975－2000）和以"校"为主要单位开展的评鉴（2001至今）。② 关于台湾高等技职教育评鉴制度的特点。陈淼从规章体系、组织架构、运行机制、质量监控等方面论述了台湾高等技职教育评鉴制度的特点，具体包括评鉴目的的科学化及指引性、评鉴对象及范围的全面性、评鉴的法制化、评鉴的公正性、评鉴主体的多元化等。③ 穆念红对台湾高等技职教育评鉴制度特点的总结大体与陈淼相似，除此之外，她还指出了评鉴指标弹性化、评鉴兼重量化等特点。④ 也有学者从评鉴制度与社会互动的角度来看台湾高等技职教育评鉴制度的发展，认为台湾高等技职教育及评鉴制度与台湾经济发展形成了良性互动。⑤ 张琴则认为，产教融合是台湾高等技职校院评鉴制度的关键，不论是之前的"等第制"还是之后推出的"认可制"，都在其评价标准中特别重视推进产教融合、促进产学研合作教育。⑥ 关于台湾高等技职教育评鉴制度的问题，有学者指出以下几点：缺少独立法人形式的评鉴中介机构、评鉴委员制度不健全、自评材料出现造假现象、指标欠弹性等；⑦ 也有学者指出，台湾高等技职教育评鉴在机制上结合退场机制"扭曲了原本赋予评鉴促进学校改进的目的，引起了高校的质疑和争议"。⑧

---

① 陈淼. 中国台湾地区高等技职教育评鉴制度研究 [D]. 广州：华南师范大学硕士学位论文，2007：17-22.

② 梁燕. 台湾地区技专校院评鉴现况述评 [J]. 中国职业技术教育，2006，(14)：47-49.

③ 陈淼. 中国台湾地区高等技职教育评鉴制度研究 [D]. 广州：华南师范大学硕士学位论文，2007：33-38.

④ 穆念红. 台湾高等技职教育评鉴研究 [D]. 重庆：重庆大学硕士学位论文，2010：35-37.

⑤ 尤艺金. 浅析台湾地区高等技职教育评鉴特点 [J]. 青岛职业技术学院学报，2010，23（2）：48-51.

⑥ 张琴，马立红，周华丽. 产教融合：台湾高等技职校院评鉴制度之关键 [J]. 职教论坛，2015，(15)：93-96.

⑦ 陈淼. 中国台湾地区高等技职教育评鉴制度研究 [D]. 广州：华南师范大学硕士学位论文，2007：38-41.

⑧ 穆念红. 台湾高等技职教育评鉴研究 [D]. 重庆：重庆大学硕士学位论文，2010：40.

（三）关于台湾高等教育评鉴制度整体的研究

大陆共有两篇关于台湾高等教育评鉴整体制度的硕博士学位论文，分别是《沪台两地高等教育评估制度比较研究》和《台湾地区高校绩效评估机制研究》。韦艳梅从制度的发展历程、实施现状两方面对台湾和上海的高等教育评估制度进行了比较。笔者认为该研究的一大亮点就在于其专门提到了台湾高等教育评估制度的核心价值与基本精神。该研究以制度文本为依据，指出台湾高等教育评估凸显了高效自主精神、采用了"认可制"、不用同一把尺子衡量所有高校等理念。同时该研究也指出，台湾高等教育评估制度存在政治色彩浓厚、系所退场机制面临挑战、制度本身欠完善等问题。① 左一鸣也对台湾高等教育评估机制的发展历程和具体内容进行了概述，并总结了其具有完善的评估体系、评估的公开化与程序化等经验，同时也揭示了其局限性，例如，系所评估妨碍多元化发展、系所分类不完善、缺乏严密的监督控制机制等。②

从期刊论文来看，大部分研究都旨在总结台湾高等教育评鉴制度的特点。例如，袁本涛等重点总结了台湾高等教育评鉴主体多元化，评鉴体系法制化，评鉴类型多样化，以认可制为基础，强调自我评估和自我改进等特点。③ 平古则认为，21世纪以来台湾高等教育评鉴具有制度的连续性、行为的民主性、方向的发展性等特性。④ 朱丽则认为台湾高等教育评鉴体系具有认可性评鉴、指标的多样化、程序的公正性、机构的专业性、注重自我评鉴等六大特征。⑤ 与前面这些研究不同的是，尚红娟专门阐述了台湾高等教育评估制度改革的推动力量，即绩效责任与品质理念的追寻、大学内外部机制运作的要求、市场化浪潮的冲击等。同时，她也指出台湾地区教育

① 韦艳梅. 沪台两地高等教育评估制度比较研究 [D]. 上海：华东师范大学硕士学位论文，2011：38-42.

② 左一鸣. 台湾地区高校绩效评估机制研究 [D]. 北京：中央民族大学硕士学位论文，2013.

③ 袁本涛，乔伟峰，李锋亮. 台湾地区高等教育评鉴制度及其启示 [J]. 苏州大学学报（教育科学版），2015，（4）：116-124.

④ 平古. 变革中的台湾大学校院系所评鉴 [J]. 高教发展与评估，2013，29（6）：17-22.

⑤ 朱丽. 台湾高等教育评鉴的特征及其启示 [J]. 上海教育评估研究，2016，（6）：42-46.

行政部门的角色虽因大学趋于自治而弱化，从执行人转向监督人，但在高等教育评估工作的实际推动中，无论是制度层面的设计还是运作机制的推行其影响力都未有减弱。① 2011 年，该学者发表一篇文章重点论述了台湾当局在高等教育评鉴中的影响力。她指出，高等教育评鉴的发轫根本还是行政决策的需求（尽管是积极意义的），之后才有了专业学术团体的参与。在此强制要求的发展脉络下，弥漫于评鉴工作之中的是由上而下的被动色彩，尤其是"系所退场"机制的推出，使得评鉴成为台当局为弥补高等教育的盲目扩张进行合法裁员的工具。所以，她认为，发展至今大学系所评鉴的目的更多是为证明"系所存在"的合法性。② 另一学者的研究进一步佐证了这种观点。易鹏等学者通过分析政策法规，对台湾高校外部评鉴发展的相关背景和具体运作进行考察，继而发现即使各类政策报告都宣称评鉴机制的重要意义在于其作为促进大学自主发展的重要手段，但在实际操作层面，这种评鉴机制反而限制了大学的自主权，例如，对大学招生的限制、对学科发展的限制以及对课程与教学的干预等。③

　　综上，可以看出，大陆学者对于台湾高等教育评鉴制度是非常关注的，学者们对台湾高等教育评鉴制度的发展历程、内容、运行方式以及特点等都进行了详尽的梳理和总结。同时，也有部分学者也指出了台湾高等教育评鉴制度存在的问题。但值得注意的是，这些被指出的问题却与很多学者总结的特点自相矛盾。例如，很多学者都认为台湾高等教育评鉴制度一大特点就是凸显了高校办学的自主性，但也有很多学者指出，台湾高等教育评鉴制度"政治色彩浓厚"，限制了高校办学的自主权。这种认识上的矛盾，在很大程度上来源于目前对台湾高等教育评鉴制度的研究大部分只停留在对制度文本的浅层分析，据此总结一些表层的、操作层面的特点和经验，对于问题的揭示也是蜻蜓点水式，只点出了问题的"现象"，并没有揭示出问题的"本质"。可喜的是，也有少数学者跳出了"经验总结"的分析框架，试图从制度改革的推动力量、教育主管部门在其中的角色、具体的

① 尚红娟. 台湾高等教育评估政策的变迁［J］. 教育发展研究, 2010,（19）：65-70.
② 尚红娟. 台湾当局在高等教育评鉴中的影响力分析［J］. 福建师范大学学报（哲学社会科学版）, 2011,（2）：151-157.
③ 易鹏, 程诗婷. 台湾地区大学外部评鉴对大学自治的限制分析及启示［J］. 中国人民大学教育学刊, 2015,（3）：168-180.

操作规范等角度对台湾高等教育评鉴制度进行深入研究。但总体来看，目前的研究主要还是基于对政策文本的描述性分析总结，对于内在制度、非文本制度的探讨较少涉及。

三、台湾关于台湾高等教育评鉴制度的研究

相较而言，台湾学者对于本地高等教育评鉴制度的研究更加丰富。笔者两次赴台在台湾师范大学图书馆、台湾大学图书馆、台中教育大学图书馆、"国家图书馆"、高雄市立图书馆、"台湾博硕士论文知识加值系统"、"华艺线上图书馆"、台湾师大书苑以及在厦门大学图书馆、厦门大学台湾研究院"台港澳资源检索系统"等处共搜集到台湾地区的相关学术专著 7本、博士学位论文 8 篇、硕士学位论文 22 篇、期刊论文 139 篇。

从相关著作来看，姜丽娟所著的《大学国际化评鉴》（2011）、陈汉强所著的《大学评鉴》（1997）和王保进所翻译的《大学自我评鉴》（2002）均是对高等教育评鉴相关理论的学理性探讨，并未对台湾高等教育评鉴制度进行具体分析。吴清山、王令宜等人合著的《台湾地区高等教育评鉴发展与实务》（2012）一书较为集中地论述了与台湾高等教育评鉴相关的各个主题，包括台湾高等教育评鉴的发展沿革，也对评鉴"法规"、评鉴委员、评鉴伦理、学术评鉴、学生学习成效为主轴的评鉴、大专院校校务研究与资料库应用、品质保证跨国发展与其对高等教育的影响、大学国际化评鉴设计等议题进行了探讨。[①] 胡悦伦主编的《海峡两岸大学教育评鉴之研究》（1998）、吴清山所著的《高等教育评鉴议题研究》（2009）以及杨莹所著的《"两岸四地"高等教育评鉴制度》（2010）也对台湾高等教育评鉴制度发展的历史、现状以及面临的挑战进行了总结与分析。

根据研究主题，30 篇硕博士学位论文大致可以分为四类：第一，高等教育评鉴制度的比较研究，具体包括台湾地区高等教育评鉴制度与英国、美国、澳洲、芬兰、丹麦、挪威、瑞典、日本、印度以及中国大陆的高等教育评估制度的比较；第二，台湾高等教育评鉴制度的问题研究，具体包括对系所评鉴、大学院校教学评鉴、自我评鉴、科技大学评鉴、后设评鉴、

---

① 吴清山，王令宜，等. 台湾地区高等教育评鉴发展与实务 [M]. 台北：高教评鉴中心基金会，2012：2-14.

机构认证等制度与活动的发展历史进行梳理，对其现状进行分析与调查，并提出建议；第三，高等教育评鉴相关指标建构研究，具体包括台湾高等教育绩效评估一般性模式的建构、科技大学评鉴委员专业知能指标建构、高等教育评鉴机构认证指标建构、高等教育评鉴利益关系人互动模式建构等；第四，台湾高等教育品质保证研究，具体包括政策分析、管理系统内涵分析以及与竞争经费的关联性研究。从研究方法和视角上来看，针对台湾高等教育评鉴制度的宏观探讨主要可以分为两类：第一，通过政策文本和相关文献对台湾高等教育评鉴制度发展历程和现状进行梳理、分类、总结，大部分的学位论文是这一类；第二，通过问卷或访谈对评鉴领域的专家、系所主管、教育行政主管等群体进行调查，了解他们对于评鉴制度或评鉴指标等方面的意见，以此总结与分析评鉴制度面临的问题。① 除此之外，也有学者运用了评鉴政治学的理论研究了台湾高等教育评鉴中的利益相关者之间的互动模式。②

　　从期刊论文上来看，台湾学者对台湾高等教育评鉴制度的研究主题主要集中在以下几个方面：第一，对台湾高等教育整体评鉴制度的历程梳理、批判与反思，例如，王如哲、杨莹等学者持续关注台湾高等教育评鉴议题，发表了《台湾地区高等教育评鉴制度建构的省思》《台湾高等教育评鉴的回顾与展望》《大学评鉴未来的改革方向》等一系列的文章，这一部分的研究成果综述将在下一段具体论述。第二，对台湾大学教师评鉴相关问题的研究，例如，王嘉陵对台湾教师教学评鉴的问题进行了反思，认为大学应该思考，如何建立辅导教师教学专业的完整制度，而不是用一份问卷来判定教师的教学品质。③ 第三，对台湾高校系所评鉴的研究，主要包括对系所评鉴指标设定的再评估、对不同年度评鉴结果的回顾与解读、对系所评鉴基础的介绍。第四，对台湾高校校务评鉴的研究，具体包括对第一周期校务评鉴的反思，对第二周期校务评鉴的规划，对如何改进校务评鉴的意见。

---

　　① 许宗仁. 台湾地区高等教育评鉴制度之研究 [D]. 新北：台湾淡江大学硕士学位论文，2011.

　　② 林松柏. 台湾高等教育评鉴利害关系人互动模式建构：评鉴政治学理论之应用与评析 [D]. 台湾暨南国际大学博士学位论文，2009.

　　③ 王嘉陵. 大学教师教学评鉴之问题与省思 [J]. 台湾教育评论月刊，2016，5(6)：107-108.

有学者指出，可以通过建立校务专业管理体制来连接校务研究、校务发展与自我评鉴，[①] 进而改进大学校院评鉴指标与方式。[②] 第五，关于大学自我评鉴的研究，这类研究多是学者对某个学校自我评鉴模式的经验总结，但也有学者从宏观层面做了探讨，例如，池俊吉通过文本分析对台湾自我评鉴的历史、内涵以及运用方式进行了梳理，依据动机、主导者及功能与目标将大学自我评鉴区分为了自办评鉴、自主性自我评鉴、因应性自我评鉴及配合性自我评鉴四类，同时指出了当前台湾自我评鉴制度的问题。[③] 除了以上五类主题外，台湾学者还就后设评鉴、评鉴机构认证、评鉴指标建构、退场机制、品质保证、评鉴委员、通识教育评鉴、师资培育评鉴等议题进行了研究和探讨。

将以上专著、硕博士学位论文以及期刊文献综合起来进行考察分析，发现学者们主要从以下几个方面对台湾高等教育评鉴制度的问题进行了探讨。

（一）台湾高等教育评鉴制度的发展沿革

不论是在著作、硕博士学位论文中，还是在期刊文献中，台湾学者们都十分注重对高等教育评鉴发展过程进行历史梳理，主要涉及两部分内容：一是关于台湾高等教育评鉴制度的缘起，二是台湾高等教育评鉴制度发展的阶段划分。关于台湾高等教育评鉴制度的缘起，大部分学者认为是受到美国行政管理上"绩效责任"观念的影响以及高等教育规模急速扩张时当局管理上的需要。[④] 对台湾高等教育评鉴制度发展阶段的划分，大部分的学者主要依据的是评鉴类别和评鉴举办者，不同的学者划分的结果有所不同。吴清山曾在2009年将大学评鉴划分为五个时期：学门试办期（1975-1995年）、大学综合评鉴试办期（1997-2001年）、自我评鉴鼓励期（2001-2004

---

① 何希慧. 建立校务专业管理体制 [J]. 台湾教育评论月刊, 2016, 5 (3)：40-43.

② 萧玉真. 以校务研究改进大学校院评鉴指标与方式 [J]. 台湾教育评论月刊, 2016, 5 (3)：48-51.

③ 池俊吉. 台湾地区大学自我评鉴发展与运用探析 [J]. 高教评鉴与发展, 2013, 7 (2)：37-62.

④ 胡悦伦. 海峡两岸大学教育评鉴之研究 [M]. 台北：师大书苑, 1998：108.

年)、大学校务评鉴期（2004-2005 年)、系所评鉴期（2006 年以后)。① 但在 2012 年他与王令宜又根据历史演变与评鉴重要事件，将大学院校评鉴发展过程划分为萌芽期（1975-1982 年)、局部展开期（1983-1994 年)、活络期（1994-2004 年）与全面推动期（2004 年以后）等四个阶段，将技职校院评鉴发展过程划分为专科学校评鉴（1975-1992 年)、技术学院评鉴（1993-2000 年)、科技大学评鉴（2001 年以后）三个时期。② 杨莹则将一般大学校院评鉴机制的建构发展分为六个时期：由教育主管部门主导并办理学门评鉴（1975-1990 年)；由教育主管部门委托学术团体办理学门评鉴，并开始办理大学校院中程校务发展计划审查（1991-1994 年)；1994 年"大学法"及 1997 年"私立学校法"相继修正后，依法办理大学评鉴及继续办理大学院校中程校务发展计划审查（1995-2000 年)；鼓励建立自我评鉴机制，以及进行私校校务发展奖补助审查（2001-2004 年)；推动校务整体发展计划审查，委托民间团体办理大学校务评鉴（2004-2005 年)；以财团法人形式成立"高等教育评鉴中心基金会"，专责办理大学评鉴（2005 年迄今)。同时，她还将技职体系的大专校院评鉴机制建构划分为四个阶段，分别是：分类分年办理评鉴阶段（1975-1996 年)、增设专案评鉴及访视阶段（1997-2000 年)、学校整体进行评鉴阶段（2001-2004 年)、技职体系高等教育评鉴迈向多元化发展阶段（2005 年迄今)。③ 许宗仁则在其硕士论文中将一般大学院校评鉴机制发展分为四个阶段，即分年办理学门评鉴阶段（1975-1996 年)、试办大学综合评鉴与启动通识教育评鉴阶段（1997-1999 年)、鼓励建构自我评鉴与办理大学校务评鉴阶段（2001-2004 年）以及成立专责评鉴机构并执行高等教育评鉴阶段（2005 年迄今)。④ 总体来看，这些阶段划分都在试图凸显台湾高等教育评鉴制度形成中的重要事件，

---

① 吴清山. 高等教育评鉴议题研究 [M]. 台北：高等教育文化事业有限公司，2009：35-41.

② 吴清山，王令宜，等. 台湾地区高等教育评鉴发展与实务 [M]. 台北：高教评鉴中心基金会，2012：2-14.

③ 杨莹. "两岸四地"高等教育评鉴制度 [M]. 台北：高教评鉴中心基金会，2010：103-125.

④ 许宗仁. 台湾地区高等教育评鉴制度之研究 [D]. 新北：淡江大学硕士学位论文，2011：137.

例如，1975 年试办学门评鉴，1994 年"大学法"明确规定需办理大学评鉴，1997-1998 年首次实施以大学整体校务为主的大学综合评鉴，2001 年制定鼓励大学自我评鉴的补助计划，2004 年启动第一次大规模的校务评鉴，2005 年成立专责评鉴机构"财团法人高等教育评鉴中心基金会"，等等。

（二）台湾高等教育评鉴制度演变中的问题与挑战

对于台湾高等教育评鉴制度中存在的问题以及台湾高等教育发展所面临的挑战，台湾学者一直以来都在不断地反思与总结。综合学者们的观点，可以发现讨论的焦点主要集中在以下几个方面。

1. 大学自治与高等教育评鉴制度之间的矛盾

有学者指出，虽然大学评鉴的实施，能够让大学明白其问题所在，并因而达到评鉴是为了追求学术的目的。然而，不可否认的是，大学评鉴与大学自治之间"关系紧张"。学者许育典、陈碧玉从学术自治的角度来检讨台湾大学评鉴的对象、项目等，指出了不同学门的同质化、评鉴项目设计对课程与教学的侵害、对研究自由的限制等问题。[①] 吴清山等也提出了"强制套餐式"与"自行设计式"评鉴的两种导向。[②] 对此，有学者认为，台湾高等教育评鉴制度的演进是阶段性的，"强制套餐"与"自行设计"可能是评鉴演变过程必然经历的两个阶段。例如，陈良基等学者就将过去的评鉴模式比喻为"教大家如何穿衣服"，而将未来的评鉴比喻为"鼓励大家穿出不同品味"，认为过去的评鉴模式无可厚非。[③] 大部分学者都认为，行政主管部门在台湾高等教育评鉴机制的执行上，已由"主导者"逐渐转变为"监督者"角色。[④] 但也有学者认为，这种由行政主管部门主导的强制性外部评鉴所带来的影响是深远的，即使现在取消"强制性"，但依然无法阻挡"大学内部评鉴朝向制度绩效至上"的方向发展，原来的评鉴模式已渗入学

---

① 许育典，陈碧玉. 大学自治下大学评鉴制度的检讨：以系所评鉴为例 [J]. 当代教育研究，2011，19（2）：119-158.

② 吴清山. 高等教育评鉴议题研究 [M]. 台北：高等教育文化事业有限公司，2009：21.

③ 陈良基，陈曼玲. 从评鉴 1.0 到 2.0 [J]. 评鉴双月刊，2016，（64）：7-9.

④ 林松柏，陈庭逸. 改善高等教育评鉴之道：基于评鉴利害关系之观点 [J]. 台湾教育评论月刊，2016，5（3）：29-34.

校的组织文化之中。①

2. 评鉴程序设计与评鉴目标之间的矛盾

尽管台湾教育主管部门一直宣称，评鉴的目的不是为"证明"，而是在于确保并提升高等教育品质，帮助学校自我改善，但在制度的安排中却存在诸多矛盾，受到学者们的质疑。有学者指出，当前的评鉴制度可以说是"取得认可，取得资源"的分界线，尽管强调"认可"的精神，然而连接到评鉴之后的处理措施，实质上是另一种狭隘的评鉴本位主义的绩效导向评量。② 也有学者指出，由新自由主义"自由竞争"思维支撑的外部评鉴，在实际运作过程中并未维持原来的思维，台湾高教外部评鉴的运作模式并不稳定，而且不断因为各种外界批评而进行政治调整，"退场机制"就是评鉴机制摇摆前进最典型的案例。③ 有学者分析了在现有制度评鉴指标引导下的自我评鉴对系所持续自我改进的影响，认为新的指标有很多正面的变革，但并没有实现应有的目标。④ 大部分的学者曾呼吁让评鉴结果与招生名额核定、行政奖励脱钩。⑤ 但也有学者认为，一方面想中立客观地对学校的品质进行评估，一方面又需要兼顾辅导的角色功能，这两者其实存在角色上的冲突。⑥ 未来，台湾教育主管部门在评鉴中要如何定位，扮演何种角色，与大学校院保持何种关系，对于评鉴结果的处理应采取何种策略，这些都关乎改善教学品质的目标能否实现。⑦

① 苏硕斌. 评鉴的制度化与制度的评鉴化 [J]. 台湾社会研究季刊, 2012, (89): 47-82.

② 汤尧. 评鉴制度对台湾高等教育的影响 [J]. 教育资料与研究双月刊, 2011, (103): 27-40.

③ 苏硕斌. 评鉴的制度化与制度的评鉴化 [J]. 台湾社会研究季刊, 2012, (89): 47-82.

④ 汤家伟. 从大学系所评鉴指标之设定论系所发展持续自我改善能力之可能与限制 [J]. 台湾教育评论月刊, 2016, 5 (3): 21-24.

⑤ 王如哲, 杨莹. 台湾高等教育评鉴的回顾与展望 [J]. 台湾教育, 2012, (674): 20-24.

⑥ 黄荣村. 高教评鉴不是大巨蛋 [J]. 评鉴双月刊, 2016, (64): 10-11.

⑦ 杨莹. 台湾地区高等教育评鉴制度建构的省思 [J]. 教育研究月刊, 2008, (168): 5-20.

3. 评鉴主体与评鉴客体之间的矛盾

有学者通过对 2006-2010 年第一周期系所评鉴的申复报告及其相关回复进行分析，探讨了系所自评与外部专家评鉴观点的异同，认为台湾大学评鉴在执行层面仍面临四项威胁：未能考虑具体情形，检视的是结果而非动态历程，专家价值观的涉入以及评鉴历程缺乏长期投入与互动。① 台湾高等教育研究学会与台湾高教教育产业工会曾分别针对台湾评鉴制度进行了评鉴，然而却呈现出截然不同的结果：前者的评鉴结果显示，肯定评鉴对系所质量有改善作用的受访者有七成，而后者的评鉴结果却显示，这个比例只有不到二成五。有学者对这两份调查进行了分析，认为高教工会的评鉴结果真实反映了大部分大专教师对评鉴的心声，即高教评鉴无法反映当前高等教育的问题。② 除此之外，也有学者从高等教育评鉴利益相关者的角度对当前的评鉴制度进行了剖析和建议，他认为目前台湾高等教育评鉴受政治影响太深，具有浓厚政治色彩，为了保证教育质量的持续改善，评鉴制度应该逐渐改为以校内自评为主，外部评鉴单位的目标导向则应由检查学校绩效转变为提供改善建议或给予认证。③

（三）台湾高等教育评鉴制度的发展方向

对于未来高等教育评鉴是否必要，大部分学者持肯定意见，他们认为，目前台湾面临严重的少子化危机，台湾许多大学正在试图转型、合并、退场，在这个时候，具有公信力的大学评鉴显得更为重要，它不但可以帮助大学进步，还可以作为学生挑选适合自己的校系的参考。④ 对于未来台湾高等教育评鉴制度的改革重点，大部分的学者都认为是鼓励和辅导学校建立自评机制，强化学校自我管控与调整，减少行政干预，⑤ 协助学校由他律趋

① 陈慧蓉. 大学质性评鉴的挑战：系所评鉴与外部专家评鉴观点的一致性分析 [J]. 当代教育研究季刊, 2016, 24 (2)：75-109.
② 戴伯芬, 陈政亮. 评鉴、反评鉴：两种评鉴"高教评鉴制度"结果比较 [J]. 跨界：大学与社会参与, 2012, 2 (2)：77-115.
③ 陈慧蓉. 大学质性评鉴的挑战：系所评鉴与外部专家评鉴观点的一致性分析 [J]. 当代教育研究季刊, 2016, 24 (2)：75-109.
④ 贺陈弘. 大学评鉴的必要与困难 [J]. 评鉴双月刊, 2016, (64)：13.
⑤ 大学评鉴创造多赢 [J]. 高教技职简讯, 2012, (67)：1-36.

向自律，塑造自我检讨与改进的校园文化。① 也有学者认为，应该建立容许大学多元发展的评鉴制度，同时评鉴要能激发大学负起社会责任的能量。② 吴清山等学者则提出，未来教育评鉴本土化有待努力、专业化仍待提升、后设评鉴亟待提倡、评鉴伦理还应重视、评鉴种类还需整合。③ 在制度具体设计方面，有学者认为未来的校务评鉴与系所评鉴，要"鼓励大学将品质文化深化扎根"④。除此之外，也有学者指出，检视"学生学习成效"与"教师教学成效"才是大学真正的本质与评鉴的主要内容。评鉴如何引导大学的未来走向，重点要考虑十余年后高等教育要为台湾培养什么样的人才？⑤ 这也就意味着，高等教育评鉴要想扩大效能，必须依据社会发展、时代趋势、学校需求进行适时的调整。⑥

从上述观点中可以看出，台湾高等教育评鉴制度中还存在很多具有争议的问题。大部分学者都集中对台湾高等教育评鉴的相关政策进行了梳理与分析。从理论上来看，政策分析主要涉及三个基本的内容领域，即事实分析、价值分析和规范分析。从现有的研究来看，大陆的学者对于台湾高等教育评鉴制度的研究主要还是停留在事实分析上，即对现状进行描述，对特点进行总结。台湾的学者则更加注重对制度政策的规范分析，也就是对评鉴过程中的实际问题进行总结，以提出更好的策略。从学者们的研究结论来看，台湾高等教育评鉴制度不论是发展历程，还是现实状况都具有明晰的价值取向，很多的现实冲突和矛盾并不是操作层面的问题，而是涉及不同利益主体的价值观念和价值选择，涉及制度变迁过程中价值冲突等问题，而这也就是本研究要重点关注的问题。

① 王如哲，杨莹. 台湾高等教育评鉴的回顾与展望 [J]. 台湾教育，2012，(674)：20-24.

② 陈振远. 高教转型期的大学评鉴新思维 [J]. 评鉴双月刊，2016，(64)：17.

③ 吴清山，王湘栗. 教育评鉴的概念与发展 [J]. 教育资料集刊，2004，(29)：1-26.

④ 侯永琪，池俊吉，周华琪. 大学评鉴的新视野 [J]. 评鉴双月刊，2016，(64)：18-21.

⑤ 陈良基，陈曼玲. 从评鉴 1.0 到 2.0 [J]. 评鉴双月刊，2016，(64)：7-9.

⑥ 吴清山. 大学评鉴的下一步 [J]. 师友月刊，2016，(589)：1-4.

第五节　研究设计

基于对现有研究成果的分析及前期赴台湾地区的实地考察，笔者以"台湾高等教育评鉴制度的价值研究"为题开展研究。该研究主要采用构建价值分析模型与实证调研的方法对台湾高等教育评鉴制度的主要价值类型及其关系的变化进行分析与探讨，并试图揭示未来台湾高等教育评鉴制度发展的走向。

一、研究思路

本研究的研究对象是台湾高等教育评鉴制度，主要分析的是它作为一种制度的价值，台湾教育主管部门、高校、评鉴机构、社会公众等都是这项制度的价值主体，他们对高等教育评鉴制度有着不同的价值诉求。但总体来看，教育主管部门、高校以及评鉴机构对高等教育评鉴制度的价值追求及其实现是台湾高等教育评鉴制度变迁的主要矛盾线索。三者的价值追求并非完全不同，例如，促进台湾高等教育质量的提升是他们共同的追求。但需要指出的是，作为独立的主体在高等教育评鉴制度中他们也有自己特殊的价值诉求，正是这些价值诉求之间的矛盾性推动了高等教育评鉴制度的发展与变革。基于矛盾与平衡的逻辑线索，在前期调研所获得的经验知识指导之下，笔者从台湾高等教育评鉴制度复杂的价值系统中抽取了规制价值、自主价值与平衡价值这三个相互关联又相互独立的概念类型，并将这三者的实现及其关系的变化作为分析台湾高等教育评鉴制度价值问题的重要抓手。具体的研究思路为以下五个步骤：第一，借助马克斯·韦伯的"理想类型"构建出台湾高等教育评鉴制度的价值分析模型，包括阐明规制价值、自主价值与平衡价值的内涵及其实现的观测框架，并提出三者的互动模型；第二，阐述台湾高等教育评鉴制度的构成与载体，梳理其发展历程；第三，讨论台湾高等教育评鉴制度变迁过程中的规制价值、自主价值与平衡价值的实现情况；第四，深度剖析台湾高等教育评鉴制度变迁过程中的价值矛盾及其消极影响；第五，对未来台湾高等教育评鉴制度及其价值关系的发展进行展望。

二、研究内容

台湾高等教育评鉴制度自 1975 年建立起，已走过了四十多年的发展历程。本研究从价值分析的视角来对这段历程进行研究，重点阐述规制价值、自主价值及平衡价值的实现情况及其关系的变化。

（一）台湾高等教育评鉴制度价值分析模型

高等教育评估制度作为一种特殊的制度包含太多的价值问题，高等教育评估本身就是一种价值判断，它反映着人们的高等教育价值观，同时它又是一种有价值的活动，而当它变成一种制度时，又具有了制度的价值属性。因此，厘清台湾高等教育评鉴制度价值的内涵和类型是价值分析的第一步。在这一部分，笔者首先总结出台湾高等教育评鉴制度价值的含义和构成，前者主要是对台湾高等教育评鉴制度价值的本质进行阐述，对相关概念进行界定，后者主要是依据主客体关系理论，对台湾高等教育评鉴制度的价值客体及其属性、价值主体及其需要以及价值内容进行阐述。其次，笔者借助"理想类型"方法理论从台湾高等教育评鉴的现实活动中抽象出规制价值、自主价值及平衡价值这三种价值类型，分析它们的内涵和存在的合理性。以此为基础，笔者再构建出三种价值在现实高等教育评鉴制度中实现情况的观测框架及其关系互动模型。

（二）台湾高等教育评鉴制度及其变迁

从横向结构来看，台湾高等教育评鉴制度由理念系统、目标系统、规则系统、组织系统和设备系统五大要素构成，并通过正式的文本和非正式的行为习惯等载体表现出来。从纵向发展来看，台湾高等教育评鉴制度在 20 世纪 70 年代中后期初见雏形，经历了 20 世纪 80 年代和 90 年代的探索与发展，于 21 世纪初期形成较为稳定的制度结构，2015 年受到内外部因素的影响，台湾高等教育评鉴制度又进入到调整与变革的阶段。从系统论的角度看，台湾高等教育评鉴制度属于台湾教育制度下的一个子系统，它直接地受到宏观教育制度的影响，也间接地受到社会其他制度的影响。因此，在探讨台湾高等教育评鉴制度及其变迁的过程中，社会经济发展背景、教育体制改革和其他社会制度变革等也是研究的内容。总体来看，这一部分主要是从横向和纵向两个角度对台湾高等教育评鉴制度结构及其发展历程进行梳理和总结，以为之后的价值分析奠定基础。

（三）台湾高等教育评鉴制度价值的实现

在本研究中，台湾高等教育评鉴制度价值的实现是指在实践过程中高等教育评鉴制度作为价值客体满足规制、自主、平衡这三种价值诉求的实际情况，也就是这三种典型潜在价值转化为现实价值的过程。从微观层面来看，台湾高等教育评鉴制度价值实现的情况主要是通过台湾高等教育评鉴制度的具体形态、结构和功能表现出来。因此，对台湾高等教育评鉴制度价值实现问题的探究其实就是对不同历史时期台湾高等教育评鉴制度的结构、功能等满足三种价值诉求的过程的分析。本部分，笔者以台湾高等教育评鉴制度的变迁历史为基础，通过分析不同时期评鉴制度的具体规则来揭示三种价值诉求的实现形式、实现情况以及实现路径。

（四）台湾高等教育评鉴制度的价值矛盾与冲突及其消极影响

矛盾与冲突是价值系统演变的动力源泉。从共时的层面来看，规制价值、自主价值及平衡价值是台湾高等教育评鉴制度价值系统的重要组成，其本身具有差异性和矛盾性；从历史的层面来看，现实的时空环境（各种内外部因素）让价值主体的表达与互动不断更新变化，与制度规则所反映的价值产生距离与差异，呈现出竞争与合作、冲突与协调的矛盾运动过程。如果说前一部分是对规制价值、自主价值以及平衡价值在现实评鉴制度中的表现形式和显现程度的研究，那么，这一部分就是对这三种价值在现实评鉴制度中关系演变的探究。该部分研究的重点在于总结出 1975 年以来台湾高等教育评鉴制度价值取向的变化路径，分析不同时期的价值矛盾与冲突，并揭示出价值冲突对台湾高等教育发展所带来的消极影响。

（五）台湾高等教育评鉴制度价值关系变化展望

价值系统是一个矛盾与统一的存在，其具有一定的稳定性和发展性。稳定性是指价值系统的变化是一般属于渐进式的，短期内不会发生较大变化。因此，基于以往价值关系发展路径的特点，可以对未来一段时期价值关系的变化方向进行预测。发展性是指价值系统会在内外部力量的作用下不断发展变化，外部的力量主要是指外部环境和需求的变化，包括社会、经济、人口发展的大环境，也包括高等教育政策、国际评估理念发展的小环境。该部分更多是基于前两个部分对价值实现和价值矛盾的分析，并结合台湾学界对高等教育评鉴制度发展的态度和意见，总结出台湾高等教育评鉴制度及其价值关系的发展趋势。

三、研究方法论

本研究并不是对台湾高等教育评鉴制度演变历程的简单表述，而是试图从价值分析的视角来看整个制度的变迁过程，挖掘其中的价值问题，是建立在哲学、教育学、社会学、管理学等多学科理论基础之上的一项研究。从方法论上来看，本研究主要以价值哲学方法论中的价值逻辑为基础，并借助马克斯·韦伯的"理想类型"的方法理论来指导研究的进行。

（一）价值逻辑

逻辑思维是理性思维的必要条件，也是社会科学研究中运用最为广泛的一种思维方式。人的生活实践活动是逻辑思维产生的基础和反映的对象，根据其所依据的现实形态，可分为事实问题和价值问题。价值逻辑是分析价值生活实践、处理价值现象、反映价值思维的逻辑，与传统的处理事实问题的逻辑相比，具有自身的独特性。[①] 价值逻辑的形成是价值哲学作为一门学科趋于成熟的标志，对于研究价值问题具有重要的方法论意义。台湾高等教育评鉴制度价值研究属于典型的价值问题研究，应在研究思维和方法上遵循价值逻辑。首先，价值逻辑的实践性要求研究者要将台湾高等教育评鉴制度的价值与评鉴实践的具体内容及制度环境、时代背景联系起来，不仅要考虑主体与客体之间的价值关系，还需要考虑主体间或主体际关系，从具体的经验与实践中总结、概况、抽象出相应的价值理论，并将其放回到评鉴实践中接受检验。其次，价值逻辑具有主体性，主体的明确是价值思维的中心环节，这要求研究者立足于台湾高等教育评鉴制度的价值主体，追问高等教育评鉴制度是对谁的价值，重点从价值主体的角度思考问题，包括主体的目的、利益、需要、态度、能力等。再次，价值逻辑的辩证性要求研究者跳出"不矛盾律、排中律"的传统逻辑思维，正视台湾高等教育评鉴制度中价值矛盾与冲突的存在，着力探究其中所蕴含的逻辑结构和规律。最后，价值逻辑的生成性要求研究者把握价值关系内在的历史性向度，不仅要考虑各价值主体与台湾高等教育评鉴制度这一客体之间静态的

---

① 孙伟平. 价值哲学方法论［M］. 北京：中国社会科学出版社，2008：283.

价值关系，更要以时间、条件、环境为转移，进入主客体价值关系的历史生成过程，对其进行动态的分析、描绘和定义。

（二）理想类型

台湾高等教育评鉴制度拥有多元的价值主体，蕴含着多种价值，在制度变迁过程中这些价值及其关系不仅纷繁复杂，而且还处于不断变化之中。要想在历史维度下深入考察台湾高等教育评鉴制度的价值取向、价值矛盾与冲突等问题，则需要从纷繁复杂的价值关系中去找寻分析台湾高等教育评鉴制度及其变迁的核心价值概念和线索。马克斯·韦伯所提出的"理想类型"是解决该问题的一个重要方法。马克斯·韦伯曾在《社会科学认识和社会政策认识中的"客观性"》一文中揭示了在自然主义方法论的主导下社会科学研究在方法上的困境：用"规律"的阐述代替对实在的历史认识或通过相互并列的各种历史观察达到严格意义上的"规律"，在方法上是不可能的。[①] 因此，根据现实生活的基本现象，提出一种"类似于精确的自然科学命题的抽象"，成了我们认识社会多样性的重要手段。正是基于这样的考虑，马克斯·韦伯提出了"理想类型"这种分析方法。在韦伯看来，理想类型是一种"将历史活动的某些关系和实践联结到一个设想出来的自身无矛盾的世界之上"的思想图像，根据这种思想图像便可以对现实文化事件的特征进行描述和衡量。实际上，在对历史事件的文化意义、特征进行表述时，我们无可避免地要使用在理想类型中才能精确地界定的概念，例如，"人文主义""封建主义"等。根据韦伯的论述，理想类型至少包含以下两方面的含义：第一，理想类型是一种概念模型，它主要通过强化实在中的某种因素或综合众多具体现象所共有的特征而获得的"理想的极限情况"，它不是"本来的"实在，不可能经验地存在于任何实在之中；[②] 第二，理想类型给描述实在提供明确的表达手段。由此可见，构建这种概念模型并不是目的，而是化繁为简、深入解析实在的方法。这种方法对于研究台湾高等教育评鉴制度复杂多元的价值关系及其变化具有重要意义。根

① ［德］马克斯·韦伯. 社会科学方法论［M］. 韩水法，莫茜，译. 北京：商务印书馆，2013：42.

② ［德］马克斯·韦伯. 社会科学方法论［M］. 韩水法，莫茜，译. 北京：商务印书馆，2013：45-50.

据"理想类型"方法论的指导，本研究构建出台湾高等教育评鉴制度的"规制价值""自主价值"以及"平衡价值"这三个主要的价值关系概念模型。

四、研究方法

本研究所采用的具体研究方法包括访谈法、观察法、文本分析法、历史研究法等。其中，访谈法和观察法主要用于资料收集，文本分析法和历史研究法则是集合了资料收集和资料分析的双重任务。2016 年 7 月至 2019 年 1 月，笔者先后四次前往台湾地区开展资料收集工作，在台实地调研时长合计七个月。

（一）访谈法

台湾地区的教育主管部门、高校及评鉴机构是本研究重点关注的价值主体。为了能够了解各价值主体对台湾高等教育评鉴制度的认知、态度、看法及核心诉求，笔者采用"滚雪球"的方式联系访谈对象，进行半结构化的访谈。访谈的对象包括台湾教育主管部门前负责人、高等教育评鉴中心主要负责人、高校校长、高校内部评鉴负责单位的工作人员、系所主管、系所行政人员、普通教师、学生以及高等教育评鉴专家学者等，共计 30 人，受访者信息具体见附录 1。访谈的内容主要包括以下几个部分：一是对台湾高等教育评鉴制度的认知和事实描述，包括评鉴具体规则的价值导向、各价值主体所扮演的角色及其关系、现实矛盾冲突的发生情况等；二是对现实高等教育评鉴制度的情感态度，例如，认为其是否具有价值，具有什么样的价值，对其是否满意或反感等；三是对高等教育评鉴制度的价值诉求，具体包括关于高等教育评鉴制度的理想和期望，对当前评鉴制度的意见与建议等，具体访谈提纲见附录 2。

（二）观察法

深入高等教育评鉴活动开展的现场是了解台湾高等教育评鉴制度中非正式规则、文化氛围等的重要途径。台湾高等教育评鉴活动注重遵循保密原则，作为评鉴工作外部的研究人员一般不被允许直接进入评鉴现场。再加上现实条件的限制，笔者只能通过外围的自然观察法来观察台湾高等教育评鉴活动开展的现场。在四次赴台调研中，笔者有幸观察到一所台湾高校校务评鉴的外部访视活动，通过对该校迎接评鉴的工作安排和计划，校园中环境、设施、人员的变化等方面进行记述性描述（观察表见附录3），笔者获得了更加真实和生动的资料，这些在一定程度上帮助了笔者更好地理解和诠释台湾高等教育评鉴制度。

（三）文本分析法

此处所指的文本包括政策文本、文献资料以及通过访谈法、观察法等所获的资料。政策文本是体现台湾高等教育评鉴制度的价值理念以及运行模式的重要载体，是本研究的重要依据，这里选取的文本资料主要有以下三个部分：一是，台湾教育主管部门有关高等教育评鉴的政策规范文本，例如，"大学法""私立学校法""专科学校法""大学评鉴办法""专科学校评鉴实施办法"以及各项"原则""要点"中关于高等教育评鉴工作的相关规定；二是，高等教育评鉴中心和台湾评鉴协会所承办的两轮系所评鉴和两轮校务评鉴的评鉴计划、大专院校年度视导计划、大专院校自办和委办品质保证认可实施计划等文本资料；三是，台湾部分高校开展评鉴的内部政策文本、工作安排等资料。文献资料主要是选取台湾学者对台湾高等教育评鉴制度的态度、评论、分析以及建议等方面的信息。政策文本的分析主要用于梳理台湾高等教育评鉴制度的基本结构和发展历程以及判断价值实现的情况。文献资料、访谈法和观察法收集到的资料主要用于分析台湾高等教育评鉴制度中的价值诉求、价值矛盾与冲突及其消极影响。在价值分析模型构建中，主要使用扎根理论的"编码"从这些文本资料中归纳出概念，并使其建立联系而形成理论；在具体的价值实现和价值矛盾分析中，主要使用解构和诠释法对文献中的文字和受访者的话语进行理解和解释，以此确定台湾高等教育评鉴制度的价值取向和矛盾类型。

（四）历史研究法

价值作为历史范畴的特性，决定了必须运用历史方法对其加以研究。[①]本研究关注的是台湾高等教育评鉴制度的价值问题，不论是对评鉴制度具体内容的梳理，还是对制度抽象价值的分析都必须放进历史的框架中去考量。因此，历史研究法是本研究所采用的重要方法。首先，笔者对一切相

---

① 孙伟平. 价值哲学方法论［M］. 北京：中国社会科学出版社，2008：150.

关的历史资料进行搜集，包括 1975 年以来与台湾高等教育评鉴制度相关的书籍、报纸、期刊、政策、会议记录等。然后，再使用时序排列法对这些资料进行整理，具体而言包括两个步骤：一是对资料本身进行时序排列，二是对资料中所包含的相关信息进行时序排列。最后，按照历史发展的顺序对这些资料和信息进行编码处理，即依据之前构建的价值分析模型，将这些信息结构化、概念化、理论化。通过这样的方法，可以揭示出台湾高等教育评鉴制度及其价值关系的演变路径，找到其中的因果逻辑线索，并推测出该制度未来的变化趋向。

第一章
台湾高等教育评鉴制度价值分析模型

　　社会科学研究是一门实在的科学，任何社会科学研究的基本任务都在于对实在进行经验的因果分析，揭示事件固有的和可能的联系。要确定对实在进行因果分析的入手处，就必须首先对事件可能的文化意义从价值入手进行分析，从而揭示出事件能够引起人们更加深入的、更多方面的兴趣的可能性。[①] 高等教育评估制度作为一种实在本身就包含着价值判断，它在一定程度上反映着高等教育之于人类社会的特殊意义，高等教育的核心价值、不同主体的价值追求能否在制度框架中得以实现首先要求人们对高等教育评估制度的文化意义有深刻的认识。台湾高等教育评鉴制度在过去四十多年里从产生到变革，这些"实在"背后的意义与价值是我们探寻其制度演变内在逻辑的着手点。更重要的是，当前台湾社会及台湾高等教育所面临的特殊情形已将高等教育评鉴制度带入到一个动荡与危机的时期，高等教育评鉴制度是否有价值，具有哪些价值，未来又该追求何种价值，都成为台湾高等教育发展亟待解决的关键问题。

　　然而，作为社会文化生活的实在，台湾高等教育评鉴制度的价值本身具有无限多方面的联系，这种无限多的联系对于任何无前提的认识者[②]来说是一个混沌的世界。若想弄清楚台湾高等教育评鉴制度中的价值问题，就必须要找到一个着眼点，并且确定需要清楚认识的范围。德国社会学家马

---

　　① ［德］马克斯·韦伯. 社会科学方法论［M］. 韩水法，莫茜，译. 北京：商务印书馆，2013：xiii.

　　② 此处"无前提的认识者"来源于新康德主义所提出的认识论原则。新康德主义认为，任何科学认识都是有前提的认识，各种前提的最基本的成分就是理论的概念结构。

克斯·韦伯（Max Weber）提出的"理想类型"为解决此类问题提供了一种方法。借助理想类型和价值推理，我们可以构建出一种内在无矛盾的台湾高等教育评鉴制度价值概念结构，并以此来与实际存在的"混沌世界"相比较，从而梳理出其中存在的联系的清楚线索，并且把它综合起来。① 正是基于这样的方法论基础，在本研究中，笔者从价值理论、制度价值理论以及已有的实践经验出发，在台湾高等教育评鉴制度的价值系统中抽象出规制价值、自主价值和平衡价值这三种概念类型，并在此基础上构建出一套可用来阐释现实事件的价值分析模型。

第一节　价值与制度价值

价值理论和制度价值理论是对台湾高等教育评鉴制度价值问题进行分析和研究的重要基础。本研究中，台湾高等教育评鉴制度价值的含义、属性、构成及其特点都是在价值和制度价值理论框架下进行讨论的，因此，在构建具体的价值分析模式之前，有必要从理论层面阐明价值和制度价值的本质与特点。

一、价值

"价值"作为一个抽象概念不论是在日常生活中还是学术研究中都有非常高的使用率。在日常生活中，我们经常会用"价值"一词来表达我们对于某个物品、某段经历、某件事情的看法与评判，这种看法往往包含着"好的""有意义的""符合需要的""美的""珍贵的"等积极的意义。然而，价值是怎么产生的？价值的实质是什么？这些问题则需要上升到更为抽象的理论层面来探讨。

（一）价值的存在

从西方哲学史来看，明确以"价值"作为概念并对其进行探讨源于哲学家对知识类型的区分。苏格兰哲学家大卫·休谟（David Hume）首次提出，将知识区分为"事实"知识和"价值"知识两类。他将善与恶、正义

① ［德］马克斯·韦伯. 社会科学方法论［M］. 韩水法，莫茜，译. 北京：商务印书馆，2013：52.

与非正义等称之为价值的知识，并认为价值知识不是从经验中得来的，也不能用经验证明，无所谓真假，这与事实知识不相同。① 德国哲学家鲁道夫·赫尔曼·洛采（Rudolf Hermann Lotze）则首先提出将现象世界分为事实领域（即现实的事物）、普遍规律的领域（即真理的王国）以及各种价值的领域（即对善、美和神圣的思想做出判定的世界），并认为在这三个领域中，只有价值才是人们所追求的目的，那些经验的事实和因果必然规律只不过是达到目的的手段。② 正是在这种观点的基础上，新康德主义中形成了一个价值学派——弗莱堡学派（或称巴登学派）。作为弗莱堡学派的代表人物，威廉·文德尔班（Wilhelm Windelband）提出了"事实世界"和"价值世界"这两种概念。他认为，"事实世界"是指我们直接经验所表象的世界，也就是进入主体表象之内的现象世界，"价值世界"是指与主体意志、情感相关的那个世界，哲学研究的对象应该是后者。弗莱堡学派的另一位代表人物海因里希·约翰·李凯尔特（Heinrich John Rickert）则认为，世界是由现实和价值构成的，主体和客体是现实，价值则是主体和客体之间的一个独立王国。③ 弗莱堡学派认为，哲学只有作为具有普遍价值的价值科学才有生命力，所以他们主张将价值作为哲学研究的唯一对象。尽管，他们的学说带有很强的主观唯心主义色彩，并且窄化了哲学研究的任务和范围，但是，这些论述的确在揭示价值的存在及其重要地位上发挥了关键作用，很大程度上推动了价值哲学的进一步发展。

（二）价值的本质

对于"价值"概念的探讨最先发生在政治经济学领域，且仅限于商品价值的范畴，其中最广为人知的理论便是卡尔·马克思（Karl Marx）所提出的使用价值论和劳动价值论。马克思认为，商品具有使用价值和价值双重属性，前者是指物本身具有的能够满足人们某种需要的有用属性，后者则是指抽象的人类劳动的凝结物。④ 然而，经济学意义上的价值学说却难以

---

① 李连科. 哲学价值论 [M]. 北京：中国人民大学出版社，1991：25.
② 王克千. 现代西方价值哲学述要 [J]. 辽宁大学学报，1989，（1）：34-38.
③ 涂纪亮. 新康德主义的价值哲学 [J]. 云南大学学报（社会科学版），2009，8（2）：3-10.
④ ［德］马克思. 价值形态 [M]. 北京：人民出版社，1957：1-6.

解释人类社会生活中具有更广泛意义的价值概念，而这便为哲学领域对价值的探讨留下了广大的空间。

　　从哲学层面来看，各种各样的价值现象以及价值表达都显示价值是指一定的对象对于人来说所具有的现实的或可能的意义。然而，这种"意义"到底是什么？不同的哲学流派对此持有不同的观点，我国学者李德顺据此总结出了五类学说。其一是"观念说"或"精神存在说"，即把意义或是价值看作是人类的一种精神现象，认为价值只产生于、存在于人们对客体的评价意识之中，不是一种客观的现实存在。其二是"实体说"，即认为价值本身是一种独立存在的实体或现象体系，例如，文德尔班所描述的"价值世界"。其三是"属性说"，认为价值是作为某些实体所固有的或在某些情况下发生出来的特殊属性，并衍生了客体属性说和主体属性说。前者认为，价值是客体本身所具有的属性，客体的价值由客体自身决定；后者则认为，价值是作为主体的人自身所固有的本性、意识、意志等，人性就是价值。第四种则是"关系说"，即认为价值既不是某种独立的实体，也不是任何实体固有的属性，而是人所持有的对象性关系现象。但是这种关系说的理论基础和背景没有达到相应的高度——对人和人的特殊存在方式（社会与实践）没有全面的、彻底唯物主义的理解。所以，有学者提出了第五种学说——"实践说"，该学说是以马克思主义的彻底唯物主义实践观为根据进行阐述的一种新型价值学说：价值产生于人按照自己的尺度去认识世界改造世界的现实活动，价值的本质是客体属性同人的主体尺度之间的一种统一。[①] 这类学说并未推翻之前的"关系说"，而是在其基础之上对主客体关系做进一步阐释。该学说对价值的界定，包含了区分价值关系与非价值关系的依据，也提供了理解正负价值、各个不同领域和不同类型价值的共同本质、特征及其质量标准的基础。[②] 因此，"实践说"逐渐取代了"关系说"的地位，成为价值理论中的主流学说，本研究中的价值分析模型也正是以此作为理论基础。

　　基于"实践说"的观点，价值是对主客体相互关系的一种主体性描述，它代表着客体主体化的过程，即客体的存在、属性和合乎规律的变化同主

---

①　李德顺. 价值论（第 2 版）[M]. 北京：中国人民大学出版社，2007：37-39.

②　李德顺. 价值论（第 2 版）[M]. 北京：中国人民大学出版社，2007：27.

体尺度相一致、相符合或相接近的性质和程度。这里的主体尺度具体是指作为主体的人的自身结构、规定性和规律，包括主体的需要、目的性及其现实能力等。其中，"需要"产生于主体自身的结构规定性和主体同周围世界的不可分割的联系，每一主体的自身结构和规定性都是历史地形成的。但是，需要并不是主体尺度的全部，作为主体的人的现实能力也制约着主体对客体的现实作用。这种现实能力主要是指主体实践与认识的能力、物质的或观念的能力。主体的内在尺度是主客体相互作用中实现的客体主体化的动力和依据。① 基于这样的理解，价值关系便是一种以主体尺度为尺度的主客体关系，而价值则是指这种关系所持有的质态。

（三）价值的特性

价值并不是一个独立存在于主体、客体之外的第三种实体，它是由主体的尺度、客体的属性以及二者的关系等要素构成，这些要素及其构成的方式使得其具有自身独特的性质——客观性和主体性，前者是价值产生的客观前提和必要条件，后者是价值的独特本性和标志。

价值的客观性主要来源于价值中所蕴含的客体的属性、主体的客观性以及主客体关系的客观性。首先，价值中客体的属性具有客观性。根据马克思主义哲学的观点，"一物的属性不是由该物同他物的关系产生，而只是在这种关系中表现出来"。也就是说，事物的属性由它的质和量的内在规定性规定，属性如何表现出来，固然会依外部关系的具体情况而有所不同，但属性本身却不取决于事物同他物的关系。在主客体关系中，客体的功能或属性会依不同的情况表现不同，但任何时候都不能脱离它的结构和本质规定，而只能表现出它的本质所固有的功能和属性。客体之所以能够形成某种价值，是因为它有某种客观的属性，客体的一定属性是形成一定价值的客观前提、必要条件和要素。其二，价值关系中主体的需要、活动和实践体验具有一定的客观性。人的需要，无论是生理的还是心理的、自然的还是社会的，也无论是物质的需要、精神的需要还是物质与精神综合的需要，都从根本上同人的社会存在相联系，因此它有着不依赖于人的主观意志的客观性和必然性。主体的客观性是承担和体现价值客观性的最终形式。其三，价值关系是人与自然、人与社会、人与人这些物质存在之间的客观

---

① 李德顺. 价值论（第 2 版）[M]. 北京：中国人民大学出版社，2007：76-79.

关系，价值关系总是作为一定历史发展阶段上的具体的社会关系而存在的，它任何时候都不能游离于现实的社会关系和条件之外。①

价值的主体性是指价值因主体而异，价值本身的特点直接同主体的特点相联系，价值的特性表现或反映着主体性的内容。它具体表现为：由于主体尺度的根本作用，使得现实的价值具有主体间的个体性或多元性，具有同一主体内的多维性或全面性，具有同一主客体方面的时效性或历时性等。首先，价值主体间的个体性是源于主体存在结构和生存条件的特殊规定性。一个主体，它自身有什么样的结构和条件，就同客体发生什么样的价值关系。例如，资本的结构规定性决定了资本家同工人之间的价值关系。而这里所说的作为个体的主体不仅仅是指个人，不同层次的主体如个人、集体、阶级、民族、社会、人类，每一个低级层次同它的高一级层次之间，都通过个性和共性的关系联系并统一着。每一具体价值具有个体性或独特性，那么社会总体上的价值就具有多元性。价值的多元性是指在一定范围的社会生活中，现实主体的存在是多元的，而每一个主体都有自己的价值坐标体系，不同主体之间在价值关系上不可能彼此等同、重合或代替。其次，每一主体的价值关系都具有多维性或多向性的特点，其发展的指向则是人的全面性。主体的结构和规定性是复杂的、立体的、全面的，其每一方面都产生对客体的需要，都可能形成一定的价值关系。例如，人的自然需要形成了肉体生活的社会价值关系，人各种各样的精神需要产生了精神上的多种多样的价值关系。由于人本身结构和规定的无限丰富性，人可以同任何对象形成价值关系。价值关系的多维性还表现在人们具体的价值体验是可变的、可选择的。人们的实际价值体验，往往只是反映了他的多方面的价值关系中最切近、最直接的部分，在这种体验的背后还潜藏着无限多的深层的价值可能性。人类进步的历史过程，本身就包含了人们不断发现和发展自己的本质、结构和规定性，从而使自己同自然界的价值关系在质、量和向度上不断地扩展的过程。价值的多维性，实质是人的本质的全面性，人的发展的全面性。最后，同一主客体的价值关系具有时效性和历时性。一定客体对主体的价值在性质和方向上或在程度上都必然随着具体的主体的变化和发展而变化。价值的时效性表现为人们的价值水准不断地

---

① 李德顺. 价值论（第 2 版）[M]. 北京：中国人民大学出版社，2007：85-101.

改变、更新、转移和提高。价值的时效性归根结底取决于主体、人的不断发展和需要的不断增长。当人的需要变化到一定程度,原来的价值关系就会瓦解和消失,由此就会使得具体的价值呈现出时间上的有效性。价值和价值关系的时效性表明了价值生活是一个动态的、发展的过程。①

（四）价值的要素与类型

依据主客体关系理论,现实的价值必然由三个方面的要素构成并确定:其一是"什么或谁的价值",即价值客体;其二是"对于谁或什么人的价值",即价值主体;其三是"什么性质的,或适合主体哪一方面尺度的价值",即价值内容。在现实生活中,价值关系和价值现象是非常丰富和复杂的,为了能够从系统的、抽象的层面对价值及价值关系进行讨论,学者们力图从价值主体和价值内容的角度对价值进行分类。综合来看,这些分类主要有以下几种:一是根据价值主体的身份（形态和层次）来划分,可以区分出"个人价值""群体价值""社会价值""人类历史价值"等,其分别指对于个人、群体、社会和人类历史发展需要的满足;二是根据价值主体需要的性质来划分,可以区分出"物质价值"和"精神价值"等;三是根据人类社会生活领域进行划分,可以区分出"经济价值""政治价值""道德价值""审美价值""科学认识价值"以及"社会实践价值"等;四是根据所满足的需要在主体活动中的整体性质和地位,将其区分为"目的价值"和"工具（手段）价值"。目的是指对一定需要的满足本身,手段则是达到目的所需要的条件和过程。目的和手段是两种最普遍的价值。从理论上来讲,一切具体的对象或客体,都可以按照它们对于主体的价值划分为这两类。②

（五）价值的表现

价值是价值关系在人的头脑即意识或精神活动中的反映与显现。价值意识,是人们关于自然界、社会和思维的全部反映中有关价值内容的心理、思维、精神活动的总抽象、总概括。知识和态度是意识的两种主要类型。知识作为意识的一部分,属于客体性的、体现着客体尺度的意识,它的内

---

① 李德顺. 价值论（第2版）[M]. 北京:中国人民大学出版社,2007:103-118.
② 李德顺. 价值论（第2版）[M]. 北京:中国人民大学出版社,2007:119-125.

涵不直接成为价值判断或评价，所以属于"非价值意识"。以态度为代表的这一类意识是一种主体性的、体现着主体内在尺度的意识，它以价值判断或评价为主要形式，则可以称之为"价值意识"。评价或是价值评定是价值意识的整体的、对象性的活动水平。价值意识的表现形式包括：欲望、动机、兴趣、趣味、情感、意志、信念、信仰、理想等等。根据人们精神活动的层次特征，可以将欲望、动机、兴趣、情感、意志等大体处于个体心理水平上的意识形式称之为"价值心理"；而信念、信仰、理想等具有更加理性特点，能够直接构成一定目的明确、系统完整的社会思想形式，并且较多地吸收和凭借知识的成分，能够自觉地指导实践，则可以称之为"价值观念"。[①] 价值观念是人们关于基本价值的观念系统，是人们内心深处的价值取向或态度情感。

二、制度价值

从现实层面来看，台湾高等教育评鉴制度是台湾社会制度中的一种，从理论层面来看，它属于制度的下位概念，它具有一切制度所具有的共同特性。因此，在对台湾高等教育评鉴制度价值进行分析之前，有必要对一般意义上的制度的价值特性进行讨论和说明。一般意义上的制度价值主要是指，制度作为一种社会规范体系（客体）对于整个人类社会（主体）发展的积极意义。根据这种意义的性质及其在主体需要中的地位可以分为目的价值和工具价值。

（一）制度的目的价值

目的价值有时也被称为终极价值，有学者认为制度的终极价值表现为人的价值，即制度是为了保证人类民主、平等、自由、解放，有利于个人的全面发展、社会的真正和谐以及人类的永续生存。[②] 也有学者从现代社会的根本价值取向出发，将制度的终极价值概括为发展价值，包括促进人的发展和促进社会的发展两方面。在促进人的发展方面，制度作为客体通过自身的属性可以为社会个体的自由、平等、全面发展提供安全稳定的社会

---

① 李德顺. 价值论（第2版）[M]. 北京：中国人民大学出版社，2007：177-222.

② 陈朝宗. 制度学理论与我国制度创新实践 [M]. 北京：中共中央党校出版社，2008：74.

环境，同时制度本身也会对人的性格、思想观念、信念理想、社会关系等的形成发挥影响。[①] 在促进社会的发展方面，制度可以发挥对社会经济生活的组织功能，对社会物质生产的经营功能，对社会公共生活的管理功能以及对社会文明发展的文化功能等。[②] 当然，社会发展的终极目的还是促进人的全面发展，不断扩展人的自由，实现人类个性的解放。因此，有学者认为自由价值或平等价值是制度的终极价值，将人的自由个性作为衡量或评价制度在历史与现实中合理与否以及发展水平的最终价值根据。[③] 从以上论述中可知，制度的目的价值是以人为核心的，其主要表现为发展价值和自由价值。

（二）制度的工具价值

若以促进社会发展和人的自由全面发展作为制度的终极目标，那么，促进个体自由意志的发展，促进社会和谐秩序的形成则是制度实现终极目标的手段，也就是制度的工具价值。其中，促进个体自由意志的发展是从制度促进社会发展的角度提出的。社会发展的推动力量是人，社会发展需要人充分发挥其主观能动性，而只有人具有独立自主的意志，能动性才能够充分发挥。[④] 所以，从这个角度看，自由便成了制度实现目的价值的手段。制度的结构和属性决定了其在提高效率和形成秩序方面的重要作用。有学者揭示，制度可以促进和谐秩序的人文精神的形成，增加自由竞争的合理化、合法化及有序化，促进劳动和知识的分工，激励人际间的合作，提高社会总体收益率，同时制度还可以协调参与者的自由竞争、分工合作的交易成本，抑制机会主义，推动经济增长、促进社会秩序。[⑤] 由此可见，自由、效率、秩序等都可以看作是制度的工具价值。尽管如此，在现实环境中，这些价值之间也会产生矛盾冲突，最为显著的便是自由与秩序之间

---

① 王力，周秀菊，王宪锋. 制度与人的发展关系研究 [M]. 石家庄：河北人民出版社，2008：38.

② 萧斌. 制度论 [M]. 北京：中国政法大学出版社，1989：184-199.

③ 施惠玲. 制度伦理研究论纲 [M]. 北京：北京师范大学出版社，2003：147.

④ 邹吉忠. 自由与秩序——制度价值研究 [M]. 北京：北京师范大学出版社，2003：38.

⑤ 杨俊一，等. 制度哲学导论 [M]. 上海：上海大学出版社，2006：71-75.

的紧张关系。① 但这样一种张力关系在一定程度上也推动着制度不断迭代更新，为目的价值的有效实现创造条件。

第二节　台湾高等教育评鉴制度价值释义

台湾高等教育评鉴制度价值的含义与构成是价值分析模型的重要组成部分。台湾高等教育评鉴制度作为一个具体的现实对象，其价值的含义和构成遵循一般价值规律，但同时也包含一些特殊的、具体的要素。为此，笔者四次前往台湾地区，与台湾高等教育评鉴专家、教育主管部门相关人员、高等教育评鉴中心负责人以及大专院校的校领导、系所负责人、普通教师以及学生等共 30 余人进行半结构化访谈。此节主要根据上节所述的价值理论，并结合深入调研所获得的对象实际特点，对台湾高等教育评鉴制度价值的含义和构成进行分析和界定。

一、台湾高等教育评鉴制度价值的含义

依据前文所述主客体关系价值理论，台湾高等教育评鉴制度的价值是指台湾高等教育评鉴制度的存在、属性和合乎规律的变化同一定主体的尺度相一致、相符合或相接近的性质和程度。简而言之，台湾高等教育评鉴制度的价值是一定主体的尺度与高等教育评鉴制度属性之间的一种特定关系。在这个价值关系中，价值主体是人，既包括单独个体的人，也包括由人组成的具有共性的群体，例如，行政管理部门、高校、学生群体、家长群体等。主体的尺度其根本是指主体的需要，但这里的需要是指基于主体的认知能力、实践能力等结构和规定性能被主体所接受的现实需要，具有一定客观性。台湾高等教育评鉴制度价值关系中的价值客体是台湾高等教育评鉴制度。台湾高等教育评鉴制度是各相关主体在交往实践中为了更好地推动台湾高等教育的发展而逐渐形成的结果，其本身带有"人为"性质。然而，这并不妨碍台湾高等教育评鉴制度作为客体的客观性。首先，台湾高等教育评鉴制度是台湾现实社会中的客观存在，在同一时空下，其仅表

---

① 邹吉忠. 自由与秩序——制度价值研究［M］. 北京：北京师范大学出版社，2003：38.

现出一种形态，这种形态不会因不同主体的不同而有所不同。其次，台湾高等教育评鉴制度的内在规定性决定了其本质属性，这种本质属性不因主体需要而发生变化。

以上是从理论层面对台湾高等教育评鉴制度价值的界定，在现实的具体分析中，我们还根据价值的实现状态将台湾高等教育评鉴制度价值区分为"台湾高等教育评鉴制度主体的价值追求"和"台湾高等教育评鉴制度的价值取向"这两个层次。所谓"台湾高等教育评鉴制度主体的价值追求"主要是从现实中的理想层面来阐述台湾高等教育评鉴制度的价值，主要是指在特定时间、空间下一定主体对高等教育评鉴制度的现实需要。这里的价值关系是现实存在的，但却并不一定在实践中得以实现，它体现的是价值的"绝对超越性"①，即价值永远是一种"应当"，因为它总是超越有限之物的实然状态，达到一种绝对的超越指向。而"台湾高等教育评鉴制度的价值取向"则是从现实中的实践层面来阐述台湾高等教育评鉴制度价值，主要是指特定时间、空间下的台湾高等教育评鉴制度所表现出的一定主体的需要的满足情况，它是一定主体的价值追求得以实现后所呈现出的总体的"实然"状态。

二、台湾高等教育评鉴制度价值的要素

根据主客体关系理论，价值必然由三个方面的要素构成，即价值客体、价值主体以及价值内容。其中，价值内容是以价值客体的属性和价值主体的尺度（符合其能力的现实需要）为基础，呈现出的是各种各样的组合关系。因此，在分析具体对象（台湾高等教育评鉴制度）价值系统的构成时，可以从价值客体及其属性、价值主体及其需要以及可组合成的价值关系进行考察。

（一）台湾高等教育评鉴制度价值的客体及其属性

在台湾高等教育评鉴制度的价值系统中，价值客体始终是台湾高等教育评鉴制度，也就是说，我们始终考察的是以台湾高等教育评鉴制度作为对象产生的价值关系。客体的属性是形成一定价值的客观前提、必要条件和要素。台湾高等教育评鉴制度的属性指的是其性质、结构及运行机制等

---

① 何中华. 论作为哲学概念的价值 [J]. 哲学研究，1993，(9)：29-48.

内在规定性，其在现实世界中主要以功能和作用的形式表现出来。

1. 台湾高等教育评鉴制度的性质与结构

从本质上看，台湾高等教育评鉴制度是 20 世纪 70 年代由台湾教育主管部门主导产生，之后在各类实践活动中不断发展起来的作为协调、制约和干预台湾高等教育评鉴活动中各类行动者行为及其关系的一套行为规则或规范体系。基于前文对台湾高等教育评鉴制度的形态及其演变历史的梳理，我们认为对其属性的分析可以从静态和动态两个层面进行。

从静态结构上看，台湾高等教育评鉴制度的本质属性（固有属性）至少包括以下几个方面：一是一般性制度的性质与特点，台湾高等教育评鉴制度的实质是一种"非自然的"社会制度，因此，它具有一般性社会制度的性质和特点。从这个角度来看，台湾高等教育评鉴制度的本质就是一种社会规范，它具有意志主体多重性、覆盖层面宽广性、社会功能多样性、贯彻执行强制性等①特点。二是高等教育评鉴活动的性质与特点，它是台湾高等教育评鉴制度与其他制度不同的关键。从宏观层面来看，高等教育评鉴是评鉴主体对高等教育的价值进行选择与判断的认识活动，从微观层面来看，高等教育评鉴就是由一定的评鉴机构或团体根据一定的标准和规则对高等教育机构或高等教育活动进行评价的活动。因此，台湾高等教育评鉴制度是一种关于高等教育价值选择、判断等认知活动的规范体系，其本身受到高等教育及其价值特性的制约。三是地域的限定，即台湾高等教育评鉴制度是在台湾社会环境下形成的特定产物，它是以台湾社会作为背景，在一定程度上受到台湾社会政治、经济、文化等条件的制约。

从动态结构上看，台湾高等教育评鉴制度的理念、目标、规则、保障以及载体等都是随着台湾社会发展、高等教育发展等不断变化的，其本身具有"与时俱进"的内在特性，由此台湾高等教育评鉴制度的属性和结构在不同的时空下可能并不相同。这也就要求，对台湾高等教育评鉴制度具体价值的分析必须要在一定的时空条件下进行。脱离了具体的时间和环境，台湾高等教育评鉴制度的属性和结构也就变成了一个抽象的、不完整的概念。当然，尽管台湾高等教育评鉴制度的形态及属性会随着外部条件的变化而发生改变，但其本身也具有客观性。这种客观性一部分来源于其本质

---

① 萧斌. 制度论 [M]. 北京：中国政法大学出版社，1989：66-68.

属性（固有属性）的客观性，即其属性会依不同的情况表现不同，但任何时候都不能脱离它的结构和本质规定；另一部分则来源于一定时空下其形态的唯一性，即在同一时空下，台湾高等教育评鉴制度只呈现出唯一的一种形态，且不因人的主观意志的不同而有所不同。由此可知，台湾高等教育评鉴制度的属性既具有动态性又具有客观性。

2. 台湾高等教育评鉴制度的功能与作用

制度的属性和结构在现实环境下主要以功能和作用的形式表现出来。基于台湾高等教育评鉴制度的本质属性以及现实环境下的其他属性，台湾高等教育评鉴制度具有多重功能和作用。总体上看，台湾高等教育评鉴制度的基本功能可以分为两大类，一类是基于制度的属性，一类则是基于高等教育评鉴活动的属性。

基于制度属性，台湾高等教育评鉴制度具有规范、制约以及保障的功能。规范功能主要是指台湾高等教育评鉴制度为台湾高等教育评鉴活动的开展提供了一套行为准则，使评鉴活动相关主体形成定向性行为，同时，这套行为准则对评鉴活动相关主体的认知进行影响，使之趋于标准化。规范的本身带有对人们行为的制约，除此之外，台湾高等教育评鉴制度依靠制度的强制性特征对台湾高校、评鉴机构、教育主管部门等相关主体的权利、义务、权力等进行限定，并对违规行为进行惩戒，这些都使得台湾高等教育评鉴制度具有明显的制约功能。当然，不论是规范还是制约，在很大程度上也是在为相关活动有秩序、有效率地开展提供相对稳定而明确的空间和条件，维护各相关主体的基本权益。从这个角度来看，台湾高等教育评鉴制度通过一系列的规则对台湾高等教育评鉴活动的顺利有序开展提供了保障，因此其也具有保障功能。

基于高等教育评鉴活动的属性，台湾高等教育评鉴制度具有引导、证明、改进、中介等多重功能。引导功能主要是指台湾高等教育评鉴制度通过设计评鉴项目和指标，设置奖惩规则等引导评鉴对象（高校、系所或学门等）朝向一定的方向发展。证明功能主要是指在高等教育评鉴制度中，台湾高校、高校系所等可以通过接受内外部的评估，向外界证明自己的办学品质，而行政部门、社会大众等则通过这些评估活动对高校的办学品质进行鉴定、认证。改进功能是台湾高等教育评鉴制度的另一重要功能。台湾高等教育评鉴制度中的评鉴规则、评鉴项目和评鉴标准以及外部评鉴委员的意见等在一定程度上促使受评对象进行反思、反省，同时，也可以为受评对象解决当前面临的问题、制定未来发展的方向提供参谋，除此之外，评鉴制度中所涉及的激励规则也具有使受评对象不断改善和改进的推动力量。中介功能主要是指台湾高等教育评鉴制度能为教育主管部门、社会大众等群体了解高等教育的发展、高校的办学情况提供了一个渠道，同时为高等教育利益相关者之间的交流与沟通提供了一个桥梁。

除了具有以上功能，台湾高等教育评鉴制度在与外部环境进行互动时也会产生一些外部效应，例如，同化作用、马太效应等。同化作用主要是指在一套统一的高等教育评鉴方案（评鉴标准、模式、价值导向）和强制性规则之下，高校、系所等受评对象会趋向同一个方向发展，由此便会导致高等教育的形态越来越一致，而缺少个性化和多元化的特点。台湾高等教育评鉴制度在很长一段时间里都将资源分配与评鉴结果挂钩，这样的方式当其仅作为一种激励手段时可能产生积极效果，但若将其作为一种资源分配手段，则可能带来马太效应，即评鉴结果好的高校或系所会越来越好，而评鉴结果差的高校或系所则会越来越差。不论是同化作用还是马太效应，都是台湾高等教育评鉴制度的属性和结构所决定的，当其属性和结构发生变化时，这些作用也会相应地发生变化。

（二）台湾高等教育评鉴制度价值的主体及其需要

自台湾高等教育步入大众化、普及化发展阶段以来，高等教育质量问题，高校的管理问题都是影响台湾社会发展的重要问题。尤其是在"少子化"引起的高等院校生源危机、生存危机的大背景下，台湾高等教育评鉴制度作为台湾高等教育质量保障体系以及台湾高等教育管理体系中的重要一环越来越受到各方群体的关注。总体来看，台湾高等教育评鉴制度的主要利益相关者有台湾教育主管部门、高校、专业评鉴机构以及社会公众（包括潜在学生、家长、公共媒体等），他们是台湾高等教育评鉴活动的高度相关者，且对高等教育评鉴制度都有其自身的需要和诉求，因此，他们是台湾高等教育评鉴制度的主要价值主体。

1. 台湾教育行政部门及其需要

台湾教育行政部门主要是指台湾教育主管部门及其下属的职能部门，如"高教司"（以下称为台湾高等教育主管部门）、"技职司"（以下称为台湾技职教育主管部门）等。台湾高等教育评鉴制度是在台湾教育行政部门的主导下产生的，也就是说，台湾教育行政部门是高等教育评鉴制度的第一价值主体。作为具有公权力的行政管理部门，台湾教育行政部门需要考虑多方利益，其对高等教育评鉴制度的需要是多层次、多方面的。其一，台湾教育行政部门希望通过高等教育评鉴制度实现对台湾高校办学进行管控的目的。例如，通过对各高校及其系所的定期评鉴，台湾教育行政部门可以掌握和监控其办学情况。更重要的是，台湾教育行政部门可以通过设计凸显其意志的评鉴项目和标准对高校的办学进行规制，使其符合行政管理部门的意志。其二，台湾教育行政部门希望通过高等教育评鉴制度实现对台湾高校进行问责的目的。台湾教育行政部门掌握着大量高等教育资源，其希望通过评鉴制度对资源进行有效分配。同时，作为资源的提供者，台湾教育行政部门也希望通过高等教育评鉴对高校的资源使用效果进行监督和问责。其三，台湾教育行政部门也希望通过高等教育评鉴制度实现自身的政治目的。作为公权力部门，台湾教育行政部门需要通过高等教育评鉴制度来回应社会公众关于高等教育信息公开、质量监督、学历认证等方面的诉求，保障社会公众在高等教育中的利益，以保证自身的合法性。在某一时期，台湾教育行政部门还期望通过台湾高等教育评鉴制度（退场机制）来弥补其曾经的施政错误。当然，通过高等教育评鉴制度来促进台湾高等教育质量的改善与提升是台湾社会各群体共同的愿望，自然也就成了台湾教育行政部门的期望。另外，值得注意的是，随着台湾社会、台湾高等教育的发展以及行政部门管理理念和方式的调整，台湾教育行政部门对高等教育评鉴制度的需要也在不断变化。

2. 台湾高校及其需要

台湾高校是台湾高等教育评鉴工作的主要对象，也是台湾高等教育评鉴制度最核心的价值主体。高等教育评估制度之于高校而言，在一些学者眼里似乎只是外部强加在其身上的"枷锁"。然而，实际并非如此。大众化、普及化时代的高等教育面对的是日益增长的、需求多元的受众，高等教育与社会各部门之间的连接也日趋紧密。高校已不再是那个关起门来自给自足的"象牙塔"，高等教育评估制度已逐渐变成高校与社会其他部门沟通的桥梁。其一，台湾高校希望通过高等教育评鉴制度实现获得外部认可的目的。学生、经费拨款、社会捐助等外部资源是高校赖以生存的基础，要在日益紧张的资源中"分一杯羹"，就必须通过一个渠道向外界证明、展现自己的品质和品格。高等教育评鉴制度就是一个重要途径，因此，在现实中我们可以看到这样一个现象：在评鉴工作结束后，尤其是招生季，高校都会不约而同地在校园里拉起巨大的条幅宣传自己接受评鉴的结果（主要是较好的结果）。其二，台湾高校希望通过高等教育评鉴制度实现自主发展的目的。学术自由、独立自主是高等院校自产生以来的共同追求，也是高等院校作为传递和发展高深知识、培养高层次人才的学术组织能够不被取代并得以蓬勃发展的核心特质。因此，当外部力量对高校内部的学术自由、自主追求产生巨大冲击时，在一切制度中争取自身发展的自主权则变成了高校的首要需求。台湾高校在很长一段时期都处于教育主管部门的严格管制之下，自主性十分有限，因此，当高等教育评鉴制度产生并更多体现台湾当局意志时，在评鉴制度中争取更多的自由、自主权，彰显自身的特质便成了台湾高校奋斗的目标。其三，台湾高校也希望通过高等教育评鉴制度实现自我监督的目的，即对自身的办学进行反思、反省，借助外部的监督、参谋和协助力量，推动自身向持续改善和提升的方向发展，以维持自身的先进性。

3. 台湾高等教育评鉴机构及其需要

台湾地区的主要高等教育评鉴机构是指财团法人高等教育评鉴中心基金会和社团法人台湾评鉴协会，他们是台湾高等教育评鉴工作的实际承担者，也是台湾高等教育评鉴制度的重要价值主体。他们对高等教育评鉴制度的需要主要包括以下几点：一是希望通过高等教育评鉴制度来保障自己实施评鉴的权力和利益，向公众展示自己的评鉴方案、过程及其结果，以维持自身的合法性。二是希望高等教育评鉴制度能发挥协调、中介的作用。财团法人高等教育评鉴中心基金会的董事会成员组成包括教育主管部门代表、学者专家代表、高校联盟代表、产业界代表等，这些代表可能会有不同的需要和诉求。这也就意味着，高等教育评鉴中心这个主体的尺度比其他几类主体更加分散和多元。但作为一个独立的价值主体，高等教育评鉴中心也有统一的价值诉求，即希望通过高等教育评鉴制度来沟通、协调各方代表的利益诉求，以维持自身的稳定性。三是希望在高等教育评鉴制度中发展自身的专业性。评鉴机构专业性的发展与提升需要大量的实践经验和反馈意见作为基础，高等教育评鉴制度所能提供的稳定场域和大量实践机会对评鉴机构来说是极其珍贵的。需要注意的是，台湾高等教育评鉴机构作为一个价值主体，目前还不具有绝对的独立性，其自身结构和属性还不稳定，因此，在不同的历史阶段，不同的内在结构之下，其需要会有较大的变动。

4. 台湾社会公众及其需要

台湾社会公众主要包括学生、家长、学术协会、企事业单位、公共媒体等，随着高等教育普及化发展，他们对高等教育的发展越来越关注，参与高等教育治理的热情也越来越高涨。他们既可以看作是与台湾高等教育评鉴制度相关的多个价值主体，也可以抽象地看作为与教育主管部门、高校、评鉴机构并列的一个价值主体。从整体上来看，台湾社会大众对高等教育评鉴制度的期待和诉求主要有以下几点：一是期望高等教育评鉴制度能够监督、保障和提升台湾高等教育的质量，能够对办学水平不高、忽视学生权益的高校进行问责和惩处，对教育主管部门的教育政策及其效果进行检验和问责；二是期望通过高等教育评鉴制度表达自身对高等教育的期待和建议，提升自身在高等教育治理中的影响力，促使高校重视外部社会需求，重视与社会之间的互动和联系；三是期望通过高等教育评鉴制度了解各高校、各系所的优势和特色，为学生及家长选择就读学校和系所、企事业寻求校企合作单位等提供可靠的参考信息。

（三）台湾高等教育评鉴制度的价值关系

台湾高等教育评鉴制度的价值关系是指台湾教育主管部门、高校、高等教育评鉴机构以及社会大众等主体及其需要与台湾高等教育评鉴制度的属性之间的匹配关系。也就是说，当台湾高等教育评鉴制度的某个属性满足了某个主体的某种需要时，台湾高等教育评鉴制度对这个主体而言就具有某种价值，二者之间就形成了一种价值关系。由于台湾高等教育评鉴制度具有多重属性，拥有多个价值主体，价值主体又有多种需要，因此，台湾高等教育评鉴制度的价值关系具有复杂性和多元性。

首先，若以台湾教育行政部门为价值主体，当台湾高等教育评鉴制度的规范、制约以及保障等功能能够满足其对台湾高校进行管控、问责的需要时，台湾高等教育评鉴制度对其而言就具有管理性价值，具体的价值内容包括规制价值、秩序价值、效率价值、政策价值等。当台湾高等教育评鉴制度的认知、引导、改进等功能能够满足台湾教育主管部门促进台湾高等教育质量改进和提升、推动台湾高等教育发展的需要时，台湾高等教育评鉴制度对其而言就具有教育性价值。当台湾高等教育评鉴制度的信息公开、质量监督、学历认证等功能能够满足台湾教育主管部门提升政绩和公共形象等需要时，台湾高等教育评鉴制度对其而言就具有政治价值。在具体的时空条件下，以台湾教育主管部门作为主体的台湾高等教育评鉴制度所具有的价值可以包含以上所述的所有价值关系，也可以仅体现出一种价值关系，这主要由当时台湾教育行政部门的实际需要以及台湾高等教育评鉴制度的实际属性决定。由于台湾教育行政部门是一个公权力部门，其对教育进行监督和管理的需要始终存在，而台湾高等教育评鉴制度所具有的规范、制约属性又属于本质属性，因此，规则价值可以看作是台湾高等教育评鉴制度对于台湾教育行政部门的特有的、长期的价值。

　　其次，若以台湾高校为价值主体，当台湾高等教育评鉴制度的证明、中介等功能能够满足高校向外界证明、展现自身品质与品格，彰显自身特质等需要，公平参与竞争，赢得办学资源和社会支持时，台湾高等教育评鉴制度对其而言就具有证明价值、公平价值、经济价值等，这些价值是台湾高等教育评鉴制度之于台湾高校外部关系构建的价值，此处将其称之为外部价值。当台湾高等教育评鉴制度的规范、引导、改进等功能能够满足高校自主办学、学术自由，促进内部管理优化、教育理念更新、办学质量持续改善和提升的需要时，台湾高等教育评鉴制度对其而言就具有自主价值、认知价值、发展价值等，而这主要是基于高校内部发展的价值，此处将其称之为内部价值。总体来看，外部价值和内部价值是属于相对独立、互不影响的两类价值。在不同的时空条件下，台湾高校对两类价值的重视程度可能不尽相同，而这主要取决于特定时空下台湾高校对台湾高等教育评鉴制度的各种需要的程度。从台湾高等教育评鉴制度的发展历史来看，在行政管制的重围中寻求自主发展的道路一直都是台湾高校最为核心的需求，它是其他诉求实现的基础和前提，因此，自主价值可以作为以台湾高校为价值主体的关键价值关系之一。

　　再次，若以高等教育评鉴机构为价值主体，当台湾高等教育评鉴制度的制约和保障功能能够满足其实施评鉴的权力和利益，维持自身合法性的需要时，台湾高等教育评鉴制度对其而言就具有权利价值。当台湾高等教育评鉴制度的制约、保障、引导等功能能够满足其沟通、协调各方利益诉求，维持自身稳定性的需要时，台湾高等教育评鉴制度对其而言就具有平衡价值。当台湾高等教育评鉴制度及其属性能够满足其发展自身专业性的需要时，台湾高等教育评鉴制度对其而言就具有发展价值。从台湾高等教育评鉴制度的发展历史来看，平衡价值是高等教育评鉴机构自产生起就尤为看重的一种价值，平衡价值的实现在一定程度上影响着高等教育评鉴机构存在的基础。

最后，若以社会大众作为价值主体，当台湾高等教育评鉴制度的证明、中介等功能能够满足社会大众获取高校办学可靠信息等需要，台湾高等教育评鉴制度对其而言则具有参考价值、决策价值。当台湾高等教育评鉴制度的监督、评定等功能能够满足社会大众监督问责高校办学质量、评估资源使用效率等需要时，台湾高等教育评鉴制度对其而言则具有管理价值、经济价值。当台湾高等教育评鉴制度的引导、中介功能能够满足社会大众表达自身对高等教育的期待与意见，促进高校重视外部社会需求等需要时，台湾高等教育评鉴制度对其则具有参与价值。

三、台湾高等教育评鉴制度价值的特点

总体来看，不同的价值主体对于高等教育评鉴制度会有不同的价值诉求，但这并不意味着这些价值诉求具有绝对的区隔性。从价值关系的外延来看，不论是教育主管部门，还是高校，抑或是高等教育评鉴机构、社会公众，其终极价值诉求都是提升高等教育质量，因此，由这些价值主体所产生的价值关系都具有一个共通的上位价值概念，即质量价值。价值关系的交叉性和复杂性也反映在现实的实践当中，在外界环境的影响和利益权衡之下，各价值主体的行为和态度并非在所有时候都遵循自身特有的价值观念。再加上，每一个价值主体都是由不同个体组成的群体，其内部也存在观念的差异性。这就导致，在分析具体的现实问题时，概念的使用和指代容易陷入"混沌状态"。为了避免"混沌状态"，本研究试图从这些复杂的价值关系中抽离出一套相互关联又相互独立的价值概念。那么，选择什么类型的价值呢？这要从实践中去找线索。在台湾高等教育评鉴制度的发展过程中，"管制""松绑""放权""管评分离""提升自主性""多元弹性"等声音络绎不绝，评鉴制度的每一次大改革均与这些主题息息相关。

为何始终围绕这些主题？根本原因在于其背后一直存在的价值矛盾——是追求行政管控，还是追求大学自主？如何平衡这两种诉求？因此，以矛盾与平衡为线索，本研究从台湾高等教育评鉴制度价值系统中选择三个紧密相连、相互博弈的价值主体——教育主管部门、高校、评鉴机构及其核心价值诉求组成一套具有互动性的价值关系模型，将其作为分析台湾高等教育评鉴制度价值问题的抓手。

此处需要说明的是，台湾社会大众（包括学生家长、媒体、用人单位）、学生群体等也是台湾高等教育评鉴制度的重要价值主体，但在实践当中，其诉求的表达和实现是间接的、边缘化的，不足以作为推动台湾高等教育评鉴制度改革的直接矛盾线索。再基于现实条件的考虑（调研难度、时间成本等），本研究最终选择不将这两个主体纳入价值关系分析模型的概念体系当中。

第三节　台湾高等教育评鉴制度价值的类型

基于上述讨论，可以看出，台湾高等教育评鉴制度的价值关系是复杂而多元的，台湾高等教育评鉴制度的价值内容也是丰富而多元的。借助马克斯·韦伯的"理想类型"方法理论来探究台湾高等教育评鉴制度及其变迁过程中的价值关系会更加容易。根据前文对台湾高等教育评鉴制度演变的梳理以及其价值含义和构成的分析可知，教育主管部门、高校以及高等教育评鉴机构这三个价值主体及其需要是推动台湾高等教育评鉴制度形成、发展与变革的主要力量，行政主管部门"管控"逻辑、高校"自治"逻辑以及评鉴机构"协调"逻辑是尤为突出的三个影响因素，其对应的价值关系分别是规制价值、自主价值以及平衡价值。因此，基于逻辑线索简洁明确的理念，在本研究中，笔者将规制价值、自主价值以及平衡价值作为台湾高等教育评鉴制度价值的理想类型，并使用价值推理对其内涵进行梳理和描述。

一、规制价值

台湾高等教育评鉴制度是在台湾教育主管部门的主导下产生的，规制是台湾高等教育评鉴及其制度存在和演化的重要基础，是其最基本的价值。

台湾高等教育评鉴制度的产生与发展离不开制度制定者对规制内涵的理解，对规制价值的追求以及对规制实现方式的探索。

（一）规制与高等教育规制

规制（regulation）一词最先出现在政治经济学中，规制相关理论也由此发展起来。在政治经济学领域，规制被认为是"一系列特定的命令"，"审慎的政府影响"[①]或是"持续的、明确的控制"[②]，其较为宽泛的界定是："根据既定的标准或目标，试图控制、命令或影响他人行为的持续的、明确的有意行为。"[③] 根据传统的经济规制理论，驱使规制产生与发展的要素是"市场失灵"，即垄断企业或寡头企业造成的非竞争性市场、未被考虑的外部性成本（污染、全球变暖、拥堵等）、公共物品非竞争性消费的特殊属性以及信息不对称等，基于此，政府部门需要对经济活动进行规制监督以矫正市场失灵，避免公共利益的损失，让市场得以有效运作。[④] 尽管到了二十世纪八九十年代，放松规制和市场化改革趋势成为规制改革的主题，但规制的价值依然受到认可。根据政策性质的不同，以政府部门为实施主体的公共规制可以被划分为经济性规制和社会性规制，前者指在自然垄断和信息偏在领域，为防止资源配置低效和确保公民使用权利所进行的规制，而后者则是指以确保居民生命健康安全、防止公害和保护环境为目的所进行的规制。[⑤] 二战以后，高等教育规模持续扩张、职能逐步扩展，高等教育在各国都成为越来越重要的公共事业，其公益性、自然垄断性以及信息不对称等特点使其成为政府干预与规制的重要对象。政府相关部门开始运用法规、制度等手段，通过命令、认可、激励、惩罚等方式，对高等教育的发展（例如，高等教育机构的进入、退出及其提供的服务的价格、规模和

---

① ［英］罗伯特鲍·德温，马丁·凯夫，马丁·洛奇. 牛津规制手册［M］. 宋华林，李镝，等，译. 上海：上海三联书店，2017：12.

② NOLL RG. *Regulatory Policy and the Social Sciences*［M］. Berkeley：University of California Press，1985：363-364.

③ BLACK J. Decentring Regulation：Understanding the Role of Regulation and Self-Regulation in a "Post-Regulatory" world［J］. *Current Legal Problem*，2001，（54）：103-147.

④ ［英］罗伯特鲍·德温，马丁·凯夫，马丁·洛奇. 牛津规制手册［M］. 宋华林，李镝，等，译. 上海：上海三联书店，2017：21-23.

⑤ 谢地. 政府规制经济学［M］. 北京：高等教育出版社，2003：4.

质量等）进行规范和限制。政府干预高等教育成为历史发展的必然结果。①

（二）台湾高等教育评鉴制度规制价值的内涵

台湾高等教育自 20 世纪 60 年代开始快速发展，1960 年至 1972 年台湾高等教育机构的数量从 27 所上升至 99 所，在校生数从 3.5 万人增加到 25.1 万人，20 世纪 90 年代又经历了第二次快速增长，到 2000 年台湾高等教育机构数量增长至 150 所，在校生数增加到 109.2 万人。② 高等教育规模的快速扩张以及对经济社会产生的明显作用，使得高等教育成为台湾社会中极为重要的公共事业。为了保证这项事业稳定有效的发展，台湾教育主管部门采取了一系列规制措施，建立高等教育评鉴制度便是其中重要一项。台湾高等教育评鉴制度规制主要是指台湾教育主管部门通过高等教育评鉴制度规范、引导以及约束台湾高校在办学过程中的行为，其内涵主要包括如下几个方面：

1. 规范高校办学秩序

20 世纪 60 年代开始的台湾高等教育规模快速扩张打破了原来的高等教育管理格局。面对日益增长的民众接受高等教育的需求，鼓励社会力量参与兴办各类高等教育机构成为台湾教育管理部门采取的重要政策。但如何在提升社会团体办学积极性的同时，维持高校办学秩序，使高校办学质量保持在一定的水准，则需要新的制度予以保障。高等教育评鉴制度由此应运而生，它规定台湾所有的高校都需定期接受来自台湾教育主管部门或其委托机构的评估，评估的内容包括高校整体的管理事务、下属院系所及学位学程的教学事务等。2011 年的校务评鉴方案明确提出，评鉴的目的包括敦促高校落实校务发展计划、评定高校教学与研究的绩效、匡正发展偏差等规范性要求。③ 总之，现实的需要以及评估制度的独特属性使得规范高校办学秩序成为台湾高等教育评鉴制度规制价值的重要内容。

---

① 徐小洲. 自主与制约：高效自主办学政策研究 [M]. 杭州：浙江教育出版社，2007：5.

② 以上数据来源于台湾"教育部"统计处历年统计表。

③ 财团法人高等教育评鉴中心基金会. 2011 年度大学院校校务评鉴实施计划 [EB/OL]. http：//www. heeact. edu. tw/lp. asp? ctNode＝1370 & CtUnit＝843 & BaseDSD＝7 & mp＝2，2018-06-10.

2. 引导高校办学方向

高等教育评估制度就其本身的属性是具有一定导向性的。对于台湾教育主管部门而言，高等教育评鉴制度不仅是一项维护高等教育管理秩序的工具，也是引导高校确立办学方向，落实相关教育政策的重要手段。台湾高等教育主管部门前负责人何卓飞曾指出，设立绩效指标的目的之一是使大学办学配合教育主管部门重要政策绩效。[①] 这种导向作用既可以推动高校内部相关组织机制的建立，还可以影响高校自身发展重点的选择。例如，台湾高校内部普遍已建成的品质保证组织机制、性别平等教育组织机制、教师多元升等机制、毕业生生涯发展追踪机制、无障碍校园环境等在很大程度上都是高等教育评鉴制度引导规制的结果，而台湾高校普遍重视的国际化发展、通识教育、学生基本素养与核心能力、课程地图、学生学习成效、社会责任、产官学合作等也与台湾高等教育评鉴制度导向密切相关。因此，对于台湾教育主管部门而言，引导高校朝向一定的方向发展也是高等教育评鉴制度规制内容。

3. 问责高校办学质量

对高等教育质量的持续关注是高等教育评估制度兴起的主要原因，也是"问责（accountability）"被引入高等教育管理之中的重要原因。台湾高等教育评鉴制度的发展被普遍认为是受英美等国"绩效责任/问责"观念的启迪，[②] 从一开始就被赋予了对办学质量进行问责的责任。有台湾学者表示，大学影响既广及于社会的每一个人，且其所消耗的资源也多来自社会，所以，应有一客观的评量来对大学的绩效进行客观的衡量。[③] 在台湾地区，行政主管机构掌握着绝大多数高等教育资源的分配权，因此，在高等教育评鉴制度中对高校办学质量进行行政问责成为台湾教育主管部门规制价值诉求的重要内容，这种行政问责的核心特征就是行政主管机构掌握评鉴主导权，评鉴结果与行政管理的强关联性，例如，利用根据评鉴结果来缩减

① 转引自：刘源俊. 说高等教育评鉴 [J]. 台湾教育评论月刊, 2012, 1 (8): 1-6.
② 秦梦群, 陈遵行. 台湾高等教育评鉴制度与实施之分析研究 [J]. 教育资料与研究, 2012, (106): 105-142.
③ 陈汉强. 大学评鉴 [M]. 台北：五南图书出版公司, 1997: 23-39.

学生或学校规模,① 等等。

（三）台湾高等教育评鉴制度规制价值的合理性

规制价值的产生反映了价值主体（台湾教育主管部门）需求和价值客体（台湾高等教育评鉴制度）属性的匹配，规制价值的实现在一定程度上反映了其自身所具有的合理性，也就是规制本身对于推动高等教育发展、社会进步等具有意义。对于台湾高等教育的发展而言，高等教育评鉴制度的规制至少具有如下几个方面的作用。

1. 保证高校办学水准

高等教育评鉴制度的规制使得台湾高校不得不提升办学基本条件、完善组织机制的建制等以达到一定的标准，接受外部的检核。这种外部的、定期的、强制性的检核与评估在一定程度上降低了高校办学中的机会主义行为，使得台湾高校的办学条件和质量均能长期保持在一定的水准之上，不至于良莠不齐、里外不一。

2. 提高高校办学效率

一方面，台湾高等教育评鉴制度的规制要求台湾高校遵循一定的规范与标准，而这些规范与标准大部分是经由专家研讨而得，具有一定的科学性。这种规制使得部分年轻的、缺乏经验的高校能够在短时间内搭建起较为完整的、受外部认可的办学体系，在一定程度上降低了自身摸索的成本。而另一方面，台湾高等教育评鉴制度的规制常常与行政奖励与处罚相结合，强有力的外部力量刺激着高校的神经，使其不断前行，而不能松散懈怠或原地踏步。

3. 明确高校办学责任

有台湾学者曾指出，高校的资源取之于社会，因此对其实施评鉴是有其必要性与正当性的。② 台湾高等教育评鉴制度的规制强调对高校进行质量问责，要求高校对自身的教学、科研、服务等进行定期的自我评估，提交自我评估报告，并接受外部的监督与评估。这种问责在一定程度上促使台

---

① 詹盛如. 台湾高等教育治理政策之改革——新管理主义的观点 [J]. 教育资料与研究双月刊, 2010,（94）: 1-20.

② 许育典, 陈碧玉. 大学自治下大学评鉴制度的检讨: 以系所评鉴为例 [J]. 当代教育研究, 2011, 19（2）: 119-158.

湾高校明确自身在办学中的主体性，强调高校在享受社会资源和权利的同时，也应承担起相应的责任与义务。当高校明确了自身的办学责任，才能真正发挥主观能动性，不断完善办学条件，提升办学质量。

二、自主价值

从一般意义上来讲，高校是高等教育评估活动最重要的利益相关者，其在评估制度中的价值诉求不容忽视。在台湾高等教育评鉴制度中，高校的自主诉求尤为突出，与教育主管部门的规制诉求一同成为推动台湾高等教育评鉴制度发展与变革的最主要的一对矛盾价值。

（一）学术自由与高校自主

高等教育是一个现代的概念，它是以现代大学与现代学校教育制度的产生为基础的，我们现在所说的高等院校在大多数时候等同于现代大学。现代大学既保留着古典大学自由的特性，同时又肩负着时代赋予的发展学术的使命。从本质上来讲，大学是探求知识、创造知识、传播知识的学术场域，而从事知识活动必然需要有自由的意志和自由的环境作为保障。布鲁贝克曾说："为了保证知识的准确和正确，学者的活动必须只服从真理的标准，不受任何外界压力，如教会、国家或经济利益的影响。"① 赫钦斯认为关于大学最好的定义是"它是独立思想中心"②。从功能论的角度来看，大学既具有组织性，又具有精神性。为社会提供学术服务、汇聚人类所创造的精神财富是当代大学最重要的价值，而实现这些价值的基础则在于"自由"。只有自由才能不拘窠臼，发现新知，只有自由才能包容并蓄，百鸟争鸣。因此，不论是基于组织特性，还是基于历史使命，学术自由都是大学的立身之本，是"大学生命的真谛"③。

尽管，保障大学学术自由在世界范围内都已成为一种共识，然而在实践当中实现学术自由却一点都不简单。只有高校拥有自由的意志，享有充

---

① ［美］约翰·S. 布鲁贝克. 高等教育哲学［M］. 王承绪，等，译. 杭州：浙江教育出版社，2001：46.

② ［美］赫钦斯. 民主社会中教育上的冲突［M］. 陆有铨，译. 台北：桂冠图书股份有限公司，1994：8.

③ 朱九思. 大学生命的真谛［J］. 高等教育研究，2001，（3）：1-4.

足的自主权，学术自由才有可能实现，① 从这个角度来看，高校自主、大学自治是保障学术自由得以实现的一种现实"制度"，而学术自由则是高校自主、大学自治的核心目标。大学自治是古典大学的重要标志，但当大学步入现代，成为世俗教育体制的一部分开始，其自主性就逐渐被政治、市场等外部力量所侵蚀。赫钦斯曾言，大学如果丧失其自主、自治权，实无异于丧失了大学最可贵、最精华的特质。既然，外部的干预和规制不可避免，那么，如何在体制、制度之中寻求保障自身自由和自主性之道便成为高校的重要诉求。高校自主性的削弱乃至丧失，不仅使得高校立身之本——学术自由无枝可依，同时也阻碍着高校作为一个社会组织的正常成长。自主不仅是指拥有自我管理的权利，更包括具备自律、自省、自我成长以及为自己行为负责的能力。如同个体成长一般，当一个组织过于依赖或受制于外部力量，其自身的能力便难以提升，其"性格"便难以发展成熟，而一个"不成熟"的组织，是很难独立地、较好地履行自身职能，为自身行为负责。因此，在一定程度上增强高校自主性，保障高校自主权也成为世界各国和地区高等教育政策的重要选择。

（二）台湾高等教育评鉴制度自主价值的内涵

在行政主管部门强有力的规制力量之下，台湾高等教育评鉴制度的发展与变革在很大程度上源于高校自我意识的觉醒以及对学术自由、办学自主的不懈追求。高等教育评鉴制度之于台湾高校而言不仅是约束自身行为的规范准则，更是争取办学自主空间，保障学术自由不受僭越，实现自我改进的合法途径。总的来看，台湾高等教育评鉴制度的自主价值至少具有以下几个方面的内涵。

1. 保障高校自主权利

台湾高校在高等教育评鉴制度中的自主诉求最重要的一点就是摆脱行政主管机构的干预，保障自主办学和自我管理的权力。有台湾学者指出，大学评鉴应该以不干涉大学自主和保障学术自由为前提，大学评鉴的内容和标准必须尊重大学的自主权，尊重不同大学的差异性和多样性，以内部

---

① RUSSO CJ. *Handbook of Comparative Higher Education Law* [M]. Maryland：Rowman & Littlefield Publishing Group，2013：366.

动机代替外加的压力。① 台湾某高校校长也曾表示，希望评鉴制度和教育主管部门给予高校更多弹性空间来开展自我评鉴。② 有学者直接指出，台湾教育主管部门不应"跳过大学对其系所进行评鉴"③。总体来看，这些诉求在高等教育评鉴制度中的体现包括高校掌握开展评鉴自主权，自愿自主开展评鉴活动，评鉴活动以高校为本位，为高校自身的发展服务。

2. 强调学术发展逻辑

现代大学既是研究高深学问的地方，也是培育学术人才的场域。科学研究和育人工作都具有复杂性、长期性和公益性的特点，其产生的效果和影响也具有滞后性、不确定性和多样性等特点，大学管理须考虑学术发展的逻辑。有台湾学者认为："不论是对于学生学习或成就的评鉴，还是大学行政运行绩效与教学研究计划的评估，抑或是对大学人事、财政、设备或资源分配的评鉴，均应根据教授治校的理念或精神贯彻施行，而非由大学外在的权威或监督机构所主导倡议。"④ 因此，除了保障自主权力，台湾高等教育评鉴制度的自主价值诉求还包括在评鉴过程中遵循学术发展逻辑和人才培育的客观规律，而非遵循行政管理、市场管理的逻辑。

3. 促进高校自我改进

现代评估理论认为评估不仅具有判断的功能，还具有促进改进的功能，而改进功能的发挥则需要依靠高校自身的动力和自我管理的能力。在台湾地区，促进高校自我管制与改进是高等教育评鉴制度的重要价值之一。有台湾学者指出，大学评鉴的真正目的在于发挥大学的自主精神，借由"自我研究"以改进校务，提升教学品质，而不是比较院校间的长短或系所的优劣，大学评鉴应该是大学内发的自我改进过程。⑤ 从操作层面来看，这种价值理念在高等教育评鉴制度中的具体诉求包括：尊重高校在发展方向和策略上的选择，注重发挥自我评鉴的作用，着重考察高校自身定位与发展规划的落实、自我评鉴和持续改善机制的建设，等等。

---

① 陈汉强. 大学评鉴 [M]. 台北：五南图书出版公司，1997：91-92.
② 林聪明. 拿掉大学评鉴的紧箍咒 [J]. 评鉴双月刊，2016，(64)：16.
③ 许育典，陈碧玉. 大学自治下大学评鉴制度的检讨：以系所评鉴为例 [J]. 当代教育研究，2011，19 (2)：119-158.
④ 杨莹. 转型社会中的教育 [M]. 台北：财团法人民主文教基金会，1991：181.
⑤ 陈汉强. 大学评鉴 [M]. 台北：五南图书出版公司，1997：3.

（三）台湾高等教育评鉴制度自主价值的合理性

台湾高等教育评鉴制度的自主价值是台湾高校的自主意识和对自由的追求在高等教育评鉴制度中的体现。纵观台湾高等教育评鉴制度发展历程，自主价值的实现对于推动台湾高等教育发展有着重要作用。

1. 彰显大学自由精神

独立与自由是学术界公认的大学的精神和灵魂，但从台湾高校的发展历史来看，实现办学自主却绝非易事。1918 年台湾总督府医学校增设了医学专门部，招收中学毕业生，这所学校被认为是台湾最早的高等教育机构，[①] 但很明显，其主要为了传授技艺，并无学术自由的主张。日本殖民时期，殖民统治者在台湾地区先后建立了五所大专院校，[②] 这些院校设立的主要目的是研究和调查台湾以及东南亚地区的人文与资源，便于侵略统治和经济掠夺，[③] 学校的教学和研究绝对服从统治者的侵略计划，与学术自由更毫无关系。国民党退台后，将大陆的高等教育资源也带到了台湾，政治大学、清华大学、交通大学、中央大学等在台"复校"，"思想自由、兼容并包"大学精神也由此融入台湾高校的基因当中，但在长期威权统治氛围之下，高校几乎没有自由选择的权利和空间。1987 年社会"解严"后，尤其是 20 世纪 90 年代以来，重塑高校学术自由、办学自主的精神成为各界共识。高等教育评鉴制度自主价值的实现可以进一步强化高校办学自主权，突出高校的主体性，推动学术自由在高校内部的落实，这些都将有助于彰显高校自由、自主的精神。

2. 提升高校治理水平

大学治理是现代大学制度建设的重要主题，尤其是在高等教育普及化发展速度加快、高校规模持续扩张、高校利益相关者趋于多元的现实情况下，加强高校内部治理体系建设、提升高校治理水平成为高等教育发展的必然选择。台湾高等教育毛入学率在 1976-1977 学年便突破了 15%，到

---

① 汪知亭. 台湾教育史料新编 ［M］. 台北：台湾商务印书馆，1978：127.

② 这五所大专院校分别为台北帝国大学、台中农林专门学校、台北经济专门学校、台南工业专门学校、私立台北女子专门学校。

③ 汪知亭. 台湾教育史料新编 ［M］. 台北：台湾商务印书馆，1978：126.

1999-2000 学年则达到 50% 以上，^① 进入到普及化发展阶段。台湾高校数量在 1964-1972 年期间和 1986-2007 年期间快速增加，分别增加了 58 所和 59 所，到 2007 年达到 164 所。与此同时，台湾高校校均规模也由 1960 年的 1299 人增加到 1995 年的 5607 人，之后扩张速度继续加快，到 2005 年，台湾高校校均规模已达到 8003 人。^② 高等教育受众的增加，学校学生规模的扩大以及日趋激烈的校级资源竞争和生源竞争，使得传统的高等教育治理结构面临巨大挑战，通过制度建设激发高校的主观能动性、提升高校内部治理水平成为治理改革的重要选择。台湾高等教育评鉴制度的自主价值强调高校的办学主体责任，强调对高校自主、自律、自省、自我改进和成长能力的培养，自主价值的实现有助于高校内部治理体系的建立和治理水平的提升。

3. 增进高等教育多样性

台湾地区的高等教育在 20 世纪 70 年代进入大众化发展阶段，到 20 世纪末步入普及化发展阶段，其高等教育毛入学率自 2005 年开始长期维持在 80% 以上，高等教育受众范围逐步扩大，背景越来越多元、需求也越来越多样，高等教育承担着越来越多的社会责任，单一的、统一的、传统的高等教育形态无法适应普及化高等教育发展要求。高等教育评鉴一直以来对台湾高校发展具有较强的导向作用，高等教育评鉴制度自主价值强调高校的独立、自由的本质属性，要求尊重不同学校、不同学科、不同专业之间的差异性，重视学生群体的多样化需求。因此，台湾高等教育评鉴制度自主价值的实现将有力推动台湾高校的差异化发展、特色化建设，形成更具多样性、包容性的高等教育系统和制度环境。

三、平衡价值

台湾高等教育评鉴制度的另一重要主体是专门负责高校评鉴工作开展

---

① 台湾统计数据中将高等教育毛入学率（gross enrollment ratio of tertiary education）称之为"高等教育粗在学率"，且统计中使用的高等教育适龄人口年龄段为 18-21 岁人口，此处数据来源于台湾教育主管部门 2015 年教育统计资料，网址为：https：//www. edu. tw/News_ Content. aspx？n=829446EED325AD02 & sms=26FB481681F7B 203 & s=B19AF3B0B4D7BFAC。

② 以上数据根据台湾教育主管部门统计处公布的校数和学生数计算而得。

的台湾高等教育评鉴机构，因其组织特点及在实践中扮演的角色，其主要的价值诉求是台湾高等教育评鉴制度能够平衡行政主管部门与高校的权力，协调二者之间的矛盾，使评鉴活动能够更加稳定、公正、科学。

（一）台湾高等教育评鉴机构的性质与价值关系

台湾地区最早成立的专门负责高等教育评鉴工作的机构是社团法人台湾评鉴协会，它成立于 2003 年 8 月，是由前"中华民国管理科学学会理事长"许士军、前台湾中山大学校长刘维琪、时任台湾南开技术学院校长王国明、时任台湾世新大学校长牟宗灿、时任台湾中国科技大学校长谷家恒等学界人士发起成立的民间社团组织。[①] 台湾评鉴协会在成立的次年就接受了高等教育主管部门的委托办理了大学院校校务评鉴工作，尽管如此，台湾教育主管部门并未打算将其作为承办大学评鉴工作的主要机构。实际上，在 2003 年台湾教育主管部门就启动了关于成立大学评鉴专责单位的研制工作，委托当时的台北市立师范学院[②]对"成立大学评鉴事务的财团法人专责单位"进行研究和论证。2005 年，台湾教育主管部门邀集专家学者及行政机构代表组成"大学评鉴指导委员会"，对成立大学评鉴专责单位相关事宜进行讨论并做出决议。根据决议，2005 年 12 月，由台湾教育主管部门和各大专院校共同出资 3030 万新台币（台湾教育主管部门出资 1500 万新台币，各大专院校出资 1530 万新台币）成立"财团法人高等教育评鉴中心基金会"专责规划与办理大学评鉴。[③] 高等教育评鉴中心成立初期的组织定位图具体见图 1.1。自此之后，高等教育评鉴中心便成了台湾高等教育评鉴工作的核心部门，主要负责一般大学院校的各类评鉴工作，而台湾评鉴协会则主要负责高等技职院校的评鉴工作。

---

① 在我国台湾地区，社团法人和财团法人均是根据一定法定程序成立的社会团体，前者是指以人为基础的集合体，后者则是指以财产为基础的集合体，根据相关法律规定，财团法人必须以公益为目的。

② 台北市立师范学院于 2005 年改制为"台北市立教育大学"，于 2013 年与台北体育学院合并为"台北市立大学"。

③ "行政院"新闻局. 2009 年"中华民国"年鉴［M］. 台北："行政院"新闻局，2010：579.

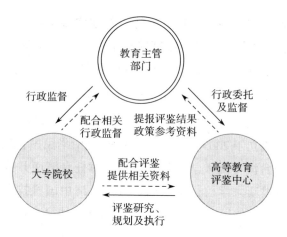

图 1.1　台湾高等教育评鉴中心成立初期的组织定位图①

　　尽管台湾评鉴协会和高等教育评鉴中心的组织形式不同，分工不同，受重视程度不同，但根据二者的产生背景、成员构成、经费来源、主要活动等，可以判断其基本属性是一致的，可以作为台湾高等教育评鉴机构这个抽象主体的特性。总体来看，台湾高等教育评鉴机构的性质主要包括三点。第一，台湾高等教育评鉴机构具有主体性，无论是台湾评鉴协会还是高等教育评鉴中心都具有法人地位，都是权利义务主体。第二，台湾高等教育评鉴机构具有被动性，无论是台湾评鉴协会还是高等教育评鉴中心都属于台湾高等教育评鉴的承办机构，不主动发起评鉴活动，不掌握开展评鉴的主动权，只在台湾教育主管部门或高校的委托下开展评鉴工作。第三，台湾高等教育评鉴机构具有明显的中介属性，它是行政主管部门与大学关系调整过程中因实际需要而出现的第三方，其主要角色是协助行政主管部门与大学以确保高等教育的品质。② 台湾高等教育评鉴机构人员构成、经费来源、主要活动等都主要与协调台湾教育主管部门与高校之间的关系密切相关，但不涉及除行政主管部门和高校之外的第三方的利益。从人员构成来看，台湾评鉴协会和高等教育评鉴中心的董事会成员主要由台湾教育主

---

① "中国教育学会". 百年教育的回顾：传承与创新 [M]. 台北：学富文化事业有限公司，2011：43.

② 王如哲. 大学、"政府"及评鉴机构协力共创完善的高教品保制度 [J]. 评鉴双月刊，2014，(47)：1.

管部门的代表和高校代表（包括高校学者、院校联盟）构成，只有极少量的产业界代表，几乎没有学生、家长、媒体等社会人士参与。从经费来源来看，高等教育评鉴中心成立初期一半经费来自台湾高校，另一半来自台湾教育主管部门，之后评鉴活动的经费基本来源于台湾教育主管部门，2017年评鉴制度改革之后，评鉴活动的经费主要来源于高校和行政主管部门补贴，台湾评鉴协会的评鉴经费也是依赖于委托方——台湾教育主管部门或高校。从日常工作来看，台湾评鉴协会和高等教育评鉴中心最主要的工作是接受台湾教育主管部门或高校的委托办理各类评鉴，其次是组织评鉴培训或院校经验分享活动以及开展评鉴研究工作。

因其自身的这些特性，台湾高等教育评鉴机构对高等教育评鉴制度的需要主要集中在平衡行政主管部门与高校的关系上，高等教育评鉴制度对其而言具有平衡价值。另外，值得注意的是台湾高等教育评鉴机构作为台湾高等教育评鉴制度价值关系中的一个主体，与台湾高校和行政主管部门这两个主体有着本质的不同，其不仅是高等教育评鉴制度的价值主体，也是高等教育评鉴制度实现其功能的重要载体。作为台湾教育主管部门与台湾高校之间联系的中介组织，台湾高等教育评鉴机构在一定程度上发挥着"调和剂""缓冲器"的作用，缓解行政主管部门与高校之间的矛盾冲突。因此，台湾高等教育评鉴机构也是满足其自身需要的客体和手段，因此，在某些情况下，台湾高等教育评鉴机构与台湾高等教育评鉴制度的价值关系也是一种自我主客体关系。

（二）台湾高等教育评鉴制度平衡价值的内涵

如前文所述，台湾高等教育评鉴制度的平衡价值主要体现在其平衡行政主管部门与高校的关系上，具体而言则包括平衡行政权力与学术权力，协调规制逻辑与自主逻辑，沟通不同教育价值理念等。

1. 平衡行政权力与学术权力

20世纪70年代以来，在新公共管理主义、新公共治理范式等思潮的影响之下，台湾高等教育治理结构改革的声音和步伐从未停歇，而建立高等教育评鉴制度则是治理结构改革的重要工作之一。[①] 自高等教育评鉴中心、

---

① 谢卓君. 从政策工具选择省思台湾高等教育治理 [J]. 教育研究集刊，2017，63（3）：41-75.

台湾评鉴协会等评鉴中介机构成立以来，台湾高等教育评鉴制度所具有的价值也更加丰富，它不仅是当局实现规则的工具、高校争取自主的平台，也是行政权力与学术权力相互协调、达成新的平衡点的枢纽。换言之，台湾高等教育评鉴制度在某种程度上能够在行政权力和学术权力博弈过程中充当平衡支点，为弱势的一方提供救济，以维持治理结构的稳定。

2. 协调规制逻辑与自主逻辑

行政部门的规制逻辑和高校的自主逻辑是影响台湾高等教育发展走向的一对基本矛盾。从台湾高等教育发展历程来看，规制逻辑和自主逻辑的对抗曾产生一系列的现实冲突和负面影响，如学术造假、形式主义、恶性竞争等。在台湾地区，高等教育评鉴制度不仅是规制逻辑和自主逻辑共同作用下的产物，也是促进规制逻辑和自主逻辑和谐互动的重要平台。因此，调和规制逻辑和自主逻辑，使这对矛盾达到"暂时的相对的统一"也是台湾高等教育评鉴制度平衡价值的重要内容。

3. 沟通不同教育价值观念

高等教育的功能是多元的，对于什么样的教育是有价值的，什么样的教育是高质量的这些问题，不同的利益相关者则会有不同的回答。不同的教育价值观、质量观必然导致不同的教育评价观。例如，对于行政主管部门而言，高等教育更多体现的是社会价值，评价高等教育的标准则主要在于其对社会政治经济发展的贡献程度；而对于高校而言，高等教育最重要价值是学术价值和教育价值，相应的评价标准则与学校在真理探究、学术传承与创新以及人才培养等方面的贡献相关。台湾高等教育评鉴活动的开展过程当中存在不同教育价值观念的碰撞，高等教育评鉴制度的平衡作用也就包括为不同教育价值观念的沟通与交流提供一个正式的渠道，尽可能缓解价值观念上的冲突。

(三) 台湾高等教育评鉴制度平衡价值的合理性

在台湾高等教育发展过程中，行政权力与学术权力的博弈、规制与自治的对抗长久存在，促进权力的平衡、矛盾的消解是21世纪以来台湾高等教育治理结构改革的重要目标。台湾高等教育评鉴制度平衡价值的实现将有利于台湾高等教育治理结构改革，也有利于维持高等教育系统的稳定。

1. 助力高等教育治理结构改革

在1987年以前，台湾高等教育治理呈现出典型的"政府控制模式"与

"官僚模式"的特性，高校是行政机构中的一员。长期的高度管制在"解严"之后受到了反弹，"校园民主化""教授治校""自由与民主"等诉求纷纷出现，当局开始赋予大学更多的自治空间。1994 年之后，在新公共管理主义思潮的影响之下，台湾当局在高等教育治理中引入市场机制，强调高校的"绩效责任"。① 然而，过度强调绩效问责在很大程度上会削弱当局与大学之间的信任，强化当局对学术活动的控制，侵蚀高校的自主性。因此，21 世纪以来，台湾高等教育治理结构又面临着新的变革。台湾高等教育评鉴制度作为台湾高等教育管理体系的重要组成部分，若能够在平衡当局与高校的权力关系、缓解规则与自主的价值矛盾等方面发挥作用，则将加速台湾高等教育治理结构改革的进程。

2. 维持稳定的高等教育系统

价值矛盾的冲突与对抗、教育制度的价值导向左右摇摆都将对高等教育系统的稳定性造成巨大的影响。21 世纪以来，台湾高等教育改革政策如火如荼地推进，高等教育评鉴制度是改革政策中尤为重要的一环。然而，改革有时是一把"双刃剑"，既是解决问题、缓解矛盾的必由之路，又可能是引发新的冲突的导火索。台湾高等教育评鉴制度自建立开始，便遭受着各方的质疑与批评，尤其是接受评鉴的高校更是怨声载道。② 台湾高等教育评鉴制度对台湾高等教育发展所造成的影响是显而易见的，若其不能平衡各利益主体之间的矛盾与冲突，高等教育系统也将受到影响，处于动荡之中。因此，台湾高等教育评鉴制度平衡价值的实现有利于维持稳定的高等教育系统。

第四节　台湾高等教育评鉴制度价值的分析模型

规制价值、自主价值以及平衡价值是笔者根据对台湾高等教育评鉴制度的观察与理解抽象出来的三种理想类型，但是抽象出理想类型并不是本

---

① 詹盛如. 台湾高等教育治理政策之改革——新管理主义的观点 [J]. 教育资料与研究双月刊，2010，（94）：1-20.

② 台湾当局"监察院". 高等教育评鉴诸多疏失，"监察院"纠正"教育部"[EB/OL]. https://www.cy.gov.tw/sp.asp? xdURL=./di/Message/message_1.asp & ctNode=903 & msg_id=3113，2011-08-12/2018-05-12.

研究的终极目的，而是作为一种方法帮助我们更好地理解台湾高等教育评鉴制度变迁背后实际的价值轨迹。本研究重点关注的是台湾高等教育评鉴制度的价值实现、价值取向以及价值关系互动，其中，价值实现是指不同价值主体的价值追求，即规制诉求、自主诉求以及平衡诉求在台湾高等教育评鉴制度规则中的实际体现；价值取向则是指不同的价值诉求在互动博弈后在台湾高等教育评鉴制度中体现出的一个总体倾向，其可以综合不同价值诉求的实现情况判断而得；价值关系互动考察的就是不同价值诉求互动博弈的过程，关注其中的价值矛盾与冲突。那么，如何利用前述的三种价值理想类型来探究台湾高等教育评鉴制度变迁过程中的价值实现和价值关系互动呢？这就需要搭建一个中介式的分析模型以连接抽象的价值理想类型与具体的制度形态与规则。基于前文所述的三种价值的内涵以及本研究关注的核心问题，笔者构建出分析三种价值实现情况的观测框架以及分析三种价值互动关系的概念模型，以此作为研究台湾高等教育评鉴制度价值问题的分析模型。

一、价值实现的观测框架

价值诉求和价值选择是决定台湾高等教育评鉴制度形态的重要因素，不同的制度规则一般体现着制度设计者不同的价值选择。当某种价值诉求被制度设计者所选择，实践到制度规则设计中，那么这种价值诉求就得以实现，制度规则也就更多呈现出这种价值取向。如上文所述，台湾高等教育评鉴制度的规制价值、自主价值以及平衡价值都有着各自独特的内涵，在制度规则上也会有不同的表达。那么，如何分析和诠释具体制度规则中的价值意涵呢？由德国社会学家克拉考尔（Siegfried Kracauer）首先提出的质性内容分析（Qualitative Content Analysis），也称质性文本分析，正是这样一种致力于在文本中发现意义的诠释方式。该方法自提出以来得到不断发展和丰富，目前已成为分析内容文本最主流的方法。

本研究笔者将使用质性文本分析方法中主题分析法和评估分析法对台湾高等教育评鉴制度三种价值的实现情况进行考察。根据质性文本分析的过程，首先要在阅读和诠释已收集到资料的基础上建构分析类目。建构类目最合适的方式是根据研究问题以及研究者所具备的关于该研究主题或研究领域的先验知识来创建。[①] 在本研究中，主类目（台湾高等教育评鉴制度的三种价值追求）已经在前文理想类型的探讨中形成了。根据主类目的概念内涵、相关理论以及所获得数据资料，笔者采用推论—归纳混合的方式来建构类目系统，也就是台湾高等教育评鉴制度价值实现的观测框架，具体见表1.1。

表1.1　台湾高等教育评鉴制度价值实现的观测指标系统

观测点		价值类型		
		规制	自主	平衡
文化特征		权威、专制	平等、自由	共治、和谐
规则制定	规则的制定者	教育主管部门	高校	教育主管部门与高校
	制度约束形式	行政命令等外部手段约束	文化自觉约束	内外共同约束
具体规则	1 评鉴主体			
	1.1 评鉴工作发起者	教育主管部门	高校	有充当平衡支点的组织
	1.2 评鉴经费提供者	教育主管部门	高校	
	1.3 评鉴方案设计者	教育主管部门或代表行政主管部门的机构团体	高校或代表高校的机构团体	
	1.4 评鉴工作实施者	教育主管部门或代表教育主管部门的机构团体	高校或代表高校的机构团体	
	2 评鉴理念			
	2.1 评鉴目标的导向	规范与问责导向	自治与改进导向	兼顾规制与自主
	2.2 自我评鉴的角色	配合外部评鉴	自我管制机制	
	3 评鉴过程			
	3.1 评鉴内容的特征	注重绩效结果、常与教育政策挂钩	注重改进过程、基于学校自身发展目标	促进理念沟通、提供权利救济、调和矛盾冲突
	3.2 评鉴指标的特征	统一、结构化、量化	多元、开放性、质性	
	3.3 评鉴程序的特征	效率、秩序、官僚化	公平、弹性、平等性	
	4 评鉴结果			
	4.1 评鉴结果呈现形式	分数、等级等鉴别导向的形式	问题、建议等改进导向的形式	满足各方需求、反思改进评鉴工作
	4.2 评鉴结果公开范围	完全公开	不公开	
	4.3 评鉴结果使用方式	与行政管理挂钩	高校自我发展参考	

① ［德］伍多·库卡茨（Udo Kuckartz）. 质性文本分析：方法、实践与软件使用指南［M］. 朱志勇，范晓慧，译. 重庆：重庆大学出版社，2017：54.

首先，价值观念影响着评鉴制度的文化特征，不同价值取向下的制度有着不同的文化表现。规制价值是以台湾教育行政部门为主体的价值观念，规制价值取向下的高等教育评鉴制度更多表现出一种权威性和强制性；自主价值是以台湾高校为主体的价值观念，自主价值取向下的高等教育评鉴制度则更多尊重高校办学主权与学术自由，表现出平等、自由的文化特征；平衡价值是以台湾高等教育评鉴机构为主体的价值观念，平衡价值取向下的高等教育评鉴制度会表现出共同治理、多元参与以及对弱势一方进行救济的文化特征。

其次，评鉴制度的价值取向、文化特征是以制度规则作为载体的，不同的价值取向和文化特征都将体现在制度规则之中。根据规制价值、自主价值和平衡价值的内涵，笔者认为其在高等教育评鉴制度中的实现情况体现在制度规则制定过程和具体评鉴规则两部分。在规则制定过程这部分，谁拥有规则的制定权以及制度实施主要依靠何种约束力量是判断三种价值实现情况最重要的观测点，典型规制价值取向的制度一般是由教育主管部门掌握规则制定权，以行政命令等外部手段作为约束力量，典型自主价值取向的制度则一般由高校掌握规则制定权，主要以高校内部的文化自觉作为约束，而平衡价值取向的制度则一般是行政主管部门和高校分享规则制定权，多种约束力量共同作用。在具体评鉴规则这部分，笔者将其划分为四个考察方面：评鉴主体、评鉴理念、评鉴过程以及评鉴结果。第一，在评鉴主体方面，谁是评鉴工作的发起者、经费的提供者、方案的设计者以及实施者反映着不同价值诉求的实现情况，典型规制价值取向的评鉴制度中一般是教育主管部门掌握整个评鉴工作的主导权，典型自主价值取向的评鉴制度则是高校自发开展评鉴工作，评鉴相关权力均由高校所有，而平衡价值在这部分的体现主要在于制度中有能够平衡规制和自主两种诉求的第三方组织。第二，在评鉴理念方面，评鉴目标的导向和自我评鉴的角色这两个观察点较能反映不同价值的实现情况。典型规制价值取向的评鉴目标倾向于以问责为导向，即通过评鉴来检视高校办学是否达到外部既定的标准，自我评鉴发挥的作用更多是配合外部评鉴工作；典型自主价值取向的评鉴目标则倾向以自治为导向，即通过评鉴促进高校的自我成长，自我评鉴作为高校的自我管制机制是评鉴中最核心的部分；而平衡价值取向的评鉴理念倾向于兼顾规制和自主的诉求。第三，在评鉴过程方面，价值诉求能够反映在评鉴内容、评鉴指标以及评鉴程序上。典型规制价值取向的评鉴侧重考察绩效结果，常与教育政策挂钩，倾向于采用统一、结构化和量化的评鉴指标，评鉴程序上更强调效率与秩序，具有官僚制（科层制）的特点；典型自主价值取向的评鉴则主要以学校自身发展目标和规划为基准，注重考察改进的过程，倾向于采用多元、开放性和质性的评鉴指标，评鉴程序设计上注重公平、弹性，评鉴者和受评鉴者互动呈现出平等性；而平衡价值取向的评鉴过程则反映在能够促进不同理念的沟通，提供权力救济以及调和矛盾冲突上。第四，在评鉴结果方面，不同的价值诉求会影响评鉴结果的呈现方式、公开范围以及使用方式。典型规制价值取向的评鉴制度倾向于采用具有强区分功能的结果呈现形式，如分数、等级等，倾向于将评鉴结果面向社会大众公开并与行政管理挂钩；典型自主价值取向的评鉴制度则倾向于采用以改进为导向的结果呈现形式，如发现的问题、提供的建议等，评鉴结果主要供高校自身使用；而平衡价值取向的评鉴制度其评鉴结果的呈现与使用能够满足各方需求，并能够进行自我反思和改进。

以上这些观测点可以帮助判断不同历史时期台湾高等教育评鉴制度的价值实现情况。为了使判断结果能够可视化和具有比较性，笔者设计了简易的特征符合程度的计算公式，即 A 价值的实现程度＝实际规则与观测指标上典型 A 价值取向规则的符合程度＝符合 A 价值特征的指标数/可判断的指标数×100%，各指标项的符合程度分为符合、部分符合和不符合三个等级，分别赋值为 1 个、0.5 个和 0 个。需要特别说明的是，该计算方式所得出的百分比结果，仅能反映价值实现的变化方向，不具有实质的数量意义，不能进行二次计算。这里所考察的台湾高等教育评鉴制度的规则，既包括正式规则，也包括非正式规则。前者主要是指已在政策文本中明确提出的规则，主要来源于与台湾高等教育评鉴相关的政策文本资料；而后者则是在实际的评鉴活动中人们所形成的习惯以及约定俗成的规则，这些信息主要从学者撰写的论文和著作以及笔者的观察与访谈中获得。对于台湾高等教育评鉴制度价值实现情况的判断将综合考虑正式规则和非正式规则，当两类规则提供的信息出现相悖的情况时，则以非正式规则为准。

除此之外，需要特别强调的是，该观测框架是基于理想状态的设计，有意对三种价值类型的特征进行区隔和强化，使其边界清晰，但是，现实实践是复杂的，会存在边界交叉的现象。因此，该观测框架具有相对合理性。

二、价值关系的互动模型

台湾高等教育评鉴制度的价值取向是不同主体的价值诉求同时作用下所形成的总体倾向。那么，从本质上来讲，这些不同的价值诉求之间存在怎样的关系呢？根据前文所述的三种价值理想类型的内涵可知，规制价值与自主价值是一对矛盾，即此强彼弱、此消彼长，借助数学模型的概念，可以将二者在同一高等教育评鉴制度的实现情况看作是一对反比例关系。平衡价值是与规制价值、自主价值不同性质的价值类型，主要依附于规制与自主之间的矛盾而存在，其实现程度主要取决于各主体在平衡规制与自主这两种价值诉求上所做出的努力。借助物理模型的概念，可将平衡价值的实现过程模拟为"杠杆平衡"运动。综上所述，可构建出互动模型（如图 1.2）来描述台湾高等教育评鉴制度规制价值、自主价值与平衡价值之间的互动关系。

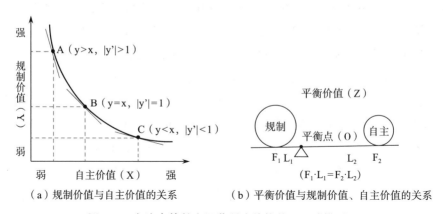

（a）规制价值与自主价值的关系　　　（b）平衡价值与规制价值、自主价值的关系

图 1.2　台湾高等教育评鉴制度价值关系互动模型图

在图 1.2a 中，令 X 表示台湾高等教育评鉴制度所实现的自主价值诉求，Y 为台湾高等教育评鉴制度所实现的规制价值诉求。那么，X 值越大则代表实现的自主价值越多，制度具有较强的自主价值取向；Y 值越大则代表实现的规制价值越多，制度具有较强的规制价值取向；X 与 Y 之间呈反比例关系，曲线上的 A、B、C 三点分别代表了三种典型的价值取向：规制主导、规制与自主共同主导、自主主导。在图 1.2b 中，令 Z 表示台湾高等教育评鉴制度所实现的平衡价值诉求，F_1 表示规制价值的强弱，F_2 表示自主价值的强弱，当评鉴制度能够充当平衡点，协调规制价值（F_1）与自主价

值（F₂），使二者达成一种平衡状态，则表明平衡价值得以实现，此时平衡点 O 的位置到 F₁ 的距离为 L₁，到 F₂ 的距离为 L₂，$F_1L_1 = F_2L_2$。同时，图 1.2b 中平衡点 O 的位置还可以用图 1.2a 中规制价值和自主价值关系曲线的切线来表示。y' 为该曲线的导数，表示该曲线图像切线的斜率。当规制诉求和自主诉求在评鉴制度中得以协调、实现，则 $F_1 = Y$，$F_2 = X$，当两种价值在评鉴制度中保持一个平衡的状态时，平衡点 O 的位置则可以用 |y'| 来表示，关系公式表达如下：

$$y = \frac{k}{x}; \ y' = \frac{-k}{x^2}; \ (y > 0, \ x > 0, \ k \text{ 为常量, } k > 0)$$

$$\frac{L_2}{L_1} = |y'| \ (\frac{L_2}{L_1} = \frac{F_1}{F_2}, \ F_1 = Y, \ F_2 = X)$$

该模型主要是用于表现台湾高等教育评鉴制度变迁过程中总体价值取向的变化轨迹以及三种不同价值之间的互动关系。利用台湾高等教育评鉴制度价值实现的观测框架，我们可以对不同历史时期台湾高等教育评鉴制度三种价值实现程度的高低做质性的判断，这种质性的判断可以对应到价值关系互动模型图的曲线和杠杆中的某一个点，将不同历史时期对应的散点连接起来就可以绘制出台湾高等教育评鉴制度价值取向变化的轨迹图。绘制这种轨迹图一是可以帮助我们更直观地看到台湾高等教育评鉴制度价值取向变化的动态过程，二是可以揭示出台湾高等教育评鉴制度价值取向转变的关键节点，通过研究关键节点前后的相关因素可以进一步揭示台湾高等教育评鉴制度变迁过程中的价值冲突与价值博弈，模型使用的具体路线见图 1.3。

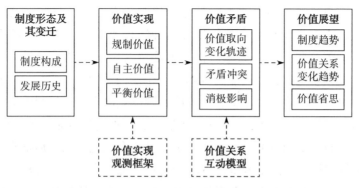

图 1.3 分析模型使用路线图

本章小结

本章主要内容是以价值理论、制度理论为基础，以具体的实践活动为依据，借助马克斯·韦伯（Max Weber）的"理想类型"和价值逻辑推理等方法构建出台湾高等教育评鉴制度价值问题的分析模型。依据主客体关系价值理论，台湾高等教育评鉴制度的价值是指台湾高等教育评鉴制度的存在、属性和合乎规律的变化同一定主体的尺度相一致、相符合或相接近的性质和程度。台湾高等教育评鉴制度作为价值客体，具有规范、制约、保障、引导、证明、改进、中介等多重功能。台湾高等教育评鉴制度价值的主体包括教育主管部门、高校、专业评鉴机构以及社会公众等，这些主体的需要是多层次、多方面的。因此，台湾高等教育评鉴制度的价值关系具有多元性和复杂性。

在这纷繁复杂的价值关系中，以矛盾与平衡为逻辑线索，可以从实践当中抽离出三个紧密相连、相互博弈的主体及其所代表的三个价值理想类型，即规制价值、自主价值以及平衡价值。其中，规制价值主要是指教育主管部门在规范高校办学秩序、引导高校办学方向、问责高校办学质量等方面的诉求，其合理性在于它有助于保证高校办学水准，提高高校办学效率，明确高校办学责任等；自主价值主要是指高校在保障自身自主权利、强调学术发展逻辑、促进自我改进等方面的诉求，其之所以具有合理性，在于它有助于彰显大学自由精神，提升高校治理水平，增进高等教育多样性等；平衡价值主要是指专业评鉴机构在平衡行政权力与学术权力、协调规制逻辑与自主逻辑、沟通不同教育价值观念等方面的诉求，其之所以具有合理性，在于它能够助力高等教育治理结构改革，维持稳定的高等教育系统等。根据这些概念的内涵、相关理论以及所获得经验资料，笔者从文化特征、规则制定过程、具体的规则这三个层面着手，采用推论—归纳混合方法建构出台湾高等教育评鉴制度价值实现的观测框架。规制价值与自主价值是一对矛盾关系，即此强彼弱、此消彼长，平衡价值则是一种与规制价值、自主价值不同性质的价值，主要依附于规制与自主之间的矛盾而存在。台湾高等教育评鉴机构既是平衡价值诉求的主体，也是自身价值诉求实现的客体和手段，在某种程度上充当着平衡支点的角色。由观测框架和互动模型组成的分析模型是深入探究台湾高等教育评鉴制度价值问题的重要工具。

第二章
台湾高等教育评鉴制度及其变迁

　　价值概念完全是建立在人类生活实践的图景中的，它既不是自在事物本身或其固有的性质，也不是人们头脑中主观"构造""建构"想象出来的，而是在人类实践活动中生存并随着社会实践的发展而发展的。① 同时，价值也是一个历史范畴，一切价值都必须在历史中进行思考和评价。② 因此，我们在探究台湾高等教育评鉴制度的价值问题时，应该深入到具体的历史实践活动当中，首先从"事实"的层面描绘和梳理出台湾高等教育评鉴制度的实际形态及其历史变迁过程（包括外部环境、重要事件等），将其作为价值分析的对象和基础。

　　台湾高等教育评鉴制度在本研究中是指台湾社会约束各相关行为主体（教育主管部门、高校、评鉴机构、社会公众等）在高等教育评鉴活动中相互交往的一系列规则或规范。从横向结构来看，台湾高等教育评鉴制度由理念、目标、规则、组织和设备五大要素构成，并通过正式的文本和非正式的行为习惯等载体表现出来。从纵向发展来看，台湾地区自 1975 年开始实施高等教育评鉴，高等教育评鉴制度在 20 世纪 70 年代中后期初见雏形；1983 年台湾教育主管部门开始全面规划高等教育评鉴制度，20 世纪 80 年代和 90 年代台湾高等教育评鉴制度在不断的探索中发展，形成较为完整的制度框架；2001 年开始，台湾高等教育评鉴制度从外延式发展转向内涵式发展，在较为稳定的框架之下更加注重深化评鉴理念、完善评鉴规则；2015年开始，受到内外部因素的影响，台湾高等教育评鉴制度面临着"大刀阔

---

　　① 孙伟平. 价值哲学方法论［M］. 北京：中国社会科学出版社，2008：85-86.
　　② 孙伟平. 价值哲学方法论［M］. 北京：中国社会科学出版社，2008：150.

斧"的改革。根据这样的线索，本研究将台湾高等教育评鉴制度的历史发展过程划分为初始期、发展期、稳定期和变革期。从系统论的角度看，台湾高等教育评鉴制度属于台湾教育制度下的一个子系统，它直接地受到宏观教育制度的影响，也间接地受到社会其他制度的影响。因此，在探讨台湾高等教育评鉴制度及其变迁的过程中，也应考虑教育体制改革和其他社会制度变革的环境背景。

第一节　台湾高等教育评鉴制度的构成

制度是一种系统化的规范体系。制度的结构是指把构成制度的各种要素统一起来的现实形态，即制度的形式；而构成制度的一切要素总合起来，便是制度的内容，一切制度都是内容与形式的辩证统一。① 因此，要对台湾高等教育评鉴制度进行研究，就必须从制度要素入手了解其构成及其现实表现形式，即制度载体。

一、构成要素

关于制度的要素，学者们从不同的角度做出了不同的划分。有学者认为，关于制度要素，可以从广义和狭义两个方面来思考：狭义的制度要素论，主要是局限于对成文的制度及其结构分析，制度的要素无非是指"以逻辑结构和修辞手段来表述制度内容的那些篇章与条目"；而广义上的制度要素则是指"同形成或建构起现实制度并进行活动的一切有关的思想原则、权力实体、语言符号、逻辑结构、物质方法、技术手段等"，具体而言包括六大要素：制度意识、制度目标、制度机关、制度技术、制度条文、制度载体。② 也有学者从组织结构的视角出发，认为制度是一个包含目标、规则、组织、设备的结构系统。③ 还有学者从制度的主要内容和表现形式入

① 萧斌. 制度论 [M]. 北京：中国政法大学出版社，1989：81.
② 萧斌. 制度论 [M]. 北京：中国政法大学出版社，1989：83-88.
③ 贺培育. 制度学：走向文明与理性的必然审视 [M]. 长沙：湖南人民出版社，2004：17-22.

手，认为制度系统由规则、对象、理念、载体这四大要素构成。① 这些划分方式各有侧重，为我们深入理解制度提供了丰富的视角。基于这些理论探讨，并结合本研究的任务，笔者从系统论的视角出发，将台湾高等教育评鉴制度系统分为理念、目标、规则、组织和保障等五个方面。

（一）制度理念

台湾高等教育评鉴制度的理念系统，主要是指评鉴制度建设与改革的指导原则、价值取向以及评鉴制度所要实现的终极价值等，它是台湾高等教育评鉴制度存在、发展与变革的理论基础，是现实制度的观念形态，也是其得以形成的逻辑起点。这些理念本身并不直接体现为制度条文，但却间接地体现在制度目标、规则、组织、保障体系当中。不同的理念引导下的制度体现出不同的性质。从系统构成来看，台湾高等教育评鉴制度的理念体系不仅包括相关主体对"制度"本身的认识，也包括相关主体对台湾高等教育的理解以及对高等教育评估功能和价值的认识。从宏观层面来看，自产生以来，台湾高等教育评鉴制度的理念至少有以下几种：一是为行政管理服务，即教育主管部门通过评鉴制度来实现其行政管控的目的——掌握各高校的办学状况与成效，并据此对其进行指导与奖惩。这种理念在制度规则中表现得十分明显，例如，2005 年修订的"大学法"首次将评鉴工作列入，并明确提出"评鉴结果作为行政主管部门教育经费补助及学校调整发展规模的参考"②；2007 年修订的"私立学校法"规定，私立学校经学校主管机构评鉴办理完善，绩效卓著者，给予奖励，并放宽管制的限制（例如，增设系所等）。③ 二是强调绩效责任，即高等教育评鉴制度主要是为了使各个高校明确自己的责任和任务，检视自身的办学成效，并接受外部的监督、质疑和奖惩。这种理念不仅体现在具体的制度规则上，有时还可以直接从制度目标中体现出来。例如，在台湾财团法人高等教育评鉴中心公布的《2011 年校务评鉴实施计划》中，明确指出"以学校绩效责任为内

① 辛鸣. 制度论：关于制度哲学的理论建构［M］. 北京：人民出版社，2005：85-93.

② "立法院法律系统"."大学法"［EB/OL］. https：//lis. ly. gov. tw/lglawc/lglawkm? @@307935374，2017-07-10.

③ "立法院法律系统"."私立学校法"［EB/OL］. https：//lis. ly. gov. tw/lglawc/lglawkm? @@1265439275，2017-07-10.

涵"，评鉴目的包括"评定教研绩效"，即从行政管理、教学、研究、推广、学生学习成效来评定大学教学绩效，以及"奖励优质建立标杆院校"。[①] 三是促进高等教育质量的改善，即希望通过开展周期性的评鉴活动，使高校明确自己的问题和目标，通过不断地改进来确保"高等教育持续追求卓越与成长"。这种理念自 21 世纪以来，越来越受到强调，并在一定程度上引发了整个评鉴制度的价值转向。当然，除此之外还有其他一些理念，如多元主体参与、高校自主管理等。

（二）制度目标

台湾高等教育评鉴制度的目标系统，主要是指建立这项制度所要达到的具体的目标。它是评鉴理念的现实化，是在特定评鉴理念的指导下，用量化指标或目标模式等手段，选择和确定制度实践活动所要达成的预期目标。总体来看，制度目标具有两个特点——现实性和多元性。现实性主要是指，制度目标的选择除了是对制度理念的反映，还会受到时间、空间等现实条件的影响。例如，在各高校办学条件还未趋于规范的现实条件下，更多强调的是通过评鉴推动高校办学条件的提升，在办学基本条件达到之后，再强调其办学的内涵与特色。台湾地区 2006 年起开展的第一周期系所评鉴的目标之一是"确保为学生提供一个优质学习环境"[②]，到了第二周期的系所评鉴（2012-2016），其评鉴目标就变为"确保学生学习成效评估机制的建立与落实"。而多元性则是指，同一时期下的同一个制度，其所要实现的目标可能不止一个。例如，台湾地区 2011 年所开展的校务评鉴工作，其具体目标包括：导入品质保证的 PDCA 架构，引导高校找出自我定位，进而拟定校务发展计划，以确保教学与研究的绩效；引导高校拟定学生学习的核心能力，并据此研拟学生学习成效评估机制，以确保学生学习成效、

---

① 财团法人高等教育评鉴中心. 2011 年度校务评鉴实施计划 ［EB/OL］. http：∥www. heeact. edu. tw/lp. asp？ ctNode＝1370 & CtUnit＝843 & BaseDSD＝7 & mp＝2，2017-07-10.

② 财团法人高等教育评鉴中心. 2006 年度大学院校系所评鉴实施计划 ［EB/OL］. http：∥www. heeact. edu. tw/lp. asp？ ctNode＝402 & CtUnit＝154 & BaseDSD＝7 & mp＝2，2017-07-15.

强化学生竞争力，并作为学校资源投入与功能运作的依据；① 2012-2016 年一般大学院校通识教育暨第二周期系所评鉴的目标具体包括：了解各大学系所在确保学生学习成效的机制与运作成果，判断与建议各大学的系所在落实学生学习成效评估机制的认可地位与期限，促进各大学系所建立品质改善机制，以及协助各大学的系所发展办学特色，促进在职专班发展办学特色，以应对业界实务需求。②

(三) 制度规则

台湾高等教育评鉴制度的规则系统，主要是指评鉴制度产生与发展过程中所形成的一系列具体规则。这些规则指导和约束高校、评鉴机构、行政主管部门等行为主体之间的交往。规则系统是制度内容的一种逻辑表达，并使制度具有了规范化的意义，如果缺少了规则系统，制度就会失去其作为一种规范的基础。③ 台湾高等教育评鉴制度规则系统的内涵较为丰富，从规则的性质来看，可以分为程序规则和实质规则，前者是指评鉴草案提出、讨论、修订、通过以及公布等程序方面的规则，④ 后者则是指直接与评鉴活动实施相关的规则；从规则的形式来看，可以分为正式规则和非正式规则，前者是指评鉴相关的正式制度文本中明确列出的规则，后者则是指在实际制度活动中各行为主体共同遵守的但并未出现在制度文本中的规则，正式规则和非正式规则有时会发生冲突；从规则的对象来看，有针对高校整体办学的评鉴规则，即校务评鉴规则，有针对学院、系所的评鉴规则，即系所评鉴规则，还有针对某个学科、专业或教育领域的评鉴规则，例如，通识教育评鉴规则、师资培育单位评鉴规则，等等。从规则的内容来看，台湾高等教育评鉴制度的规则主要包括以下几个方面：一是规定评鉴主体，

① 财团法人高等教育评鉴中心. 2011 年度校务评鉴实施计划 [EB/OL]. http：//www. heeact. edu. tw/lp. asp? ctNode=1370 & CtUnit=843 & BaseDSD=7 & mp=2, 2017-07-15.

② 财团法人高等教育评鉴中心. 2012 年度大学院校通识教育暨第二周期系所评鉴实施计划 [EB/OL]. http：//www. heeact. edu. tw/public/Attachment/381515535139. pdf, 2017-07-15.

③ 蒯正明. 制度系统的构成、层次架构与有效运作 [J]. 东方论坛, 2010, 30 (5)：96-100.

④ 萧斌. 制度论 [M]. 北京：中国政法大学出版社, 1989：86.

即由谁来主导评鉴、由谁执行；二是规定评鉴程序，即评鉴工作应该遵循怎样的流程；三是规定评鉴的内容与标准；四是规定评鉴的方式；五是规定评鉴结果的呈现方式及后续处理方式。理论上讲，规则系统应服从和服务于目标系统。但在现实环境下，有时规则系统不一定完全与目标系统的导向相一致，制度的规则也不一定能有效地反映出制度的目标。

（四）制度组织

台湾高等教育评鉴制度的组织系统，主要是指实现和执行评鉴制度规则的所有相关组织和行为主体，具体而言主要包括以下四个组织：一是主导或监督评鉴工作开展的相关行政部门，例如，台湾"教育部""教育部高教司""教育部技职司"，等等；二是具体承办评鉴工作的专业评鉴机构，例如，财团法人高等教育评鉴中心基金会、财团法人台湾评鉴协会、社团法人管理科学委员会、"社团法人中华工程教育学会"、财团法人高等教育评鉴中心基金会"医学院评鉴委员会"；三是接受评鉴的各类高校及其系所，包括一般大学院校、高等技职大专院校等；四是对评鉴工作进行监督及建议的学术团体或社会团体，例如，各类教育学会、教师工会等。其中，相关行政部门、评鉴机构以及高校属于核心组织，是评鉴制度最为直接的对象。从制度理论来看，组织系统与规则系统的协调和认同程度决定了目标系统的实现程度。[①] 组织系统具有自身的特殊性——即是由拥有主观意识的人组成，这也就决定了组织系统在制度系统中的重要地位。

（五）制度保障

台湾高等教育评鉴制度的保障系统，主要是指评鉴活动中各组织或行为主体之间的关系得以规范、约束的保障机制。具体而言，台湾高等教育评鉴制度的保障机制可分为法规保障机制与评鉴文化保障机制。其中，法规保障机制主要是指依靠法规的强制性和权威性对评鉴活动的顺利开展进行保障，例如，"大学法"、台湾教育主管部门发布的各项行政命令以及评鉴机构制定的各项行为准则；而评鉴文化保障机制则主要是指依靠评鉴活动开展所积累下的经验、形成的文化来对评鉴工作的开展进行约束和保障，

---

① 贺培育. 制度学：走向文明与理性的必然审视 ［M］. 长沙：湖南人民出版社，2004：17—22.

例如，在高校自我质量保障与提升意识逐渐增强的文化下，评鉴活动更多朝向高校自我约束的方向发展。总体来看，台湾高等教育评鉴制度在建立初期主要是依靠法规保障机制，之后逐渐向法规保障机制与文化保障机制协同作用转变。

二、制度载体

制度的载体也就是制度的表现形式，最常见的形式就是法律条文、规则条例、执行方案等，这些载体主要反映出正式规则。就台湾高等教育评鉴制度而言，其主要载体包括：一是"法律条文"，例如，"大学法""私立学校法"等；二是教育主管部门行政命令及规章，例如，"大学评鉴办法""教育部补助大专院校自主办理系所品质保证要点""教育部认定大学院校自我评鉴机制及结果审查作业原则"等；三是由评鉴机构策划实施的评鉴规则，例如，财团法人高等教育评鉴中心基金会、财团法人台湾评鉴协会颁布的各类评鉴的实施计划及其规则；四是由教育主管部门委托评鉴机构办理的特殊评鉴项目规则，例如，台湾教育主管部门针对高校开展的"专案性访视"计划。笔者根据时间和类别对1975年以来台湾高等教育评鉴制度的主要载体进行了整理，具体见表2.1。制度的载体除了这些承载正式规则的文本，还有承载着非正式规则的口头命令、集体行为等。由于非正式的制度载体具有模糊性和延展性，所以，在本研究中，笔者试图通过观察台湾高等教育评鉴活动中的主体行为，向相关人员了解实践活动开展的各个细节，与该领域的专家进行沟通等方式，对台湾高等教育评鉴非正式制度实践进行研究，进而探究其制度中的非正式规则。

表2.1　台湾高等教育评鉴制度的主要载体

"法律"条文	时间
1. "大学法"相关条文	1993年12月起
2. "教育基本法"相关条文	1999年6月起
3. "师资培育法"相关条文	2002年6月起

"法律"条文	时间
4. "专科学校法"相关条文	2002 年 12 月起
5. "私立学校法"相关条文	2007 年 12 月起
教育主管部门行政命令及规章	时间
1. "大学教育评鉴实施要点"	1984-1990 年
2. "访问评鉴实施要点"	1984-1990 年
3. "大学校院师资培育评鉴作业要点"	2002 年 4 月起
4. "专科学校评鉴实施办法"	2004 年 10 月起
5. "大学评鉴办法"	2007 年 1 月起
6. "大学自我评鉴结果及专业评鉴机构认可要点"	2009 年 3 月起
7. "教育部认可专业评鉴机构审查作业原则"	2009 年 12 月起
8. "教育部试办认定科技校院自我评鉴机制及其结果审查作业原则"	2010-2017 年
9. "教育部认定大学校院自我评鉴机制及结果审查作业原则"	2012 年 7 月起
10. "教育部补助大专校院自主办理系所品质保证要点"	2018 年 1 月起
11. "专科以上学校教保相关系科评鉴办法"	2018 年 4 月起
一般大学院校评鉴实施规则	时间
1. 2006-2010 各年度《大学校院系所评鉴实施计划》	2006-2010 年
2. 2011 年度《校务评鉴实施计划》	2010 年 5 月起
3. 2012-2016 各年度《大学校院通识教育暨第二周期系所评鉴实施计划》	2012-2016 年
4. 2014-2017 各年度"教育部试办认定大学校院自我评鉴结果审查实施计划"	2014-2017 年
5. 2017、2018 年度《第二周期大学校院校务评鉴实施计划》	2016-2018 年

续表

一般大学院校评鉴实施规则	时间
6.《大专校院自办品质保证认定作业办法》	2018 年 6 月起
7.《大专校院自办品质保证认定实施办法》	2018 年 6 月起
8. 2019、2020 年度《委托办理品质保证认可实施计划》	2018 年 8 月起
技专院校评鉴实施规则	时间
1. 2009-2012 各学年度、2017 年度《科技大学评鉴实施计划》	2009-2012 年
2. 2009-2013 学年度《科技大学评鉴指标》	2009-2013 年
3. 2010-2014 学年度《技术学院评鉴指标》	2010-2014 年
4. 2012-2013 学年度《专科学校评鉴指标》	2012-2013 年
5. 2012、2017 学年度《专科学校评鉴实施计划》	2012-2017 年
6. 2012 学年度《技术学院评鉴实施计划》	2012 年
7. 2013、2015、2016 学年度《技术学院综合评鉴实施计划》	2013-2016 年
8. 2013、2015、2016 学年度《科技大学综合评鉴实施计划》	2013-2016 年
9. 2014、2016、2017 学年度《科技校院校务评鉴及自我评鉴行政相关工作实施计划》	2014-2017 年
10. 2014、2018 学年度《科技校院评鉴实施计划》	2014-2018 年
11. 2014-2019 学年度《科技校院综合评鉴项目效标》	2014-2019 年
12. 2016 学年度《专科学校综合评鉴实施计划》	2016 年
13. 2016-2017 学年度《专科学校评鉴指标》	2016-2017 年
其他评鉴项目规则	时间
1. 2015-2016 年度"教育部大专校院综合视导实施计划"	2014-2017 年

　　注：该表由笔者根据台湾"立法院法律系统"、"教育部主管法规查询系统"、财团法人高等教育评鉴中心基金会网站、社团法人台湾评鉴协会网站、技专校院评鉴资讯网等处公布的信息整理而得。

第二节　台湾高等教育评鉴制度的起源（1975-1982 年）

20 世纪 70 年代初，台湾社会经济发展已进入到一个新的局面，高等教育规模经过近十年的扩张已发展到一定的程度，高等教育管理面临着新的任务和挑战。为了应对高等教育内外部发生的变化，加强对高校办学情况的管控，由台湾教育主管部门主导的高等教育评鉴制度便应运而生。

一、制度产生的背景

台湾高等教育评鉴制度是在特定的社会历史背景下产生的，尤其是当局行政管理风格、经济发展策略以及高等教育规模扩张等因素在一定程度上影响着台湾高等教育评鉴制度的初始形态。

（一）政治经济背景

1945 年，中国抗日战争胜利，台湾地区终于结束了长达五十年的日本殖民统治，重回祖国怀抱。同年，国民政府接管台湾，并于九月二十日公布《台湾省行政长官公署组织条例》，在行政长官公署之下设教育处，负责全省教育行政及学术文化事宜，教育处内设有四科，分别负责高等教育与师范教育、中学教育与职业教育、国民教育与地方教育行政以及社会教育。1947 年，台湾省行政长官公署改组为省政府，教育处亦改为教育厅。为了尽快改进台湾的教育情况，在教育行政组织上增加了"督学视察"人员，对各地的中小学以及高等教育进行定期或临时视导，当时教育厅内部仅督学视察人员就有近四十人。[①] 由于当时高等教育规模较小，因此，对于教育主管部门而言，督查任务不算重。1949 年，国民党政权从大陆溃败后退台，于同年 5 月颁布"台湾戒严令"，在思想文化等方面实行全面管制，开启了长达 38 年的"戒严时期"。在此期间，台湾高等院校拥有的自主权极其有限，诸如"夜间部"设立、组织部门设立、实习机构设立、各学系修业年限及应修学分数、学生成绩优异或成绩较差的标准、大学规程拟定等内部事务，都由教育主管部门来决定。与此同时，服务于政治目的的"教官制

---

① 汪知亭. 台湾教育史料新编 [M]. 台北：台湾商务印书馆，1978：166-169.

度"被正式纳入教育体系。1972 年 8 月，台湾"大学法"修订，在第十四条中增设"教官"条文，规定大学需设置"军训总教官、主任教官、教官及护理教员"，其遴选、介派、迁调办法，均由台湾教育主管部门确定。直到 1993 年 10 月，"大学法"的修正案才将"教官"相关条文删除。[①] 有学者指出，此时台湾教育主管部门"几乎控制了高等教育的各个层面，固然也因此确保高等教育维持某一水准，但同时也牺牲了学校的自主权"[②]。

在经济发展方面，台湾当局在 20 世纪 50 年代初主要采取"进口替代"发展战略，即利用岛内初级产品的生产和出口赚取外汇，用于进口发展工业所需的机器设备和农工原料。为了保证有限资源的合理利用，台湾当局加强了对经济的干预，在 1953-1961 年先后实施了两个四年的经济建设计划，集中力量发展农业和工业。两期经济建设计划的实施使得台湾经济实力有所提升，农业逐渐走上稳定发展的道路，释放出大量廉价剩余劳动力。1962 年开始，台湾当局实施了新一轮的经济建设计划，重点发展纺织加工业等劳动密集型产业，同时鼓励生产精密仪器工业产品，发展电子工业与外销产品工业，大幅度实行出口扩张。为了配合经济发展对劳动力素质的要求，该阶段台湾教育政策的重心转向发展职业技术教育。1964 年，台湾"行政院经合会"成立"人力资源小组"，该小组对台湾的人力资源进行调查分析，并据此提出优先发展工业职业教育的策略，[③] 具体的措施包括推动"建教合作"、推行弹性学制、扩大高级职业学校比例、鼓励开设职业课程、开放私人兴学、积极扩充专科学校等。经济发展计划与人才培养策略的密切配合，推动了台湾经济持续十年的快速增长。到 20 世纪 70 年代初，台湾已从一个较落后的农业经济地区转变为一个以外向型工业为主的工业经济

① "立法院法律系统"."大学法"［EB/OL］. https：//lis. ly. gov. tw/lglawc/lglawkm? @@307935374，2017-07-10.

② 转引自：詹盛如. 台湾高等教育治理政策之改革——新管理主义的观点［J］. 教育资料与研究双月刊，2010，（94）：1-20.

③ 巫铭昌，戴剑锋，谢秀珍，等. 台湾50年［J］. 职业技术教育，2003，（21）：12-25.

地区，顺利完成从"进口替代"向"出口导向"的过渡。①

（二）高等教育规模扩张

从高等教育规模发展来看，日据时期，台湾高等教育发展得十分缓慢，直到1945年日本投降前夕，台湾地区共有大专院校5所，包括1所大学和4所专门学校。由于日本在台实行差异化教育政策，只有极少数的台湾籍学生能够进入高等院校就读，并且允许就读的科系也极其有限。日本投降后，国民政府对台湾大专院校进行了改组和整顿，大专院校从5所调整为4所。光复初期，政府的施政重点主要在政治与经济改革方面，投入到高等教育中的资源极其有限。1945-1952年间，台湾大专院校仅增加4所，包括1所师范学院、1所行政专科学校、1个行政专修班和1所私立专科学校。② 20世纪50年代中期到60年代初，台湾经济状况得以好转，为了满足人们对高等教育的需求，同时配合社会经济建设，台湾当局开始注重高等教育的发展，并鼓励私人和教会团体兴办高校。1954-1962年期间，台湾教育主管部门先后核准政治大学、清华大学、交通大学、中央大学在台"复校"，创办了农业专科学校、护理专科学校、工业专科学校、海事专科学校、师范学院等高等院校共计9所。在此期间，由私人团体创办的高校达15所。③ 与此同时，台湾当局大力推行"建教合作"，要求各大专院校与社会经济生产部门合作，为社会需求服务。

20世纪60年代中期到70年代初，正值台湾"经济起飞"时期，为了进一步应对经济发展和社会发展的需要，台湾当局更加重视高等教育的发展，尤其是高等职业教育。短短几年，台湾高等教育层次的学校规模和学生数量都有了极大的提升。从学校规模来看，1964年台湾共有41所大专院校，其中公立院校21所，私立院校20所；到1972年，台湾地区大专院校总数达到99所，其中公立院校31所，私立院校68所，学校总数相比1964年增加了141.46%，公私立学校数量之比从约1:1转变为约1:2，具体见

---

① 中华人民共和国国史网. 第十章香港、澳门、台湾地区经济的发展 [EB/OL]. http://www.hprc.org.cn/wxzl/wxxgwd/200909/t20090902_29468_8.html，2009-09-02/ 2018-03-10.

② 汪知亭. 台湾教育史料新编 [M]. 台北：台湾商务印书馆，1978：235-236.

③ 汪知亭. 台湾教育史料新编 [M]. 台北：台湾商务印书馆，1978：238.

图2.1。从学校类型来看，专科学校是台湾高校数量增长的"主力军"：1964-1972年，专科学校从20所增长至76所，学院增加了3所，大学减少了1所，专科学校占大专院校总数的比例从48.78%上升到76.77%，具体见图2.2。从在校生数来看，1950-1964年，十四年间台湾大专院校在学人数仅增加5.7万人，而1964-1975年，台湾大专院校学生数从6.4万人增长至28.9万人，增长了近351.6%，具体见图2.3。据统计，如果将当时的大专院校在学人数与台湾人口总数相比，则每71.4个人中就有一个大学生。[①]到1976-1977学年度，台湾的高等教育毛入学率达到15.4%，[②] 根据马丁·特罗（Martin Trow）高等教育发展阶段的划分，台湾高等教育此时已从精英化发展阶段过渡到大众化发展阶段。

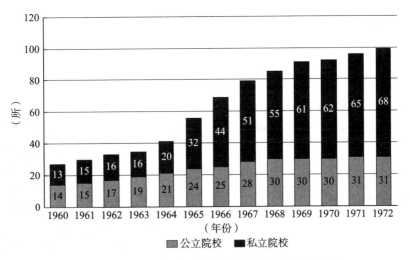

图2.1　1960-1972年台湾公私立大专院校数量变化

注：该图根据《台湾教育史料新编》（汪知亭著）中的数据资料整理而得。

---

① 曲士培. 台湾高等教育［M］. 长沙：湖南教育出版社，1990：14.

② 台湾统计数据中将高等教育毛入学率（gross enrollment ratio of tertiary education）称之为"高等教育粗在学率"，且统计中使用的高等教育适龄人口年龄段为18-21岁人口，此处数据来源于台湾"教育部"2015年教育统计资料，网址为：https：// www.edu.tw/News_Content.aspx？n=829446EED325AD02 & sms=26FB481681F7B203 & s= B19AF3B0B4D7BFAC.

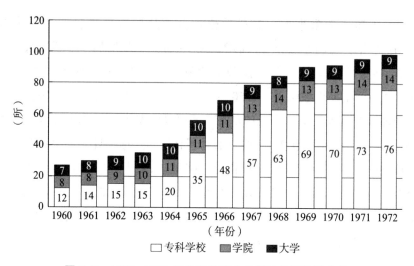

图2.2 1960-1972年台湾地区大专院校类型结构变化

注：该图根据台湾教育主管部门统计处历年统计表整理而得。

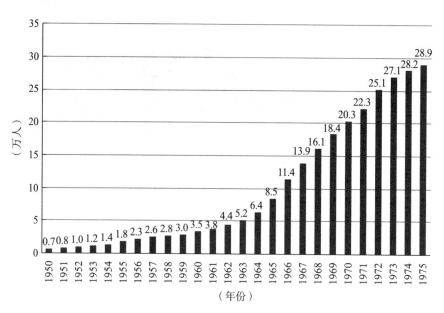

图2.3 1950-1975年台湾大专院校在校生数量变化

注：该图根据台湾教育主管部门统计处历年统计表整理而得。

高等教育规模的快速扩张，尤其是私立高校的大幅扩增引发了台湾当局和社会公众对于高等教育质量的担忧。为了应对这一问题，台湾教育主

管部门制定了一系列政策以规范高等院校的发展，例如，1972 年修正"大
学法"，取消大学附设专科和公立大学附设师范学院，强调大学的设立须符
合大学设立的标准，以维持大学的水准；① 1973 年，"行政院"宣布暂缓接
受私立学校的申请；1974 年，修正"大学规程"，并制定"私立学校法"，②
规定所有私立高校都须登记为财团法人；1975 年，开始实施大专院校评鉴。
在这种"控量保质"的政策导向下，台湾高校数量增幅快速下降，1972-
1985 年间，公立高校共增加 5 所，私立高校仅增加 1 所，具体见表 2.2。由
此可见，从台湾当局的教育政策上来看，1954-1971 年，台湾高等教育处于
扩张阶段，而 1972-1985 年则属于限制管控阶段。③

表 2.2　1972-1985 年台湾地区公私立高校校数变化　　单位：所

年份	公立高校	私立高校	合计	年份	公立高校	私立高校	合计
1972	31	68	99	1979	33	68	101
1973	31	68	99	1980	35	69	104
1974	32	68	100	1981	35	69	104
1975	33	68	101	1982	36	69	105
1976	33	68	101	1983	36	69	105
1977	33	69	102	1984	36	69	105
1978	33	68	101	1985	36	69	105

注：该表根据台湾教育主管部门统计处历年统计表整理而得。

二、初始期的制度形态

1970 年代初，台湾高等教育已经过近十年的快速增长，从发展态势上
看，私立高校规模扩张的势头尤其猛烈，由 1962 年的 16 所增长至 1972 年

①　曲士培. 台湾高等教育 [M]. 长沙：湖南教育出版社，1990：14.
②　"教育部部史". 教育大事年表 [EB/OL]. http://history. moe. gov. tw/worldhisto-ry. asp? YearStart=61 & YearEnd=70 & page=3，2018-03-10.
③　杨莹. "两岸四地"高等教育评鉴制度 [M]. 台北：财团法人高等教育评鉴中心基金会，2010：17.

的 68 所，十年内增长了 325%。面对如此之多的新建院校，台湾教育主管部门在管理上面临着前所未有的压力。另外，此时台湾在行政管理上开始受到美国追求"绩效责任（accountability）"理念的影响，[1] 在高等教育管理中引进"评鉴制度"开始进入政策制定者的视野。

1975 年，台湾教育主管部门在时任"中央研究院"院长吴大猷的建议下，展开了针对部分系所的评鉴工作，并表明评鉴的目的在于了解公私立大专院校系所及研究所的办学质量及问题，并将评鉴结果作为辅导、奖助及核准学校各种申请案件的参考依据。[2] 此次评鉴由台湾高等教育主管部门规划，称之为"大学学门评鉴"，首次评鉴的对象以一般大学院校的数学、物理、化学、医学以及牙医等五个学门的系所为主。评鉴的项目包括师资、行政、设备、课程、经费以及 10 年来毕业生就业和深造情况。在师资方面，重视学历和兼课情况；在设备方面，包括教学及研究实验设备、实验消耗品与图书等；在行政方面，注重行政公开，包括系（所）行政会议举行次数及讨论事项、教师聘任与晋升程序、预算分配、教学课程分配等项目；在课程方面，包括所开的必修与选修的课程，教学内容与聘任教师（专任或兼任）等项目；在经费方面，包括系（所）经费的来源，仪器设备、实验品消耗、图书、文具等项经费的分配情况。[3] 同年，台湾教育主管部门也针对工业专科学校的化工、土木、电机、电子、机械等五科实施了评鉴，评鉴项目包括五项，分别为：图书与器材设备、师资、教材课程安排与教学效果、科务行政以及建教合作与就业辅导。评鉴结果以分等的形式呈现，并供教育主管部门作为辅导奖助及改进参考。[4]

1976 年 1 月，台湾教育主管部门向媒体公布专科学校的评鉴结果，但针对一般大学和学院的评鉴，只是将"办学认真、师资与设备充实"的学

---

① 苏锦丽. 高等教育评鉴理论与实际 [M]. 台北：五南图书出版公司，1997：49.
② 吴清山，王令宜，等. 台湾地区高等教育评鉴发展与实务 [M]. 台北：财团法人高等教育评鉴中心基金会，2012：4.
③ 汪知亭. 台湾教育史料新编 [M]. 台北：台湾商务印书馆，1978：438-439.
④ 徐昌慧. 专科学校评鉴 2008 年度起办理四年 [J]. 评鉴双月刊，2008，（15）：43-47.

校予以公布，评鉴结果不理想者，则个别通知改进。① 之后三年内，台湾教育主管部门将评鉴范围扩大，1976 年实施了针对理、农、工、医等学院，商业/管理类专科学校的评鉴，1977 年实施了针对商学院、法学院以及艺术类、农业类、海事类、家政类、体育类、新闻类、外语类等科类专科学校的评鉴，1978 年实施了对文学院及师范学院的评鉴。到 1978 年底，台湾教育主管部门完成针对全台湾地区大专院校各相关系所的第一次评鉴工作，并表示"以后各研究所、各学系、各专科学校均将继续加以评鉴"②。此次评鉴结束后，台湾教育主管部门为了进一步了解院校在评鉴结束后的改进状况，在 1979-1982 年期间实施了后续追踪评鉴工作，其中 1979 年实施了对理学院和农学院的追踪评鉴，1981 年实施了针对工学院和医学院的追踪评鉴，1982 年实施了针对商学院和法学院的追踪评鉴。③

到 1982 年，台湾高等教育评鉴制度的初始形态已然形成。但是在"戒严"时期，台湾社会各项制度总体呈现一元化的特征，集权式管理充斥在教育工作当中。所以，在该阶段，台湾高等教育评鉴制度的理念相对比较单一，更多的是满足教育主管部门对高等教育进行管控的诉求。在这种理念的引导下，制度目标主要是协助教育主管部门了解高校的办学情况，通过评鉴为行政部门辅导、奖助及核准学校各种申请案件提供参考依据。由此，相应的规则也逐渐形成，例如，各类高校、系所均需接受评鉴，评鉴项目及内容、结果呈现方式须按照教育主管部门的规定。制度组织主要由台湾高等教育主管部门和各类高校及其系所构成，制度保障则由当局主管部门的行政权力保证评鉴的强制性。但有学者表示，当时台湾教育主管部门对实施学门评鉴采取的策略是"想到就做"，并没有完整的构想与计划，而评鉴的结果均以质性文字叙述呈现，并未结合奖补助款、招生等机制，只是作为学校自我改进的参考，总体看不出实际成效，外界也不了解受评

① 周平. 1975 年以降文件档案中大学评鉴体制的论述与反论述形成 [J]. 教育与社会研究，2011，(23)：79-125.

② 汪知亭. 台湾教育史料新编 [M]. 台北：台湾商务印书馆，1978：439.

③ 转引自：许宗仁. 台湾地区高等教育评鉴制度之研究 [D]. 新北：淡江大学硕士学位论文，2011：138.

学校办学质量究竟如何。[①] 针对专科学校的评鉴，也并没有提出明确目标，仅说明是教育主管部门为协助各校挖掘问题，并提供改进建议，以提升教学品质。[②] 因此，总体来看，高等教育评鉴制度的框架已基本搭建起来，但此时还尚处于初始的、不完整的和探索的状态。

第三节　台湾高等教育评鉴制度的发展（1983-2000 年）

1983 年，台湾教育主管部门成立专门的规划小组对高等教育评鉴进行研究，并在接下来的两年里研制出"大学教育评鉴手册"和"大学教育评鉴实施要点"等评鉴方案，这些方案成为台湾高等教育评鉴制度进一步发展与完善的重要基础。20 世纪 80 年代末到 90 年代是台湾经济社会大变革时期，这些变革为台湾高等教育评鉴制度的发展提供了条件和动力。

一、制度发展的背景

20 世纪 80 年代，台湾内外部经济环境发生了变化，新台币兑美元汇率大幅升值，人力工资大幅上涨，出现劳动力短缺的现象，劳动密集型加工出口产业逐渐丧失优势，民间投资意愿低落，经济发展陷入困境。为此，台湾当局于 1986 年提出实行自由化、国际化、制度化的经济转型，进一步健全和完善市场经济机制，并以产业升级和拓展美国以外的外贸市场作为重大调整内容，确定以通讯、信息、消费电子、半导体、精密器械与自动化、航天、高级材料、特用化学及制药、医疗保健及污染防治等十大新兴产业为支柱产业。[③] 中产阶级的崛起，知识分子队伍迅速扩大，生活水平和教育程度的提高，使台湾人民的民主参政意识逐渐增强，各阶层民众越来越不满当局的独裁统治，政治运动此起彼伏。1983-1987 年期间，台湾高校

---

① 陈曼玲. 翻开大学评鉴发展史 [J]. 评鉴双月刊, 2006, (1): 22-23.

② 转引自: 许宗仁. 台湾地区高等教育评鉴制度之研究 [D]. 新北: 淡江大学硕士学位论文, 2011: 152.

③ 中华人民共和国国史网. 第十章香港、澳门、台湾地区经济的发展 [EB/OL]. http://www.hprc.org.cn/wxzl/wxxgwd/200909/t20090902_29468_8.html, 2009-09-02/2018-03-10.

爆发了以"校园民主""言论自由"为主要诉求的改革运动。① 在内外部各种原因的作用下,台湾当局于 1987 年 7 月 15 日宣布"解除戒严",此后一系列社会改革此起彼伏,教育改革则是其中尤为重要的一部分。

1988 年,台湾地区召开了"第一届民间团体教育会议",主要针对当时的教育弊病提出建言,同年,台湾教育主管部门召开"第六次台湾教育会议",针对幼儿教育、中小学教育、技术与职业教育、高等教育、各级学校课程架构等提出发展计划,这些都为之后的教育改革奠定了基础。1989-1994 年,台湾地区相继成立了"大学法行动联盟""大学教育改革促进会""台湾教授协会""救救下一代行动联盟""基层教师真实教育连线""410 教改团体联盟"等民间教改团体,其诉求主要在于:改变台湾威权政治下的"管理主义"、人力专制控管下的"升学主义"、资源不足下的"粗廉主义",维护学术自由、校园民主,推动教育走向多元,走向分权,具体的主张包括:落实小班小校、广设高中大学、制定"教育基本法"、推动教育现代化。② 为了回应这些教育改革的诉求,同时应对社会经济发展面临的新挑战,台湾当局开始大刀阔斧地进行教育改革。1995 年 2 月,台湾教育主管部门公布了第一份以"缓解升学压力"与"教育自由化"为主题的政策"白皮书""中华民国教育报告书——迈向二十一世纪的教育远景";③ 1995 年 4 月,"教育改革审议委员会"发布了第一期咨议报告书,确立了"人本化、民主化、多元化、科技化及国际化"改革大方向;④ 1997 年 2 月,台湾"行政院"成立教育改革推动小组,并于 1998 年 5 月发布"教育改革行动方案",提出健全师资培育制度、促进技职教育多元化与精致化、追求高等教育卓越发展等。⑤

---

① 台湾"文化部". 台湾大百科全书—教育改革 [EB/OL]. http://nrch.culture.tw/twpedia.aspx? id=3951,2007-09-24/2018-03-10.

② 林天佑. 百年教育发展 [M]. 台北:"国家教育研究院",2011:118-119.

③ 包海芹,康健. 20 世纪 90 年代台湾地区高等教育改革概述 [J]. 江苏高教,2002,(3):116-119.

④ "国家教育研究院". 第一期咨议报告书 [EB/OL]. http://www.naer.edu.tw/files/15-1000-7988,c1315-1.php? Lang=zh-tw,2017-07-16.

⑤ "教育部部史". 教育改革 [EB/OL]. http://history.moe.gov.tw/policy.asp? id=7,2017-07-16.

从实际情况来看，台湾 20 世纪 80 年代和 90 年代的高等教育改革主要包括以下几个方面：第一，增设高等院校，开放专科学校改制为技术学院、技术学院改名科技大学。1985 年台湾教育主管部门公布了"开放新设私立学校处理要点"，允许民间筹设工学院、医学院、技术学院等，到了 1991 年，新设私立学校的开放范围扩及一般学院。① 于是，台湾高校数量在经过了近十年增长停滞后迎来第二次大幅度的增长，高校总数从 1986 年的 105 所增加至 2000 年的 150 所，增长了 42.86%，具体见图 2.4。1996 年开始，教育主管部门逐步废除三年制专科，将其改制为一般学院或技术学院，同时受理技术学院改名科技大学。所以，自 1996 年开始，台湾专科学校数量急剧下降，学院数量快速上升，到 2000 年只剩 23 所专科学校，学院数量则增长至 74 所。第二，松绑放权，构建高校自主办学机制。1994 年，"大学法"修订确立了"大学自治""学术自主"的原则，授权高校自主招生和设置课程，高校各级学术主管及校长由学校遴选，以校务会议为最高决策会议。② 1997 年 8 月，台湾教育主管部门公布了"授权大学及独立学院自行审查教师资格作业要点"，使高校获得自主招聘审查教师的权力。除此之外，推出高校财务自主政策也是改革中的重点，1996 年，台湾教育主管部门设置"公立大学院校校务基金设置条例"，规定 1999 学年度开始全面强制公立院校设立校务基金，自筹部分财源，校务基金的来源包括学杂费收入、行政部门编列预算拨付款、推广教育收入、建教合作收入、场地设备管理收入、捐赠收入等。1995 年以前，台湾教育主管部门对公立大学经费的负担高达 80% 以上，实施校务基金后，官方补助款相对降低，1999 年及 2000 年大约只有 62.57%。③ 第三，转变管理方式，落实高等教育评鉴制度。尽管提出了"大学自治"这样的口号，也逐步放开了一些对高校办学的管制，但是当局行政主管部门依然是台湾高等教育发展的责任人和监督者。通过加强和发展高等教育评鉴制度，台湾教育主管部门对高校办学的总体情况

---

① 林天佑. 百年教育发展 [M]. 台北："国家教育研究院"，2011：111.

② "立法院法律系统"."大学法" [EB/OL]. https：//lis. ly. gov. tw/lglawc/lglawkm? @@307935374，2018-06-10.

③ 盖浙生. 台湾地区高等教育财政改革刍议 [J]. 教育发展研究，2005，(11)：10-17.

进行评估，并据此出台相应的施政方针。

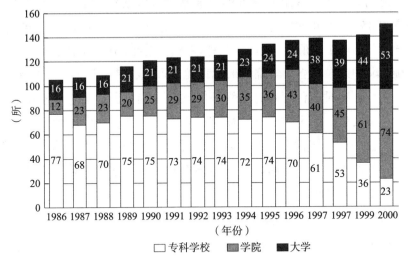

图2.4 1986-2000年台湾地区大专院校类型结构变化

注：该图根据台湾教育主管部门统计处历年统计表整理而得。

二、发展期的重要事件

自1983年起到20世纪末，台湾高等教育评鉴的相关工作如火如荼地开展着，在不断探索、实践的过程中，台湾高等教育评鉴制度才有了重要发展，总体来看，该时期台湾所开展的高等教育评鉴工作主要包括：教育主管部门组织专家研制评鉴方案，委托学术团体试办学门评鉴，实行中程校务发展计划审查，"立法"保障教育主管部门评鉴高校的权力，推行校务综合评鉴、通识教育评鉴等。

（一）教育主管部门成立专门小组研制高等教育评鉴方案

台湾教育主管部门于1983年邀请境内外学者举办"高等教育评鉴研讨会"，邀请大学院校校长及教务长等举行大学评鉴改进会议，会议中达成了大学学门评鉴确有办理的必要的共识。1983年7月，台湾教育主管部门成立"大学教育评鉴规划小组"，并于同年11月组成访问团，赴美国考察高校评鉴工作，将其作为改进台湾高等教育评鉴制度的参考。1984年，规划小组完成了"大学教育评鉴手册"草案。台湾教育主管部门参照草案，颁布了"大学教育评鉴实施要点"和"访问评鉴实施要点"。① 这些评鉴方案成为台湾高等教育评鉴制度发展的重要基础。依据新方案，台湾教育主管部门在 1985-1990 年期间办理了第二次大范围的大学学门评鉴，共计评鉴各大学学门 407 个系所。② 此次学门评鉴工作受到了普遍关注，同时也遭受了质疑，其中来自私立大学院校的批评尤为严重，其批评的主要原因在于：在开展学门评鉴时，台湾教育主管部门倾向于选聘公立大学的教务长或教授作为评鉴委员，此举对私立大学院校来说不公平。在此质疑下，1991 年的大学院校评鉴工作暂停，台湾教育主管部门组织召开专家座谈会，研讨评鉴工作的改进事宜。当时，有许多学者建议，大学学门评鉴工作应该委托公正学术团体办理。

(二) 教育主管部门委托学术团体试办学门评鉴

根据 1991 年大学院校评鉴工作研讨会中学者专家的意见，台湾教育主管部门委托新竹师范学院"教学与学校评鉴中心"进行"大学评鉴委托公正学术团体办理的研究与评估"专案研究。该研究结果建议教育主管部门采取"逐步渐进"的方式，先选择适当的学会办理大学学门评鉴，之后根据情况，再考虑是否全面推行。于是，1992-1994 年期间，台湾教育主管部门以试办的方式，委托"中国电机工程学会""中华民国管理科学学会""中国机械工程学会"分别对电机、管理、机械这三个学科的相关系所进行评鉴。这三个学会在办理评鉴时，主要遵循以下原则：一是学校接受评鉴的自愿性；二是以自我评鉴、自定目标为主，注重"质"的描述，少用量化指标；三是采用分类评鉴、同行评鉴和实地访评的方式；四是评鉴结果以介绍各校系所特色为主，不做学校排名比较；五是评鉴委员的背景多元化，并邀请新竹师范学院评鉴中心的专家作为顾问。③ 从评鉴工作开展情况来看，"中国机械工程学会"相关的 18 个系所全部自愿受评，"中华民国管理科学学会"相关的 40 个系所中有 31 个自愿受评，"中国电机工程学会"相关的 44 个系所中有 34 个接受评鉴，评鉴的项目包括：系所规划、教学、

---

① 周平. 1975 年以降文件档案中大学评鉴体制的论述与反论述形成 [J]. 教育与社会研究，2011，(23)：79-125.

② 陈汉强. 大学评鉴 [M]. 台北：五南图书出版公司，1997：371.

③ 胡悦伦. 海峡两岸大学教育评鉴之研究 [M]. 台北：师大书苑，1998：114.

学术研究、学生辅导以及成果推广服务等。最终评鉴结果于 1994 年 5 月公布，但各学会出于保密原则，仅公布各学门整体教育情况，未对外公布单个系所的评鉴结果。①

此次台湾教育主管部门委托学术团体办理评鉴，其主要目的是希望摆脱以往"政府管制"的模式，增加评鉴结果的公信力。② 虽然此次试办评鉴的效果总体受到认可，但若要推广，则会面临一些尚难解决的现实问题，例如，因经费预算的限制，台湾教育主管部门每年最多只能委托几个学术学会开展学门评鉴；各专业学会的组成目的不同，规模与组织健全程度不一，涵盖领域与学科也较为分散，完成一次所有学门评鉴的周期耗时太长，且也可能出现某些学科并无适当的学术学会来评鉴的情况。③ 因此，尽管这是台湾高等教育评鉴制度发展的一次有益探索，但从现实情况来看，将所有学门的评鉴工作都交由现有的学术团体来做条件还未成熟。

（三）推行中程校务发展计划审查

在这一时期，学门评鉴覆盖的范围有限，为了推动和协助各大学院校发展的整体规划，并将整体高等教育资源做更有效的分配运用，以使得大学院校的发展更能配合台湾社会需求，台湾教育主管部门于 1991 年邀请各公私立大学的教务长、校长、院长、教授以及行政机关代表等组成"公立大学中程校务发展计划"访视小组，针对公立大学中程校务发展计划进行审查。在计划执行之初，教育主管部门曾拟定五大类审查指标，包括：教师出产力、学生分配资源、教师分配资源、各校学生成本，以及各校预算分析等。1992 年 8 月，教育主管部门公布了此次审查的综合报告，但是报告公布后，却引起了很多公立大学的抨击，其认为此次审查有很多问题，例如，评鉴委员的选择缺乏严格标准，指标无法凸显各校办学精神，忽略了各校系所结构的差异，忽视了不同学校类型的差异，等等。针对私立大学，台湾教育主管部门于 1990 年提出"私立大学院校四年中程校务发展计

---

①　许宗仁. 台湾地区高等教育评鉴制度之研究 [D]. 新北：淡江大学硕士学位论文，2011：142.

②　杨莹. 台湾的大学系所评鉴 [J]. 中国高等教育评估，2008，(3)：44.

③　杨莹."两岸四地"高等教育评鉴制度 [M]. 台北：财团法人高等教育评鉴中心基金会，2010：105.

划的奖助",通过邀请学者专家、各私校教务长及行政机关主管组成审查小组,对各校计划做整体的评审,并提出具体建议,以供各校作为执行计划及检讨修正计划的参考,学校每年需要提报计划执行状况及检讨修正的情况,以供教育主管部门进行追踪审核。此项工作的第一阶段原定为四年(1992-1995年),由于公立大学中程校务发展计划审查报告引来了批评,此次针对私立院校的审查报告,教育主管部门则不再以个别学校为对象,而是依学校性质不同,分为综合大学、医学院、工学院、改制学院,并依成立时间,分为新设学校及早期学校。① 两项计划审查结束后,台湾教育主管部门则将审查结果与各校办学绩效合并考虑,作为其分配十二所公立大学院校的概算额度与增设系所、奖助私立高校发展经费分配的主要依据。所以,中程校务发展计划审查工作虽然没有评鉴之名,确有评鉴之实,可以看作对大学院校的"综合评鉴"②,台湾教育主管部门也明确将其作为大学评鉴制度的重要组成部分。③ 这种"综合评鉴"的理念和做法在之后的台湾高等教育评鉴中得以制度化,成为校务评鉴制度的重要基础。

(四)"立法"明确高校自主权和教育主管部门评鉴权

1994年台湾"大学法"修订版发布,这是台湾高等教育管理史上的重要转折点。首先,这是台湾地区首次以"法律条文"的形式明确了台湾高校享有自主权,该"法"第一条规定:"大学应受学术自由之保障,并在法律规定范围内,享有自治权";同时,该"法"也首次提出教育主管部门负有组织评鉴工作的责任。④ 1999年6月颁布的"教育基本法"在第九条"中央政府的教育权限"中也将"教育评鉴"列入。⑤ 自此,台湾高等教育评鉴活动有了"法"源依据,而台湾教育主管部门也获得了评鉴大学院校的合法权力。"大学法"修正后,台湾教育主管部门邀请了各大学院校的校

---

① 苏锦丽. 高等教育评鉴理论与实际 [M]. 台北:五南图书出版公司,1997:60-62.

② 苏锦丽. 高等教育评鉴理论与实际 [M]. 台北:五南图书出版公司,1997:63.

③ "国家教育研究院"."中华民国"教育年报1998年版 [EB/OL]. https://www.naer.edu.tw/files/15-1000-7853,c1310-1.php,2018-10-10.

④ "立法院法律系统"."大学法" [EB/OL]. https://lis.ly.gov.tw/lglawc/lawsingle? @@1804289383,2018-06-10.

⑤ "立法院法律系统"."大学法" [EB/OL]. https://lis.ly.gov.tw/lglawc/lawsingle? @@1804289383,2018-06-10.

长和专家学者组成"大学评鉴规划咨询委员会",并于1996年3月完成"教育部大学教育评鉴计划草案"的研拟工作,对计划依据、计划目的、计划原则、经费来源、计划要点、实施内容以及预期结果等进行详细说明。[①]此项草案是台湾教育主管部门获得合法评鉴权力后对台湾高等教育评鉴制度进行整体规划的重要依据。

(五) 推行大学校务综合评鉴、通识教育评鉴

1997年7月,台湾教育主管部门以试办一年的形式,首次实施以大学整体校务为主的大学院校综合评鉴,规定除了新设院校及改制未满三年的学校之外,其他高校均需参加。此次评鉴包含学校自我评鉴和实地访评两部分,前者于1997年10月完成,后者则在1998年1月结束。参与此次评鉴的公私立一般大学院校共计62所,根据学校类型,评鉴分为综合类(分三组)、师范教育类、医护教育类以及其他类等四组同时进行,评鉴内容包括教学、研究、服务、行政及绩效等五大项。[②]由于此次属于试办性质,评鉴未分等级,评鉴结果在"1997学年度大学综合评鉴试办计划评鉴报告"中公布,主要是将各类别组的评鉴过程、学校背景、共同特色与改进事项等进行概括性陈述。[③]同时,为了建构针对大学院校校务的完整评鉴指标,台湾教育主管部门委托台湾师范大学教育研究中心在1997年5月至1998年2月期间进行以大学院校校务综合指标建构为主题的专案研究。[④]

除了大学校务综合评鉴之外,台湾教育主管部门于1997年开始推行通识教育评鉴工作,首次评鉴由台湾教育主管部门委托"中华民国通识教育学会"进行规划与实施。1999年4月至10月由该学会组织的55位访评委员对全台湾58所一般大学院校进行实地访评。这58所一般大学院校被划分为"公立综合大学""私立综合大学""师范院校"以及"单科院校"等四类分别评鉴。评鉴项目主要包括目标与特色、组织与行政运作、教学与行

---

① 苏锦丽. 高等教育评鉴理论与实际 [M]. 台北:五南图书出版公司,1997:55-56.

② "国家教育研究院". 第七次"中华民国"教育年鉴 [EB/OL]. http://www. naer. edu. tw/ezfiles/0/1000/attach/32/pta_5456_1563025_23798. pdf,2017-10-11.

③ 许宗仁. 台湾地区高等教育评鉴制度之研究 [D]. 新北:淡江大学硕士学位论文,2011:144.

④ 黄乃莹. 教育政策科学与实务 [M]. 台北:心理出版社,2006:248.

政资源以及课程与教学等四大项。在实地访评结束后，该学会综合评鉴委员的访评意见对各大学院校和教育主管部门提出相应的建议。① 这次通识教育评鉴工作总体上来看是一次较为成功的尝试，自此成为台湾高等教育评鉴制度的组成部分。

（六）构建高等技职院校评鉴体系、增设专案评鉴

台湾高等教育评鉴制度实行双轨制，即一般大学院校和高等技职院校采取两种不同的评鉴制度。20世纪90年代以前，台湾技术学院和科技大学数量非常少，所以最初的高等技职院校评鉴主要是针对专科学校，采取每三年为一周期的方式，即第一年评鉴工业类学校，第二年评鉴商业与医护类高校，第三年评鉴其他类高校。1975年至1996年，台湾地区共开展七轮针对专科学校的评鉴，主要是由台湾教育主管部门主导与规划，但后期由于经费与人力的限制，分别委托了当时的台湾工业技术学院职业教育研究中心、云林技术学院（现为云林科技大学）以及屏东技术学院（现为屏东科技大学）协助办理。1990年，专科学校评鉴的目标被确定为"辅助提升专科教育的办学绩效，赋予评鉴达成品评优劣、发掘问题、督促改进以及辅导建议的功能，具有衡量、诊断、察考与咨议等性质"②。该阶段，高等技职院校评鉴制度的一大改进在于，1988年在分类评鉴之后增加了"追踪评鉴"环节，即针对前次评鉴成绩在三等及以下的科组进行资料审查及半天的实地评鉴，对未能改进或情况恶化的项目，协助其检讨困难原因或挖掘问题所在，提供可能的解决建议，并视改进程度，对于前次评鉴分数酌作加减分的重新评定。③ 这种"追踪评鉴"使得评鉴的"促进改进"的功能有了更大程度的发挥。1997年，台湾地区首次开展科技大学评鉴，评鉴对象为台湾科技大学、云林科技大学、屏东科技大学以及台湾海洋大学等四所技职高校，此次评鉴工作使得台湾高等技职院校评鉴体系朝向更加完整的方向发展。

---

① 黄俊杰. 大学通识教育探索：台湾经验与启示［M］. 台北：台湾大学出版社，2015：78-79.

② 转引自：许宗仁. 台湾地区高等教育评鉴制度之研究［D］. 新北：淡江大学硕士学位论文，2011：152.

③ 杨莹. "两岸四地"高等教育评鉴制度［M］. 台北：财团法人高等教育评鉴中心基金会，2010：120-121.

1990年代后期，台湾教育主管部门大力推动专科学校改制为技术学院。为了应对新需求，台湾教育主管部门在前述定期开展专科学校评鉴之外，增加了"技专院校专案评鉴""专科学校改制技术学院后访视""大学附设二年制技术院系访视"等专案评鉴。技专院校专案评鉴主要以1996年发布的"教育部遴选专科学校改制技术学院并附设专科部实施办法"为依据，评鉴目的主要是配合处理专科学校改制技术学院及年度增设系科班的申请案，所以评鉴由各校自行提出申请。1997-2001年总计开展了15次专案评鉴，受评学校共有124校次，承办单位有云林科技大学、台湾科技大学和屏东科技大学。专案评鉴的项目分为专业类各科组和行政组，这也是后来台湾高等技职院校评鉴制度中主要的评鉴项目分类方式。1997年，台湾教育主管部门针对台湾科技大学、云林科技大学、屏东科技大学以及台湾海洋大学等四所大学的专业系所进行了评鉴，至此台湾高等技职院校评鉴涵盖了专科学校、技术学院和科技大学三个层次，体系趋于完整。

三、20世纪90年代的制度形态

台湾高等教育评鉴制度自产生到20世纪90年代末，在不断尝试和探索的过程中发展，逐渐形成了较为完整的制度形态。尤其是1994年修正公布的"大学法"赋予了台湾教育主管部门开展大学院校评鉴的"法源"依据，使得台湾高等教育评鉴的制度化发展进入到一个新的阶段。从20世纪90年代所开展的高等教育评鉴活动来看，台湾高等教育评鉴制度呈现双轨制形态，即针对一般大学院校和高等技职大专院校采用不同的评鉴制度。一般大学院校评鉴制度主要包含学门评鉴、公私立大学中程校务发展计划审查、综合校务评鉴以及通识教育评鉴，具体内容见表2.3。高等技职院校评鉴制度主要是以专科学校评鉴和专案评鉴两部分构成，具体内容见表2.4。

表 2.3 20 世纪 90 年代台湾一般大学院校评鉴制度

评鉴项目	评鉴对象	评鉴内容	评鉴方式	评鉴结果及其运用	评鉴实施机构	评鉴主导单位
学门评鉴	自愿受评的部分学门相关系所	系所规划、教学、学术研究、学生辅导及成果推广与服务	自我评鉴与访问评鉴	仅公开该学门整体评鉴结果，各校评鉴结果不单独公开	专业学术团体	高等教育主管部门
中程校务发展计划审查	公私立大学院校	教师出产力、学生分配资源、教师分配资源、学生成本，以及预算分析等	自我评鉴与外部访视	评鉴报告公开，作为奖助私立大学发展经费分配的依据，以及分配公立大学概算额度的依据	台湾高等教育主管部门	高等教育主管部门
校务综合评鉴（试办）	除新设院校及改制未满三年的学校之外的大学院校	教学、研究、服务、行政、总结（绩效）等	自我评鉴与实地访评	仅以综合报告的方式对评鉴结果作概括性陈述	台湾高等教育主管部门	高等教育主管部门
通识教育评鉴	所有一般大学院校	开展通识教育的目标与特色、组织与行政运作、教学与行政资源以及课程与教学	实地访评	以报告的形式综合评鉴委员意见	"中华民国通识教育学会"	高等教育主管部门

注：该表内容由笔者根据相关文献资料自行整理。

表 2.4 20 世纪 90 年代台湾高等技职院校评鉴制度

评鉴项目	评鉴对象	评鉴内容	评鉴方式	评鉴结果及其运用	评鉴实施机构	评鉴主导单位
专科学校评鉴	所有专科学校	目标、师资、课程、教学、仪器设备、图书期刊、行政措施、经费、资源安排等	自我评鉴、访问评鉴与追踪评鉴	以五等第方式呈现，择优公布，并作为增科增班、专案贷款申请、学杂费收费标准调整等审核以及奖助经费核发的依据	台湾工业技术学院职业教育研究中心、云林科技大学、屏东科技大学	技职教育主管部门
专案评鉴	申请改制或审核的院校	根据专案条款	访问评鉴与追踪评鉴	作为办理专案审核的依据	云林科技大学、台湾科技大学、屏东科技大学、台北科技大学	技职教育主管部门

注：该表内容由笔者根据相关文献资料自行整理。

　　该时期台湾高等教育评鉴制度的理念、目标、规则、组织以及保障手段都有一定的时代特性。20 世纪 90 年代的台湾高等教育面对着两大问题：一是高等教育规模快速扩张所带来的"质量下降"疑虑，呼吁强有力的质量保障制度；二是松绑、分权、多元成为教育改革的关键词，集权式高等教育管理模式亟须改变。因此，台湾高等教育评鉴制度一方面担负着保障高等教育质量的责任，另一方面也需要转变由教育主管部门直接管控高等教育的局面。

　　从理念系统来看，该时期的台湾高等教育评鉴制度总体上呈现出"强调绩效责任""追求规范与标准"的价值取向。从目标系统看，该时期所开展的高等教育评鉴活动其出发点主要是为教育主管部门了解高校的办学情况，将其作为经费分配、招生名额分配、奖助金评定以及申请案件审核等管理事务的依据。而在评鉴的过程中更多强调的是量化的指标，希冀通过既定的标准来规范高校的办学。从规则系统来看，该时期的台湾高等教育评鉴工作已趋于常规化、体系化。针对一般大学院系的评鉴包括以系所为对象的评鉴，以综合校务为对象的评鉴，以发展规划为对象的评鉴，还包括针对通识教育、师资培育等特定领域的评鉴。针对高等技职院校的评鉴也从专科学校评鉴逐步扩展到技术学院和科技大学的评鉴。在评鉴程序上，已形成一种较为完整的工作模式，即先由教育主管部门印制评鉴调查表，分送到各个受评学校或系所，由其进行自我评鉴和填报；教育主管部门将自评材料反馈给评鉴委员，由评鉴委员赴各校进行实地访问评鉴；之后由评鉴委员提出书面评鉴报告，详细说明学校的优缺点，提出改进意见及建议事项，递送给召集委员；召集委员则根据各委员所提的意见，分类整理归纳成为各受评单位的综合报告。在成果运用方面，一般是将综合报告对外公布，并作为教育主管部门做决策的参考。评鉴结果公布之后，后续评鉴或追踪评鉴的工作还将继续进行。以学门评鉴的规则为例，各系所评鉴后，约经过四年之后，由教育主管部门进行复评（后续评鉴），以上次评鉴的缺失及应改进的事项为重点。从组织系统来看，该时期的台湾高等教育评鉴制度主要以台湾教育主管部门和高校为主。虽然，在学门评鉴中，台湾教育主管部门尝试将第三方的学术团体（各类教育学会）纳入评鉴体系当中，但受到现实条件的限制，最终发现并不可行。在组织系统中，台湾教育主管部门是整个评鉴工作的主导者，高等院校是接受评鉴的对象，有时也会作为评鉴方案研制的参与者，部分高校还会充当其他类型高校评鉴工作的承办者。从保障系统来看，1994 年的"大学法"修订为台湾高等教育评鉴制度的有效实施提供了强有力的支持，台湾教育主管部门拥有组织高等教育评鉴工作的合法权力和义务。

总体来看，20 世纪 90 年代台湾高等教育评鉴制度已有了很大的发展，加强评鉴制度以确保高等教育质量已逐渐成为社会共识。但由于发展时间还太短，经验积累不够，台湾高等教育评鉴制度呈现出不确定、不稳定的特点。例如，最早开展的学门评鉴，诸如评鉴机构，评鉴方式以及评鉴结果的呈现与处理方式等规则在各方争议声中不断变化，直到 20 世纪末都还未能有较为成熟的方案；综合校务评鉴因只试办了一次，评鉴内容、评鉴指标体系以及评鉴结果运用等规则都过于简单和模糊，还有很大的改进空间；针对技术学院和科技大学的评鉴还未完全规范化和制度化。除此之外，1999 年全台湾教育会议也对当时的高等教育评鉴制度提出了建议：大学评鉴除量的评鉴外，应更重视质的提升；大学及其内部系所应定期接受评鉴，但以自评为主，且评鉴资讯应公开；评鉴结果应作为未来改善的依据，不宜与经费补助相连；须落实教学评鉴工作；推动多元评鉴制度且与社会及产业加强互动。①

第四节　台湾高等教育评鉴制度的稳定（2001-2014 年）

台湾高等教育评鉴制度自产生起经过二十多年的发展，到 20 世纪末基本框架已经形成。21 世纪开始，台湾高等教育评鉴制度更加注重理念的深化、目标的明确、规则的细化、组织的调整以及保障机制的完善。2001-2014 年期间，台湾地区先后开展了针对一般大学院校的系所评鉴和校务评鉴以及针对高等技职院校的综合评鉴，这些大规模的评鉴工作既是对评鉴制度的执行，也是评鉴制度趋向稳定的标志。

一、制度稳定的背景

21 世纪伊始，台湾地区经历了首次政党轮替，民进党随后执政八年；2008 年 3 月，国民党党主席马英九当选台湾地区领导人，台湾地区经历了第二次政党轮替。2008 年世界金融危机之后，受外贸低迷的影响，台湾经济增长一路走低。②经济发展停滞不前，使得台湾社会各个方面的发展都受到影响。教育经费短缺，大学生就业难、薪资低等成为台湾高等教育面临的难题，这也在一定程度上影响着高等教育评鉴制度的发展。除此之外，与台湾高等教育评鉴制度发展关系更为密切的背景因素还在于"少子化"所带来的高校生源危机和教育主管部门所出台的一系列高等教育改革政策。

（一）"少子化"与高校生源危机

20 世纪 50 年代开始，台湾地区的人口自然增长率就开始持续下降，到

---

① "国家教育研究院"．"中华民国教育年报 1999 年版" -007 高等教育［EB/OL］．https：//www. naer. edu. tw/ezfiles/0/1000/attach/94/pta_5047_5745507_99962. pdf，2018-06-10.

② 单玉丽. 台湾"平庸式"经济增长特征及其出路选择［J］．台湾研究，2018，（3）：34-39.

1996 年跌破 10%，之后下降速度继续加剧，2008 年之后基本维持在 2% 左右。① 进入 21 世纪之后，"少子化"对于高等教育的影响逐渐显现。2001 年开始，台湾高等教育适龄人口数（18-21 岁人口数)② 开始不断下降，到 2007 年下降到 125.44 万人，与 2001 年相比减少了近 36 万人，具体见图 2.5。需要说明的是，1999 年台湾高等教育就进入到普及化阶段，2005 年高等教育毛入学率高达 82.03%，净入学率达到 57.42%，这也就意味着，适龄人口的变动将极大地影响台湾地区高等教育招生情况。为了适应人口变化，台湾教育主管部门将"本专科核定招生额"③ 逐年下调，即便如此，近十几年始终有 15% 左右的招生缺额，2016 年的大学本专科新生注册实际人数比 2004 年的减少了 7.18 万人，减少了近 23%，具体见图 2.6。日益严重的生源危机，使得台湾高等教育遭受着前所未有的挑战，高校数量增长几乎停滞，大批系所整并或撤销，师范院校纷纷转型或并入综合大学，高校"退场"也已成为迫不得已的政策。如图 2.7 所示，21 世纪以来台湾高校总数增长十分有限，一般大学院校体系中的学院纷纷转型为大学，技职院校体系的技术学院也纷纷转型为科技大学，整个高等院校体系朝向大学化发展。2005 年，设有师资培育中心的大学院校，全台湾地区多达 80 多所，④ 到 2015 年 5 月，仅剩 30 余所。⑤ 2000 年，台湾地区共有 11 所师范院校，到 2014 年仅剩 6 所。⑥ 2015 年，台湾教育主管部门核准了 51 个大学校系停招或学制停招，其中包括 3 所一般大学院校的 7 个系所，20 所技专院校的 44 个科系。⑦

---

① 此处数据来源于台湾"内政部"统计处。

② 台湾统计部门所采用的高等教育适龄人口统计口径为 18-21 周岁人口。

③ 台湾地区的本专科核定招生额是指台湾教育主管部门设定的二年制专科、五年制专科以及学士班的每年总招生名额，此处数据资料来源于台湾教育主管部门统计处。

④ 少子化趋势下台湾师资培育之困境与省思. 台湾教育研究院筹备处 [EB/OL]. http：//www. naer. edu. tw/ezfiles/0/1000/attach/5/pta_735_4450061_27637. pdf, 2017-01-27.

⑤ 根据台湾"师资培育及艺术教育司"网站公布的数据统计而得.

⑥ 根据台湾教育主管部门统计处公布的历年大专院校名录及变动整理而得。

⑦ 少子化明年 51 科系停招. 苹果日报 [EB/OL]. http：//www. appledaily. com. tw/appledaily/article/headline/20151130/36927090/，2015-11-30/2017-01-31.

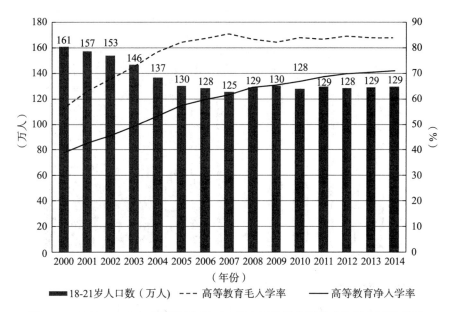

图2.5　2000-2014年台湾地区18-21岁人口数及高等教育入学率变化情况

注：该图根据台湾教育主管部门统计处数据统计整理而得。

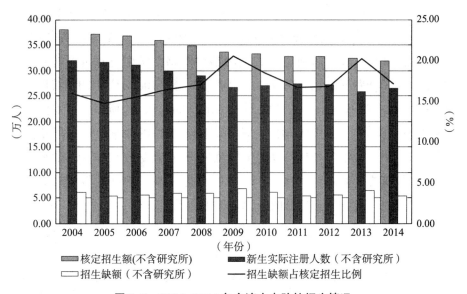

图2.6　2004-2014年台湾大专院校招生情况

注：该图根据台湾教育主管部门统计处数据统计整理而得。

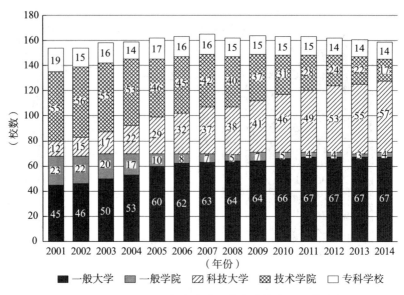

图2.7　2001—2014年台湾地区大专院校类型结构变化

注：该图根据台湾教育主管部门统计处历年统计表整理而得。

更为严重的是，生源危机还间接导致台湾高等教育质量的下滑。台湾大学指考录取率已从1991年的40%增加至2014年的95.7%，几乎是"人人可以念大学"。① 有台湾学者揭示，由于生源不足，大学变成买方市场，学生有多个学校选择，若所在学校老师给分严格，学生就有可能转到其他学校去，而学杂费又是私立高校的最大资金来源，100名学生四年可以给学校带来约4000万新台币（约800万人民币）的收入。② 所以，不少大学为了招揽和留住学生，不但入学门槛逐年下降，在校的教学水准也尽量配合最低要求，避免使学生挂科，以免生源流失。③ 生源数量的减少，使得台湾大部分高校都遭受着不同程度的经费紧张问题，高校内部的教育教学改革活动难以开展，教育质量提升的资源条件难以保障。

① 许品鹃，谢秉弘，陈麒竹. 25年来台湾大专校院数变动趋势 [J]. 评鉴双月刊，2015，(58)：24-25.

② 陈曼玲. 大学沦为买方市场林聪明忧少子化恐重挫学生品质 [J]. 评鉴双月刊，2015，(57)：1-3.

③ 林适湖. 台湾高等教育之发展与省思 [J]. 教育资料集刊，2011，(52)：1-21.

（二）高等教育重大改革

20 世纪 90 年代的台湾教育改革大讨论是 21 世纪台湾高等教育发展的重要基础。1999 年 5 月，台湾教育主管部门组织召开全台湾"教育改革检讨会议"，针对台湾高等教育发展，该会议提出了"追求高等教育卓越发展"的口号，并形成了涉及 7 个主题的 53 条意见与建议。[①] 进入到 21 世纪之后，台湾教育主管部门加大力量推动高等教育改革。2000 年初，台湾教育主管部门发布的"大学教育政策白皮书草案"逐渐拉开了新世纪台湾高等教育改革的序幕。该方案提出，"质量平衡、开放竞争"是发展方向，以实现多元化、自由化、国际化、卓越化四大目标。[②] 2001 年 7 月，台湾教育主管部门正式公布"大学教育政策白皮书"，针对大学教育政策订出为期 2 至 3 年近期短程计划及以 10 年为目标的中程计划，提出要兼顾大学教育量的扩增与质的提升、推动大学自行定位、合理分配大学教育资源、大学运作法人化、增强人才培育的弹性、提升国际竞争力、扩增成人回流参与高等教育的机会、追求大学卓越发展等发展目标。[③] 为了实现目标，同时解决面临的生源困境，台湾教育主管部门采取了一系列的措施，具体包括以下几点：

1. 实行"卓越计划"，加强质量建设

2000 年 1 月，台湾教育主管部门公布"大学学术追求卓越发展计划"，拿出 130 亿元（新台币）通过评比和重点补助的方式，引导大学整合资源，建立自我特色。2001 年 8 月，台湾教育主管部门将台大等 9 所大学列为重点研究型大学。2002 年 4 月，公布"辅导新设台湾大学健全发展计划"和"提升大学国际竞争力重点发展计划"，提出强化学生外语能力及加强外语环境等具体措施。[④] 2005 年开始，台湾教育主管部门又重点推出"发展国际

---

① 杨朝祥. 一九九九年"全国"教育改革检讨会议实录 [M]. 台北：台湾教育资料馆，2000：189-197.

② 丁三青. 21 世纪初台湾高等教育改革述评 [J]. 比较教育研究，2003，24 (7)：52-55.

③ "教育部部史". "大学教育政策白皮书" [EB/OL]. http://history.moe.gov.tw/important_list.asp，2017-07-16.

④ 崔萍. 台湾地区高等教育发展特点与改革面向探析 [J]. 首都师范大学学报：社会科学版，2010，(6)：140-146.

一流大学及顶尖研究中心计划"（2011 年起改名为"迈向顶尖大学计划"，以下简称"顶大计划"）和"奖励大学教学卓越计划"（以下简称"教卓计划"）。其中，"顶尖计划"提出以五年 500 亿新台币经费，补助 11 所一流大学和 4 所研究中心，使其教学研究水平提升以跻身世界前列，[①]"教卓计划"则是以竞争性奖励（2006 年起以特别预算方式扩编为每年 50 亿新台币）的方式，敦促学校重视课程规划与设计，引导教师重视教学，建立学生学习成效评估机制，协助大学提升教学品质，该计划四年为一期，由各校自主申请，之后评审拨款。到 2016 年，"顶尖计划"共实施两期，"教卓计划"共实施三期。

2. 控制学校规模，推动大学整合

为了应对生源危机，台湾教育主管部门通过暂缓大学新设、推动校际合作与整并等方式来控制学校规模。2003 年 5 月，台湾教育主管部门研议暂缓公私立大学新设、筹设、改名与升格，同年 12 月，修正发布了"大学增设、调整系所班组及招生名额采总量发展方式审查作业要点"，主要目的就是控制学校数量。2001 年 9 月，台湾教育主管部门研订"台湾大学校院区域资源整合发展计划"，鼓励台湾大学进行校际合作、策略联盟及合并，2002 年 4 月推出"研究型大学整合计划"。2004 年 12 月，台湾教育主管部门邀集学者专家及相关单位代表组成"大学校院整并推动委员会"，随后一年内共召开 5 次会议研讨整并方案。2008 年 1 月，台湾教育主管部门核定了"台湾体育大学整并案"。同年，花莲教育大学并入东华大学。2011 年 12 月，台中技术学院及台中护理专科学校合并为台中科技大学。2012 年 6 月，台湾教育主管部门发布"台湾大学合并推动办法"，2014 年 11 月又发布"大专校院合并处理原则"，对大学合并中的种种问题进行说明。

3. 扩大招生管道，实行多元入学

台湾地区自 2002 年起实施"大学多元入学方案"，传统的"大学联招"走入历史。根据新方案，大学入学的考察主要包括两方面：一是进行功能不同的统一考试，例如，学科能力测验、指定科目考试以及术科考试（含

---

① 台湾"教育部". 迈向顶尖大学计划［EB/OL］. https：//www.edu.tw/News_
Plan_Content. aspx？n=D33B55D537402BAA & sms=954974C68391B710 & s=CBE2AF4E776C
BCD5，2017-07-16.

音乐、美术、体育）；二是在统一考试的基础上，以多元的方式考察学生的各项能力，这部分由各个学校自行设定，在校成绩、社团表现、竞赛成果、推荐信等都可以作为考察依据。对于学生而言，有"甄选入学"和"考试分发"两种入学渠道。其中，"甄选入学"是采用"大学学科能力测试"检定成绩，通过"个人申请"和"高中学校推荐"两种方式申请入学，由各校自行办理甄试、放榜；而"考试分发"则是以"指定考试科目"成绩为参考，依据学生志愿分发录取。2007 年 3 月，为实现"照顾弱势、区域平衡"理念，"迈向顶尖大学联盟"的 12 所大学经台湾教育主管部门核定，实行大学招生"繁星计划"，吸引偏乡优秀毕业生和具有特殊技艺能的学生入学。2011 年后，"繁星计划"与"学校推荐"合并为"繁星推荐"。① 新的招生考试制度扩大了高校的自主权，也为学生入学提供了更多的渠道。

4. 落实"公教分离"，提高高校自主性

2004 年，"公教分离"方案在台湾获得通过。根据该方案，比照公务员管理方式的大学教师管理体制被打破，公立大学院校可以在一定比例额度内，弹性发给教师绩效奖金，并招聘"特聘教授"，有关教授绩效奖金或研究补助费用的支付办法，将由学校自行调整，不必提报教育主管部门。2006 年开始，台湾教育主管部门逐步分阶段授权大学自行审查教师资格，以提升大学用人及教师品质把关的自主性。2008 年，"私立学校法"修正案通过，除了建立学校退场及多元发展机制外，还设置"捐助章程"，规定未来学校的经营及决策权将全部交由学校法人自行管理，同时还规定，面对董事会内部争议时，教育主管机关尽量减少干预，只于董事会无法运作或违法时介入。② 除此之外，该项修正案还提出放宽评鉴绩优学校的办学限制，以使私立学校办学更自主。③

---

① 蔡元隆，张淑媚，黄雅芳. 图解台湾教育史 ［M］. 台北：五南图书出版公司，2014：152.

② 杨莹."两岸四地"高等教育评鉴制度 ［M］. 台北：财团法人高等教育评鉴中心基金会，2010：131-132.

③ 林天佑. 百年教育发展 ［M］. 台北："国家教育研究院"，2011：144.

二、稳定期的重要事件

21 世纪以来，台湾高等教育评鉴制度的日趋稳定是在一系列高等教育评鉴实践工作的开展中实现的。推动建立高校自我评鉴机制，捐助成立专责评鉴机构，颁布和修订"大学法"和"大学评鉴办法"，实施两轮针对一般大学院校的校务评鉴和系所评鉴，完善高等技职院校评鉴制度，实施大专校院综合视导计划等则是台湾高等教育评鉴制度呈现基本稳定形态的重要基础。

（一）推动建立高校自我评鉴机制

虽然在之前的高等教育评鉴制度中都有高校"自我评鉴"的环节，但这种"自我评鉴"只是由受评学校或系所依据教育主管部门设计的问题项目及问卷表格对一般事实性情况进行填答，高校实质上并没有建立起完整的自我评鉴机制。所谓自我评鉴机制，其实是内部质量保障机制的一种，即由高校自主开展的对自身发展情况进行评估和改进的机制。为了鼓励高校建立起这种机制，台湾教育主管部门于 2001 年制定"大学校院实施自我评鉴计划补助申请要点"，为办理自我评鉴的大学提供经费补助。根据该要点规定，由学校提交自我评鉴计划方案，教育主管部门根据所报方案的完整性、可行性、学校行政支持情况以及预期效应等项进行审查，补助金额每校最高 80 万元（新台币）。2001 年和 2002 年分别有 40 所和 43 所高校提出申请，分别有 34 所和 21 所高校获得补助。2005 年修订的"大学法"则将"大学应定期进行自我评鉴"列入相关条款当中。2007 年颁布的"大学评鉴办法"规定：已建立完善自我评鉴制度，其自我评鉴结果经台湾教育主管部门认定通过者，或经教育主管部门所认可的海内外专业评鉴机构认证通过者，可以免于接受教育主管部门或教育主管部门委托的专业评鉴机构（学术团体）办理的该类别评鉴。[①] 2009 年，台湾教育主管部门颁布"大学自我评鉴结果及专业评鉴机构认可要点"对申请免受评鉴高校的自我评鉴机制应符合的条件做了详细规定，具体见表 2.5。2010 年和 2012 年，台湾教育主管部门先后发布"教育部试办认定科技校院自我评鉴机制及其

---

① 邝海音."大学评鉴办法"一月发布实施 [J]. 评鉴双月刊，2007，(5)：59-61.

结果审查作业原则"和"教育部试办认定大学校院自我评鉴结果审查作业原则",对申请自我评鉴机制及结果认定的学校资格、自我评鉴机制的规范以及审查流程和工作安排做了具体的说明,审查流程具体见图2.8。在2012年启动的一般大学院校第二周期系所评鉴和2014年启动的科技大学院校第三周期评鉴中,分别有34所一般大学院校和24所科技大学院校通过了教育主管部门的授权,得以自办相关项目的评鉴。

表 2.5　"大学自我评鉴结果及专业评鉴机构认可要点"(2009年)相关规定

大学就其自我评鉴结果申请认可者,其自我评鉴的实施应符合下列规定:

(1) 已制定自我评鉴相关办法,落实执行及依据评鉴结果建立持续改善机制并有具体成效;

(2) 定期针对自我评鉴工作的规划、实施及考核进行检讨改善;

(3) 自我评鉴所定的评鉴项目确实反映校务经营的成效或院系所及学位学程、学门的教育品质;

(4) 已设置自我评鉴指导委员会,统筹规划全校自我评鉴相关事宜,指导委员会的组成应明定于自我评鉴相关办法中,且校外委员应占委员总数五分之三以上;

(5) 自我评鉴的实施包括内部评鉴及外部评鉴两阶段,外部评鉴委员应全数由校外人士担任,其遴聘应遵循利益回避原则,其各评鉴类别的委员人数应明定于自我评鉴相关办法;

(6) 校务外部评鉴委员应由对高等教育行政具有研究或实务经验的资深教授及对大学事务熟稔的业界代表组成;院系所及学位学程、学门外部评鉴应由具有高等教育教学经验的教师及专业领域的业界代表组成;

(7) 最近一次完成自我评鉴年度至申请年度在三年以内;

(8) 自我评鉴之外外部评鉴程序包括受评单位简报、资料检阅、场地及设备检视以及相关人员晤谈等;

(9) 院系所及学程、学门自我评鉴的评鉴项目包括教育目标、课程、教学、师资、学习资源、学习成效及毕业生生涯追踪机制;

(10) 参与内部评鉴的校内人员每星期至少参加一次评鉴相关课程与研习。

注:表中内容来源于台湾教育主管部门主管法规查询系统:http://edu.law.moe.gov.tw/。

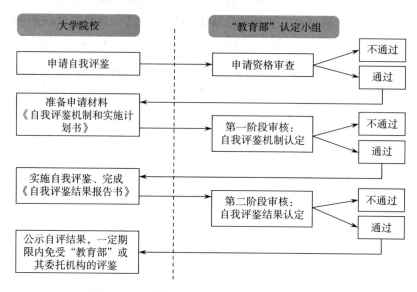

图2.8 大学校院自我评鉴结果审查作业流程

注：该图根据台湾教育主管部门 2012 年 7 月颁布的"教育部试办认定大学校院自我评鉴结果审查作业原则"内容整理而得。

(二) 成立台湾评鉴协会与高等教育评鉴中心

台湾高等教育评鉴工作一开始是由台湾教育主管部门及其相关部门全权负责，但随着评鉴项目和受评学校数量的增多，教育主管部门难以独自完成，再加上外界对教育主管部门既做"球员"又兼"裁判"的质疑，20世纪 90 年代开始的学门评鉴工作主要由教育主管部门委托给学术团体办理。然而，这些学术团体的公信力并不能受到公众认可，质疑与冲突频发。社会各界要求成立一个独立于教育主管部门之外的评鉴专责机构的呼声日益高涨。因此，2003 年台湾教育主管部门委托当时的台北市立师范学院（现合并至台北市立大学）牵头研究"规划成立办理大学评鉴事务的财团法人专责单位案"（研究主持人为王保进）。①

2003 年 8 月，前"中华民国管理科学学会理事长"许士军、前台湾中

---

① 王保进. "教育部"委托研究计划成果报告——规划成立办理大学评鉴事务的财团法人专责单位案［R］. 台北：台北市立师范学院，2003.

山大学校长刘维琪、南开技术学院校长王国明、世新大学校长牟宗灿、台湾中国科技大学校长谷家恒等学界人士发起成立了民间社团组织"社团法人台湾评鉴协会（以下简称台湾评鉴协会）"，成立初期理事长由许士军教授担任，并由前教育主管部门负责人吴京、"中央研究院副院长"曾志朗等人担任理、监事。该协会成立后，先接受高等教育主管部门委托，办理了2004年度大学院校校务评鉴，其后又接办中等教育主管部门委托的2005年大学院校师资培育评鉴和技职教育主管部门委托的2005年、2006年科技大学评鉴，以及高等教育主管部门委托的大学校务追踪评鉴。[①]

2005年，台湾教育主管部门邀集专家学者及行政机构代表组成"大学评鉴指导委员会"，对成立大学评鉴专责单位相关事宜进行讨论并做出决议。根据决议，2005年12月，由台湾教育主管部门和各大专院校共同出资3030万新台币（教育主管部门出资1500万新台币，各大专院校出资1530万新台币）成立"财团法人高等教育评鉴中心基金会（以下简称高等教育评鉴中心）"专责规划与办理大学评鉴。[②] 依据规划，中心成立之初的人事及业务费等运作经费由台湾教育主管部门编列预算支应，未来则拟朝向自给自足方式发展。[③] 高等教育评鉴中心设董事会，其中董事15-19人，由三部分人员组成：一是机构（团体）代表8人，作为当然董事，由台湾教育主管部门指派业务相关代表2人，公立大学院校协会、私立学院校协进及私立技专院校协进会各推派代表2人；二是产业界代表1-3人，由关心大学教育的产业界人士担任；三是学者、专家6-8人，由台湾教育主管部门根据各个不同专业领域，指派学者专家担任。董事会设置董事长1人，监察人3-5人，其中当局行政机关代表1-2人，由教育主管部门会计长或指派业务相关代表担任，学者专家2-3人，由财税会计及财经法律专业领域的学者专家担任；除此之外，董事会还设置执行长1人，负责执行高等教育评鉴中心的具体评鉴工作。高等教育评鉴中心设有咨询委员会、申诉评议委员会，

---

① 周平. 1975年以降文件档案中大学评鉴体制的论述与反论述形成 [J]. 教育与社会研究，2011，（23）：79-125.

② "行政院"新闻局. 2009年"中华民国"年鉴 [M]. 台北："行政院"新闻局，2010：579.

③ 杨莹. "两岸四地"高等教育评鉴制度 [M]. 台北：财团法人高等教育评鉴中心基金会，2010：112.

由董事长直接负责，设有综合服务处、评鉴业务处和研究发展处，由执行长直接负责。除此之外，原由"国家卫生研究院"成立且独立运作的医学院评鉴委员会并入该中心，专门开展医学教育评鉴工作，同时，在高等教育评鉴中心之下另成立独立的台湾护理教育评鉴委员会，负责开展护理科系所的评鉴工作，具体组织架构图见图2.9。[①] 2006年开始，高等教育评鉴中心逐渐成为负责台湾高等教育评鉴工作的主要机构。

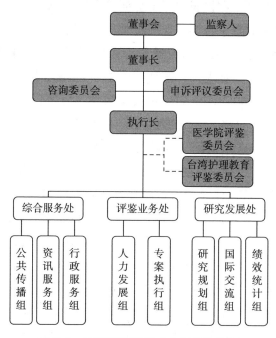

图2.9　高等教育评鉴中心组织架构图

注：该图来源于《第七次"中华民国"教育年鉴》。

（三）修订"大学法"与颁布"大学评鉴办法"

为了更好地推行高等教育评鉴制度，相关所谓政令法案也逐渐被修订或制定以增强高等教育评鉴工作的合法性。2005年12月，"大学法"修正案公布，该修正案首次将"大学评鉴"单列成条文，并做以下规定：大学

---

① "国家教育研究院". 第七次"中华民国"教育年鉴 [EB/OL]. http：// www. naer. edu. tw/ezfiles/0/1000/attach/32/pta_5456_1563025_23798. pdf，2018-06-11.

应定期对教学、研究、服务、辅导、校务行政及学生参与等事项，进行自我评鉴，其评鉴规定，由各大学定之；教育主管部门为促进各大学的发展，应组成评鉴委员会或委托学术团体或专业评鉴机构，定期办理大学评鉴，并公告其结果，作为当局教育经费补助及学校调整发展规模的参考，其评鉴办法，由教育主管部门定之。①

2007 年 1 月，台湾教育主管部门发布"大学评鉴办法"，对台湾大专院校评鉴制度进行了重新规划和安排。该办法首先明确了台湾教育主管部门在大学评鉴工作中的任务，包括规划研究评鉴制度、搜集分析大学评鉴相关资讯、协助大学申请各类学门国际认证、发展建立专业评鉴机构资格指标、建立大学评鉴的人才库及资料库、提供大学评鉴相关人员的培训课程等，同时也提出这些事务必要时可由财团法人高等教育评鉴中心基金会办理。其次，该办法还对大学评鉴类别和周期进行规定和说明：大学评鉴分为校务评鉴、院系所及学程评鉴、学门评鉴、专案评鉴四类，前两类每五至七年开展一次；后两类根据需要开展。除此之外，该办法还对评鉴工作的原则和程序等进行了规定。② 为配合 2008 年"私立学校法"的修正，2009 年 8 月"大学评鉴办法"全文也得到了修正，具体包括：将校务评鉴和院、系、所及学位学程评鉴的周期改为每四至七年开展一次；对申复程序做了更细致的规定，并增列了申诉程序；对评鉴为"办理完善、绩效卓著"学校的标准进行了规定；规定若私立大学符合前述"绩优"标准，将依"法"给予奖励，并给予其在办理增设系所、招生人数、入学方式及名额分配等事项时不受相关规定限制的优惠政策。③ 2013 年 1 月 31 日，台湾教育主管部门对"大学评鉴办法"进行了再次修订，修订内容主要为以下几点：一是增加校务评鉴及院、系、所及学位学程评鉴周期的弹性，规定四至七年的周期"可依需要调整"；二是规范以自我评鉴为由申请免评的条件，即申请学校的"自我评鉴机制应经'教育部'认同通过"；针对不同类

---

① "立法院法律系统"."大学法"［EB/OL］. https：//lis. ly. gov. tw/lglawc/lawsingle? @ @ 1804289383，2018-06-10.

② 邝海音."大学评鉴办法"一月发布实施［J］. 评鉴双月刊，2007，(5)：59-61.

③ "教育部"主管法规查询系统."大学评鉴办法"［EB/OL］. http://edu. law. moe. gov. tw/LawContentHistory. aspx? hid=1167,2018-06-11.

别的评鉴，分别制定了评鉴为"办理完善且绩效卓著"的条件等。[①]

（四）实施一般大学院校校务评鉴、系所评鉴等评鉴工作

在台湾评鉴协会和高等教育评鉴中心成立之前，台湾教育主管部门在2001年、2002年、2003年分别委托"国家卫生研究院"开展医学院评鉴，"社团法人中华民国管理科学学会"开展一般大学院校管理学门评鉴，"社团法人中国化学会"进行一般大学院校化学学门评鉴。2003年、2005年台湾评鉴协会和高等教育评鉴中心相继成立后，校务评鉴和系所评鉴便开始按照既定周期陆续开展。

1. 2004年一般大学院校校务评鉴

2004年7月，台湾教育主管部门启动了第一次最大规模的大学院校校务评鉴，并委托社团法人台湾评鉴协会开展实施。此次评鉴的对象为台湾地区的76所大学院校，以学校的性质分为公立组、私立组、师范组、医学组、艺体组、军警组等校务类组别，评鉴内容包括教学资源、国际化程度、推广服务、学生事务、通识教育及行政支援等；考虑到学门的特殊性及差异性，此次评鉴将相近的学门系所相整合，分为人文艺术与运动、社会科学、自然科学、工程、医药卫生、农学等六大专业领域，针对院校的每一专业领域，就其师资、教学、研究等方面进行评鉴；同时在评鉴指标上特别增加质性指标，使学校可用文字叙述补充量化指标说明的不足。此次评鉴共有364名评鉴委员分赴各校进行了为期两天的实地访视（第一天为专业类组评鉴，第二天为校务类组及私校整体发展奖补助审查作业评鉴）。[②]为避免"误导评鉴结果"，此次评鉴只公布了各校校务组与专业类组"表现较佳"和"表现较弱"的学校名单，未公布各校分数与排名。[③]

2. 2006-2010年一般大学院校系所评鉴

2006年，台湾高等教育主管部门委托新成立的高等教育评鉴中心开展

---

① "教育部"主管法规查询系统."大学评鉴办法"[EB/OL]. http：//edu. law. moe. gov. tw/LawContentHistory. aspx？hid=1167,2018-06-11.

② "国家教育研究院".第七次"中华民国"教育年鉴[EB/OL]. http://www. naer. edu. tw/ezfiles/0/1000/attach/32/pta_5456_15630252_3798. pdf，2018-06-11.

③ 吴清山. 高等教育评鉴议题研究[M]. 台北：高等教育文化事业有限公司，2010：38.

以 6 年为循环周期的大学院校系所评鉴，这也是台湾地区首次开展以系所为单位的评鉴。此次系所评鉴以学门为分类单位，将全台大学院校的系所分类到 49 个学门之中，以"专业同行"访评为原则选聘评鉴委员，为配合系所性质的差异，凡同一学门内系所均可申请共同评鉴。为了配合"专业学院"的政策，① 自 2009 年开始，符合条件的大学系所可以申请以"专业学院"的方式进行评鉴。此次系所评鉴的核心理念为"确保系所提供学生一个优质学习环境"，教育主管部门希望通过评鉴了解各大学院校系所的教学质量现况，协助学校建立质量改善机制，并强化优势发展特色，具体评鉴目的和原则见表 2.6。评鉴内容包括"目标、特色与自我改善""课程设计与教师教学""学生学习与学生事务""研究与专业表现"及"毕业生表现"等五个评鉴项目。这五个评鉴项目的设计以系统化与统整性为原则，首先，阐述评鉴项目的内涵、说明表现最佳的实践范例（best practice）；其次，根据内涵与最佳范例提出评鉴项目的"参考效标"和建议准备的参考资料，作为系所进行自我评鉴的依据。②

表 2.6　2006-2010 年台湾一般大学院校系所评鉴目的与原则

评鉴目的	评鉴原则
（1）了解各大学系所品质的现况； （2）判断与建议大学各系所品质的认可地位与期限； （3）促进各大学系所建立品质改善机制； （4）协助各大学系所发展办学特色，迈向卓越； （5）根据评鉴结果，作为当局拟定高等教育发展相关政策的参考。	（1）明确性，即评鉴程序强调正式的书面文件公布； （2）一致性，即与国际标准保持一致； （3）可信性，即强调能获受评单位信赖； （4）自我管制，即强调大学学术自主性； （5）统整性，即采用参考效标方式设计评鉴项目，由受评系所根据自身实况，提出证据说明品质； （6）中立性，即评鉴过程不鼓励任何特定形式的准备、研究活动； （7）等值性，即评鉴不受大学型态、规模、过去声望或产出性质等方面的影响； （8）透明性。

注：根据高等教育评鉴中心公布的《2006-2010 年度大学院校系所评鉴实施计划》整理而得。

① "专业学院"政策是指台湾教育主管部门为促进大学系所整合与资源共享的政策。

② 财团法人高等教育评鉴中心基金会. 2006 年度大学院校系所评鉴实施计划 [EB/OL]. http: //www. heeact. edu. tw/lp. asp? ctNode = 402 & CtUnit = 154 & BaseDSD = 7 & mp = 2，2018-06-10.

整个评鉴分为"前置作业阶段""自我评鉴阶段""实地访评阶段""结果决定阶段"以及"后续追踪阶段"等五个阶段。评鉴结果采用认可制，分为"通过""待观察"及"未通过"三种认可结果，获得"通过"的系所，根据认可结果报告书的建议，提出自我改善计划与执行成果报教育主管部门备查，五年不必再接受评鉴，获得"待观察"的系所，由高等教育评鉴中心针对其缺失进行追踪评鉴，并不得扩增招生名额，而"未通过"者则由高等教育评鉴中心实施全部项目再评鉴，并由教育主管部门核减招生名额，若评鉴仍未通过，则予以停招停办。高等教育评鉴中心公布认可结果后，将《认可结果报告书》函送到受评系所，若系所对其有异议，可以提出申诉申请。2010 年 12 月，高等教育评鉴中心完成了对 79 所大学院校 1820 个系所的评鉴，一次性通过率达 84.86%（不含追踪评鉴及再评鉴）。[①]

3. 2011 年一般大学院校校务评鉴

2011 年，高等教育评鉴中心受台湾教育主管部门委托开展第二轮大学院校校务评鉴工作。为了降低大学院校准备评鉴资料的行政负担，由台湾教育主管部门所执行的"大专院校推动性别平等教育访视""大学院校校园环境管理现况调查与绩效评鉴""公立大专院校校务基金访评""交通安全教育访视或评鉴""大专院校数位学习访视与认证服务"以及"大专院校体育专案评鉴"等 6 项与校务行政相关的专案评鉴及其访视项目，基于整合的精神，依其性质统整于相关评鉴项目之中。但"大专院校推动性别平等教育访视""大学院校校园环境管理现况调查与绩效评鉴"和"大专院校体育专案评鉴"这 3 项评鉴的结果仍作为补助经费分配的参考，故另外派出 1-2 名评鉴委员进行评核，并单独给予评鉴结果。[②]

此次评鉴项目设计的主要理念包括以下几点：一是标准与欧美等主要国家高等教育校务评鉴机制同步；二是强调统整性与系统化；三是结合全面质量管理 PDCA 的计划、执行、检核、行动循环圈的理念；四是强调学校

① "国家教育研究院". 第七次"中华民国"教育年鉴 [EB/OL]. http：//www. naer. edu. tw/ezfiles/0/1000/attach/32/pta_5456_1563025_23798. pdf，2018-06-11.
② "国家教育研究院". 第七次"中华民国"教育年鉴 [EB/OL]. http：//www. naer. edu. tw/ezfiles/0/1000/attach/32/pta_5456_1563025_23798. pdf，2018-06-11.

自我管制的精神，引导学校自我定位，发展特色。① 根据这些理念，此次评鉴的目的被设定为检视竞争态势、落实校务发展计划、评定教研绩效、奖励优质建立标杆校院、匡正发展偏差、提供政策参考等六项，评鉴原则为明确公开、专业认可、公平公正、连贯统整、自我管制、诚信透明、绩效责任等七项；评鉴内容则共有五项，分别为学校自我定位、校务治理与经营、教学与学习资源、绩效与社会责任以及持续改善与品质保证机制。② 此次评鉴的整体流程与系所评鉴相同，分为五阶段七步骤，在此不做赘述。从评鉴方式来看，每一所大学院校须接受两天的实地访评（如设有分校，必要时则增加 1 天的访评或增派委员）；评鉴委员的组成主要根据各校学生规模而定，学生总人数在 5000 人以下者，派出 10-12 名评鉴委员，学生人数在 5001 人以上者，则派出 14-16 名委员；实地访评主要根据评鉴项目的内涵，采取实地设施观察、晤（座）谈、资料检阅及问卷调查为资料收集方式。在评鉴委员选聘方面，此次评鉴主要以具有高等教育机构校务行政经验的教授或具有教育评鉴专业的学者专家为优先考虑对象，同时加入相关业界代表，其选聘方式以评鉴中心推荐及各校推荐为原则。其次，为了确保评鉴委员的专业性，评鉴委员必须参加评鉴中心办理的评鉴委员研习会；同时，为确保评鉴委员的客观与公平性，在决定大学院校校务评鉴的评鉴委员之前，先行寄送建议的评鉴委员名单给各受评大学院校，各受评大学院校可就建议名单中委员的专业条件或相关原因，在举证确实理由下，对推荐的评鉴委员进行回避申请。在评鉴结果方面，此次评鉴延续了认可制的方式，对每一评鉴项目分别认可，认可结果分为"通过""有条件通过"及"未通过" 3 种，认可有效期及结果处理方式见表 2.7。此次评鉴于 2011 年 12 月结束，共 81 所一般大学院校（含军警院校与空中大学）接受评鉴，其中有 43 所学校五项全部通过。③

---

①　杨莹."两岸四地"高等教育评鉴制度［M］. 台北：财团法人高等教育评鉴中心基金会，2010：197.

②　财团法人高等教育评鉴中心基金会. 2011 年度大学院校校务评鉴实施计划［EB/OL］. http：//www. heeact. edu. tw/lp. asp？ctNode＝1370 & CtUnit＝843 & BaseDSD＝7 & mp＝2，2018-06-10.

③　"国家教育研究院". 第七次"中华民国"教育年鉴［EB/OL］. http：//www. naer. edu. tw/ezfiles/0/1000/attach/32/pta_5456_1563025_23798. pdf，2018-06-11.

表2.7　2011年台湾大学院校校务评鉴认可结果有效期及处理方式

认可结果	处理方式	备注
通过	提出自我改善计划与执行成果，报高等教育评鉴中心备查。	（1）认可有效期限为5年； （2）各种处理方式均以评鉴结果正式公布日起1年为改善期； （3）追踪评鉴或再评鉴通过后，有效期为本次5年评鉴循环剩余时间。
有条件通过	（1）提出自我改善计划与执行成果，接受"追踪评鉴"； （2）追踪评鉴内容仅针对评鉴结果所提问题与缺失。	
未通过	（1）提出自我改善计划与执行成果，接受再评鉴； （2）再评鉴作业根据评鉴项目，提出自我评鉴报告，重新进行评鉴。	

注：根据高等教育评鉴中心公布的《2011年度大学院校校务评鉴实施计划》整理而得。

4. 2012-2016年一般大学院校通识教育暨系所评鉴

根据系所评鉴周期，高等教育评鉴中心于2012年启动了第二轮系所评鉴，并将通识教育评鉴纳入其中。由于2012年台湾教育主管部门授权34所一般大学院校实行自办外部评鉴，所以，此次系所评鉴的对象为71所公私立大学院校、2所宗教研修学院以及10所军警院校与空中大学，共83所大学院校的系所；通识教育的受评对象则以学校整体为单位。第二轮系所评鉴延续了第一轮系所评鉴和2011年校务评鉴的精神，仍以"认可制"为基准设计整个评鉴框架，评鉴结果分为"通过""有条件通过"及"未通过"三种。

在评鉴理念方面，则由第一轮系所评鉴强调"提供学生一个优质学习环境"，2011年校务评鉴强调"研拟一套学生学习成效评估机制"转变为评鉴系所依据学校所建立的学生学习成效评估机制，落实教育目标与核心能力，强调以"确保学生学习成效"为评鉴的主题。与此同时，考虑到在职专班已成为台湾高等教育中的重要组成部分，但其教学质量颇受质疑，因此在职专班的教学质量与办学成效成为此次系所评鉴的重点。从评鉴目的上看，该轮系所评鉴主要从质量保证的四个向度（计划、执行、检核与行动）出发，对系所的以下几个方面进行评估：一是系所如何根据教育目标制定学生毕业应具备的核心能力，并转化成具有统整性与系统化的课程规划与设计；二是系所根据所定的核心能力及其对应的课程设计，在"教师教学与学习评量"与"学生辅导与学习资源"的实际作为；三是系所在学术与专业上的表现与毕业生表现的具体成效；四是系所在整体运作过程中，考察学生学习成效后发现的问题，如何进行质量改善以及改善的成效，具体评鉴目的和原则见表2.8。依据这样的目的和原则，此次通识教育评鉴的评鉴内容包括：理念、目标与特色，课程规划与设计，教师素质与教学品质，学习资源与环境，组织、行政运作与自我改善机制等五项。而第二轮系所评鉴的评鉴内容则涵盖以下五项：目标、核心能力与课程设计，教师教学与学习评量，学生辅导与学习资源，学术与专业表现；毕业生表现与整体自我改善机制等。①

表2.8　2012-2016年台湾一般大学院校系所评鉴目的与原则

评鉴目的	评鉴原则
（1）了解各大学的系所在确保学生学习成效的机制与运作成果； （2）判断与建议各大学的系所在落实学生学习成效评估机制的认可地位与期限； （3）促进各大学的系所建立质量改善机制； （4）协助各大学的系所发展办学特色，迈向卓越；同时促进在职专班发展办学特色，以应对业界实务需求； （5）根据评鉴结果，作为当局拟定高等教育相关政策的参考。	（1）学生本位； （2）专业认可； （3）明确公正； （4）系统整合； （5）诚信透明； （6）自主弹性； （7）自我管制； （8）绩效责任。

注：根据高等教育评鉴中心公布的《2012-2016年度大学院校系所评鉴实施计划》整理而得。

相比于前一轮系所评鉴，此次系所评鉴在设计上具有以下特色：一是强调系所根据教育目标与核心能力，于各评鉴项目自主举证说明评估学生学习成效机制的落实情况；二是重视系所性质差异，不采用固定量化指标进行排名；三是评鉴项目设计从教师本位转为学生本位的绩效责任，强调学生学习成效的质量保障；四是将系所的学术与专业表现评估标准聚焦于深化学生的学习研究能力与强化学生的生涯竞争力；五是评鉴对象以"学门"为单位，配合系所之间的资源整合与共享；六是强调系所毕业生生涯发展追踪机制的建立与落实，取代过去强调毕业生升学与就业的成效；七

---

① 财团法人高等教育评鉴中心基金会. 2011年度大学院校通识教育暨第二周期系所评鉴实施计划［EB/OL］. http：//www. heeact. edu. tw/ct. asp？ xItem＝15001 & CtNode＝1541 & mp＝2，2018-06-12.

是重视评鉴委员的专业培训；八是强调系所收集内外部利益相关者的意见，建立自我改善机制并加以落实；九是强调系所根据评鉴项目自我检视，而非校际或系所间进行比较。①

（五）高等技职院校评鉴制度调整与实施

20 世纪 90 年代开始，台湾专科学校纷纷改制为技术学院，而 21 世纪以来，技术学院又努力改名升格为科技大学，由此台湾高等技职体系中的专科学校、技术学院的数量越来越少，而科技大学则越来越多（具体见图 2.7）。2001 年，台湾教育主管部门首次整合专科学校、技术学院及科技大学的评鉴机制，规定以"学校整体"为单位开展评鉴，每校每四年接受一次评鉴，且一次完整办理校务行政及各专业科系所的评鉴，同时也将进修部与夜间部纳入评鉴。2001-2004 年期间，台湾教育主管部门共对 79 所技职体系的院校进行了例行评鉴。其中，2001 年共有 11 所科技大学接受评鉴，评鉴的目的在于发掘各校所面临的问题与提供具体建议辅导改进，并未评价各校的优劣或对其进行排名；2002-2004 年共有 56 所改制已满两年的技术学院和 12 所专科学校接受评鉴，这两类学校的评鉴结果采用的是"等第制"，并将书面报告和分数等第合并公布，同时将其作为行政机关奖补助及学校调整所系科班的参考。

2004 年 10 月，为了配合技术学院改名科技大学的审核工作，台湾教育主管部门另制定了"技术学院专案评鉴申请原则"和"技术学院评鉴收费标准"。同年，"专科学校法"修订，增加了与评鉴相关条文：教育主管部门为促进各专科学校的发展，应办理专科学校评鉴；其评鉴类别、内容、标准、方式、程序及相关事项的办法，由教育主管部门定之。为了配合该条文，2004 年 10 月，台湾教育主管部门拟定"专科学校评鉴实施办法"，对专科评鉴的相关工作进行规定，例如，规定专科学校评鉴的基本类别包括综合评鉴（行政类和专业类两项）、专案评鉴和追踪评鉴；规定评鉴成绩分为四等级，教育主管部门可将评鉴成绩作为执行相关行政事项的依据，如专科学校申请改制技术学院审查，核定专科学校增减或调整科、组、班

---

① 财团法人高等教育评鉴中心基金会. 2011 年度大学院校通识教育暨第二周期系所评鉴实施计划［EB/OL］. http：//www. heeact. edu. tw/ct. asp？xItem＝15001 ＆ CtNode＝1541 ＆ mp＝2，2018-06-12.

数或招生名额，专科学校申请奖补助经费的条件，专科学校调整学杂费的核算指标，等等。① 2009 年，该办法得到修正，增列了综合评鉴每四至七年开展一次，专案评鉴及追踪评鉴依需要办理，须开展后设评鉴等条文，同时也规定：评鉴绩优的私立专科学校，其增设科、组、招生人数、入学方式及其名额的分配、遴聘校长、专任教师的年龄及学生收费等不受相关法令规定限制范围及相关配合事项。2010 年该办法再次修正，在评鉴结果运用部分增加了"作为部分或全部停办事项的参考"。②

按照 4 年一轮的评鉴周期，2005 年台湾地区启动了新一轮技专院校综合评鉴工作，其中科技大学的评鉴时间为 2005-2008 年，技术学院的评鉴时间为 2006-2009 年，专科学校的评鉴时间则为 2008-2009 年。此次评鉴整体采用"等第制"，科技大学和技术学院采用的评鉴标准与流程大体相同，其中科技大学和专科学校的评鉴由台湾技职教育主管部门委托给台湾评鉴协会办理，技术学院评鉴则被委托给云林科技大学，评鉴项目分为"行政类"（针对学校行政部门）评鉴项目和"专业类"（针对学校教学科研单位，其中，科技大学为学院和系、所、学位学程，技术学院为系、所、学位学程，专科学校为科）评鉴项目，实地访评时间调整为两天。2008 年开始执行的专科学校综合评鉴的相关规则与 2004 年的大致相同。总体上看，针对科技大学、技术学院以及专科学校的评鉴在评鉴指标、评鉴方式等方面基本一致，只是在评鉴指标的权重分配上略有差异。此轮评鉴的评鉴结果由台湾教育主管部门对外公布，并将其作为核定各校调整学杂费、增调所系科班或招生名额、奖补助计划经费与相关决策的依据。③ 到 2009 年，共有 32 所科技大学、41 所技术学院和 15 所专科学校接受了此轮评鉴。此外，2006 年开始，由台湾护理教育评鉴委员会就专科学校的护理科开展单科评鉴，共有 14 所专业学校受评。④

---

① "教育部"主管法规查询系统. 专科学校评鉴评鉴办法 [EB/OL]. http：// edu. law. moe. gov. tw/LawContent. aspx? id=FL032500，2018-06-13.

② "教育部"主管法规查询系统. 专科学校评鉴评鉴办法 [EB/OL]. http：// edu. law. moe. gov. tw/LawContent. aspx? id=FL032500，2018-06-13.

③ 陈曼玲. 2008 年度技专校院评鉴结果公布 [J]. 评鉴双月刊，2009，(20)：29-33.

④ 杨莹. "两岸四地"等教育评鉴制度 [M]. 台北：财团法人高等教育评鉴中心基金会，2010：127.

2008年第一轮科技大学综合评鉴结束之后，教育主管部门召开多次会议，决议将原本4年为一周期的技专院校综合评鉴，调整为5年为一周期，依旧由台湾评鉴协会执行评鉴工作。2009年开始，技专院校迎来第二轮综合评鉴。此轮评鉴的规则和内容与第一轮综合评鉴基本相同，评鉴结果依然采用"四等第制"。与上一轮评鉴不同的是，该轮评鉴共有24所科技大学院校根据"教育部试办认定科技院校自我评鉴机制及其结果审查作业原则"获得自办专业类部分（院系所）评鉴的资格。到2013年末，该轮评鉴基本完成。2014年，第三轮技专院校评鉴工作启动，此轮评鉴与前两轮在评鉴结果呈现和评鉴项目上有较大不同，具体见表2.9。在评鉴项目方面，此轮评鉴将"行政类"改名为"校务类"，并将"自我改善"作为评鉴的重要内容；在评鉴结果呈现方面，此轮评鉴首次将"等第制"改为"认可制"，并采取跟一般大学院校评鉴类似的后续处理方式。

表2.9 第二轮与第三轮技专院校综合评鉴的评鉴项目与结果呈现对比

项目		第二轮综合评鉴（2009年启动）		第三轮综合评鉴（2014年启动）	
评鉴项目	行政类	（1）综合校务 （2）教务行政 （3）学务行政 （4）行政支援	校务类	（1）学校定位与特色 （2）校务治理与发展 （3）教学与学习 （4）行政支援与服务 （5）绩效与社会责任 （6）自我改善	
	专业类学院	（1）学院组织与院务发展 （2）课程规划与整合 （3）教学整合机制 （4）设备整合机制 （5）产学合作与研究计划整合	学院	（1）学院定位、特色与院务发展 （2）课程规划、师资结构与整合 （3）教学、学生辅导与资源整合 （4）学院专业发展与产学合作 （5）学生成就与职涯发展 （6）自我改善	
	专业类科系所	（1）系（所、科）务发展 （2）课程规划 （3）师资结构与素养 （4）学生学习与辅导 （5）设备与图书资源 （6）教学品保 （7）学生成就与发展 （8）产学合作与技术发展	科系所	（1）目标、特色与系（所、科）务发展 （2）课程规划、师资结构与教师教学 （3）教学品保与学生辅导 （4）系（所、科）专业发展与产学合作 （5）学生成就与职涯发展 （6）自我改善	

续表

项目	第二轮综合评鉴（2009 年启动）	第三轮综合评鉴（2014 年启动）
评鉴 结果 呈现	四等第制，根据评鉴成绩分等： （1）80 分以上：一等 （2）70 分以上，未达 80 分：二等 （3）60 分以上，未达 70 分：三等 （4）未达 60 分：四等	认可制，对每一评鉴类别分别给予认可结果： （1）通过 （2）有条件通过 （3）未通过

注：根据 2009 年和 2014 年度《科技大学综合评鉴实施计划》《技术学院综合评鉴实施计划》以及《专科学校综合评鉴实施计划》整理而得。

三、稳定期的制度形态

在 21 世纪以来的十多年里，台湾高等教育评鉴制度在 20 世纪 90 年代的基础上逐渐发展成熟。从推动高校自我评鉴机制的构建，到成立专责评鉴机构，修订或发布"大学法""大学评鉴办法""专科评鉴实施办法"等相关行政规定，再到根据一定周期开展一般大学院校的系所评鉴、校务评鉴，高等技职院校的综合评鉴、专案评鉴等，台湾高等教育评鉴制度经过修正与完善后，保持着较长时间的稳定状态。总体来看，台湾教育主管部门依然是台湾高等教育评鉴工作的主要负责人，评鉴工作的所有经费也均来源于财政拨款。从制度架构来看，台湾高等教育评鉴制度依然保持一般大学院校评鉴制度和高等技职院校评鉴制度双轨并行，但两个制度在目标导向、评鉴理念等方面越来越趋于一致。一般大学院校评鉴制度主要由校务评鉴、系所评鉴、学门评鉴以及专案评鉴或访视等评鉴项目及其实施规则构成，高等技职院校评鉴制度则主要由综合评鉴、专案评鉴或访视等评鉴项目及其实施规则构成，具体见表 2.10 和表 2.11。其中专案评鉴或访视主要是为教育主管部门行政管理服务，主要可以分为三类：一是配合落实阶段性教育主管部门特定政策所办理的专案评鉴或访视；二是由学校主动申请所办理的访视；三是基于行政监督需求所办理的访视。为了避免造成大专院校过多的负担，台湾教育主管部门于 2009 年开始将原有的 42 项专案评鉴或访视项目进行统整，至 2013 年，专案评鉴或访视项目减少至 14 项。

表2.10　2014年台湾一般大学院校评鉴制度

评鉴项目	评鉴对象	评鉴周期	评鉴内容	评鉴方式	评鉴结果及其运用	评鉴实施机构	评鉴主导单位
校务评鉴	大学校院	6年1次，依需要调整	教务、学生事务、总务、图书、资讯等事务	自我评鉴、实地评鉴与追踪评鉴	分为通过、有条件通过、未通过，公告结果，并作为主管部门行政决定与政策拟定的依据	高等教育评鉴中心	高等教育主管部门
系所评鉴	大学校院的院、系、所及学位学程（符合条件者可免评）	6年1次，依需要调整	课程设计、教师教学、学生学习、行政管理等项目	自我评鉴、实地评鉴与追踪评鉴	分为通过、有条件通过、未通过，公告结果，并作为主管部门行政决定与政策拟定的依据	高等教育评鉴中心或高校自身	高等教育主管部门
学门评鉴	大学校院特定领域的院、系、所及学位学程	依需要进行	研究、教学及服务成效	自我评鉴、实地评鉴与追踪评鉴	基于特定目的或需求进行	相关学术团体	高等教育主管部门
专案评鉴或访视	大学校院	依需要进行	基于特定目的或需求进行	依需要进行	依需要进行	各类教育主管部门	各类教育主管部门

　　注：上表根据2013年修正的"大学评鉴办法"以及《2012-2016年度大学院校系所评鉴实施计划》和《2011年度大学院校校务评鉴实施计划》等整理而得。

表2.11　2014年台湾高等技职院校评鉴制度

评鉴项目	评鉴对象	评鉴周期	评鉴内容	评鉴方式	评鉴结果及其运用	评鉴实施机构	评鉴主导单位
综合评鉴	技专院校及其院、系、所、科	5年1次	校务类：教务、学生事务、总务、图书、资讯、人事及会计等事务专业类：教育理念与目标、师资、课程、教学、仪器设备、行政管理及办学成效等	自我评鉴、实地评鉴、追踪评鉴	分为通过、有条件通过、未通过，公告结果，并作为主管部门行政决定与政策拟定的依据	台湾评鉴协会、云林科技大学	技职教育主管部门
专案评鉴或访视	技专院校	依需要进行	基于特定目的或需求进行	依需要进行	依需要进行	各教育主管部门	各教育主管部门

注：上表根据2014年修正的"专科学校评鉴实施办法"、2013年修正的"大学评鉴办法"以及2014年度"科技大学综合评鉴实施计划""技术学院综合评鉴实施计划"以及"专科学校综合评鉴实施计划"整理而得。

　　从制度系统来看，该时期台湾高等教育评鉴制度的理念、目标、规则、组织以及保障手段与20世纪90年代相比发生了一些变化。首先，从理念系统来看，进入到21世纪之后，台湾高等教育评鉴制度开始强调高校自主性与特色发展、自我改善能力的提升以及绩效责任，同时积极推动当局管理职能的转型，发挥专业评鉴机构的协调作用，在评鉴理念方面更加关注学生学习及其成效等。在这样的理念之下，台湾高等教育评鉴制度的目标系统也更加多元和丰富。以一般大学院校的系所评鉴为例，其评鉴目标综合来看有三点：一是促进教育主管部门以及社会公众对大学各系所质量状况的了解与判断；二是通过评鉴发现问题，专家提出建议，促进各大学系所质量的改善与提升；三是为教育主管部门的政策制定和行政管理（如各校招生名额分配、奖补助经费分配、学杂费调整、学校改名审核等）提供参考依据。

　　从规则系统来看，该阶段台湾高等教育评鉴制度的规则体系已趋于稳定，具体可以分为评鉴实施规则和评鉴保障规则，评鉴实施规则主要包括对谁主导评鉴工作，谁实施评鉴，评鉴委员由哪些人组成，评鉴项目有哪些，评鉴对象是谁，评鉴内容是什么，评鉴采取什么方式，评鉴工作流程是什么，如何呈现评鉴结果并对其加以运用等相关事项与问题的规定；评鉴保障规则主要包括评鉴中高校如何进行申复与申诉，评鉴委员需要遵循怎样的伦理准则和回避原则，如何遴选和培训评鉴委员、如何对评鉴进行定期总结与反思等促使评鉴工作更加公平、公正、高效的规则与规范，具体可见高等教育评鉴中心发布的"大专院校申诉评议规则""系所评鉴申复办法""评鉴委员伦理准则"等。以申复机制和申诉机制为例，接受评鉴的学校在收到实地访评报告书或追踪评鉴改善情况检核表初稿之后，若认为有违反程序或不符合事实的问题，可在 14 个工作日内，向高等教育评鉴中心提出申复申请，而高等教育评鉴中心基金会则要组织实地访评小组讨论查证，再将处理结果反馈给申请学校。①

从制度组织系统来看，台湾教育主管部门和大专院校依然是评鉴制度中的核心组织，而高等教育评鉴中心和台湾评鉴协会则成为制度组织中的新核心成员。除此之外，还有一些社会学术团体也在台湾高等教育评鉴制度中发挥重要作用，例如，云林科技大学技术及职业教育研究中心、"中华工程教育学会"、国际商管学院促进协进会、社团法人"中华民国"管理科学学会等。从保障系统来看，21 世纪以来台湾高等教育评鉴制度的规章制度保障逐渐加强，"专科学校法""私立学校法""师资培育法"等在修正后的相关条文中保障评鉴的"合法性"，除此之外，关于评鉴实施的相关规则很多也以行政命令的形式颁布，例如，"大学评鉴办法""专科学校评鉴实施办法""大学自我评鉴结果及专业评鉴结果认可要点""教育部认定大学校院自我评鉴机制及结果审查作业原则"等。

第五节　台湾高等教育评鉴制度的变革（2015 年至今）

台湾高等教育评鉴制度经过了近十年的稳定发展后，近些年迎来变革期，一系列大刀阔斧的改革政策纷纷出台，制度理念、目标、规则等方面都正在发生明显的变化。从社会背景来看，人口问题和政治文化依然是与台湾高等教育发展密切相关的两个方面。"少子化"对台湾高等教育的影响越来越严重，高校之间的生源竞争趋于白热化。2015 年以来，台湾高校数

---

① 财团法人高等教育评鉴中心. 大学院校校务评鉴申复办法 [EB/OL]. http：//www. heeact. edu. tw/ct. asp？xItem=16003 & ctNode=323 & mp=2，2017-07-15.

量继续减少，到 2021 年，台湾大专院校总数跌至 149 所，较 2014 年减少了 10 所，其中 5 所为高等技职院校。① 2016 年，台湾共有 143 个科系申请停招，最后经核定后正式停招的有 56 个，据台湾教育主管部门统计，2019 学年度全台大专院校共有 172 个系所停招，甚至有高校只有一个系招生，② "维持生存"将成为越来越多高校的首要目标。而在教育政策方面，2016 年 5 月，台湾地区出现第三次政党轮替，各项教育政策经历了新一轮的"除旧迎新"，所谓的"民意"越来越多地影响着教育制度的走向。台湾教育主管部门陆续推出"高等教育深耕计划""教育新南向"等新政策。台湾高等教育评鉴制度的变革正是在这样的背景下发生的。

一、变革期的重要事件

引发台湾高等教育评鉴制度变革的关键事件是 2015 年 12 月 30 日修订公布的"大学法"将评鉴结果与行政奖惩"脱钩"，同年，台湾教育主管部门将多项专案访视评鉴项目统整，实行"大专院校综合视导"计划；之后便是 2017 年，台湾教育主管部门突然宣布"取消强制性外部系所评鉴，改为高校自办"，同年，新一轮一般院校校务评鉴大幅删减评鉴项目。

（一）修订"大学法"，评鉴结果与行政处罚脱钩

台湾高等教育评鉴制度自产生到发展成熟，协助教育主管部门了解和判断高校办学的实际情况，并为其相关的行政决定和政策制定提供依据始终是该制度的重要目标之一。直到 2015 年 12 月，"大学法"第五条有关大学评鉴的条文被修正，将评鉴结果"作为当局教育经费补助的参考"等文字删除，将"作为学校调整发展规模的参考"文字中的"规模"二字删除，并增加"其评鉴应符合多元、专业原则"等文字，具体见表 2.12。为了配合此次"大学法"的修正，2016 年 11 月，"大学评鉴办法"修正版将第八条中的以下文字删除："本部"得以评鉴结果作为核定调整大学发展规模、学杂费及经费奖励、补助的参考；前项所称调整大学发展规模，包括增设

---

① 台湾"教育部"统计处. 大专校院校数统计［EB/OL］. http：//stats. moe. gov. tw /files/important/OVERVIEW_U03. pdf，2022-02-05.

② 天下杂志. 大冲击! 大专校院 172 系所明年停招，这家学校剩一系招生［EB/OL］. https：//www.cw. com. tw/article/article. action? id=5093205，2018-12-05/2018-12-05.

及调整院、系、所、学位学程、组、班，调整招生名额、入学方式及名额分配等事项。同时，表明评鉴结果仅"作为学校校务发展的参考"。尽管在修正说明中提道："本部"亦将通过师资质量考核及教学品质查核等方式控管学校教学品质，但很明显，将评鉴结果与当局行政管理直接挂钩的做法将得以改变。实际上，随着几轮系所评鉴与校务评鉴的开展，台湾社会出现不少批评的声音，其中很重要的一点就是不满意评鉴结果的运用，尤其是教育主管部门对未通过评鉴的系所采取"减招二分之一"的惩罚。此次"大学法"的修订更多便是为了回应这些批评，将评鉴与当局行政处罚"脱钩"，使评鉴"回归校用"。

表 2.12 2015 年修正版"大学法"第五条条文修正对照

修订后条文	原条文
大学应定期对教学、研究、服务、辅导、校务行政及学生参与等事项，进行自我评鉴；其评鉴规定，由各大学定之。"教育部"为促进各大学的发展，应组成评鉴委员会或委托学术团体或专业评鉴机构，定期办理大学评鉴，并公告其结果，作为学校调整发展的参考；其评鉴应符合多元、专业原则，相关评鉴办法由"教育部"定之。	大学应定期对教学、研究、服务、辅导、校务行政及学生参与等事项，进行自我评鉴；其评鉴规定，由各大学定之。"教育部"为促进各大学的发展，应组成评鉴委员会或委托学术团体或专业评鉴机构，定期办理大学评鉴，并公告其结果，作为"政府"教育经费补助及学校调整发展规模的参考；其评鉴办法，由"教育部"定之。

注：根据 2015 年公布的"大学法"修正版和 2011 年公布的"大学法"修正版相关条文整理而得。

（二）取消强制性系所评鉴，高校自办系所品质保障

2016 年 5 月民进党执政之后，台湾教育主管部门随即启动专案小组探讨高等教育改革问题，之后便开始推行一系列的改革，例如，推行"高等教育深耕计划"，制定"教育新南向"政策，推行"评鉴简化、行政减量"的政策，等等。在改革高等教育评鉴制度部分，最为重大的一项决定便是：2017 年 2 月台湾教育主管部门宣布停办"强制性"系所评鉴，改由学校依自身需求的方式自愿办理。[①] 之后，台湾教育主管部门又对此决定加以说

---

① 台湾"教育部综合规划司"."教育部"将于 2017 年底前全面完成访视评鉴简化工作［EB/OL］. https：//depart. moe. edu. tw/ed2100/News_Content. aspx？n＝1BC1E5C3D D8E7C26 & s＝A87F33F004EAA6E2，2018-07-22.

明：学校在有"其他确保教学品质机制"的前提下，可选择不办理系所评鉴，只是学校仍须注意学生毕业后再进修、工作权益、招收外籍人、学历采认等问题；各学校若要继续开展系所评鉴工作，则需自行联系专业评鉴机构自费办理或自办系所外部评鉴，且均须自费向高等教育评鉴中心申请评鉴机制及结果认定审查；无论采取哪种模式，学校皆有向利益相关者公开学校资讯的责任与义务。① 为了协助大专院校自主办理系所质量保障，台湾教育主管部门于 2018 年 1 月发布"教育部补助大专院校自主办理系所品质保证要点"对下列两种情况予以补助：一是学校依据自身需求，自行联系教育主管部门或高等教育评鉴中心认可的专业评鉴机构，申请办理系（科）所、学位学程品质保证、学院（门）认证；二是学校依据自身需求，自办系（科）所、学位学程品质保证，并将自办结果送高等教育评鉴中心认定。② 随后，高等教育评鉴中心相继发布《大专校院自办品质保证认定作业办法》、《大专校院自办品质保证认定实施计划》、2019 年度和 2020 年度《大学校院委托办理品质保证认可实施计划》等一系列操作规范。至此，由台湾教育主管部门主导的已开展两轮的系所评鉴成为制度历史，台湾大专院校系所质量保障的责任真正落到了学校自己的肩上。

（三）整合与简化评鉴项目，推动大专院校校务资讯公开

由于台湾教育行政部门的资源越来越有限，因此，减人、减事，将有限的资源聚焦于核心实务，推动效能改革，一直是台湾当局重要的施政方针之一。2015 年，台湾教育主管部门启动"大专校院综合视导实施计划"，将原有的 14 项专案评鉴或访视项目整合为 12 项，并以综合视导的方式对全台湾公私立大专院校进行 4 年一次的评鉴，评鉴的实地访视时间以 1 日为原则，该项目由台湾教育主管部门委托高等教育评鉴中心执行。2016 年 7 月，台湾教育主管部门成立评鉴减量专案小组，系统性地盘点各项访视评鉴及资源，进行量化与质化改革，将原本 122 项教育类访视评鉴删除或整并为

---

① 侯永琪，池俊吉. 系所品质保证蓝图与系所自办品质认定计划 [J]. 评鉴双月刊，2017，（69）：10-13.

② 台湾"教育部"主管法规查询系统."教育部"补助大专院校自主办理系所品质保证要点 [EB/OL]. http：//edu. law. moe. gov. tw/LawContent. aspx？id = GL001708，2018-07-22.

60 项，同时这 60 项访视评鉴也朝向项目指标减并、期程调整、精简文书作业、缩短程序、长期收集累积与运用资料、强化内部自评机制、减少受评对象数或其他简化方向改革。[①] 为了配合这一政策调整，2017 年启动的一般大学院校校务评鉴（2017-2018 年）将评鉴项目由原来的 5 项缩减至 4 项，核心指标由原来的 49 项精简至 14 项，具体见表 2.13。2022 年 4 月公布的最新一轮（2022 年第三周期）大学院校校务评鉴延续了这一特点，依然是 4 项大指标，15 项核心指标。在精简评鉴项目的同时，台湾教育主管部门大力推动大专院校校务资讯公开的工作，2015 年，台湾教育主管部门建立起"大专校院校务资讯公开平台"，主要为学生、家长在选择就读院校系所时，能够更全面地了解学校办学的综合绩效、研发及教学品质、校务评鉴结果等重要资讯。2017 年，台湾教育主管部门即公开了第一阶段 25 项学校办学资讯，包括学校基本规模、招生注册情况、财务情况、学校经营成效及特色等（具体见表 2.14），并表示会逐步将教育主管部门相关专案计划量化参考指标以及学校其他教学成果等信息纳入公开平台中。[②] 在生源竞争颇为激烈的情形下，校务资讯的全面公开在一定程度上加强了校务评鉴的影响力，所以，尽管评鉴结果与行政经费补助"脱钩"，校务评鉴仍然在高等教育质量保障中发挥着重要作用。

表 2.13　2017-2018 年台湾一般大学院校校务评鉴的评鉴项目与核心指标

项目	核心指标
校务治理与经营	1-1 学校自我定位下的校务发展计划与特色规划 1-2 学校确保校务治理品质的机制与做法 1-3 学校依自我定位下的产官学合作关系 1-4 学校确保教育机会均等与展现社会责任的做法

---

① 台湾"教育部综合规划司"."教育部"将于 2017 年底前全面完成访视评鉴简化工作［EB/OL］. https：//depart. moe. edu. tw/ed2100/News_ Content. aspx？n = 1BC1E5C3DD8E7C26 & s = A87F33F004EAA6E2，2017-02-08/2018-07-22.

② 台湾"教育部高等教育司". 落实大学自我课责公开大专校院校务资讯［EB/OL］. https：//depart. moe. edu. tw/ed2200/News_ Content. aspx？n = 90774906111B0527 & s =CB98ACC812421D0F，2017-12-28/2018-07-23.

续表

项目	核心指标
校务资源与支持系统	2-1 学校落实校务发展计划的资源规划 2-2 学校确保教师教学与学术生涯发展的机制与做法 2-3 学校确保学生学习成效的机制与做法
办学成效	3-1 学校依自我定位下的办学成效 3-2 学校的学生学习成效 3-3 学校向互动关系人的资讯公开成效
自我改善与永续发展	4-1 学校内外部评鉴结果的使用、检讨及改善做法 4-2 学校创新作为与永续发展的规划与做法 4-3 学校维护教职员及学生权益的做法 4-4 学校确保财务永续的机制与做法

注：上表根据高等教育评鉴中心公布的《2017 年度第二周期大学校院校务实施计划》整理而得。

表2.14 2017 学年度大专院校校务资讯第一阶段资讯公布项目

类别	公开项目
学生类（13 项）	正式学籍在学学生数（系所）、毕业生（系所）、境外学位生数（系所）、日间学制学生出国进修交流人数（系所）、修读辅系人次（系所）、修读双主修人次（系所）、新生注册率（系所）、新生注册率（学制班别）、新生注册率（校）、休学人数（系所）、休学人数（学制班别）、退学人数（系所）、退学人数（学制班别）
教职类（5 项）	专任教师数（系所）、兼任教师数（系所）、专任教师每周授课时数（系所）、专任教师每周授课时数（校）、专兼任辅导人员数（校）
研究类（1 项）	学校承接各单位资助产学合作计划经费及其每师平均承接金额（校）
校务类（2 项）	提供一年级学生住宿人数及其比率（校）、学校以自筹经费提供学生的助学金额（校）
财务类（4 项）	公立学校可用资金与本年度现金增减情形（校）、私立学校可用资金与本学年现金增减情形（校）、学杂费收入占总收入比率（校）、负债占资产比率（校）

注：上表根据台湾"教育部高等教育司"发布的相关信息整理而得，具体见 https：//depart. moe. edu. tw/ed2200/News_ Content. aspx？n=90774906111B0527 & s=CB98ACC812421D0F。

二、当前的制度形态

自 2015 年到 2018 年，台湾高等教育评鉴经历了一系列的变革，这些变革使得台湾高等教育评鉴制度呈现出新的形态。从制度框架来看，台湾高等教育评鉴制度变化并不大，一般大学院校评鉴主要由校务评鉴、系所评鉴（系所品质保证认可/认定）、学门专项评鉴以及综合视导组成，而高等技职院校评鉴则将原来综合评鉴中的校务类评鉴和专业类评鉴分离为校务评鉴和系所科评鉴两部分，再加上综合视导，具体见表 2.15 和表 2.16。

表 2.15　2018 年台湾一般大学院校评鉴制度

评鉴项目	评鉴对象	评鉴周期	评鉴内容	评鉴方式	评鉴结果及其运用	评鉴实施机构	评鉴主导单位
校务评鉴	大学校院	6 年 1 次，依需要调整	教务、学生事务、总务、图书、资讯等事务	自我评鉴、实地评鉴与追踪评鉴	分为通过、有条件通过、未通过，公告结果，并作为学校调整发展的参考以及放宽行政管控的依据	高等教育评鉴中心	高等教育主管部门
系所评鉴（系所品质保证认定/认可）	大学校院的院、系、所及学位学程	学校自行规划	学校自行规划	学校自行规划	自行规划运用	学校自办或委托专业评鉴结构	大学院校
学门专项评鉴	大学校院特定领域的院、系、所及学位学程	依需要进行	研究、教学及服务成效	自我评鉴、实地评鉴与追踪评鉴	基于特定目的或需求进行	相关学术团体	高等教育主管部门或大学院校

续表

评鉴项目	评鉴对象	评鉴周期	评鉴内容	评鉴方式	评鉴结果及其运用	评鉴实施机构	评鉴主导单位
综合视导	大学校院	4年1次	依各项视导的目的与特性而定	依各项视导的目的与特性而定	依各项视导的目的与特性而定	高等教育评鉴中心	教育主管部门
大专校院校务资讯公开	大学校院	长期、持续性	办学条件、综合绩效等	信息公开	学生、家长选校的参考	社会公众	教育主管部门

注：上表根据 2015 年修正的"大学法"、2016 年修正的"大学评鉴办法"、"2016 年度教育部大专校院综合视导实施计划"、《2017 年度第二周期大学校院校务实施计划》以及台湾教育主管部门网站相关信息等整理而得。

表 2.16 2018 年台湾高等技职院校评鉴制度

评鉴项目	评鉴对象	评鉴周期	评鉴内容	评鉴方式	评鉴结果及其运用	评鉴实施机构	评鉴主导单位
校务评鉴	技专院校	4-5年1次	教务、学生事务、总务、图书、资讯、人事及会计等事务	自我评鉴、实地评鉴、追踪评鉴	分为通过、有条件通过、未通过，公告结果，并作为学校调整发展的参考	台湾评鉴协会、云林科技大学	技职教育主管部门
系所科评鉴	技专院校的院、系、所、科	学校自行规划	学校自行规划	学校自行规划	评鉴结果须经高等教育评鉴中心认定，自行规划运用	学校自办或委托专业评鉴机构	技专院校
综合视导	大学校院	4年1次	依各项视导的目的与特性而定	依各项视导的目的与特性而定	依各项视导的目的与特性而定	高等教育评鉴中心	教育主管部门

续表

评鉴项目	评鉴对象	评鉴周期	评鉴内容	评鉴方式	评鉴结果及其运用	评鉴实施机构	评鉴主导单位
大专校院校务资讯公开	大学校院	长期、持续性	办学条件、综合绩效等	信息公开	学生、家长选校的参考	社会公众	教育主管部门

注：上表根据 2015 年修正的"大学法"、2016 年修正的"大学评鉴办法"、"2016 年度教育部大专校院综合视导实施计划"以及《2018 年度科技校院评鉴实施计划》等整理而得。

从制度内涵上看，台湾高等教育评鉴制度的变化不可谓不大。在制度理念上，评鉴制度作为教育主管部门行政管控手段的观念已被完全摒弃，高校自主性以及高校在质量保障中的核心地位被进一步强调，评鉴工作已从单一的由教育主管部门主导转变为教育主管部门和高校自身共同主导的局面，评鉴机构所扮演的角色也逐渐从拥有准行政权力的"规范者"逐渐转变为高校办学质量提升的"协助者"和"伙伴"。[①] 在制度目标上，为教育主管部门的政策制定和行政管理服务的目的被弱化，增进公众对高校办学情况的了解和促进高校办学质量的改善的目的被强化。在制度规则方面，台湾高等教育评鉴制度的规则变化主要集中在以下几个方面：一是评鉴结果的运用从"作为教育主管部门行政决定与政策拟定的依据"转变为"作为学校调整发展的参考"，评鉴绩优卓越私立大学在增设系所班、扩增招生名额等方面的限制条件予以放宽；二是一般大学院校的系所评鉴和高等技职院校的系所科评鉴均改为由学校自主、自愿、自费办理，对办理该项目评鉴的高校，台湾教育主管部门给予一定经费补助；三是专案评鉴或视导项目被整合为综合视导，评鉴项目的指标也得以简化。在制度组织方面，台湾教育主管部门、专业评鉴机构以及大专院校依然是该制度的核心组织，除此之外，评鉴制度的其他利益相关者（例如，学生、家长、企事业单位等）在评鉴制度组织系统中的地位也日益凸显。在制度保障方面，台湾高等教育评鉴制度正逐渐从法规的强制保障模式转变为法规与评鉴文化共同

---

① 侯永琪，池俊吉. 系所品质保证蓝图与系所自办品质认定计划 [J]. 评鉴双月刊，2017，(69)：10-13.

保障的弹性模式。例如，从法规上来看，定期开展系所评鉴已不再是高校必须遵守的强制性规则，但基于高校已逐渐形成的内部质量保障文化以及"高校需向社会大众展现其办学品质"的文化氛围，许多高校依然会选择以自办品质保证认定或委托办理品质保证认可的方式，定期开展系所评鉴。

2018 年以来，台湾高等教育评鉴制度的框架和政策导向基本没有发生变化。从 2022 年 4 月发布的新一轮（2022 年第三周期）一般大学院校校务评鉴实施计划和 2022 年 1 月发布的 2022 学年度科技院校评鉴实施计划来看，校务评鉴的基本理念和程序没有发生太大变化，一般大学院校校务评鉴在设计上更注重学校的自我定位（以学校中长程发展计划为本），导入预警、风险的概念，注重结合校务研究（IR）的资料，给予整体结果，不给分项结果，针对结果给予 3 年或 6 年的有效期。[①] 在系所评鉴方面，2018 年 10 月，高等教育评鉴中心公布了"自办品质保证认定"和"委托办理品质保证认可"实施计划，正式确定了未来台湾高校系所层面的评鉴类型方式；2020 年 4 月又公布了"大专校院委托办理品质保证认可申诉办法"，明确救济程序；2019—2021 年，高等教育评鉴中心共开展了 6 期"自办品质保证认定"，每半年开展一次"委托办理品质保证认可"。在学门专项评鉴方面，2018 年以来持续开展由教育部委托高教评鉴中心办理的大学院校师资培育评鉴和专科以上学校教保相关系科幼儿园教保员培育评鉴。[②]

本章小结

受到美国追求"绩效责任"理念的影响，台湾地区自 1975 年开始实施高等教育评鉴，到 20 世纪 80 年代初，形成以学门评鉴为主的高等教育评鉴制度雏形；从 1983 年到 20 世纪末，台湾高等教育评鉴制度快速发展，教育主管部门成立专门小组研制高等教育评鉴方案、委托学术团体试办学门评鉴、"立法"明确高校自主权和教育主管部门评鉴权、构建高等技职院校评

---

① 财团法人高等教育评鉴中心基金会. 有关"第三周期校务评鉴实施计划说明会"简报档［EB/OL］. https：//www.heeact.edu.tw/1151/1319/55065/，2022-04-28/2022-05-07.

② 根据财团法人高等教育评鉴中心基金会公布的信息整理而得。

鉴体系，形成了以学门评鉴、中程校务发展计划审查、校务综合评鉴、通识教育评鉴为主的一般大学院校评鉴制度和以专科学校评鉴、专案评鉴为主的高等技职院校评鉴制度。21世纪开始，台湾高等教育评鉴制度从外延式发展转向内涵式发展，通过建立高校自我评鉴机制、成立台湾评鉴协会与高等教育评鉴中心、颁布"大学评鉴办法"等方式深化评鉴理念，完善评鉴规则，总体形成了以校务评鉴、系所评鉴、学门评鉴、专案评鉴或访视为主的一般大学院校评鉴制度和以综合评鉴、专案评鉴或访视为主的高等技职院校评鉴制度这两个稳定的制度框架。2015年以来，台湾高等教育评鉴制度进入到变革期，主要的改革内容包括修订"大学法"将评鉴结果与行政处罚脱钩，取消强制性系所评鉴改为高校自办品质保障，整合与简化评鉴项目，推动大专院校校务资讯公开等，这些改革使得台湾高等教育评鉴制度呈现出新的形态。

第三章
台湾高等教育评鉴制度价值的实现

　　人的任何实践活动都不是无目的、无意义的"做"，而是一种有目的性、指向性的价值活动，是人们追求价值、创造价值和实现价值的过程。①从客体的角度来讲，其价值只有在实现中才能成为真正的价值，而对于主体来说，只有在价值实现中，自己的需要才能满足。②因此，探讨价值的实现必定是研究价值问题的关键环节。在本研究中，价值实现是指实践过程中主客体的某种价值关系得以具体化、现实化的状态。从主体的角度来讲，价值实现就是价值主体的某种价值诉求在主客体相互作用过程中得到满足的状态；而从客体的角度来讲，价值实现则是客体的"潜价值"转变为"现实价值"的状态。价值实现的过程是主客体相互作用的过程，也是主体客体化、客体主体化的过程。③从操作层面来看，一项制度的价值设定只能从具体的规则和实际执行过程来探知。台湾高等教育评鉴制度是台湾社会在教育实践活动中所形成的一套规范体系，其所具有的规制价值、主体价值以及平衡价值是不同的价值主体所追求的理想目标。因此，台湾高等教育评鉴制度价值的实现是指在实践过程中高等教育评鉴制度作为价值客体体现这三种理想目标的情况，也就是这三种典型的潜在价值转化为现实价值的过程。

　　从微观层面来看，价值的实现主要是通过台湾高等教育评鉴制度的具体形态、结构和功能表现出来。台湾高等教育评鉴制度始于1975年，经历

---

① 孙伟平. 价值哲学方法论［M］. 北京：中国社会科学出版社，2008：90.
② 袁贵仁. 价值学引论［M］. 北京：北京师范大学出版社，1991：309.
③ 袁贵仁. 价值学引论［M］. 北京：北京师范大学出版社，1991：312.

了初始、发展、稳定及变革等四个时期，在不同时期具有不同的形态、结构和功能，因此，其价值的实现也呈现出阶段性。本章中，笔者利用第二章构建的价值实现观测框架，通过文本分析法分析不同历史发展时期台湾高等教育评鉴制度的具体规则，探究三种价值诉求在其中的实现形式和实现情况，总结出实现路径的特点。这里所使用的文本主要包括台湾教育主管部门发布的相关政策文件中包含的制度规则、高等教育评鉴中心与台湾评鉴协会公布的评鉴方案中的规则、部分高校/系所评鉴相关材料中的规则以及相关期刊文献中所讨论的规则事实等。

第一节　台湾高等教育评鉴制度规制价值的实现

台湾高等教育评鉴制度规制价值的实现，意味着规制从一种主体诉求转化为制度的现实取向。从共时的角度看，这种转化虽然涉及一系列复杂的过程，但最终都会通过一些具有代表性的制度规则形式体现出来。从历时的角度看，这种转化在不同历史时期实现的内容和程度不尽相同，呈现出典型的时代特征。

一、规制价值的实现形式

台湾高等教育评鉴制度的规制价值诉求包括规范高校办学秩序、引导高校办学方向、对高校办学质量进行问责等。规制价值的实现形式就是规制价值诉求在高等教育评鉴制度实体中的表现方式。从台湾高等教育评鉴制度整个变迁过程来看，规制价值的实现主要有四种形式：一是立法保障教育主管部门评鉴权利；二是教育主管部门管控专责评鉴机构；三是评鉴过程突出规范与效率；四是评鉴结果应用于行政管理。

（一）立法保障教育主管部门评鉴权利

法律法规是一项社会制度正式规则中最核心的部分，也是行政部门在高等教育管理中维护自身权力与影响力的主要形式。台湾高等教育评鉴制度规制价值诉求最重要的实现形式之一就是通过台湾地区相关规定，赋予教育主管部门一系列的评鉴权利，包括明确评鉴权"法源"依据、评鉴制度规则制定权和评鉴活动主导权等。

1. 明确评鉴权"法源"依据

台湾地区所谓具有最高法律效力的"宪法"为行政机构对高校进行评鉴、访视等监督工作提供"法源"依据。台湾地区沿用至今的所谓"中华民国宪法"（1947年12月25日开始施行）第162条明确规定："'全国'公私立之教育文化机关，依法律受'国家'之监督。"① 定期对高等教育机构进行有针对性的访视、全面性的评鉴是20世纪70年代以来台湾教育主管部门对高校办学采取的重要监督方式，而所谓"宪法"所赋予的当局对教育机构的监督权也就成为外部强制性评鉴工作最根本的依据。

2. 明确评鉴制度规则制定权

台湾教育主管部门作为主管机关通过修订"大学法""私立学校法""专科学校法""大学评鉴办法"等有关规定，制定或修订台湾高等教育评鉴制度规则。台湾高等教育评鉴制度的重要载体就是"大学法""私立学校法""专科学校法"等法规相关条文以及"大学评鉴办法""专科学校评鉴实施办法"等行政命令，这些法规性质的评鉴规则均由台湾教育主管部门起草和发布。例如，2005年修订的"大学法"增订了第五条"大学评鉴"和第二十一条"教师评鉴制度之建立"，前项条文明确了评鉴工作中大学和教育主管部门应遵守的规则，后项条文则规定："各大学应建立教师评鉴制度，对于教师之教学、研究、辅导及服务成效进行评鉴，作为教师升等、续聘、长期聘任、停聘、不续聘及奖励之重要参考。"② 2007年发布的"大学评鉴办法"明确规定，台湾教育主管部门应"规划研究大学评鉴制度"。由此可见，通过制定相关法规，台湾教育主管部门能够掌握评鉴制度规则的制定权。

3. 明确评鉴活动主导权

通过法定性质的评鉴规则，明确教育主管部门在高等教育评鉴活动中的主导地位。这里的主导地位主要表现在教育主管部门负有高等教育评鉴工作主体责任，由教育主管部门对具体的评鉴工作进行规划和安排。例如，

---

① "中华民国总统府"."中华民国宪法"本文［EB/OL］. https：//www. president. gov. tw/Page/94，2018-10-11.

② "立法院"法律系统. "大学法"［EB/OL］. https：//lis. ly. gov. tw/lglawc/law-single？@@1804289383，2018-06-10.

2005 年修订的"大学法"第五条规定："'教育部'为促进各大学之发展，应组成评鉴委员会或委托学术团体或专业评鉴机构，定期办理大学评鉴……其评鉴办法，由'教育部'定之。"2010 年修订的"专科学校法"规定："'教育部'为促进各专科学校之发展，应办理专科学校评鉴；其评鉴类别、内容、标准、方式、程序及其他相关事项之办法，由'教育部'定之。"2007 年，由教育主管部门发布的"大学评鉴办法"对大学评鉴的具体类别和周期进行了规定和说明。

（二）教育主管部门管控评鉴机构

进入到 21 世纪之后，台湾地区高等教育评鉴活动的组织与开展主要由具有独立法人地位的评鉴机构（高等教育评鉴中心和台湾评鉴协会）直接负责。教育主管部门不再直接参与评鉴方案的制定与执行，但这并不意味教育主管部门失去了此种规制手段。实际上，通过管控评鉴机构的经费来源、组织人员以及赋予评鉴机构行政职责等方式，教育主管部门依然可以在评鉴制度中实现其规制诉求。

1. 管控评鉴机构运行经费

以高等教育评鉴中心为例，根据财团法人高等教育评鉴中心基金会组织章程，该机构董事会监察人中包含当局行政管理机关代表 1-2 人，监察人的职权包括"掌理基金、存款之稽核""财务状况之监督""决算表册之查核事宜"。另外，高等教育评鉴中心的年度工作计划及经费收支预算须提前提报教育主管部门，教育主管部门可以针对工作计划提出补充或修正意见；评鉴中心的年度工作成果报告、经费收支决算及财产清单也须提前提报教育主管部门，必要时须就工作成果进行简报；而台湾教育主管部门将"年度工作成果报告评估状况"作为次一年度工作计划经费的主要参考依据。[①] 可见，通过对评鉴机构经费的管控，台湾教育主管部门可以间接地参与评鉴工作组织实施的全过程。

2. 影响评鉴机构人员构成

以高等教育评鉴中心为例，根据《财团法人高等教育评鉴中心基金会捐助及组织章程》，该机构董事会设置董事席位 15-19 名，由教育主管部门

---

① 信息来源于 2016 年 3 月 29 日修订的《财团法人高等教育评鉴中心基金会捐助及组织章程》。

指派业务机关代表 2 人，指派学者、专家 6-8 人，教育主管部门指派人员共占董事会成员总数一半以上。另外，该机构执行长由董事长提名经董事会通过并"报经主管机构同意"后聘任，而当台湾教育主管部门认为该基金会"运作绩效明显不佳，或有重大违失时"，可以要求董事会"督促改善或撤换执行长"。① 这也就意味着台湾教育主管机构在很大程度上能够决定高等教育评鉴中心执行长的聘任和解聘。当台湾教育行政部门能够对高等教育评鉴机构的人员构成施加绝对性影响时，评鉴工作的价值导向也就更加趋向于行政管理部门的意志。

3. 赋予评鉴机构行政职权

台湾高等教育评鉴中心和台湾评鉴协会都属于民间法人团体，其本身并不具有行政权力。但台湾教育行政部门可以通过赋予它们一定的行政权力，让其为行政任务而服务，从而对其进行管理和约束。根据台湾地区 2005 年修订的"大学法"第五条的规定，台湾教育主管部门可以委托学术团体或专业评鉴机构办理大学评鉴。2007 年版的"大学评鉴办法"也明确指出，评鉴事务的规划和实施必要时可由高等教育评鉴中心办理。因此，台湾一些学者也认为高等教育评鉴中心属于"公设财团法人"，带有浓厚的公权力及行政机构色彩。② 有台湾学者指出，高等教育评鉴中心的执行长是需要去"立法院"做汇报的，教育主管部门对评鉴机构也有指挥和指导的权利。（PHT180611）由此可见，当高等教育评鉴机构获得了教育行政部门赋予的代为实施公权力的资格，其必然需要接受行政部门的管理，这也就成了当局规制的一种手段。

（三）评鉴过程突出规范与效率

评鉴过程性规则是高等教育评鉴制度的重要组成部分，也是行政主管部门实现自身规制诉求最重要的载体。台湾教育主管部门的规制价值诉求更多体现为行政管理逻辑，包含了对规范与效率的追求，其实现在台湾高等教育评鉴过程性规则中的体现主要包括基于行政逻辑的评鉴项目与内容、

---

① 信息来源于 2016 年 3 月 29 日修订的《财团法人高等教育评鉴中心基金会捐助及组织章程》。
② 转引自：许育典，陈碧玉. 大学自治下大学评鉴制度的检讨：以系所评鉴为例 [J]. 当代教育研究，2011，19（2）：119-158.

以外部评鉴主导自我评鉴以及结构化、量化的评鉴指标。

1. 基于行政逻辑的评鉴项目与内容

台湾地区针对大专院校的评鉴主要可以分为三大类别：通案性的评鉴、专案性的访视或评鉴、基于行政监督需求所办理的访视。通案性评鉴是指针对一般大学院校的"校务评鉴"和"院、系、所记学程评鉴（简称系所评鉴）"以及针对高等技职院校的"综合评鉴"。专案性的访视评鉴主要包括配合落实阶段性教育主管部门特定政策所办理的专案评鉴或访视和由学校主动申请所办理的访视。行政管理逻辑首先反映在评鉴类别的划分与选择上，除校务评鉴和系所评鉴之外，台湾地区的访视评鉴项目曾达到42项，而这些项目的选择主要基于台湾教育行政部门的工作职责与任务。其次，行政管理逻辑还反映在具体评鉴内容的选择上。例如，2009年台湾高等教育施政重点之一是"强化大学产学合作成效"，具体的措施则包括调整大学院校评鉴机制，加重产学合作项目比例，实施"大学产学合作绩效评量"。① 除此之外，该时期，"扩大招收侨生及外国留学生"也是优先推行的教育政策之一，为此，各大专院校"招收侨生之绩效"被纳为评鉴及奖补助指标。② 这种基于行政逻辑来设置评鉴项目和内容能够在最大程度上引导大学实现当局规划的政策目标。

2. 以外部评鉴主导自我评鉴

台湾高等教育各类评鉴工作的一般过程主要包括高校内部自我评鉴和外部访视评鉴。外部访视评鉴是规制价值实现最重要的形式之一。规制价值取向下的高等教育评鉴结构主要是以外部评鉴为主导，高校内部自我评鉴的开展基本遵循外部评鉴的要求。以2006-2010年台湾大学院校系所评鉴为例，此次评鉴工作明确要求高校在进行自我评鉴时，应根据外部访视评鉴的五个评鉴项目及各项目的内涵、最佳实务、参考指标、建议准备的参考资料等对系所在每一个评鉴项目的现况做完整表述。③ 这种以外部评鉴主导自我评鉴的结构形式可以使整体评鉴工作更有效率地开展，同时推动

---

① "行政院新闻局". 2009年"中华民国"年鉴［M］. 台北："行政院新闻局"，2010：580.

② "行政院新闻局". 2009年"中华民国"年鉴［M］. 台北："行政院新闻局"，2010：571.

③ 根据《2006年度大学校院系所评鉴实施计划》内容整理而得。

高校内部评鉴机制的形成与规范。

3. 结构化、量化的评鉴指标

采用结构化、量化的评鉴指标是规范高校办学、引导高校发展方向最直接、最有效的规制工具。一般而言，结构化、量化的指标越多，规制程度就越高。2006-2007 年，台湾教育主管部门开展了一系列的绩效统计计划，如"大学校院科学期刊论文质量统计分析实施计划""大学产学合作绩效评量计划""大学毕业生雇主满意度调查计划"以及"世界大学学术评比分析计划"等。这些计划均是希冀通过明确的量化指标来引导高校在特定部分加快发展。除此之外，台湾高等教育评鉴中针对一般大学院校的校务评鉴和系所评鉴以及针对高等技职院校的综合评鉴都曾采用结构化、量化的评鉴指标来评定学校的办学绩效，以促使高校办学活动更加规范，办学质量达到一定的水准。从台湾高等教育发展实际来看，这种方式所带来的规范效果是十分明显的，以至于一些学者戏谑"各校越长越像，台湾只剩下一所'教育部'大学"。

（四）评鉴结果应用于行政管理

评鉴结果的运用与评鉴目的有密切关系，以规制为主要目的的评鉴在结果的处理与应用上会更多与行政管理挂钩。对于台湾教育主管部门而言，评鉴结果的行政运用可以提高其对于高校运作的影响力，实现对高校的远端调控。[①] 因此，将评鉴结果应用于行政管理成了台湾教育主管部门实现其规制诉求的重要手段，具体形式包括将评鉴结果等级化、公开化及与行政奖惩挂钩等。

1. 评鉴结果等级化

等级划分是呈现评价结论的一种形式，也是绩效管理工作最常用的方法。在台湾地区，具有行政管理目的的评鉴，其结果通常以具有明显区分性的名次、等级等形式进行呈现。以台湾地区 2009 学年度科技大学评鉴为例，该次评鉴设置详细的评分原则，赋予各个评鉴项目一定的权重，评分最终折合为百分制，再将成绩分数转换成"等第"：评鉴成绩 80 分以上的为"一等"，70 分以上未达 80 分的为"二等"，60 分以上未达 70 分的为

---

① 刘秀曦. 高等教育政策工具之探析：大学评鉴结果与"政府"经费分配之连结 [J]. 教育研究与发展期刊，2013，9（3）：31-58.

"三等"，未达60分的为"四等"。① 从实施效果上来看，等级化的评鉴结果更能刺激受评高校的"敏感神经"，激发高校之间的竞争活力，使其更积极、更快速地向评鉴标准靠拢，因此也是评鉴工作中台湾教育主管部门实现规制的重要手段。

2. 评鉴结果公开化

将评鉴结果向社会大众公开也是台湾地区当局对高校实施规制的一种手段。有台湾学者指出，若评鉴仅是为了协助学校改善，则当局不需对学校以外的群体公布评鉴结果，更不需要将评鉴结果做后续运用。② 这也就意味着评鉴结果公开化还承载其他目的。根据台湾地区"大学法"，台湾教育主管部门有义务将大学评鉴结果进行公告。将高等教育评鉴活动的结果公开，也就意味着评鉴不再是帮助高校了解自身的"私人体检"，而更像是与高校声誉挂钩的一场"测评考试"，高校将尤为注重评鉴结果的好与坏，并将更加注重在评鉴项目方面的发展。由此，仅公开评鉴结果便能达到间接规制的效果。

3. 评鉴结果与行政奖惩挂钩

从理论上来讲，外部强制性评鉴和行政奖惩都属于行政主管部门对高校进行规制的手段，当二者相结合时，便能产生更强的规制效果。即使评鉴结果采用"认可制"，若其与经费补助等行政奖惩挂钩，这种"认可制"也具有"准政府（quasi-governmental）"机制的性质。③ 在台湾地区，与高等教育评鉴结果挂钩的行政奖惩方式主要有以下几种：一是奖补助经费分配，例如，"2008年度教育部奖励私立大学校院校务发展计划要点"中规定，各校奖助金额基准核算中20%的奖助经费将根据"大学评鉴（包括校务评鉴、系所评鉴、专案评鉴之体育访视）"的结果，其中校务评鉴结果和系所评鉴结果分别占该项经费的40%，专案评鉴之体育访视结果占该项经费的20%；二是高校招生名额限缩，例如，2001年公布的"大学校院增设调整系所学位学程及招生名额总量发展审查作业要点"规定：学校院、

---

① 依据台湾地区《2009学年度科技大学评鉴实施计划》。

② 刘秀曦. 高等教育政策工具之探析：大学评鉴结果与"政府"经费分配之连结[J]. 教育研究与发展期刊，2013，9（3）：31-58.

③ 凯尔士（H. R. Kells）. 大学自我评鉴[M]. 王保进，译. 台北：正中书局，2002：19.

系、所、学位学程在最近一次评鉴中未达标准者，对其招生名额予以减招或停招，其中系所评鉴减招原则见表 3.1；三是高校学杂费收费基准调整，根据台湾教育主管部门 2008 年发布的"专科以上学校学杂费收取办法"，在最近一次校务评鉴、系所评鉴以及综合评鉴中所有项目获得"通过"或"一等"的一般大学和技专院校可以拟定学杂费自主计划，报教育主管部门审核，其学杂费收费基准调整幅度上限可以放宽为基本调幅的两倍。

表 3.1　2001-2010 年台湾大学院校系所评鉴减招原则

对象	减招原则
系所评鉴未通过者	扣减该系所各学制招生名额 50%，连续两年未通过，扣减全数招生名额，逐予停招。
系所评鉴待观察者	该系所不得扩增招生名额及增设研究所。
学校总体	经教育主管部门核定减招的系所招生名额，不得自校内其他院、系、所、学位学程调整名额补足，并不得流用。

注：根据台湾教育主管部门 2001 年公布的"大学校院增设调整系所学位学程及招生名额总量发展审查作业要点"（2010 年废止）整理而得。

二、规制价值的实现情况

台湾高等教育评鉴制度是在台湾教育主管部门的主导下建立起来的，因此，其在很长时间内都具有较强的规制取向。根据价值分析模型中的观测框架，可以发现这种规制取向又呈现出不同的状态。

（一）台湾高等教育评鉴制度初始阶段的规制价值实现

1975-1982 年间，台湾高等教育处于二十年快速扩张后的"限制管控期"，共有一般大学院校 25-28 所，专科学校 76-77 所。1975 年，台湾地区开始开展大学评鉴工作。到 1982 年末，台湾高等教育评鉴制度的初始形态基本形成，评鉴类别包括针对一般院校的学门评鉴和专科学校评鉴以及后续的追踪评鉴。学门评鉴的对象为全台所有一般大学院校的相关系所，专科学校评鉴的对象为各类科的专科学校，分为工业、商业/管理、医护、艺术、农业、海事、家政、体育、新闻、外语、师范等类别，每三年为一评鉴周期。

从制度环境来看，该阶段台湾教育主管部门与大学的关系属于典型的

"管控型关系"，教育主管部门对于大学的管制范围相当广泛而深入，从校长聘任到教师资格审查，从招生名额分配到学校发展规划，均直接受到教育主管部门的管理和监督。根据 1982 年修订的"大学法"，大学院校的"发展方向及重点"是由教育主管部门来规划且辅导执行，系、所的设立、变更或停办须经教育主管部门核准，公立大学院校的校长由教育主管部门聘任，私立大学院校的校长则由董事会报请教育主管部门核准聘任。根据1974 年公布的"私立学校法"（此版沿用至 1984 年 1 月 10 日），校（院）长执行董事会的决议、校产及基金的管理使用等"受主管教育行政机关的监督"。董事会遴选的校（院）长，若主管教育行政机关认为其资格不合，则须于六个月内另行遴选报批，逾期不报或所报仍不合格时，则由主管教育行政机关指派人员暂代校（院）长职务。在这种环境下诞生的高等教育评鉴制度在很大程度上也带有行政权威、专制的文化特征。

从评鉴规则的制定过程来看，该阶段主要由台湾教育主管部门掌握评鉴制度规则的制定权，规则的约束形式主要依靠当局行政命令。从评鉴的具体规则来看，两类评鉴工作的发起者、经费提供者均是台湾教育主管部门，评鉴方案的设计及具体实施、评鉴委员的选聘均由台湾高等教育主管部门和技职教育主管部门直接负责。1963 年至 1972 年期间，台湾专科学校数从 15 所增加到 76 所，年均增长约 6.8 所，伴随快速扩张的是"师资方面良莠不齐，仪器设备简陋，其教学常招致社会各界的非难质疑"[①]。因此，该阶段台湾高等教育评鉴工作的首要目标更多为了检视高校办学条件，规范办学秩序，以缓解社会公众对高校教学品质的质疑，而这也体现在评鉴内容和指标的选择上。无论是大学学门评鉴，还是专科学校评鉴，均是学校办学基本条件与学生就业情况为考察重点（具体见表 3.3），且主要以量化的指标来衡量。整个评鉴程序呈现出明显的官僚化特征，高校需要服从教育主管部门的各项要求。而从评鉴结果相关规则来看，两类评鉴都特别注明评鉴结果将被应用于教育主管部门辅导、奖助及核准学校各类申请案件。专科学校评鉴的结果以分等的形式呈现，并向媒体公布。而学门评鉴

---

① 王国隆. 专科学校评鉴实施现况、成果及检讨 [C]. "行政院研究发展考核委员会". 家庭、学校与社会，台北："行政院研究发展考核委员会"，1991：49-55. 转引自：许宗仁. 台湾地区高等教育评鉴制度之研究 [D]. 新北：淡江大学硕士学位论文，2011：152.

的结果则是以学校为单位，由评鉴委员撰写综合评鉴报告，各校优缺点，提出改进意见与建议，将"办学认真、师资与设备充实"的学校予以公布，评鉴结果不理想者，个别通知改进。[①] 因此，根据价值分析模型中的观测框架，不论是针对一般大学院校的学门评鉴，还是专科学校评鉴，均呈现出明显的规制价值取向，两者符合规制价值取向的程度分别为 90.9% 和 100.0%，具体见表3.2。

表3.2　1975-1982 年台湾高等教育评鉴具体规则的规制价值取向

评鉴类别	大学院校学门评鉴		专科学校评鉴	
类目	规制价值			
	符合	具体内容	符合	具体内容
1.1 评鉴工作发起者	●	教育主管部门	●	教育主管部门
1.2 评鉴经费提供者	●	教育主管部门	●	教育主管部门
1.3 评鉴方案设计者	●	高等教育主管部门	●	技职教育主管部门
1.4 评鉴工作实施者	●	高等教育主管部门	●	技职教育主管部门
2.1 评鉴目标的导向	●	了解学校办学质量及问题，规范办学条件	●	发现学校存在的问题，规范办学条件
2.2 自我评鉴的角色	-	-	●	配合外部访评
3.1 评鉴内容的特征	●	考察办学条件、毕业生就业情况	●	考察办学条件、"建教合作"政策落实
3.2 评鉴指标的特征	●	量化指标为主	-	-
3.3 评鉴程序的特征	●	官僚化	●	官僚化
4.1 评鉴结果呈现形式	◎	优劣评定、改进建议	●	等第制
4.2 评鉴结果公开范围	◎	部分公开	●	向媒体公开
4.3 评鉴结果使用方式	●	教育主管部门辅导、奖助及核准学校各种申请案件的参考依据	●	教育主管部门辅导、奖助的参考依据

　　注：表中用四种符号来表示实际评鉴规则与典型规制价值取向规则的符合程度，其中"●"表示"完全符合"，"◎"表示"部分符合"，"×"表示"不符合"，"-"表示因资料缺失或模糊而"无法判断"。

---

　　① 周平. 1975 年以降文件档案中大学评鉴体制的论述与反论述形成 [J]. 教育与社会研究，2011，(23): 79-125.

表3.3 1975-1982年台湾大学院校学门评鉴与专科学校评鉴的评鉴项目

大学院校学门评鉴	专科学校评鉴
1. 师资（重视学历和兼课情况）	1. 图书与器材设备（占30%）
2. 行政（包括系〔所〕行政会议举行次数及讨论事项、教师聘任与晋升程序、预算分配、教学课程分配等）	2. 师资（占25%）
3. 设备（包括教学及研究实验设备、实验消耗品与图书等）	3. 教材课程安排与教学效果（占25%）
4. 课程（包括所开的必修与选修的课程，教学内容与聘任教师〔专任或兼任〕等）	4. 科技行政（占10%）
5. 经费（包括系〔所〕经费的来源、仪器设备、实验品消耗、图书、文具等项经费的分配情况）	5. 建教合作与就业辅导（占10%）
6. 10年来毕业生就业和深造情况	-

注：根据《台湾教育史料新编》（汪知亭著）、《工业专科学校机械工程科评鉴报告》（"教育部技术及职业教育司"著）等资料整理而得。

由此可见，在制度形成的初始阶段，台湾高等教育评鉴制度实现规制价值的程度是非常高的，此时最主要的规制价值诉求是规范高校办学秩序，使各高校的基本办学条件达到一定的水准，规制手段主要是强有力的行政命令，评鉴制度整体呈现出明显的行政管理权威与专制的文化特征。

（二）台湾高等教育评鉴制度发展阶段的规制价值实现

从1983年到20世纪末是台湾社会从"戒严管制"向"放权松绑"转变的转折期。改革高等教育管理体制的呼声很高，行政主管部门与大学之间的关系、大学自治的范畴成为台湾高等教育发展亟须厘清的关键问题。[1]但总体来看，该时期台湾行政主管部门对高等教育各方面的控制还是非常明显，[2]台湾教育主管部门在内外部的压力之下，一方面尝试向高校放权，另一方面也在探索新的规制方式。加快推行大学评鉴制度从某种意义上来

---

① "国家教育研究院"."中华民国"教育年报1998年版 [EB/OL]. https：//www. naer. edu. tw/files/15-1000-7853，c1310-1. php，2018-10-10.

② "国家教育研究院"."中华民国"教育年报1998年版 [EB/OL]. https：//www. naer. edu. tw/files/15-1000-7853，c1310-1. php，2018-10-10.

讲也是台湾教育主管部门转变管理方式，采取新规制手段的一种。因此，从发生学视角来看，台湾高等教育评鉴制度从一开始就承载着实现当局新规制的责任。

从制度规则制定过程来看，该阶段，台湾教育主管部门仍然是高等教育评鉴制度规则的主要制定者，探索构建合适的高等教育评鉴制度是台湾教育主管部门的重要工作内容。1983 年和 1994 年台湾教育主管部门主持开展了两场较大规模的高等教育评鉴制度规划研讨工作，在此基础上出台了一系列的政策。其中，最为重要的一项是通过修订相关规定赋予台湾教育主管部门开展高等教育评鉴的"法源"依据。1994 年修订的"大学法"规定：各大学的发展方向及重点等规划须经教育主管部门核备后实施，并由教育主管部门评鉴之。1999 年 6 月修订的"教育基本法"在"中央政府"教育权限中加入"教育评鉴"。由此，台湾高等教育评鉴制度规制价值的实现手段开始从一般性行政命令上升至所谓"法规"。

从具体评鉴规则来看，该时期台湾教育主管部门主导的评鉴类别逐渐增多，除了学门评鉴和专科学校评鉴，又陆续增加了针对公私立一般大学院校的中程校务发展计划审查、校务综合评鉴（试办）、通识教育评鉴以及技专院校专案评鉴等。该时期的学门评鉴，由台湾教育主管部门委托给学术团体进行试办，其属于一种探索与尝试。该时期的专科学校评鉴由台湾技职教育主管部门主导规划，委托给台湾工业技术学院职业教育研究中心、云林技术学院（现为云林科技大学）以及屏东技术学院（现为屏东科技大学）具体实施，基本延续上一时期的制度规则，依然具有较强的规则价值取向。新增评鉴类别中，中程校务发展计划审查和技专院校专案评鉴涉及范围最广、持续时间最长，也最能反映行政主管部门的规制诉求。

台湾公私立大学院校中程校务发展计划审查自 1991 年开始执行，到 20 世纪 90 年代末，共开展了四轮，均由台湾教育主管部门主导，聘请公私立大学院校相关代表以及行政机关代表等组成访视小组进行评鉴。该项评鉴工作发起的目的主要是"弥补学门评鉴对于改进大学办学质量效果有限"的问题，教育主管部门希望对整体大学院校的现况发展及未来发展方向有全盘的掌握，以此作为高等教育规划的依据。[①] 以台湾地区"1992-1995 年

---

① 胡悦伦. 海峡两岸大学教育评鉴之研究 [M]. 台北：师大书苑，1998：115.

度私立大学四年中程校务发展计划审查"评鉴为例，其评鉴内容主要包括教学、研究、推广教育、行政、财务行政、资源调整、奖助经费使用成效评估及中程计划执行状况等 8 项，评鉴标准总体是统一的，且大多为量化指标，如教师与学生的比率、教师所获得的研究经费多寡、单位学生藏书量等。评鉴程序上，该阶段的审查考虑了不同学校的差异性，依学校的性质和成立的时间进行分类再进行评鉴，但总体上，更多注重效率而非质量，对评鉴委员并未有具体的要求和培训，实地访视大多是"走马观花"，一天评完所有项目。① 在评鉴结果的呈现与使用上，该阶段的中程校务发展计划审查主要采用优、良、中、可、待改进等五等第法评等，1996 年开始改为10 分制，评鉴结果将对外公布并分送给各校参考，并作为核定公立大学院校的预算、私立大学奖助政策、公私立大学院校系所调整政策等方面的参考。1994 年台湾文化大学在中程校务发展计划审查中，因所有审查指标均未受肯定，被教育主管部门冻结了奖助经费，1996 年，台湾中国医药学院也因该项审查未得到教育主管部门的任何奖助经费。由此可见，根据价值分析模型中的观测框架，该阶段的中程校务发展计划审查践行着台湾教育主管部门规制诉求的程度约为 95.5%。

为了配合专科学校改制技术学院的政策，台湾教育主管部门在常规的专科学校评鉴之外新增了技专院校专案评鉴以及后续的各项访视。技专院校专案评鉴主要由台湾教育主管部门提出并规划，交由云林科技大学、台湾科技大学、屏东科技大学来具体实施。尽管这项评鉴采取高校自主申请的形式，部分经费也出自各校的奖补助款，但高校本身在该项评鉴中并没有任何的自主权力。专科学校改制为技术学院是该阶段行政主管部门大力推动的政策，也是专科学校发展的方向，而要想改制成学院申请并接受该项评鉴是唯一选择。1996 年台湾专科学校有 70 所，1997–2001 年受评学校数达 124 校次，2000 年专科学校数下降至 23 所。评鉴项目与标准主要依据台湾教育主管部门 1996 年发布的"专科学校改制技术学院与技术学院及科技大学设专科部实施办法"（2007 年废止），考察内容分为六大项，分别为办学成绩（主要为近五年评鉴成绩）、实务性研究、建教合作及推广教育办理情况，校务行政（招生、学籍、课程、财务、认识、会计等）符合规定

---

① 胡悦伦. 海峡两岸大学教育评鉴之研究 [M]. 台北：师大书苑，1998：117–129.

情况，师资配备情况，设备情况以及校地及校舍，每一项均有具体的量化标准。① 该项评鉴的结果将作为教育主管部门核准专科学校改制技术学院等政策的主要依据，具体见表3.4。根据观测指标系统，该项评鉴的具体规则满足规制价值诉求的程度约为90.0%。

表3.4 20世纪90年代台湾高等教育评鉴具体规则的规制价值取向

评鉴类别	中程校务发展计划审查		技专院校专案评鉴	
类目	规制价值			
	符合	具体内容	符合	具体内容
1.1 评鉴工作发起者	●	教育主管部门	●	教育主管部门
1.2 评鉴经费提供者	●	教育主管部门	◎	教育主管部门和高校
1.3 评鉴方案设计者	●	教育主管部门	●	技职教育主管部门
1.4 评鉴工作实施者	●	教育主管部门	◎	云林科技大学、台湾科技大学、屏东科技大学
2.1 评鉴目标的导向	●	考察计划执行情况	●	判断学校是否达到相应标准
2.2 自我评鉴的角色	-	-	-	-
3.1 评鉴内容的特征	●	办学基本条件、经费使用与计划执行情况	●	办学基本条件、符合政策规定程度
3.2 评鉴指标的特征	●	统一、量化为主	●	统一、量化为主
3.3 评鉴程序的特征	◎	分类评鉴、注重效率	-	-
4.1 评鉴结果呈现形式	●	五等第、10分制及奖助金额	●	给出是否达到标准的判断
4.2 评鉴结果公开范围	●	公布	●	公布
4.3 评鉴结果使用方式	●	教育主管部门经费分配、系所调整政策的依据	●	教育主管部门办理遴选改制及政策制定的参考

注：表中用四种符号来表示实际评鉴规则与典型规制价值取向规则的符合程度，其中"●"表示"完全符合"，"◎"表示"部分符合"，"×"表示"不符合"，"-"表示因资料缺失或模糊而"无法判断"。

---

① "教育部"主管法规查询系统. 专科学校改制技术学院与技术学院及科技大学设专科部实施办法 [EB/OL]. http：//edu. law. moe. gov. tw/LawContent. aspx？id＝FL008711#lawmenu，2018-10-11.

（三）台湾高等教育评鉴制度稳定阶段的规制价值实现

2001-2014 年是台湾高等教育评鉴制度逐渐稳定的阶段。该阶段台湾高等教育政策的主旋律是"控量保质"和推行高等教育管理体制改革，前者的关键在于建立教育质量保障机制，后者则在于调整教育主管部门的角色及功能，转变对高校直接"干预、控制"的管理方式。[①] 因其所具有的功能，高等教育评鉴工作成为行政主管部门实现政策目标的主要抓手，进一步规范高校办学秩序，提升高校办学绩效等规制价值诉求以各种形式在实际的高等教育评鉴制度中显现。

1. 规则的制定

从评鉴规则的制定来看，该阶段教育主管部门通过加强"立法"牢牢把控着评鉴制度规划与确立的主导权，制度的约束形式也主要依靠台湾地区有关规定和行政命令。2005 年修订的"大学法"明确了教育主管部门开展大学评鉴工作，规划制定高等教育评鉴制度的权力与职责。2008 年修订的"私立学校法"第五十七条规定，学校主管机关应组成评鉴会或委托学术团体或专业评鉴机构，定期办理私立学校评鉴。2010 年修订的"专科学校法"强调了教育主管部门开展专科学校评鉴的职责，也明确规定"评鉴类别、内容、标准、方式、程序及其他相关事项的办法，由'教育部'定之"。在所谓"法律"的授权之下，台湾教育主管部门开始通过一系列的行政命令和行政规则搭建起新的高等教育评鉴制度体系，其中最为重要的行政命令文件为"大学评鉴办法"和"专科学校评鉴实施办法"，前者专门阐述台湾地区大专院校评鉴的基本规则，后者则对专科学校评鉴工作进行额外规定。

2. 整体性规则

从评鉴的整体性规则来看，该阶段由行政主管部门主导开展的评鉴类型进一步增多，其中涉及范围最广、影响最大的是针对一般大学院校的系所评鉴、校务评鉴以及针对高等技职院校的综合评鉴。这些评鉴工作首先均需遵守"大学评鉴办法"的规定。"大学评鉴办法"自 2007 年发布到 2014 年之前共经历两次修订，其所设定的评鉴规则体系更加完整，内容更

---

① "国家教育研究院"."中华民国"教育年报 2001 年版 ［EB/OL］. https：// www. naer. edu. tw/files/15-1000-7856，c1310-1. php，2018-10-10.

加丰富。在此评鉴规则体系中，教育主管部门的部分规制价值诉求得以实现，其主要表现在以下几个方面：第一，掌握评鉴决定权，管控评鉴机构。根据相应规则，在"必要时"台湾教育主管部门可以委托评鉴中心办理相关评鉴事务，但所有工作和计划均仍须经教育主管部门核定，且评鉴机构须接受教育主管部门的后设评鉴（见第二条、第六条、第七条）；第二，引导和规范高校自我评鉴制度，通过奖励性政策鼓励高校建立自我评鉴机制，并对自我评鉴制度建设提出规范性要求（见第五条）；第三，明确评鉴结果的行政奖惩使用，包括限期整改、调整发展规模、核定学杂费与奖补助经费以及其他奖励性政策（放宽法规限制）等，具体见表 3.5 和表 3.6。总体来看，这些规制取向的规则在该阶段并未发生太大的变化，仅在表述上有所不同。

表 3.5 2007 年、2009 年和 2013 年"大学评鉴办法"中规制取向的规则

项目	年份		
	2007	2009	2013
评鉴方案的设计	①评鉴事务必要时可以委由高等教育评鉴中心规划；其所需经费由评鉴中心拟定工作计划报"教育部"核定补助之。（第二条）②评鉴实施计划经评鉴委员会通过及"教育部"核定后，由"教育部"或"教育部"委托的学术团体或专业评鉴机构公告之。（第六条）	①评鉴事务必要时可以委由高等教育评鉴中心规划，由评鉴中心拟定工作计划报"教育部"核定。（第二条）②同前	①同前②同前
自我评鉴制度建设	免受评鉴的对象：①已建立完善自我评鉴制度，其自我评鉴结果经"教育部"认可者。②经"教育部"认可的专业评鉴机构评鉴通过者。（第五条）	在 2007 年规则基础上增加"大学自我评鉴应符合的条件规定"。（第五条）	修订"大学自我评鉴应符合的条件规定"（第五条）
评鉴机构的管理	"教育部"必要时，得对受托办理大学评鉴的学术团体或专业评鉴机构的规划、设计、实施及结果报告等进行后设评鉴，其评鉴结果，作为"教育部"遴选委托办理大学评鉴的依据。（第七条）	"教育部"得对受托办理大学评鉴的学术团体或专业评鉴机构的规划、设计、实施及结果报告等进行后设评鉴，其评鉴结果，作为"教育部"遴选委托办理大学评鉴的依据。（第七条）	同前

续表

项目	年份		
	2007	2009	2013
评鉴结果的使用	①受评鉴大学对评鉴结果所列缺失事项,应依规定期限积极改进,并纳入校务规划;对未能改进事项,应提出说明。改进结果列为下次评鉴的项目。(第八条)②"教育部"得以评鉴结果作为核定调整大学发展规模、学杂费及经费奖助、补助的参考。③调整大学发展规模,包括增设、调整院、系、所、学程、招生名额及停止招生等事项。(第八条)	①②同前③调整大学发展规模,包括增设、调整院、系、所、学位学程、组、班,调整招生名额、入学方式及名额分配等事项。(第八条)④私立大学评鉴绩效卓越者除依"法"予以奖励外,其增设系所、招生人数、入学方式及其名额的分配、遴选校长、专任教师的年龄与学生收费等不受相关"法令"规定的限制。(第九条、第十条)	①②③同前④修订评鉴绩优学校的条件和相应奖励,放宽私立学校遴选校长、专任教授的年龄限制。

注:由笔者根据 2007 年、2009 年及 2013 年"大学评鉴办法修正总说明"整理而得。

表 3.6　私立大学评鉴绩效卓越认定条件及办学条件不受限制范围

认定条件	不受"法令"限制范围	
最近一次大学校务评鉴项目全数通过,且最近一次接受大学系所评鉴,其受评系、所、学位学程均为通过。或者,大学校务评鉴项目及所有系、所、学位学程的自我评鉴机制及评鉴结果业经"教育部"认定通过,或业经"教育部"认可的其他专业评鉴机构评鉴通过,在有效期限内。	增设系、所、学位学程、组、班	增设硕士班无须经"教育部"专案审查。但涉及当局相关部门订有人力培育总量管制及涉及医疗的类科仍应送"教育部"审查。
	招生系、所、学位学程、组、班及人数;入学方式及其名额分配	①可扩增既有的总量规模。但当学年度可扩增名额不得超过前一学年度核定招生名额的百分之三。②得于总量规模内调整日、夜间学制学士班、硕士班及博士班招生名额。③学士班(包括附设专科部)、硕士班及博士班甄选入学(甄试)名额得超过招生名额百分之四十。
	遴选校长、专任教师之年龄	①大学得自订遴聘校长及专任教师年龄上限规定,专任教师并得兼任学校行政职务。但校长及专任教师年龄上限,不得超过七十五岁。②聘任逾六十五岁的专任教师,聘期不得逾五年,再续聘亦同。③放宽后聘任的专任教师及校长在聘期中年龄届满七十五岁,视为聘期届满。
	向学生收取费用的项目、用途及数额	得办理学杂费自主计划,学杂费收费基准调整幅度上限得放宽为基本调幅的两倍,并于四年内自主调整其学杂费收费基准。但须为符合专科以上学校学杂费收取办法规定的大学。

注:根据 2009 年修订的"大学评鉴办法"整理而得。

3. 一般大学院校评鉴规则

该阶段，针对一般大学院校的大规模评鉴活动共开展三次，分别是 2006-2009 年的系所评鉴、2011 年的校务评鉴以及 2012 年启动的通识教育暨系所评鉴。通过分析这三次评鉴的具体规则，可以发现，其在一定程度上实现着行政主管部门的规制诉求，具体见表 3.7。

表 3.7 2006-2014 年台湾一般大学院校评鉴规则的规制价值取向

评鉴类别	2006-2009 年系所评鉴		2011 年校务评鉴		2012-2014 年通识教育暨系所评鉴	
类目	规制价值					
	符合	具体内容	符合	具体内容	符合	具体内容
1.1 评鉴工作发起者	●	高等教育主管部门	●	高等教育主管部门	●	高等教育主管部门
1.2 评鉴经费提供者	●	教育主管部门	●	教育主管部门	●	教育主管部门
1.3 评鉴方案设计者	◎	高等教育评鉴中心及教育主管部门	◎	高等教育评鉴中心及教育主管部门	◎	高等教育评鉴中心、教育主管部门及部分高校
1.4 评鉴工作实施者	◎	高等教育评鉴中心	◎	高等教育评鉴中心	◎	高等教育评鉴中心、部分高校
2.1 评鉴目标的导向	◎	评定绩效，促使系所达到既定标准	◎	评定绩效、建立标杆、匡正偏差	◎	引导系所建立和落实相关机制
2.2 自我评鉴的角色	●	配合外部访视，遵循外部规范	●	配合外部访视，遵循外部规范	◎	自我品质保障，遵循外部规范
3.1 评鉴内容的特征	◎	教学环境、绩效表现、办学特色与自我改善机制建设	◎	绩效表现、政策落实、自我定位与品质保障机制建设	◎	绩效表现、政策落实、办学特色与自我改善机制建设
3.2 评鉴指标的特征	●	系统性、结构化、量化表现指标	●	系统性、结构化	◎	系统性、半结构化

续表

评鉴类别	2006-2009 年系所评鉴		2011 年校务评鉴		2012-2014 年通识教育暨系所评鉴	
类目	规制价值					
	符合	具体内容	符合	具体内容	符合	具体内容
3.3 评鉴程序的特征	◎	权威性、重效率、兼顾公平	×	重公平, 平等性	×	重公平, 平等性
4.1 评鉴结果呈现形式	◎	评分、认可/分等	◎	认可制	◎	认可制
4.2 评鉴结果公开范围	●	完全公开	●	完全公开	●	完全公开
4.3 评鉴结果使用方式	●	后续追踪评鉴, 作为教育主管部门核定系所招生名额、勒令停招停办、以及奖助金分配的依据	●	后续追踪评鉴, 并作为教育主管部门核定调整大学发展规模、学杂费及经费资助、补助的参考	●	后续追踪评鉴, 并作为教育主管部门核定调整大学发展规模、学杂费及经费资助、补助的参考

注：表中用四种符号来表示实际评鉴规则与典型规制价值取向规则的符合程度，其中"●"表示"完全符合"，"◎"表示"部分符合"，"×"表示"不符合"，"-"表示因资料缺失或模糊而"无法判断"。

从评鉴主体来看，这三次评鉴活动的发起者、经费提供者均为台湾教育主管部门，尽管评鉴方案设计和具体实施均交由高等教育评鉴中心来办理，但根据"大学评鉴办法"的规定，评鉴实施计划仍须通过教育主管部门的审核，且高等教育评鉴中心须接受教育主管部门的管理。因此，台湾教育主管部门对具体的评鉴工作依然具有影响力。2012 启动的通识教育暨系所评鉴，有 34 所一般大学院校经教育主管部门授权获得了自办外部评鉴的权利，这部分高校的评鉴方案设计及具体实施均由高校自己负责，但须符合教育主管部门的相关规定并接受评鉴结果认定，具体要求包括"大学自我评鉴结果及国内外专业评鉴机构认可要点"（2009 年）中所列"自我评鉴之实施应符合的规定"和"教育部试办认定大学校院自我评鉴结果审查作业原则"（2012 年）中所列"申请自我评鉴结果认定的大学院校的资格""自我评鉴之实施应符合的规定""向'教育部'申请自我评鉴结果认定须准备的材料""结果审查认定的程序"等。

从评鉴理念、过程和结果来看，这三次评鉴在实现规制价值诉求的程度和方式上不尽相同。2006 年启动的第一周期系所评鉴，其实施计划中所列的评鉴目的包括了解系所现况、判断与认可、促进系所建立质量改善机制、协助系所迈向卓越、协助当局拟定相关政策等。从整体设计来看，此周期的评鉴目标采用"标杆式"评鉴模式，呈现出明显的规范导向，即以外部的标准与规范为基准推动系所改善基本办学条件和内部制度建设。该阶段各大学还未完全建立内部质量保障机制，虽然在评鉴实施计划中，学校的自我评鉴被表述为"整个系所评鉴机制的核心"，但从具体的操作规则来看，学校的自我评鉴主要起到配合外部访视工作的作用，自我评鉴的内容、标准及程序均需遵循统一的规范。学校须按照评鉴方案所列的五个评鉴项目的内涵、最佳实务、参考效标及建议准备参考资料等进行自我评鉴，整个自我评鉴机制的规划和实施，乃至自我评鉴报告的撰写格式均须参照高等教育评鉴中心所列的"系所自我评鉴作业"规范。在评鉴项目的选择上，五项评鉴项目有两项属于明显的成果导向，即"教师的研究与专业表现""毕业生表现"，在其他三项中也有很多是以具体的成绩为参考校标，例如，评鉴项目之三"学生学习与学生事务"设置的参考校标"3-5 系所学生参与校内外及国际竞赛之成绩表现情形为何?"和"3-14 系所学生通过外语检定测验之情形?"评鉴指标的设计整体呈现出系统性、结构化的特点，共设置 44 个参考效标，建议高校准备的参考资料多为量化统计资料。在评鉴程序上，该周期系所评鉴是较为重视工作效率，采取集中实地访评的形式，四天评鉴一所大学院校的全部系所，原则上每一个系所接受两天的实地访评，每一系所选派五名访评委员，师资培育系所外加两名访评委员；评鉴结果公布起一年内为高校改善期，随后开展追踪评鉴。2006 年系所评鉴以分数作为决定标准，对于非师资培育系所给出"通过"（70 分以上）、"待观察"（60 分至 69 分）、"未通过"（低于 60 分）这三种认可结果；对于师资培育系所，除给予认可结果外，还将针对师资培育的教育品质进行评分，并依此给予"一等"（85 分以上）、"二等"（75 分至 84 分）、"三等"（低于 74 分）这三种等级。2007 年度起，高等教育评鉴中心取消了以分数作为决定标准的做法，直接给出认可或等级结果。评鉴结果完全公开，且作为后续整改追踪评鉴和教育主管部门核减系所招生名额的依据。根据观测指标系统，该周期的系所评鉴实现规制价值的程度约为 75.0%。

2011 年的一般大学院校校务评鉴在评鉴理念上强调要突出高校"自我管制"的精神，但在评鉴实施规则上仍然体现了很多外部规制的价值诉求。首先，评鉴目标具有较强的绩效问责导向，评鉴计划文本中明确提及的的与规制相关的目标有四个：敦促高校落实校务发展计划、评定教研绩效、奖励优质建立标杆校院以及匡正发展偏差。与第一周期系所评鉴一样，高校开展自我评鉴主要目的在于配合外部访视工作，自我评鉴的内容、标准以及具体程序均须参照评鉴方案给出的作业规范，自我评鉴工作以向高等教育评鉴中心提交符合要求的自我评鉴报告结束。该项评鉴的规则价值在评鉴内容上主要表现为四点：一是注重考察学校各项制度机制的建设，如校务发展计划的执行机制、行政管理系统、资讯安全管理制度、各级教师评审委员会运作以及内部品质保障机制等；二是注重考察学校教学资源的投入，如人力资源、奖助学金情况、环境设施与设备等；三是注重考察学生的学习表现和教师的学术表现；四是注重考察教育主管部门各部门教育政策的落实情况，如国际化发展情况、性别平等教育情况、校院环境建设情况、交通安全教育情况、体育教育情况、通识教育情况、社会公民责任履行情况等。为考察这些内容，该项评鉴设计了系统性和结构化的指标体系，共设置 48 个参考校标和若干建议准备的资料。在评鉴程序方面，该次评鉴的时程为一年，各高校大约有半年的时间进行自我评鉴和准备评鉴资料，原则上每一高校须接受两天的实地访评。在结果呈现上，该次评鉴采用认可制，对每一评鉴项目分别认可，认可结果分为"通过""有条件通过"及"未通过"，对获后两种认可的高校进行后期整改与追踪评鉴，结果作为教育主管部门核定调整大学发展规模、学杂费及经费资助、补助的参考。根据观测指标系统，此周期的校务评鉴规制价值的实现程度约为 70.8%。

2012 年启动的第二周期通识教育暨系所评鉴较之上一周期的系所评鉴最大的不同在于高校自我评鉴的角色定位发生实质性转变。自 2001 年开始，台湾教育主管部门开始大力推动大学院校自我评鉴计划，但在第一周期系所评鉴过程中，对大部分高校而言，开展自我评鉴的主要目的还是在于配合外部强制性评鉴。直到 2012 年，台湾教育主管部门发布"教育部试办认定大学校院自我评鉴结果审查作业原则"，正式授权部分高校在此周期系所评鉴中免评或自评，高校自我评鉴开始被明确定位为大学自办外部评鉴，其角色也开始从配合外部强制性评鉴逐渐内化为高校自我品质保障机制中的重要一环。但需要指出的是，在该阶段，高校的自我评鉴工作仍在教育主管部门的规制范围之内。不论是授权自评的高校，还是参加统一评鉴的高校，其自我评鉴机制（包括评鉴组织、评鉴程序、评鉴内容等）都须符合教育主管部门或高等教育评鉴中心设置的规定。从评鉴目标上看，此周期系所评鉴规制目标之一在于引导系所建立和落实学生学习成效评估机制和品质改善机制，并推动通识教育的发展。评鉴的内容既涉及相关机制的设计与执行，如教育目标、学生核心能力的订定、课程规划与设计以及系所在"教师教学与学习评量"与"学生辅导与学习资源"上的实际作为等，也包括系所的绩效表现，如教师与学生的学术专业表现、毕业生表现等，还涉及系所持续品质改善的做法与成效，除此之外，还重点考察通识教育的开展情况。在指标设计上，依然追求系统性和完整性，但在之前的基础上强调了指标的弹性。在评鉴的结果呈现与使用方面，该周期系所评鉴与2011年的校务评鉴大致相同。根据观测指标系统，该周期系所评鉴规制价值的实现程度约为62.5%。

4. 高等技职院校评鉴规则

该阶段，台湾高等技职院校评鉴工作整体架构已趋于稳定，自2005年开始的每4-5年为一周期的技专院校综合评鉴成为其主要评鉴形式，到2014年，该项评鉴共开展了三个周期①。从这三个周期的具体评鉴规则来看，规制价值在其中都有较为明显的体现，但具体的实现程度和形式却并不相同，具体见表3.8。该阶段，三个周期的评鉴工作都由台湾技职教育主管部门主导，包括提供评鉴所需的经费、评鉴方案整体规划、遴选专业评鉴机构等，评鉴工作的实施由技职教育主管部门委托给台湾评鉴协会、云林科技大学等提供评鉴服务的机构来负责。其中，科技大学的评鉴指标是由教育主管部门科技大学评鉴指导委员会拟定后，交由台湾评鉴协会执行。② 台湾评鉴协会属于社团性质的专业评鉴机构，具有独立法人地位，但在技专院校的评鉴工作中，其需按照委托方——台湾技职教育主管部门的

---

① 第三周期自2014年开始，预计到2019年结束，2014年仅有科技大学接受评鉴。

② 曾惠美. 科大评鉴校长有话说 [J]. 评鉴双月刊, 2006, (2): 26-28.

整体规划执行评鉴，执行程序皆需经主管机关的监督。因此，其在一定程度上代表着教育行政主管部门的意志。在第一周期的评鉴工作中，学校的自我评鉴并未受到重视，高校在接受访视之前，只需按照要求填写评鉴表册，以作为之后问卷调查和实地访视的参考。2010 年，台湾教育主管部门发布"教育部认定技术院校自我评鉴结果审查作业原则"（之后修正为"教育部认定科技校院自我评鉴结果审查作业原则"），正式开启以"自我评鉴"代替"外部评鉴"的技职院校系所评鉴路径。在第二周期和第三周期的综合评鉴中，分别有24所科技大学和26所技术学院获得自办专业类（即系所层面）评鉴的资格。但需要指出的是，这些"自评"学校从学校基本条件①，到自我评鉴机制和结果都需遵循一定的规范，并得到教育主管部门的审核和认可。从评鉴理念上来看，第一周期和第二周期的评鉴目标整体上是以规范办学和导引发展方向为主，因此，在评鉴内容和指标上，两者设计理念基本一致，均以全面检视学校的办学成效和对主管机关相关政策的落实情况为主。行政类评鉴方面，第一周期的评鉴项目有 17 项，第二周期在其基础上增加了"学生学习成效"一项，达到 18 项，重点考察内容包括"社会服务成果""研究及产学合作策略及成效""国际化成果""社团活动办理成效"等绩效成果以及"导师工作制度及落实""落实全人教育执行情形""推广教育发展策略与执行成效""办理国际交流活动及招收外籍生策略与绩效""办理学生'服务学习'课程与方案之情形""通识教育之规划、特色及师生认同程度"等政策落实情况。在专业类评鉴方面，第二周期为了因应该周期"落实系所的辅导任务"的理念，在第一周期的基础上增加了针对系所的"学生学习与辅导"一项，其余部分与第一周期大致相同。为了考察这些内容，两个周期的评鉴均设置了系统性、结构化的评鉴指标。以第二周期科技大学（技术学院）行政类评鉴为例，其共设计了 37 个评鉴指标和 111 个参考要项，具体见表 3.9。与前两个周期不同的是，

---

① 根据"教育部认定技术院校自我评鉴结果审查作业原则"（2010 年）的规定，技术院校申请以自我评鉴结果认定免评须符合下列条件：最近一次"教育部"主办或委办的综合评鉴行政类成绩为"一等"，全校受评院系所评鉴成绩"二等"以上院系所占全校受评系所百分之九十以上，且科技大学"一等"院系所占全校受评院系所百分之七十五以上，技术学院"一等"系所占全校受评系所百分之七十以上。

第三周期除了希冀通过评鉴规范高校办学之外，还强调促进自我保障机制建设。因此，在评鉴内容上，除了考察学校基本制度（校务决策组织、课程规划机制、学习支援体系、内部控制制度与稽核等）是否完善和相关教育政策（性别平等、体育运动、生命教育、品格教育、校务资讯公开等）落实情况之外，还增加了对学校自我定位与办学特色以及自我改善机制建设与落实情况的考察。在评鉴指标设计上也增加了些许弹性，给予了学校一些自由发挥的空间。在评鉴程序上，这三周期的评鉴均较为注重效率，日程安排细致、紧凑。在评鉴结果的呈现与使用方面，三个周期的评鉴结果均对外公开且与行政奖惩挂钩，具体见表3.10，第一周期和第二周期的评鉴结果以评鉴委员给出的分数为基准列出四个等级，第三周期的评鉴结果则不再给出具体分数，而是采用认可制，直接给出是否通过的结论。若根据观测指标系统，这三个周期的评鉴对于规制价值的实现程度分别约为87.5%、83.3%、66.7%。

表 3.8　2005-2014 年台湾高等技职院校评鉴规则的规制价值取向

评鉴类别	第一周期综合评鉴 （2005-2009 年）		第二周期综合评鉴 （2009-2014 年）		第三周期综合评鉴 （2014 年启动）	
类目	规制价值					
	符合	具体内容	符合	具体内容	符合	具体内容
1.1 评鉴工作发起者	●	技职教育主管部门	●	技职教育主管部门	●	技职教育主管部门
1.2 评鉴经费提供者	●	教育主管部门	●	教育主管部门	●	教育主管部门
1.3 评鉴方案设计者	◎	技职教育主管部门及台湾评鉴协会	◎	技职教育主管部门、台湾评鉴协会及部分高校	◎	技职教育主管部门、台湾评鉴协会及部分高校
1.4 评鉴工作实施者	◎	台湾评鉴协会、云林科大	◎	台湾评鉴协会、部分高校	◎	台湾评鉴协会、部分高校

评鉴类别	第一周期综合评鉴（2005-2009 年）		第二周期综合评鉴（2009-2014 年）		第三周期综合评鉴（2014 年启动）	
类目	规制价值					
	符合	具体内容	符合	具体内容	符合	具体内容
2.1 评鉴目标的导向	●	规范办学、导引发展方向	●	规范办学、导引发展方向	◎	规范办学、促进自我保障机制建设
2.2 自我评鉴的角色	●	配合外部评鉴	◎	自我品质保障，遵循外部规范	◎	自我品质保障，遵循外部规范
3.1 评鉴内容的特征	●	绩效表现、政策落实	●	绩效表现、政策落实	◎	政策落实、绩效表现、定位与特色、自我改善
3.2 评鉴指标的特征	●	系统性、结构化	●	系统性、结构化	●	系统性、半结构化
3.3 评鉴程序的特征	◎	权威性、重效率、兼顾公平	◎	权威性、重效率、兼顾公平	◎	权威性、重效率、兼顾公平
4.1 评鉴结果呈现形式	●	评分、分等	●	评分、分等	◎	认可制
4.2 评鉴结果公开范围	●	完全公开	●	完全公开	●	完全公开
4.3 评鉴结果使用方式	●	后续追踪评鉴，作为教育主管部门总量管制、批准改名、学杂费核算以及奖补助款的依据	●	后续追踪评鉴，作为教育主管部门总量管制、批准改名、学杂费核算以及奖补助款的依据	●	后续追踪评鉴，作为教育主管部门总量管制、批准改名、学杂费核算以及奖补助款的依据

注：表中用四种符号来表示实际评鉴规则与典型规制价值取向规则的符合程度，其中"●"表示"完全符合"，"◎"表示"部分符合"，"×"表示"不符合"，"-"表示因资料缺失或模糊而"无法判断"。

表 3.9 2009-2013 年科技大学（技术学院）评鉴行政类指标

评鉴项目（权重）		评鉴指标	参考要项
综合校务	校务发展规划与成效（40%）	2	11
	研究及产学合作策略与成效（30%）	3	6
	社会服务成果（15%）	1	4
	国际观培养与国际化成果（15%）	4	6
教务行政	教务行政执行成效（20%）	2	8
	课程与教学（20%）	2	7
	学生学习成效（20%）	2	5
	通识教育（20%）	1	4
	图书及资讯业务（20%）	1	7
学务行政	学务行政执行成效（20%）	2	7
	导师工作制度及落实（20%）	1	3
	社团活动办理成效（20%）	2	5
	生活辅导及卫生保健执行情形及成效（20%）	2	7
	咨商辅导办理成效（20%）	2	4
行政支援	行政支援组织运作情形（25%）	2	5
	人事业务执行成效（25%）	2	5
	会计行政执行成效（25%）	3	10
	总务行政执行成效（25%）	3	7
总计		37	111

注：根据台湾地区"技专校院评鉴资讯网"公布的评鉴实施计划及评鉴指标整理而得。

表 3.10 2008-2014 年台湾高等技职院校评鉴结果行政运用规则

运用方式	具体规制
办学规模管制的依据	① 招生名额总量管制： "一等"或"通过"，得增加招生名额总量； "二等"或"有条件通过"，不得增加招生名额； "三等""四等"或"未通过"且经追踪评鉴未达"二等"或"未通过"，减招或停招（调整招生名额为前一学年度招生名额50%-70%，并得住年调整至评鉴通过为止）。 ②申请增设硕士班（学位学程）、博士班（学位学程）的条件：最近一次所类评鉴结果为"通过"或未列有"三等"或"四等"。 ③申请开设境外专班的条件：所设班别以学校现有学院及系所为限，且该学院、系所最近一次评鉴结果为"一等"或"通过"。

运用方式		具体规制
技术学院改名科技大学的条件		经"教育部"评鉴者，行政类应为"一等"，全校所有受评鉴的系（科）、所、学位学程须达到最低标准（即只允许约1个受评单位被评为非一等），且不得有"三等"以下者。
学杂费核算标准依据		①最近一次评鉴行政类日夜间部评鉴成绩均达一等，且专业类评鉴的受评系、所、学位学程评鉴成绩均达"一等"，得拟定学杂费自主计划。 ②院、系、所、学位学程经专业类评鉴列为"未通过""第三等"或"第四等"者，调降该学院或该系、所、学位学程所属学院的学杂费收费基准，并得逐年调降至改善为止。
奖补助款的依据	私校绩效型奖助	绩效型奖励经费中有一定比例按照评鉴成绩核配（2008年为20%，2013年为8%），符合标准者予以奖助，未达标准者不遇奖助。
	计划型奖助（2008年）	最近一次"教育部"公布评鉴的成绩，受评系科（组）的评鉴成绩1/2（含）以上为一等者，校内整合型计划及校际合作计划得各申请一件。

注：根据台湾技职教育主管部门网站公布的 2008 年和 2013 年《技专校院评鉴结果行政运用一览表》以及 2009 年、2011 年和 2014 年的"专科以上学校总量发展规模与资源条件标准"整理而得。

5. 其他类评鉴规则

除此之外，该阶段台湾教育主管部门还开展了一系列的竞争性经费评鉴项目，如"迈向顶尖大学计划"（2005-2016 年）、"奖励大学教学卓越计划"（2006-2016 年）等，以及由此衍生的各项绩效评比工作，例如，2006 年启动的"大学校院科学期刊论文质量统计分析实施计划"，2007 年启动的三项绩效统计计划——"大学产学合作绩效评量计划""大学毕业雇主满意度调查计划"和"世界大学学术评比分析计划"，等等。这些评鉴工作均是由台湾教育主管部门主导与实施，以奖励绩优者为主要手段，刺激高校提升自身办学绩效、向既定标准靠拢，呈现出较强的规制价值取向。

（四）台湾高等教育评鉴制度变革阶段的规制价值实现

处于变革时期的台湾高等教育评鉴制度，规制价值依然在一定程度上得以实现，但其实现程度和形式发生了很大变化。首先，从规则制定过程来看，尽管受到外界较大影响，但台湾教育主管部门仍然是评鉴规则最核心的制定者，所谓"法律法规"及行政命令等仍然是台湾高等教育评鉴制度的主要约束形式。根据最新修订的"大学法"（2015 年），台湾教育主管部门仍然承担着"定期办理大学评鉴，并公告其结果"的职责，且"相关评鉴办法由'教育部'定之"。根据最新修订的"大学评鉴办法"（2016年），台湾教育主管部门仍负有"建设完善大学评鉴制度"的主要责任。但需要指出的是，该阶段台湾教育主管部门对于评鉴制度的把控力相较前几个阶段的确有较大变化，其中最明显的两个事件就是"修法"让评鉴结果与行政奖惩脱钩以及取消强制性系所评鉴。从事件发生过程来看，两者均非深思熟虑或规划已久的政策决定，而是为应对外界压力的"突然之举"。由此可见，尽管在制度文本中，台湾教育主管部门依然享有规则制度权，但在非正式规则中，其权力和权威性已受到外部力量的冲击。

　　从具体的评鉴规则来看，该阶段规制价值主要体现在校务评鉴和综合视导当中，具体见表 3.11。校务评鉴和综合视导均属于由台湾教育主管部门发起的面向所有台湾大专院校的强制性评鉴活动，前者属于"通案性评鉴"，后者属于基于行政监督需求的访视评鉴。该阶段的一般大学院校校务评鉴于 2017 年启动，为采用新方案的新一轮的评鉴；而该阶段的技专院校校务评鉴则属于第三周期综合评鉴时间范围内，2015-2016 年按照原方案执行，2017 年则去掉原方案中的专业类评鉴部分，只执行校务类评鉴，2018年为回应"简化评鉴"的政策要求采用了新方案。通过对两个体系的校务评鉴规则进行分析，可以发现两者在规制价值的实现上有较大的相似之处。首先，这两类校务评鉴的方案设计和执行都以专业评鉴机构为主，但均需报由教育主管部门相关部门审核。在评鉴理念上，两类校务评鉴的目的都包括引导高校办学方向，促进其自我保障机制的建设，高校的自我评鉴在整个评鉴工作占有重要地位，但仍需遵循一定的规范。在评鉴内容选择上，两类校务评鉴既考察学校的办学成效，如"学生学习成效""校务经营与发展成效"等，也考察学校对相关教育政策的落实情况，如"确保教育机会均等与展现社会责任的做法""产官学合作情况""学校向互动关系人的资讯公开成效"等，同时也注重考察学校的自我定位、特色规划以及自我改善机制的构建与执行等情况。两类校务评鉴的指标设计都以简洁、具有一定弹性为主要特点，分别设置 14 个和 12 个指标。在评鉴程序上，技专院校校务评鉴依然具有权威性的特征，而一般大学院校校务评鉴则更凸显出高校主体性，这在下一部分的自主价值实现分析中会具体解释。两类校务评鉴的结果呈现与公开规则均未有变化，只是在评鉴结果的使用方式上规制强度明显减弱，评鉴结果不再与行政处罚挂钩，仅作为后续追踪评鉴及教育主管部门放宽行政管控的依据，具体见表 3.12。若根据观测指标系统，两类评鉴对于规制价值的实现程度分别约为 58.3% 和 62.5%。

表 3.11 2015-2018 年台湾大专院校评鉴规则的规制价值取向

评鉴类别	一般大学院校校务评鉴（2017-2018 年）		高等技职院校校务评鉴（2018 年）		大专院校综合视导（2015-2016 年）	
类目	规制价值					
	符合	具体内容	符合	具体内容	符合	具体内容
1.1 评鉴工作发起者	●	高等教育主管部门	●	高等教育主管部门	●	教育主管部门
1.2 评鉴经费提供者	●	教育主管部门	●	教育主管部门	●	教育主管部门
1.3 评鉴方案设计者	◎	高等教育评鉴中心及教育主管部门	◎	台湾评鉴协会及教育主管部门	●	教育主管部门
1.4 评鉴工作实施者	◎	高等教育评鉴中心	◎	台湾评鉴协会	◎	高等教育评鉴中心
2.1 评鉴目标的导向	◎	导引方向，促进自我保障机制建设	◎	导引方向，促进自我保障机制建设	●	规范与监督
2.2 自我评鉴的角色	×	自我品质保障，遵循外部规范	◎	自我品质保障，遵循外部规范	●	配合外部访视
3.1 评鉴内容的特征	◎	绩效表现、政策落实、自我定位与特色、自我改善	◎	绩效表现、政策落实、自我定位与特色、自我改善	●	相关政策和计划的落实情况
3.2 评鉴指标的特征	◎	简洁、半结构化	◎	简洁、半结构化	●	结构化
3.3 评鉴程序的特征	×	重公平，尊重高校主体性	◎	权威性、重效率、兼顾公平	◎	权威性、兼顾公平

续表

评鉴类别	一般大学院校校务评鉴 （2017-2018年）		高等技职院校校务评鉴 （2018年）		大专院校综合视导 （2015-2016年）	
类目	规制价值					
	符合	具体内容	符合	具体内容	符合	具体内容
4.1 评鉴结果呈现形式	◎	认可制	◎	认可制	●	根据委员评分，给出"通过"或"待改进"的结果
4.2 评鉴结果公开范围	●	完全公开	●	完全公开	●	完全公开
4.3 评鉴结果使用方式	◎	作为学校校务发展的参考，后续追踪评鉴及教育主管部门放宽行政管控的依据	◎	作为学校校务发展的参考，后续追踪评鉴及教育主管部门放宽行政管控的依据	●	由教育主管机关各主政单位决定，作为教育主管部门调整办学规模及奖补助经费的参考

注：表中用四种符号来表示实际评鉴规则与典型规制价值取向规则的符合程度，其中"●"表示"完全符合"，"◎"表示"部分符合"，"×"表示"不符合"，"-"表示因资料缺失或模糊而"无法判断"。

表3.12 2017-2018年台湾大专院校评鉴结果行政运用规则

运用方式	具体规则
放宽办学规模限制的依据	①专科以上学校申请各学年度招生名额总量，不得逾前一学年度核定数。经依"大学评鉴办法"或"专科学校评鉴实施办法"规定，评鉴完善，绩效卓著者，经"教育部"核准不受此限。（2017年"专科以上学校总量发展规模与资源条件标准"第六条） ②私立大学在大学评鉴中被认定为"绩效卓著者"，经"教育部"核定后，其增设所系、招生人数、入学方式及其名额的分配、遴选校长、专任教师的年龄及学生收费等不受相关规定的限制。（2016年"大学评鉴办法"第十条）
申请增设硕博班的条件	申请增设硕士班（学位学程）、博士班（学位学程）的条件之一：最近一次依"大学评鉴办法"授权自办系所外部评鉴学校的校务评鉴及非授权自办系所外部评鉴的系所评鉴结果为通过或依"专科学校评鉴实施办法"评鉴结果未列有三等或四等。（2017年"专科以上学校总量发展规模与资源条件标准"第四条附表三）

注：依据最新修订的"大学评鉴办法"（2016年修订版）和"专科以上学校总量发展规模与资源条件标准"（2017年修订版）整理而得。

大专院校综合视导是基于教育主管部门行政监督需求而办理的周期性访视评鉴项目。需要强调的是，该项评鉴并非是该阶段出现的新评鉴类型，它是在"高等教育制度松绑行动方案"项目下对以往各类专案访视评鉴的简化和整合，因此，其延续了以往专案评鉴的规制取向。综合视导工作由教育主管部门委托高等教育评鉴中心办理，但是评鉴方案设计、行政作业规划等仍主要由教育主管部门参事、督学、各视导项目的主政单位代表等来负责。受评学校需要根据访视项目进行"自我检核说明"和"自我检核分数"，作为外部访视委员评分的参考。访视项目的内容均为具体教育政策和计划的落实情况，采用结构化的访视指标。整个评鉴过程有很多加强公平公正的程序设计，但总体而言更多体现着行政权威性。在评鉴结果部分，综合视导也体现着强规制的特征，根据委员评分，给出"通过"或"待改进"的结果，将其对外公开，并将其作为奖补助经费的参考。若根据观测指标系统，该项评鉴规制价值的实现程度约为91.7%。

除此之外，该阶段也出现了一些具有评鉴特点的新型质量管理形式，例如，台湾教育主管部门推动建立起的"大专校院校务资讯公开平台"。该项制度是在高校生源竞争日趋激烈的情况下，要求各高校将自己的办学条件和成果在同一平台上向学生、家长等社会大众公开，由社会公众根据自身的需求对其进行评估，以学校的社会声誉和生源作为评估结果的呈现方式。从治理的角度来看，这种新的形式将社会公众尤其是学生和家长这类关键的利益相关群体正式引入到了高等教育质量保障与管理当中，高校的主体责任得以加强，当局则借由市场的力量对高校办学进行监督和规制。

三、规制价值实现路径的特点

纵观台湾高等教育评鉴制度规制价值的实现过程，可以发现一些较为明显的特点，主要包括行政主管部门评鉴权责始终被强调，规制价值实现方式与内容发生转变，规制价值实现程度逐渐减弱等。

（一）始终强调教育主管部门评鉴权责

对于教育主管机关而言，规制价值实现的基础在于明确教育主管部门在高等教育质量保障中的权力和责任。台湾教育主管部门的评鉴权力和责任自1994年在"大学法"中得以明确，随后便在各类型行政命令或规定中具体化，即使在制度变革时期，这种权力和责任仍然受到法规的保护。而教育主管部门评鉴权力得以合法化的原因，究其根本就在于台湾的高等教育资源（包括招生名额、经费等）主要是由教育主管部门集中管理和分配。这些资源大多来自社会公众，从保障公共利益的角度来讲，行政主管部门需要对高等教育质量负责，因此，由教育主管部门对高等院校进行强制性评鉴，并将结果向公众发布的正当性在台湾高等教育评鉴制度的各个发展阶段都得到了一定的认可。

（二）规制价值实现方式与内容的转变

规制价值的实现有多种方式，在台湾高等教育评鉴制度变迁过程中，台湾教育主管部门规制诉求实现的方式和内容发生了很大的变化，总结而言，主要有以下三个转变：第一，从"直接管制"到"间接监督"。从上文分析中可知，从 1975 年到台湾评鉴协会和高等教育评鉴中心成立之前，台湾高等教育评鉴工作的规划和执行大多都是台湾教育主管部门直接负责。这种方式能够在更大程度上实现行政主管部门的规制诉求，但却无法适应现实发展的要求。2005 年高等教育评鉴中心成立之后，台湾教育主管部门在评鉴工作中的角色便逐渐向"监督者"的角色转变，通过管控评鉴经费，监督评鉴机构的作业等间接地对评鉴活动施加影响，以此实现其规制价值诉求。第二，从"行政逻辑"到"市场逻辑"。21 世纪之前，台湾教育主管部门实现规制诉求主要遵循着行政逻辑，即利用行政命令、行政处罚等强制手段促使高校办学达到一定的标准。但这种控制方式在 20 世纪 90 年代末遭到了高校的强烈抵制。随后，新公共管理思潮开始渗透到台湾高等教育评鉴制度建设当中。台湾教育主管部门开始引入以市场逻辑为基础的绩效竞争机制，用"订定契约""建立品质保证机制""绩效奖励"等来强调高校的绩效责任，刺激高校之间的竞争。[①] 这种强调绩效的思维被认为是一种学术资本主义，有学者指出台湾教育主管部门正是基于这样的逻辑以表现技术（performative techniques）作为操控形式建立绩效责任文化，以财务

---

① 刘秀曦. 高等教育政策工具之探析：大学评鉴结果与"政府"经费分配之连结[J]. 教育研究与发展期刊，2013，9（3）：31-58.

奖惩机制迫使高校迎合评鉴标准。[①] 第三，从"事无巨细"到"有的放矢"。系、所、科、学位学程是台湾高校组织层级的末端，是最小的教学单位，而台湾高等教育评鉴最先开展且开展时间最长的正是系所层面的评鉴，台湾教育主管部门的规制触角不可谓不深。再从评鉴内容来看，2017 年以前的系所评鉴、校务评鉴以及综合评鉴，评鉴项目全、评鉴指标多是普遍特征，评鉴考察的内容从系所空间、教学设备、师资配置、图书资源等办学基本条件到课程规划、学生辅导、教师教学大纲、学生课外活动、奖助学金发放等教学事务再到行政管理机制、公立学校校务基金组织运作机制、私立学校会计制度、自我改善机制等制度机制建设。2017 年之后，系所评鉴开始回归到高校内部自主开展，校务评鉴的项目和指标开始大幅简化，突出对学校内部质量保障与改善机制的考察。

（三）规制价值实现程度逐渐减弱

根据上文的分析结果可以发现，台湾高等教育评鉴制度规制价值的实现程度总体呈现减弱趋势，高等技职院校评鉴的规制程度总体大于一般大学院校，具体见表 3.13。规制程度减弱的原因主要来自以下三个方面：一是，教育主管部门的评鉴权限的降低，如从全权负责到委托给专业评鉴机构办理，从主导系所评鉴到取消强制性系所评鉴等；二是，自我评鉴的角色逐渐明确和强化，例如，自我评鉴从配合外部评鉴到评鉴机制完善者可免受评鉴，评鉴侧重考察高校自我评鉴机制等；三是，评鉴内容项目和指标的简化和多元化；四是，评鉴结果与行政奖惩的联系逐渐减弱。评鉴结果与行政奖助挂钩可以使评鉴制度保持较强的行政主管部门规制效力。台湾地区评鉴结果与行政奖惩联系的减弱并非始于 2015 年"大学法"修订。根据私立大学院校奖助经费核配基准中"大学评鉴"的比例变化（如表 3.14），可以发现这种趋势从 2009 年便已形成。

---

① 陈伯璋. 学术资本主义下台湾教育学门评鉴制度的省思 [C]. 反思台湾的（人文与社会）高教学术评鉴讨论会，2004-09-25，台北："国家图书馆"，2004. 转引自：开一心. 大学评鉴指标订定于高等教育政策规划执行之落差 [J]. 领东通识教育研究学刊，2（2），2007：151-184.

表 3.13　不同发展阶段台湾高等教育评鉴制度规制价值实现程度变化

发展阶段	评鉴项目	实现程度	评鉴项目	实现程度
1975-1982 年	大学院校学门评鉴	90.9%	专科学校评鉴	100.0%
20 世纪 90 年代	中程校务发展计划审查	95.5%	技专校院专案评鉴	90.0%
2006-2014 年	一般大学院校第一周期系所评鉴	75.0%	高等技职院校第一周期综合评鉴	87.5%
	一般大学院校第一周期校务评鉴	70.8%	高等技职院校第二周期综合评鉴	83.3%
	一般大学院校第二周期系所评鉴	62.5%	高等技职院校第三周期综合评鉴	66.7%
2015-2018 年	一般大学院校第二周期校务评鉴	58.3%	高等技职院校2018 年校务评鉴	62.5%

注：根据上文测算结果整理而得，基于一致性原则，该表未将 2015-2016 年开展的大专院校综合视导纳入比较。

表 3.14　2008-2014 年私立大学院校奖助经费核配基准中"大学评鉴"的比例

项目		年份						
		2008	2009	2010	2011	2012	2013	2014
评鉴成绩占总奖助经费的比例		14%	10.5%	9%	9.6%	9.6%	8.3%	无
评鉴成绩计算基准	校务评鉴	40%	20%	25%	25%	25%	40%	—
	系所评鉴	40%	60%	75%	75%	75%	60%	—
	专案评鉴	20%	30%	—	—	—	—	—

注：依据 2008-2014 年"教育部奖励私立大学校院校务发展计划要点"，"大学评鉴"成绩占总奖助经费核配基准由"大学评鉴"所在大项所占总奖助经费的比例与以"大学评鉴"成绩在大项中所占的比例计算而得，2008 年的专案评鉴主要是指体育访视，2009 年的专案评鉴包括体育访视和学辅访视。

第二节　台湾高等教育评鉴制度自主价值的实现

台湾高等教育评鉴制度自主价值的实现，意味着自主从一种主体诉求转化为制度的现实取向。相较于规制价值而言，自主价值实现的过程更加复杂和隐性，但并非是无迹可寻。通过分析评鉴规则中的自主价值意涵，可以了解自主价值在制度变迁过程中的实现形式和路径。

一、自主价值的实现形式

台湾高等教育评鉴制度的自主价值诉求包括保障高校自主权利、遵循学术发展逻辑、促进高校自我改进等。自主价值的实现形式就是自主价值诉求在高等教育评鉴制度实体中的表现方式。从台湾高等教育评鉴制度整个变迁过程来看，自主价值的实现主要有四种形式：一是高校参与评鉴规则制定；二是凸显高校自我评鉴的地位；三是评鉴过程突出多元与公平；四是评鉴结果回归高校自用。

（一）高校参与评鉴规则制定

在高等教育管理制度的形成过程中，高校参与是确保学术自由、大学自治的理念能够得以彰显的根本途径。在台湾高等教育管理体制中，教育管理权在很长一段时间里都由行政主管部门把控，高校主要通过参加教育主管部门组织的研讨会或一些政治途径表达自身的诉求，以对政策制度的制定施加影响。在高等教育评鉴制度的发展过程中，台湾高校也通过相关的形式参与到评鉴规则的制定当中。

1. 参与教育主管部门组织的评鉴工作研讨会或咨询会

为了能使评鉴相关政策顺利施行，台湾教育主管部门在规划评鉴制度时也会邀请高校代表参与讨论与研究，例如，邀请各大学院校参加大学教育评鉴研究改进会，委托高校开展评鉴方案研制工作，邀请相关专家学者与大学院校校长组成"规划咨询委员会"。2017 年 3 月台湾教育主管部门邀请公立大学校院协会、私立大学校院协进会、公立科技大学校院协会、私立科技大学校院协进会、专科学校教育联盟等参加"系所评鉴停办相关配套咨询会"。2017 年 5 月，台湾教育主管部门又邀集这些高校协会参加"大学评鉴 2.0 大学自治与社会责任取向的资讯化"计划期中报告暨校务评鉴规划会。虽然在这些活动中，当局仍然是主导者，但也的确让高校有了表达自身诉求的机会。

2. 向其他权力机关表达诉求以对相关行政决策施加影响

台湾教育主管部门是高等教育评鉴制度的主要制定者，也是高校的行政主管单位。当高校的相关利益诉求无法通过与教育主管部门的直接沟通得以实现时，就会通过其他间接的途径向政策制定者施压。例如，2010 年台湾高校对当时高等教育评鉴工作的批评与意见便以"监察委员"提案的形式提交到"监察院教育及文化委员会"，该会随后通过了提案，并据此对教育主管部门的相关政策予以纠正。虽然这种方式并不总是奏效，但却是台湾高校参与并影响评鉴规则制定的有力途径。

3. 通过高等教育评鉴机构参与评鉴事务

台湾地区主要的高等教育评鉴机构（高等教育评鉴中心、台湾评鉴协会）自成立以来就接受教育主管部门的委托承担了高等教育评鉴制度研究与规划、具体评鉴工作的组织与实施等工作。高校代表通过成为这些评鉴机构的董事或理事，获得一定的发言权，以在评鉴事务规划中渗透自身的价值诉求。例如，高校与台湾教育主管部门共同捐资了财团法人高等教育评鉴中心基金会，并由公立大学院校协会、私立学院校协进及私立技专院校协进会各推派代表 2 人作为常驻董事。

（二）凸显自我评鉴核心地位

发挥大学的自主精神以提升教育教学质量是高等教育质量保障理念的核心趋势，也是台湾高等教育治理体制改革的方向。强调自我评鉴的理念、重要性以及自我评鉴机制的构建则成为台湾高等教育评鉴制度自主价值实现的重要抓手。在台湾地区，自我评鉴的概念实际上经历了一个转变过程，从一开始的由高校根据外部标准或自定目标进行自我检查反思，到高校自主办理外部评鉴，再到高校自我管制与改善机制的核心环节。不管是以上哪一种概念，其实都在强调高校"自行"评鉴，这在一定程度上推动着自主价值的实现。从台湾高等教育评鉴制度发展历程来看，自我评鉴的地位主要是通过以下三种形式来凸显。

1. "立法"确定高校定期自我评鉴的权责

2005 年修订的"大学法"规定，大学应定期对教学、研究、服务、辅导、校务行政及学生参与等事项，进行自我评鉴；其评鉴规定，由各大学定之。由此，高校自我评鉴的责任与权力获得了法规依据，而这也在一定程度上让高校有机会与行政主管部门分享教育管理权，为高校不依附于部门的行政权力提供了保障。

2. 推动高校内部自我评鉴机制建立

台湾高等教育评鉴制度形成的早期，自我评鉴并未受到足够的重视，仅有较少的几所高校自主建立了较为完整的自我评鉴机制。为了鼓励各高校建立起自我评鉴机制，台湾教育主管部门采取了提供经费补助、将自我评鉴机制纳入评鉴考察项目等诱导办法。

3. 以自我评鉴代替外部强制性评鉴

由于台湾地区高校自我评鉴机制是在外部力量推动下建立起来的，高校自身动力不足，因此，即使在评鉴制度文本中，自我评鉴被称为"评鉴的核心"，但依然改变不了其依附于外部强制性评鉴而存在的现实状态。于是，让自我评鉴脱离外部束缚，成为一种可以独立存在的评鉴方式成为凸显其核心地位的重要方式。在一般大学院校第二周期系所评鉴和科技大学第二周期综合评鉴中，部分高校就因受认可的自我评鉴机制被授权免于接受系所层面的外部强制性评鉴。

（三）评鉴过程突出多元与公平

在评鉴过程规则中渗透自主价值的理念是自主价值实现的实质。在评鉴内容选择上尊重高校主体性，在评鉴指标设计上让高校有更多自由发挥的空间，在评鉴程序中更加注重公平公正，增加受评高校与评鉴者之间的平等性等都是台湾高等教育评鉴制度自主价值实现的主要形式。

1. 在评鉴内容选择上尊重高校主体性

高校办学涉及的方面繁多而复杂，且不同的高校因历史、条件以及发展目标的不同会在各方面有不同的侧重和表现。表达自主价值的台湾高等教育评鉴活动会重点考察高校自我定位与特色、自我规划及其目标的达成、自我评鉴与自我改善机制的建设情况。

2. 在评鉴指标设计上凸显多元性与开放性

评鉴指标的设计是体现评鉴制度价值取向最直接的风向标。台湾高等教育评鉴制度自主价值的实现最重要的形式就是在评鉴指标设计上给予高校自由发挥的空间，增加评鉴指标的多元性和开放性。例如，允许受评单位根据自身的发展定位增加或删减评鉴指标，允许各受评单位在评鉴指标内自行增加特色成果的表述，等等。

3. 在评鉴程序中注重公平与平等

高校是高等教育评鉴活动最重要的利益相关者，自主价值发挥的首要条件是高校的合法权益能得到保证。通过加强评鉴程序的公平性和平等性，如设置高校申复、申诉的渠道，实行评鉴委员利益回避制度，设置评鉴伦理与规范，加强对评鉴委员的培训，增加高校反馈意见的环节，实地访评前将评鉴委员的推荐名单函送给受评学校等，台湾高等教育评鉴制度自主价值诉求在一定程度得以实现。

（四）评鉴结果回归高校自用

评鉴结果的使用方式在很大程度上反映着评鉴制度的总体价值取向。评鉴结果去等级化，并与教育主管部门的行政奖惩脱钩，是台湾高校摆脱行政主管部门"紧箍咒"，实现自主价值的必然选择。

1. 评鉴结果去等级化

台湾高等教育评鉴制度自主价值彰显的标志之一就是在评鉴结果呈现上以"认可制"代替"等第制"。"认可制"属于一种具有改进要素的绩效责任取向的评估模式，其主要目的在于鉴定机构及其方案、人员是否符合最低标准以及如何能改进他们的表现，采用的典型方法是由个人或机构所做的自我研究及自我报告。[①] 因此，认可模式本身具有规制和自主双重功能。在评鉴结果的呈现方面，相较于等级制，认可制显然更能凸显自主机制。

2. 评鉴结果与行政奖惩脱钩

评鉴结果与行政主管部门的经费分配、规模调整等行政奖惩措施结合是规制价值实现的重要手段，但却是限制高校自主发展的"紧箍咒"。让评鉴结果与行政奖惩脱钩，回归学校自用一直以来都是台湾高校的核心诉求，也是自主价值与规制价值角力的关键点，当这个诉求得以实现，也就是意味着台湾高等教育制度呈现出明显的自主价值取向。

二、自主价值的实现情况

自主价值诉求在台湾高等教育评鉴制度产生初期便得以显现，并在制

---

① STUFFLEBEAM DL, MADAUS GF, KELLAGHAN T. 评鉴模式：教育及人力服务的评鉴观点 [M]. 苏锦丽，王丽云，郭昭佑，等，译. 台北：高等教育文化事业有限公司，2005：84-85.

度发展过程中逐渐得以实现，但是这种实现并非是一蹴而就的。在不同的发展阶段，自主价值的实现在程度和内容上都有较大不同。

（一）台湾高等教育评鉴制度初始阶段的自主价值实现

台湾高等教育评鉴是在台湾当局的强力推动下开始实施的，制度形成的初始阶段，体现着强烈的规制色彩，但这并不意味着台湾高校在其中完全丧失了自主意识。该阶段由教育主管部门主导开展的学门评鉴中，一般大学院校的评鉴结果主要以质性的文字叙述呈现，且并不完全对外公布，只是将"办学认真、师资与设备充实的学校"予以公布。有研究表明，这是因为"若干学校负责人已探听到评鉴结果，不满意之下要求作适当'调整'"，教育主管部门迫于压力便无法做到完全对外公布。① 由此可见，长期处于教育主管部门威权管理之下的高校，在面临自身名誉或利益受损的潜在威胁时，也能发挥自身的主观能动性进行反抗。虽然这种反抗并非体现的是高校的集体意识且力量十分有限，但却让高校的自我意识，保障自身权益的诉求在高等教育评鉴制度中得以显现。由于该阶段，台湾高等教育评鉴制度的整体框架还未搭建起来，这里仅用大学学门评鉴的自主价值实现情况来反映该阶段制度的自主价值取向。根据价值分析模型中的观测框架，大学学门评鉴规则中自主价值的显现程度约为 9.1%，如表 3.15。

表 3.15　1975-1982 年台湾高等教育评鉴具体规则的自主价值取向

评鉴类别	大学院校学门评鉴	
类目	规制价值	
	符合	具体内容
1.1 评鉴工作发起者	×	教育主管部门
1.2 评鉴经费提供者	×	教育主管部门
1.3 评鉴方案设计者	×	高等教育主管部门
1.4 评鉴工作实施者	×	高等教育主管部门
2.1 评鉴目标的导向	×	了解学校办学质量及问题，规范办学条件
2.2 自我评鉴的角色	–	–

---

① 周平. 1975 年以降文件档案中大学评鉴体制的论述与反论述形成 [J]. 教育与社会研究，2011，(23)：79-125.

续表

评鉴类别	大学院校学门评鉴	
类目	规制价值	
	符合	具体内容
3.1 评鉴内容的特征	×	考察办学条件、毕业生就业情况
3.2 评鉴指标的特征	×	量化指标为主
3.3 评鉴程序的特征	×	官僚化
4.1 评鉴结果呈现形式	◎	改进建议、质性叙述
4.2 评鉴结果公开范围	◎	部分公开
4.3 评鉴结果使用方式	×	教育主管部门辅导、奖助及核准学校各种申请案件的参考依据

注：表中用四种符号来表示实际评鉴规则与典型自主价值取向规则的符合程度，其中"●"表示"完全符合"，"◎"表示"部分符合"，"×"表示"不符合"，"－"表示因资料缺失或模糊而"无法判断"。

（二）台湾高等教育评鉴制度发展阶段的自主价值实现

20世纪80年代末到90年代是台湾社会民主权利、自由意识崛起的重要时期。各类以"松绑""自由化""多元化"为主题的教育改革方案纷至沓来。在高等教育领域，增设高校限制的放开、"大学法"的修订、高校自行审查教育资格、推行校务基金制度等一系列改革政策让"学术自由""大学自治"等理念得以落地，高校办学自主的权限逐渐扩大。在这样的背景之下，台湾高等教育评鉴制度自主价值开始逐渐受到重视。

从制度规则制定过程来看，虽然该阶段台湾教育主管部门是该项制度的主导者，但高校代表、学者专家也开始参与到制度建设的讨论当中，如1983年的"高等教育评鉴研讨会"、1991年的"大学院校评鉴工作研讨会""大学法"修正之后开展的"大学评鉴规划咨询委员会"以及1999年"全台湾教育会议"等。高校在这些讨论中，提出了一些自主性诉求，例如，评鉴工作应摆脱以往"当局管制"的模式，委托给学术团体来办理。但总体而言，高等教育评鉴制度自主价值的意涵并未完全展现，高等教育评鉴制度中的自我保障文化约束力量还较弱。

从具体评鉴规则来看，学门评鉴规则较之上一阶段有一些改变，这些改变在一定程度上显示出自主价值诉求的实现。该阶段，台湾地区学门评鉴共开展了两轮，分别在 1985-1990 年期间和 1992-1994 年期间开展，前者由台湾教育主管部门直接办理，评鉴范围较广，其主要规则与上一阶段无异，这里不再赘述，后者则由台湾教育主管部门委托给"中国电机工程学会""中华民国管理科学学会""中国机械工程学会"这三个学术团体试办。虽然这三个学术团体属于完全独立的民间团体，但其组成人员大多是高校的学术同行，因此其在一定程度上能够体现高校的意志。1992-1994 年学门评鉴的对象主要是电机、管理以及机械学科相关的系所，由系所自愿申请受评。因此，从评鉴主体来看，高校的自主诉求在一定程度上得以体现。此次评鉴的目标导向侧重展现系所自身的特色，考察重点在于学校自订目标的达成情况，指标设计注重"质"的描述，评鉴结果不做排名和比较，较为符合自主价值的特征。但是，在结果使用上，此次评鉴又反映出行政机关规制的诉求。1997 年大规模大学综合评鉴是以 1996 年高等教育主管部门邀集专家学者及大学院校校长共同完成的"教育部大学教育评鉴计划草案"和评鉴手册为基础试办的首次以整体校务制度及运作为主的强制性评鉴活动，其目标导向主要在于了解学校发展基本情况，协助高校改进。此次评鉴增加了"自我评鉴"的程序，在外部访评前，教育主管部门先将基本资料表寄送到各校，各校详细填答后寄回。访评委员在检阅完学校基本资料表与提供的相关资料后，再到学校做评鉴，基本资料表中除了包括 21 个反映学校基本办学条件的统计表，还包括五个分项目的学校自评表。此时自我评鉴的目的主要在于调动高校的积极性，促使其了解自身。此次评鉴也开始注重学校自身的办学理念和办学特色，评鉴结果没有做排名，而只是叙述各校特色及应改进事项。根据价值模型中的观测框架，1992-1994 年的学门评鉴和 1997 年的大学综合评鉴自主价值的实现程度分别约为 68.2%、40.0%，如表 3.16。但需要特别强调的是，因为该时期这两个评鉴的试办性质，其所实现的自主价值缺乏稳定性。此阶段自主价值取向还体现在一般大学院校通识教育评鉴规则之中。该项评鉴由台湾教育主管部门委托给"中华民国通识教育学会"规划与办理，在目标导向上更多体现外部规范和引导的力量，但在具体评鉴内容中也强调高校自身的定位与特色，评鉴结果也以对大学院校的整体改进意见与建议为主，并只作为各校办理通识教育自我改进的参考。

表3.16　20世纪90年代台湾高等教育评鉴具体规则的自主价值取向

评鉴类别	一般大学院校学门评鉴（试办）		1997年大学综合评鉴（试办）	
类目	规制价值			
	符合	具体内容	符合	具体内容
1.1 评鉴工作发起者	◎	教育主管部门及高校	×	教育主管部门
1.2 评鉴经费提供者	×	教育主管部门	×	教育主管部门
1.3 评鉴方案设计者	◎	"中国电机工程学会""中华民国管理科学学会""中国机械工程学会"	◎	高等教育主管部门、高校校长代表
1.4 评鉴工作实施者	◎	"中国电机工程学会""中华民国管理科学学会""中国机械工程学会"	×	教育主管部门
2.1 评鉴目标的导向	●	展现系所特色，协助系所自我检讨	◎	了解学校发展基本情况，协助改进
2.2 自我评鉴的角色	●	自我管制机制	◎	辅助高校了解自身
3.1 评鉴内容的特征	●	学校自订目标达成情况为主	◎	理念与特色、基本条件、绩效表现
3.2 评鉴指标的特征	●	注重"质"的描述	×	量化指标为主
3.3 评鉴程序的特征	–		–	
4.1 评鉴结果呈现形式	●	介绍特色，不做排名	●	叙述各校特色及应改进事项
4.2 评鉴结果公开范围	●	未对外公开，只公布学门整体教育现况	●	仅公布陈述高校共同性特色与改进事项的综合报告
4.3 评鉴结果使用方式	×	教育主管部门行政辅导决策的参考	–	

注：表中用四种符号来表示实际评鉴规则与典型自主价值取向规则的符合程度，其中"●"表示"完全符合"，"◎"表示"部分符合"，"×"表示"不符合"，"–"表示因资料缺失或模糊而"无法判断"。

（三）台湾高等教育评鉴制度稳定阶段的自主价值实现

1994年"大学法"的修订为大学自治权提供了法规依据，然而台湾教育主管部门与大学院校之间的权力关系并未明确厘清,以至于衍生出许多争议的问题。因此,该阶段厘清大学自治范围,明确其权责成为重要改革方向,而这也成为台湾高等教育评鉴制度自主价值实现的重要基础。

1. 规则的制定

从评鉴规则的制定过程来看,尽管台湾教育主管部门仍然是制度规划与确立的首要责任人,但高校意见和建议也在一定程度上影响着制度规则的走向。该阶段,高校参与高等教育评鉴制度建设的方式主要有以下三种:一是参与教育主管部门组织的评鉴制度规划研究工作,例如,2002 年相关学者专家受教育主管部门邀请针对"成立一独立于'教育部'外评鉴专责单位"这一主题进行讨论,台湾市立师范学院(现合并至台北市立大学)接受委托进行专案研究;二是成为高等教育评鉴中心、台湾评鉴协会等专业评鉴机构的组织成员,参与评鉴方案的制定与执行;三是通过"监察委员"向"监察院教育及文化委员会"反映意见,由其对教育主管部门制度规划施加影响。2010 年 8 月,台湾地区"监察院"通过了"监察委员"的纠正教育主管部门在高等教育评鉴制度规划上"诸多疏失"的提案,敦促教育主管部门进行改正。

2. 整体性规则

从具体的评鉴整体性规则来看,该阶段促进高校自我改进、凸显高校自主性的理念逐渐得到强化。2001 年开始,台湾教育主管部门通过提供经费诱因、"立法"确定高校自我评鉴责任、纳入外部评鉴考察内容等方式鼓励大学院校实施自我评鉴工作,建立完善的自我评鉴制度。根据 2007 年修订的"大学评鉴办法",已建立完善自我评鉴制度的高校,在自我评鉴结果经教育主管部门认定通过后,可以申请免于接受该项外部强制性评鉴。然而,自我评鉴促进高校自治能力提升的功能在实践过程中总体上并没有得以有效发挥。笔者在实地查阅台湾某高校系所评鉴资料时发现,其自我评鉴实施计划与当年的外部访评内容和指标完全相同,并未有较多的自主发挥,且评鉴结果均为通过。很多受评高校是迫于外部评鉴的压力才实施自我评鉴和建立自我评鉴机制,其完全遵循外部的规范和标准,且主要是为"卓越"结果背书,以争取到更多的经费补助。以至于 2013 年修订的"大学评鉴办法"特别强调:大学自我评鉴系由学校依自订评鉴机制进行的自发性评鉴,非配合教育主管部门或教育主管部门委托评鉴中心办理的大学评鉴进行的配合性评鉴。2012-2014 年的一般大学院校第二周期系所评鉴和2014 年开始的科技大学院校第三周期评鉴，部分高校以自我评鉴代替了教育主管部门主导开展的外部评鉴，这才使得人们将自我评鉴当作外部评鉴的附庸的观念转变过来。该阶段高等教育评鉴制度中自我评鉴的角色实际上经历了一段曲折的转变过程。当然，该阶段自主价值的实现并非只体现在自我评鉴角色的转变上，它还体现在评鉴过程规则中，例如，在评鉴程序设计上更加注重公平公正性，2009 年"大学评鉴办法"增列第六条，明确评鉴实施计划公告及评鉴报告初稿通知受评鉴大学的时间，并增订申复与申诉程序的规定，及办理评鉴单位应建立评鉴伦理及规范。

3. 一般大学院校评鉴规则

在 2006-2014 年的两轮系所评鉴和一轮校务评鉴中，自我管制被列为评鉴原则之一，评鉴过程开展强调大学的学术自主性。此期间的系所评鉴和校务评鉴在自主价值的实现情况方面有相同之处亦有一些不同，具体见表 3.17，其相同之处主要在以下几个方面：第一，该阶段高校能够通过高等教育评鉴中心参与到评鉴方案的设计和实施过程当中。第二，该阶段的评鉴均将"促进高校自我改进/改善"作为评鉴目的之一。第三，评鉴内容中重点关注到高校或系所的自我定位、自身特色与发展规划以及自我改善机制的建设。2006-2009 年系所评鉴的评鉴项目之一为"目标、特色与自我改善"，主要考察系所自我定位、特色规划与执行情况以及自我改善机制的建设及成效，评鉴项目二"课程设计与教师教学"主要考察系所根据设立宗旨与教育目标规划课程的情况以及教师教学自我改善的做法等。2011 年校务评鉴的评鉴内容的第一个项目就是"学校自我定位"，由学校说明发展方向及重点特色，校务发展计划及执行情况等，项目五"持续改善与品质保证机制"则考察自我评鉴机制的建设、改善行动方案及其执行情况。2012 年系所评鉴的重点也在于学生学习成效品质保证机制、自我改善机制的建设情况。第四，在评鉴程序上更加注重公平与伦理，高校在评鉴中有机会对评鉴委员的初步结论进行意见反馈，并拥有申复与申诉的机会，每一位访评委员必须签署"利益回避"保证书，并遵守评鉴伦理及规范。第五，在评鉴结果呈现上采用"认可制"，不做评分与排名。2006-2009 年的系所评鉴一开始进行评分，但自 2007 年开始便取消评分，改为直接给出认可结果。

表 3.17   2006-2014 年台湾一般大学院校评鉴规则的自主价值取向

评鉴类别	2006-2009 年系所评鉴		2011 年校务评鉴		2012-2014 年通识教育暨系所评鉴	
类目	规制价值					
	符合	具体内容	符合	具体内容	符合	具体内容
1.1 评鉴工作发起者	×	高等教育主管部门	×	高等教育主管部门	×	高等教育主管部门
1.2 评鉴经费提供者	×	教育主管部门	×	教育主管部门	×	教育主管部门
1.3 评鉴方案设计者	◎	高等教育评鉴中心及教育主管部门	◎	高等教育评鉴中心及教育主管部门	◎	高等教育评鉴中心、教育主管部门及部分高校
1.4 评鉴工作实施者	◎	高等教育评鉴中心	◎	高等教育评鉴中心	◎	高等教育评鉴中心、部分高校
2.1 评鉴目标的导向	◎	促进自我改进	◎	促进自我改进	◎	促进自我改进
2.2 自我评鉴的角色	×	配合外部访视，遵循外部规范	×	配合外部访视，遵循外部规范	◎	受认可的品质保证机制
3.1 评鉴内容的特征	◎	办学特色与自我改善机制建设	◎	自我定位与品质保证机制建设	◎	办学特色与自我改善机制建设
3.2 评鉴指标的特征	×	系统性、结构化、量化表现指标	×	系统性、结构化	◎	半结构化
3.3 评鉴程序的特征	◎	兼顾公平、伦理	●	注重公平、弹性、平等性	●	注重公平、弹性、平等性

评鉴类别	2006-2009 年系所评鉴		2011 年校务评鉴		2012-2014 年通识教育暨系所评鉴	
类目	规制价值					
	符合	具体内容	符合	具体内容	符合	具体内容
4.1 评鉴结果呈现形式	◎	认可制	◎	认可制	◎	认可制
4.2 评鉴结果公开范围	×	完全公开	×	完全公开	×	完全公开
4.3 评鉴结果使用方式	×	后续追踪评鉴，作为教育主管部门核定系所招生名额、勒令停招停办以及奖助金分配的依据	×	后续追踪评鉴，并作为教育主管部门核定调整大学发展规模、学杂费及经费资助、补助的参考	×	后续追踪评鉴，并作为教育主管部门核定调整大学发展规模、学杂费及经费资助、补助的参考

注：表中用四种符号来表示实际评鉴规则与典型规制价值取向规则的符合程度，其中"●"表示"完全符合"，"◎"表示"部分符合"，"×"表示"不符合"，"-"表示因资料缺失或模糊而"无法判断"。

此阶段，三轮评鉴在自主价值实现上的不同之处则在于以下几点：第一，从第二周期通识教育暨系所评鉴开始，自我评鉴的地位才真正开始与外部强制性评鉴相接近，部分高校可以通过内部自我评鉴机制获得外界对其质量的认可。第二，在指标设计上，第二周期通识教育暨系所评鉴突出了"特色发展"和"自主举证"的精神，强调"各系所可依学校发展定位及系所独特的运作模式，增加或删减参考效标"，各学门规划委员会可以参照学门专业属性对评鉴项目的内涵、最佳实务及参考效标进行调整，即五个评鉴项目的参考指标是一个"共同的参照架构"，而非唯一的"共同架构"。第三，在评鉴程序上，2011 年的校务评鉴和 2012-2014 年的通识教育暨系所评鉴更加注重公平、弹性与平等性。这两轮评鉴都规定高等教育评鉴中心在决定学校的评鉴委员前，要将所建议的评鉴委员名单寄送各受评学校，各受评学校可就建议名单中委员的专业条件或相关原因，在举证确实理由下，对推荐的评鉴委员进行回避申请。这也就意味着，高校或系所不再是在接受实地访评的前一天才知道评鉴委员是谁。2011 年的校务评鉴为减轻各受评学校在各项评鉴资料准备上的负担，将"大学教学卓越计划"和"发展国际一流大学及顶尖研究中心计划"审查计划的标准与该次校务评鉴的参考校标进行对照，允许受评学校用已完成的大学卓越计划与发展国际一流大学及顶尖研究中心计划的相关文件资料替代部分此次评鉴所需准备的资料。2012-2014 年的通识教育暨系所评鉴规定，每一个系所可依设立宗旨与教育目标自行选择学门归属，不再由学门规划委员会指定，以尊重系所的自主性。同一学门的系所可选择组成"学门"接受评鉴，也可选择以"学院"名义申请评鉴。此次评鉴还特别注重对评鉴委员的专业培训，并在实地访评中也增加了弹性时间。

由此可见，尽管该阶段一般大学院校评鉴总体呈现出外部规制取向，但自主价值诉求也在一定程度上有所体现。根据价值模型中的观测框架，2006-2009 年的系所评鉴、2011 年的校务评鉴以及 2012-2014 年的通识教育暨系所评鉴的自主价值实现程度分别约为 25%、29.2%、37.5%。

4. 高等技职院校评鉴规则

2005-2014 年台湾高等技职院校评鉴尽管整体上呈现出较强的规制色彩，但在一些具体的规则上也体现出自主价值的特征，具体而言主要有以下几点：第一，三个周期的综合评鉴中高校能够通过台湾评鉴协会参与到评鉴方案设计及实施过程当中。第二，第二周期和第三周期综合评鉴允许部分高校可用受认可的自我评鉴机制及结果代替外部强制性系所层面的评鉴。第三，第三周期综合评鉴在评鉴目标上凸显促进高校自我保障机制建设的重要性，更加重视对高校自我定位与特色、自我改善机制建设的考察，在指标设计上给予学校自由发挥的空间，每一评鉴项目中都增加了"学校特色规划与运作情形"或者"特色策略与成果"。第四，三个周期的综合评鉴在评鉴程序上均注重公平公正以及适度的弹性，例如，评鉴委员均需参加行前会议及研习活动，遵循利益回避原则；受评学校若对评鉴结果有异议，可提出申复或申诉。第一周期综合评鉴中受评学校可自行决定采取何种行政类和专业类成绩计算方式。2014 年科技大学评鉴中，不再专门要求学院层面的评鉴，除非学校选择以学院代替专业类系、所、学位学程为受评单位。第五，2014 年科技大学综合评鉴的结果呈现不再分等，而只给出认可结果。根据价值模型中的观测框架，这三个周期的综合评鉴的自主价值实现程度分别约为 12.5%、16.7%、33.3%，具体见表 3.18。

表 3.18 2005-2014 年台湾高等技职院校评鉴规则的自主价值取向

评鉴类别	第一周期综合评鉴 （2005-2009 年）		第二周期综合评鉴 （2009-2014 年）		第三周期综合评鉴 （2014 年启动）	
类目	规制价值					
	符合	具体内容	符合	具体内容	符合	具体内容
1.1 评鉴工作发起者	×	技职教育主管部门	×	技职教育主管部门	×	技职教育主管部门
1.2 评鉴经费提供者	×	教育主管部门	×	教育主管部门	×	教育主管部门
1.3 评鉴方案设计者	◎	技职教育主管部门及台湾评鉴协会	◎	技职教育主管部门、台湾评鉴协会及部分高校	◎	技职教育主管部门、台湾评鉴协会及部分高校
1.4 评鉴工作实施者	◎	台湾评鉴协会、云林科大	◎	台湾评鉴协会、部分高校	◎	台湾评鉴协会、部分高校
2.1 评鉴目标的导向	×	规范办学、导引发展方向	×	规范办学、导引发展方向	◎	规范办学、促进自我保障机制建设
2.2 自我评鉴的角色	×	配合外部评鉴	◎	自我品质保障	◎	自我品质保障
3.1 评鉴内容的特征	×	绩效表现、政策落实	×	绩效表现、政策落实	◎	政策落实、绩效表现、定位与特色、自我改善
3.2 评鉴指标的特征	×	系统性、结构化	×	系统性、结构化	◎	半结构化
3.3 评鉴程序的特征	◎	兼顾公平、弹性	◎	兼顾公平、弹性	◎	兼顾公平、弹性
4.1 评鉴结果呈现形式	×	评分、分等	×	评分、分等	◎	认可制
4.2 评鉴结果公开范围	×	完全公开	×	完全公开	×	完全公开

续表

评鉴类别	第一周期综合评鉴（2005-2009 年）		第二周期综合评鉴（2009-2014 年）		第三周期综合评鉴（2014 年启动）	
类目	规制价值					
	符合	具体内容	符合	具体内容	符合	具体内容
4.3 评鉴结果使用方式	×	后续追踪评鉴，作为教育主管部门总量管制、批准改名、学杂费核算以及奖补助款的依据	×	后续追踪评鉴，作为教育主管部门总量管制、批准改名、学杂费核算以及奖补助款的依据	×	后续追踪评鉴，作为教育主管部门总量管制、批准改名、学杂费核算以及奖补助款的依据

注：表中用四种符号来表示实际评鉴规则与典型规制价值取向规则的符合程度，其中"●"表示"完全符合"，"◎"表示"部分符合"，"×"表示"不符合"，"–"表示因资料缺失或模糊而"无法判断"。

（四）台湾高等教育评鉴制度变革阶段的自主价值实现

在变革阶段，台湾高等教育评鉴制度自主价值的实现程度有了很大程度的提升。首先，从规则制定来看，高校对高等教育评鉴制度发展的影响逐渐增大，高校的自主权利开始受到相关"法案"的保护。2015 年修订的"大学法"特别强调，由教育主管部门定期办理的大学评鉴"应符合多元、专业原则"，其结果不再作为行政教育经费补助的参考。该阶段，绝大多数的高校都已建立起较为完整的自我评鉴机制，定期进行自我检视已逐渐从政策法规的强制要求转变为高校自主开展的常规性内部质量保障活动，自觉性评鉴文化开始成为制度约束形式之一。

从具体的评鉴规则来看，该阶段自主价值在系所评鉴、校务评鉴这两种评鉴项目中都有较大程度的体现，具体见表 3.19。首先，自 2017 年开始大专院校系所评鉴成为高校自愿自主办理的项目，因此不论是从评鉴主体，还是从评鉴理念及过程规则来看，都呈现出典型的自主价值取向。为鼓励高校办理系所品质保证，台湾教育主管部门于 2018 年 1 月发布补助要点，为符合条件的高校提供经费支持，具体规则见表 3.20。2017-2018 年开展的一般大学院校校务评鉴和技专院校校务评鉴相较于上一阶段在评鉴内容和指标设计上更加凸显高校的自主性。2017 年大学院校校务评鉴实施计划中特别提道："由于每一所大学校院都是独特的高等教育机构，有各自的教育目标与自我定位。是故，第二周期校务评鉴尊重各校的定位与目标，评鉴项目指标设计除提供各校展现特色之作法，亦保有相当弹性，受评学校可依此进行自我评鉴，展现自我之独特性。"在实际的规则中，该项评鉴简化了评鉴项目和指标，设置了共同必须评鉴的核心指标，学校可以在各核心指标下呈现特色，也可以在各评鉴项目核心指标之外，自订特色指标呈现特色。2018 年科技院校评鉴的评鉴项目和指标也简化了许多，并且在一些评鉴项目上明确规定学校可自行增加特色成果说明。除此之外，两类校务评鉴的结果都主要用作学校校务发展的参考。综上所述，根据价值模型中的观测框架，该阶段大专院校系所评鉴、一般大学院校校务评鉴和技专院校校务评鉴的自主价值实现程度分别约为 94.4%、41.7%、37.5%。

表 3.19 2015-2018 年台湾大专院校评鉴规则的自主价值取向

评鉴类别	大专院校系所评鉴 （2017-2018 年）		一般大学院校校务评鉴 （2017-2018 年）		技专院校校务评鉴 （2018 年）	
类目	规制价值					
	符合	具体内容	符合	具体内容	符合	具体内容
1.1 评鉴工作发起者	●	高校	×	高等教育主管部门	×	技职教育主管部门
1.2 评鉴经费提供者	◎	高校及教育主管部门	×	教育主管部门	×	教育主管部门
1.3 评鉴方案设计者	●	高校	◎	高等教育评鉴中心及教育主管部门	◎	台湾评鉴协会及教育主管部门
1.4 评鉴工作实施者	●	高校	◎	高等教育评鉴中心	◎	台湾评鉴协会
2.1 评鉴目标的导向	●	自治导向，促进高校自我成长	◎	导引方向，促进自我保障机制建设	◎	导引方向，促进自我保障机制建设
2.2 自我评鉴的角色	●	自我管制机制	◎	自我品质保障，遵循外部规范	◎	自我品质保障，遵循外部规范

续表

评鉴类别	大专院校系所评鉴 （2017-2018 年）		一般大学院校校务评鉴 （2017-2018 年）		技专院校校务评鉴 （2018 年）	
类目	规制价值					
	符合	具体内容	符合	具体内容	符合	具体内容
3.1 评鉴内容的特征	●	基于学校自身发展目标	◎	绩效表现、政策落实、自我定位与特色、自我改善	◎	绩效表现、政策落实、自我定位与特色、自我改善
3.2 评鉴指标的特征	–	–	◎	简洁、半结构化	◎	简洁、半结构化
3.3 评鉴程序的特征	–	–	●	重公平，尊重高校主体性	◎	兼顾公平
4.1 评鉴结果呈现形式	–	–	◎	认可制	◎	认可制
4.2 评鉴结果公开范围	●	由高校决定	×	完全公开	×	完全公开
4.3 评鉴结果使用方式	●	高校自行规划运用	◎	作为学校校务发展的参考	◎	作为学校校务发展的参考

注：表中用四种符号来表示实际评鉴规则与典型规制价值取向规则的符合程度，其中"●"表示"完全符合"，"◎"表示"部分符合"，"×"表示"不符合"，"–"表示因资料缺失或模糊而"无法判断"。

表 3.20　台湾大专院校自主办理系所品质保证教育主管部门经费补助规则

申请补助的条件	补助的基准
①学校依据自身需求，自行洽经"教育部"或财团法人高等教育评鉴中心基金会认可的专业评鉴机构，申请办理系（科）所、学位学程品质保证、学院（门）认证者。 ②学校依据自身需求，自办系（科）所、学位学程品质保证，并将自办结果送财团法人高等教育评鉴中心基金会认定。	①采定期定额的方式补助学校，五年内以补助一次为限。 ②申请台湾专业评鉴机构办理系（科）所、学位学程品质保证、学院（门）认证者，医学系补助新台币（以下同）二十万元；其他系（科）所、学位学程，每一系（科）所、学位学程补助十万元。办理学院（门）认证者，以参与的系（科）所、学位学程予以补助。 ③自办系（科）所、学位学程品质保证，并将自办结果送财团法人高等教育评鉴中心基金会认定者，每一系（科）所、学位学程补助两万元。

注：依据 2018 年 1 月 4 日"教育部令""教育部补助大专校院自主办理系所品质保证要点"。

三、自主价值实现路径的特点

纵观台湾高等教育评鉴制度自主价值的实现过程，可以发现一些较为明显的特点，主要包括实现路径总体呈现出强外生性，实现内容从"形式自主"发展至"实质自主"，实现程度逐渐增强等。

（一）强外生性价值实现

台湾高等教育评鉴制度自主价值实现的重要标志在于自我评鉴地位凸显。但不论是强调自我评鉴的概念，还是自我评鉴制度建设，都主要是依靠外部行政规制力量，而非高校自主自发的自我品质保证意识。自我评鉴受到重视源于 2001 年台湾教育主管部门发布的"大学校院实施自我评鉴计划补助申请要点"，教育主管部门利用经费诱因引导高校规划和实施自我评鉴。随后，2005 年"大学法"的修订正式明确了高校定期进行自我评鉴的责任，2006 年开始的大专院校系所评鉴、校务评鉴等纷纷将高校的自我评鉴机制建设纳入考察范围之内，并详细列出自我评鉴作业流程与规范供高校参考。2007 年颁布的"大学评鉴办法"规定已建立完善自我评鉴制度，其自我评鉴结果经台湾教育主管部门认定通过者可免于外部评鉴。2018 年，在公布系所评鉴改为高校自主决定之后，台湾教育主管部门又发布"教育部补助大专院校自主办理系所品质保证要点"，鼓励高校继续开展自我评鉴工作。因此，在以自我评鉴为核心的台湾高等教育内部质量保障文化形成过程中，高校总体而言是处于被动角色，内生动力未能占据主导地位。

这种强外生性还表现在自主价值的实现方式更多以批判和反抗现有规制框架为主，而非以自主价值的核心精神来主动布局。自 1975 年以来，台湾高等教育评鉴制度始终维持着以行政主管部门主导的外部强制性评鉴（校务评鉴、系所评鉴、专案评鉴等）为核心的基本框架，自主价值的实现途径更多是在这些评鉴活动中与行政主管部门争夺一些权力，例如，评鉴方案设计的参与权、系所评鉴的自主权、评鉴结果的使用权，等等。当然，随着台湾高等教育评鉴制度进入到变革阶段，实现评鉴制度自主价值的内生动力也正在逐渐加强，这种强外生性的格局将很可能被打破。

（二）从"形式自主"到"实质自主"

在台湾高等教育评鉴制度自主价值的实现过程中，"形式自主"主要是侧重在评鉴理念阐述上强调大学自治、学术自由，在评鉴程序设计上注重对高校自主权益的保护，而"实质自主"则是将自主价值理念贯彻到评鉴各个环节当中，尤其是在评鉴自主权、评鉴内容与指标设计以及评鉴结果使用等决定评鉴制度整体取向的关键环节。20世纪90年代以前，台湾高等教育评鉴制度自主价值的实现主要体现在由非官方的学术团体开展的凸显高校自主精神的学门评鉴以及开启自我评鉴先河的校务综合评鉴。但二者都属于试办性质，一些体现自主价值的要素更多是为了避免争议和冲突，如在评鉴结果方面不做区别判断，仅提出需改进的问题与建议。21世纪初期开展的第一周期一般大学院校系所评鉴、校务评鉴以及技专院校综合评鉴实现自主价值的主要形式为以下三点：一是使评鉴方案设计与实施脱离行政主管部门的直接管制，交由能在一定程度上反映高校诉求的非官方评鉴机构；二是提升评鉴程序的公平公正性，如完善评鉴申复与申诉制度、评鉴委员利益回避制度，强调评鉴过程中的伦理规范等；三是明确提出"自我管制"的评鉴理念，但并未将这种理念完全贯彻实践到评鉴各环节当中。因此，总体来看，以上这些阶段所实现的自主价值更多为"形式自主"。2012年之后开展的系所评鉴、校务评鉴以及技专院校综合评鉴等则逐渐在评鉴内容与指标上践行自主价值理念，并在评鉴权力结构、评鉴结果使用上凸显高校的自主性。例如，第二周期系所评鉴中部分高校获得了评鉴自主权，评鉴内容中强调学校本位，评鉴指标更加多元和开放性，2015年开始评鉴结果回归高校自用，2017年开始系所评鉴回归高校自主。由此可见，台湾高等教育评鉴制度自主价值的实现走过了一个从"形式自主"到"实质自主"的发展历程。

（三）自主价值实现程度逐渐增强

不管实现的方式如何，总体来看，台湾高等教育评鉴制度变迁过程中，自主价值的实现程度是逐渐增强的，且一般大学院校评鉴制度自主价值的实现程度高于高等技职院校评鉴制度，具体见表3.21。20世纪90年代开展的一般大学院校学门评鉴和校务综合评鉴体现出较强的自主价值取向，但由于其属于试办性质，且大部分体现自主价值的做法并没有在之后的评鉴中延续，故该阶段自主价值的实现值只能反映自主价值的理念在一定程度上得以重视，而非实际的程度。因此，从全局来看，自主价值的实现总体上是一个循序渐进、逐渐积累的过程，而非一蹴而就或曲折反复。

表3.21 不同发展阶段台湾高等教育评鉴制度自主价值实现程度变化

发展阶段	评鉴项目	实现程度	评鉴项目	实现程度
1975–1982 年	大学院校学门评鉴	9.1%	–	–
20 世纪 90 年代	一般大学院校学门评鉴（试办）	68.2%	大学校务综合评鉴（试办）	40.0%
2006–2014 年	一般大学院校第一周期系所评鉴	25%	高等技职院校第一周期综合评鉴	12.5%
	一般大学院校第一周期校务评鉴	29.2%	高等技职院校第二周期综合评鉴	16.7%
	一般大学院校第二周期系所评鉴	37.5%	高等技职院校第三周期综合评鉴	33.3%
2015–2018 年	一般大学院校校务评鉴	41.7%	高等技职院校校务评鉴	37.5%
	一般大学院校系所评鉴	94.4%	高等技职院校系所评鉴	94.4%

注：根据上文测算结果整理而得。

第三节 台湾高等教育评鉴制度平衡价值的实现

台湾高等教育评鉴制度平衡价值的实现，意味着平衡从一种主体诉求转化为制度的现实取向。作为一种具有依附性的价值类型，平衡价值的实现是以规制价值和自主价值的实现为基础的，但也有与规制价值、自主价值完全不同的实现形式。通过分析评鉴制度规则中的平衡价值意涵，可以了解平衡价值在制度变迁过程中的实现形式和路径。

一、平衡价值的实现形式

台湾高等教育评鉴制度的平衡价值诉求包括平衡行政与学术权力、协调规制逻辑与自主逻辑、沟通不同教育价值观念等。平衡价值的实现形式就是平衡价值诉求在高等教育评鉴制度实体中的表现方式。从台湾高等教育评鉴制度整个变迁过程来看，平衡价值的实现主要依靠以下几种形式。

（一）高等教育评鉴中心充当平衡支点

在台湾高等教育评鉴制度发展过程中，高等教育评鉴中心的成立具有里程碑式的意义。它是台湾地区首个由行政主管部门与高校各出一半资金建立起来的具有独立法人地位的高等教育评鉴机构，曾被称作"半官方"机构，也被定位为是"客观第三方"，但不管是哪一种称谓，其实都改变不了其所肩负的来自行政主管部门和高校的双重使命。根据台湾教育主管部门在"成立财团法人高等教育评鉴中心基金会规划草案"中所述，高等教育评鉴中心成立的动机主要有三点：一是防止全球化的冲击、确保公共经费的绩效责任；二是避免外界质疑行政官僚操作、引导大学发挥自主性；三是研发客观专业之评鉴指标、累积评鉴经验、建立评鉴制度、树立评鉴之专业度及公信力。① 第一点是对行政主管部门问责权利的表达，第二点是对高校办学自主权的维护，第三点则表明了作为评鉴机构应秉持的中立、公正和专业的立场。由此可见，作为高等教育评鉴制度的价值主体，高等教育评鉴中心将其自身作为实现平衡价值诉求的手段，充当平衡行政主管部门与高校关系的支点。

（二）兼顾评鉴的政策功能与专业性

在高等教育评鉴理念方面主张兼顾评鉴的政策功能与专业性是台湾高等教育评鉴制度实现其平衡价值的方式之一。高等教育评鉴中心第四届董事长黄荣村曾在高等教育评鉴中心创办十周年之际表示："高等教育评鉴虽然有其政策功能，但在评鉴准则设定、评鉴人员选取与实际评鉴业务的执行上，却应该具有专业独立性，这两者并行不悖，却缺一不可。只想满足政策功能，就可能伤害专业独立性；只知专业独立性，就忘了是为何而战。其实目标只有一个，就是协助大学得以提升品质，发扬大学应有的功能与应具有的角色，且唯有专业与政策得以兼顾时，这个目标才有可能达成。"②

（三）评鉴过程注重沟通、救济及公正性

首先，充当行政主管部门与高校之间的"传话筒"。厘清观念，促进理

---

① 曹丽，彭卫民. "台湾与中国大陆"的高等教育及学术评鉴 [M]. 台北：新锐文创，2012：121.

② 财团法人高等教育评鉴中心基金会. 十周年特刊：深耕十年品质领航 [EB/OL]. http：//www.heeact.edu.tw/1151/1165/1417/20652/，2019-04-23.

念沟通一直是高等教育评鉴中心所希冀发挥的功能之一。高等教育评鉴中心创会董事长刘维琪曾说："阻力一直都有，评鉴中心目标显著，成为大家集中批评的对象，背了很多黑锅，但能透过背黑锅把观念厘清也不是坏事。"① 自成立以来，高等教育评鉴中心就通过开展咨询委员会、说明会、讲座，出版评鉴刊物著作等方式推广评鉴理念，促进行政主管部门和高校的沟通，推动评鉴工作顺利开展。

其次，设置申复、申诉机制等救济制度。在台湾高等教育评鉴制度的利益相关者中高校的利益是最易受损的。因此，在评鉴体制内设置申复、申诉机制是对高校权益的一种救济和保护，也是防止在外部规制力量过大时因程序瑕疵造成的高校抵抗行为。

再次，完善评鉴程序规则以使之客观公正。事实上，台湾高等教育评鉴制度执行过程中的很多问题都来源于程序规则，如评鉴委员的选择与聘任、评鉴委员的行为规范、访评行程的安排等。因此，不断提升评鉴程序规则的客观性与公正性是减少评鉴工作中摩擦和冲突的关键环节。台湾高等教育评鉴制度中所采用的方式包括制定"评鉴委员伦理准则"和利益回避制度、加强评鉴委员培训、设计自我评鉴书面审查"待厘清问题"与实地访评"待厘清问题"程序。

（四）评鉴结果协调规制与自主诉求

评鉴结果的呈现与使用方式是台湾高等教育评鉴工作争论的焦点，评鉴结果是以等级制呈现还是采用认可制，评鉴结果是与行政主管部门行政奖惩挂钩还是由高校自行使用，这些都关乎规制诉求和自主诉求的实现。平衡价值的实现意味着调和这两者之间的矛盾，采用一种双方都能接受的形式。在一般大学院校系所评鉴、校务评鉴中采用认可制的结果呈现方式对于规制和自主诉求而言是一种折中的做法，既能体现对高校主体性的尊重，又能反映外部质量保障的约束力。评鉴结果是否与行政主管部门行政奖惩挂钩，或者在多大程度上挂钩取决于规制和自主力量的协调结果。从台湾高等教育评鉴制度变迁过程来看，到一定的发展阶段让评鉴结果与行政主管部门行政处罚脱钩是缓解矛盾，实现平衡价值的重要方式。

---

① 财团法人高等教育评鉴中心基金会. 十周年特刊：深耕十年品质领航［EB/OL］. http：//www. heeact. edu. tw/1151/1165/1417/20652/，2019-04-23.

（五）设置后设评鉴机制

台湾高等教育评鉴制度中所设置的后设评鉴机制是指在评鉴结果公布之后，由高等教育评鉴中心或其委托的研究机构对从规划到评鉴结果公布的整个评鉴过程进行的总结性评估研究。后设评鉴一般采用的研究方法是对参与该阶段评鉴的评鉴委员和受评学校（主要指校长、系所主管以及教师等）进行全面性的问卷调查或重点访谈，调查的内容包括对现行评鉴制度的看法和意见以及对未来评鉴制度改进的建议等。后设评鉴机制为各方意见和诉求的表达提供了渠道，在一定程度上能够促进高等教育评鉴制度自我反思和改进。

二、平衡价值的实现情况

台湾高等教育评鉴制度平衡价值的实现不同于前两种价值，其在评鉴制度的初始阶段未有显现，直到 2005 年高等教育评鉴中心的成立才开始焕发光芒，并逐渐成为评鉴制度的重要价值取向。

（一）台湾高等教育评鉴制度初始阶段的平衡价值实现

1975-1982 年期间，台湾高等教育评鉴制度总体呈现出权威、专制的文化特征，评鉴主体只有台湾教育主管部门和台湾高校，前者掌握评鉴权，后者作为评鉴对象，二者中间还未有能够协调冲突，充当平衡支点的中介组织。此阶段的评鉴理念相对比较单一，主要以行政管控、规范与引导高校办学为主要目的，评鉴过程中未设有正式的协调沟通机制、权利救济机制等，在评鉴结果的呈现与使用方面，更多满足的是教育主管部门规制的需求。在高等教育评鉴制度中，处于权力弱势方的高校，并没有可靠的途径来实现自身的诉求。因此，台湾高等教育评鉴制度的平衡价值在初始阶段未有较为明显的展现。

（二）台湾高等教育评鉴制度发展阶段的平衡价值实现

1983-1990 年期间由台湾教育主管部门直接举办的学门评鉴受到各界质疑，在听取学者专家的意见后，1992-1994 年期间，台湾教育主管部门以试办的方式，委托"中国电机工程学会""中华民国管理科学学会""中国机械工程学会"办理相关系所的评鉴。台湾学术界对此寄予厚望，认为该举措具有重要意义，总结而言有两点：一是认为由学术学会主办评鉴工作，教育主管部门就不再扮演管理及控制大学学门教育品质的角色，而能尊重各学术学门的专业性与自主性;[①] 二是认为学会主办大学学门评鉴,比较能够达到"协助各系所自我改进"功能,且能发挥特色。[②] 尽管这种以学术学会代替教育行政部门直接评鉴的形式削弱了行政主管部门的部分权力,促进了"自我改进"评鉴理念的传播与落实,在一定程度上平衡了高校与行政主管部门之间的权力悬殊,但除此之外并未能发挥更多的平衡价值,且其自身也未能从尝试性规则变成常态性规则。有学者认为,造成这种状况的原因有以下三点:一是台湾多数学术学会发展并不健全,难以保证评鉴专业性;二是由于经费预算的限制,每年最多只能委托数个学术学会来办理,周期拉得过长;三是社会各界对评鉴办理单位的立场、评鉴方式、评鉴结果及公信力多有批评。[③] 因此,尽管平衡价值在该阶段的高等教育评鉴制度中有所体现,但总体而言实现的程度十分有限。若根据价值模型中的观测框架,该阶段台湾高等教育评鉴制度平衡价值的实现程度约为 21.4%,具体见表 3.22。

表 3.22　20 世纪 90 年代台湾高等教育评鉴具体规则的平衡价值取向

类目	平衡价值	
	符合	具体内容
评鉴主体	◎	学术团体参与学门评鉴,但未能充分发挥平衡功能
评鉴理念	◎	兼顾绩效评定和自我改进功能
评鉴过程	◎	促进"自我改进"评鉴理念的传播
	×	\
	×	\
评鉴结果	×	\
	×	\

注:表中用四种符号来表示实际评鉴规则与典型平衡价值取向规则的符合程度,其中"●"表示"完全符合","◎"表示"部分符合","×"表示"不符合","-"表示因资料缺失或模糊而"无法判断"。

---

① 苏锦丽. 大学学门评鉴试办计划成效评估的研究 [M]. 台北:师大书苑有限公司, 1995:172.

② 苏锦丽. 大学学门评鉴试办计划成效评估的研究 [M]. 台北:师大书苑有限公司, 1995:207.

③ 苏锦丽. 高等教育评鉴:理论与实际 [M]. 台北:五南图书出版公司, 1997:54-59.

（三） 台湾高等教育评鉴制度稳定阶段的平衡价值实现

20 世纪末，台湾高校与行政主管部门在评鉴方面的矛盾冲突层出不穷，主要问题在于高校对教育主管部门主导的评鉴活动的质疑与批评，认为其不够专业、不够客观，既当"球员"又当"裁判"，而彼时的社会学术团体试办又因公信力不足难以担起评鉴的重任。因此，进入 21 世纪之后，成立一个独立于行政主管部门之外的专责高等教育评鉴机构被认为是缓解这些矛盾冲突的重要突破口。① 2005 年，由台湾教育主管部门和各大专院校共同出资成立的财团法人高等教育评鉴中心基金会肩负起这项使命。2007 年公布的第一届董事名单中，有两位教育主管部门的代表，分别为高等教育主管部门负责人、技术及职业教育主管部门负责人，有六位高校代表，分别为台湾大学校长、台湾清华大学校长、台湾世新大学校长、台湾东吴大学校长、圣约翰科技大学校长和文藻外语学院校长。自此，在以高等教育评鉴中心为主要中介平台的努力之下，台湾高等教育评鉴制度的平衡价值得以实现。

从 2006-2014 年台湾一般大学院校系所评鉴和校务评鉴来看，由高等教育评鉴中心研究制定的评鉴方案在较大程度上协调了台湾教育主管部门和台湾高校的价值诉求，同时提出了评定绩效、匡正偏差和促进高校自我管制、自我改进等评鉴目标。在此期间，高等教育评鉴中心还采取了多种形式以促进评鉴理念的传达与沟通，具体包括以下几点：一是定期召开咨询委员会，高等教育评鉴中心根据"咨询委员遴聘要点"相关规定遴聘咨询委员 （一般为高校学者专家），由执行长提出咨询委员推荐名单组成咨询委员会，针对高等教育评鉴的政策推动与问题改进等事项提供咨询建议，第一次咨询委员会于 2007 年 9 月召开；② 二是召开评鉴实施计划说明会，向受评学校说明和解释评鉴相关事宜，传达教育主管部门政策，例如，2014 年 12 月协助教育主管部门办理"大学暨科技校院自我评鉴政策说明会"，向全台大学及科技院校代表传达未来教育主管部门针对自我评鉴的改革方向与审查作业方式，也邀请了先行办理自我评鉴的学校与会，分享经验；③

① 王保进. "教育部"委托研究计划成果报告——规划成立办理大学评鉴事务的财团法人专责单位案 ［R］. 台北：台北市立师范学院，2003：2.
② 来源于台湾"高等教育评鉴中心年报 （2008 年）"。
③ 来源于台湾"高等教育评鉴中心年报 （2014 年）"。

三是开设评鉴知识讲座或工作坊，例如，2013 年高等教育评鉴中心连续四个月开设了大学自我评鉴系列讲座；[①] 四是出版评鉴刊物，高等教育评鉴中心于 2006 年 5 月开始出版发行《评鉴双月刊》，2007 年 7 月开始出版《高教评鉴》（2010 年逐渐以刊登英文论文为原则，2013 年更名为《高教评鉴与发展》，固定 8 月发行中文论文版，同时服务中英文读者）；五是出版评鉴系列丛书，高等教育评鉴中心于 2006 年 5 月出版"大学评鉴相关法令选辑"，之后陆续出版了《欧盟高等教育品质保证制度》（杨莹主编）、《国际大学研究绩效评鉴》（王如哲著）、《全球与"各国"大学排名研究》（侯永琪著）、《澳洲高等教育品质保证制度：背景、政策与架构》（江爱华著）、《"两岸四地"高等教育评鉴制度》（杨莹著）、《"各国"大学品质保证与校务研究》（杨莹主编）等系列丛书。

由高等评鉴中心负责规划与执行的第一周期系所评鉴引入了申复和申诉机制以对受评系所的意见与权益得以尊重与保证。采用的申复机制是在评鉴委员提出评鉴报告后，实地访评意见先寄送给受评系所，受评系所可针对访评意见中"不符事实"的意见或建议，或是评鉴委员在实地访评过程中，访评作业有出现"违反程序"的作为，提出意见申复。2007 年 6 月，高等教育评鉴中心董事会通过了"大学校院系所评鉴申诉评议准则"，规定对评鉴结果有所质疑者，可在受到评鉴结果报告后一个月内，提出申诉申请，当年高等教育评鉴中心就邀聘了 9 位具有法律或教育评鉴专长的大学教师或社会公正人士，组成"申诉评议委员会"，处理受评系所申诉案件。该项申复、申诉规则随后被列入"大学评鉴办法"当中作为台湾高等教育评鉴制度中的救济机制。据此，高等教育评鉴中心又制定"大学校院通识教育暨系所评鉴申复办法""大专校院评鉴申诉评议规则"等具体规则。第一周期系所评鉴约有 35.4% 的受评系所提出了 5661 项申复意见，申复意见接受比率为 11.25%；第二周期系所评鉴（2012-2014 年）受评系所共提出 3092 个申复意见，申复意见接受比率为 10.6%，部分接受比率为 13.1%。2012-2013 年共有 13 个受评单位提出 58 项申诉意见。但需要指出的是，这种救济机制并非完善，还有较大的提升空间，例如，根据该阶段的规则，评鉴结果的完全公布是在申诉程序之前，对于部分想要申诉的受评单位而

---

① 来源于台湾"高等教育评鉴中心年报（2013 年）"。

言，"伤害已经造成，就算平反也来不及了"①。

该阶段台湾高等教育评鉴制度平衡价值的实现还表现在规范评鉴程序以减少评鉴过程中的争议和矛盾冲突。2010 年高等教育评鉴中心董事会通过了"评鉴委员伦理准则"，其对评鉴委员的行为进行约束和规范，包括要求评鉴委员应依职务身份进行回避，并签署《评鉴伦理与利益回避书》，应排除政治因素干扰，避免政治力介入影响评鉴的公平正义，应保持客观中立的立场，避免以主观意识或已身偏见对受评单位进行评断，等等。第二周期通识教育暨系所评鉴开始，高等教育评鉴中心加大了对评鉴委员的培训工作，要求评鉴委员须参加行前说明会和评鉴专业研习课程。研习课程分为必修与选修课程两类，前者所有委员均需参加，后者由评鉴委员选择参加高等教育评鉴中心每年办理的相关讲座或工作坊。除此之外，为确保评鉴委员在事实认定上的正确性与客观性，评鉴中心设计了自我评鉴书面审查待厘清问题与实地访评待厘清问题，前者是让评鉴委员先仔细阅读受评单位的自我评鉴报告书提出事实性的疑问，并提前告知让受评单位准备，以降低实地访评期间受评单位的时间负担，后者则是为确保评鉴委员经过资料检阅、问卷调查、关系人晤谈、教学现场与设施考察等一系列访评后，将综合意见反馈给受评单位，让受评单位有提出相对应回复的机会。当然，这些做法并没能使得评鉴中的争议冲突完全消失。根据学者开展的 2007－2009 年系所评鉴后设评鉴，受评单位对于评鉴委员实地访评的意见仍然较多。② 在对 2011 年校务评鉴的后设评鉴中，评鉴委员的组成与受评院校特性的符合程度也受到质疑。③ 在评鉴结果方面，该阶段采用的认可制与行政奖惩结合的模式是协调规制诉求与自主诉求的一个结果，对两种诉求都有一定程度的满足，但仍然还存在争议和不稳定因素，主要集中在评鉴结果与行政惩罚挂钩方面。该阶段的高等教育评鉴制度中还设有后设评鉴机制，从 2006 年开始，高等教育评鉴中心或其委托的团体就对已开展的评鉴活动

① 池俊吉. 从大学校园系所评鉴救济规定与成效探究"国内"评鉴事务之现况研究 [J]. 高教评鉴与发展，2015，9（1）：63-90.
② 杨莹，杨国赐，黄家凯，许宗仁. 2007-2009 年度大学校院系所评鉴后设评鉴研究 [J]. 高教评鉴，2012，（3）：1-26.
③ 杨莹，杨国赐，刘秀曦，黄家凯. 2011 年度大学校院校务评鉴后设评鉴研究之分析 [J]. 高教评鉴与发展，2014，8（1）：1-40.

进行后续的调查研究，反思不足以作为未来修正评鉴机制的参考。若根据价值模型中的观测框架，该阶段台湾高等教育评鉴制度平衡价值的实现程度约为 78.6%，具体见表 3.23。

表 3.23　2006—2014 年台湾一般大学院校评鉴规则的平衡价值取向

类目	平衡价值	
	第一周期系所评鉴、校务评鉴和第二周期通识教育暨系所评鉴	
	符合	具体内容
评鉴主体	●	高等教育评鉴中心
评鉴理念	●	协调规制与自治目的
评鉴过程	●	开展咨询委员会、评鉴实施计划说明会、评鉴知识讲座，出版评鉴刊物与系列丛书
	◎	申复、申诉机制
	◎	设置评鉴委员伦理规范、利益回避制度，注重评鉴委员培训，设置"待厘清问题"程序
评鉴结果	◎	认可制、与行政奖惩挂钩
	●	后设评鉴

注：表中用四种符号来表示实际评鉴规则与典型平衡价值取向规则的符合程度，其中"●"表示"完全符合"，"◎"表示"部分符合"，"×"表示"不符合"，"-"表示因资料缺失或模糊而"无法判断"。

（四）台湾高等教育评鉴制度变革阶段的平衡价值实现

2015 年以来，台湾高等教育评鉴制度平衡价值的实现形式总体较上一阶段变化不大，只是在评鉴结果使用方面，更能平衡高校与行政管理部门的需求，而这在很大程度上缓和了评鉴中的矛盾冲突，降低了评鉴制度执行的阻力。除此之外，该时期台湾高等教育评鉴制度平衡价值还反映在大专院校综合视导方面。综合视导项目在上一阶段均存在，但主要由教育主管部门各主政单位自行规划办理。该阶段，视导项目在缩减和整合之后由教育主管部门委托高等教育评鉴中心办理。高等教育评鉴中心在网站上专门开辟"大专校院综合视导专区"为受评高校提供相关讯息，同时也在线下开展了多场说明会，详细说明综合视导实施计划与访视作业流程及网络操作。综合视导中也设置了申复机制、利益回避机制等。若依据价值模型中的观测框架，该阶段台湾高等教育系所（科）评鉴、校务评鉴制度中平衡价值的实现程度约为 85.7%，大专院校综合视导制度中平衡价值的实现程度约为 35.7%，具体见表 3.24。总体而言，该阶段平衡已成为台湾高等教育评鉴制度的重要价值取向。

表 3.24　2015-2018 年台湾高等教育评鉴规则的平衡价值取向

类目	平衡价值			
	系所（科）评鉴、校务评鉴		大专院校综合视导	
	符合	具体内容	符合	具体内容
评鉴主体	●	高等教育评鉴中心、台湾评鉴协会	●	高等教育评鉴中心
评鉴理念	●	协调规制目的与自治目的	×	／
评鉴过程	●	开展咨询委员会、评鉴实施计划说明会、评鉴知识讲座，出版评鉴刊物与系列丛书等	◎	开辟网络专栏，开展视导说明会
	◎	申复、申诉机制	◎	申复机制
	◎	设置伦理规范、利益回避制度，注重评鉴委员培训	◎	视导委员行前会议、回避申请
评鉴结果	●	认可制、与行政处罚脱钩	×	／
	●	后设评鉴	×	／

注：表中用四种符号来表示实际评鉴规则与典型规制价值取向规则的符合程度，其中"●"表示"完全符合"，"◎"表示"部分符合"，"×"表示"不符合"，"－"表示因资料缺失或模糊而"无法判断"。

三、平衡价值实现路径的特点

纵观台湾高等教育评鉴制度平衡价值的实现过程，并结合规制价值和自主价值的实现情况，可以发现高等教育评鉴中心在平衡价值的实现中发挥重要作用，平衡点逐渐向自主价值移动，平衡价值的实现程度逐渐增强等特点。

（一）高等教育评鉴中心发挥重要作用

台湾高等教育评鉴制度平衡价值的实现离不开高等教育评鉴中心自身的努力。高等教育评鉴中心的成立就意味着规制价值诉求和自主价值诉求的平衡有了一个重要支点。在之后的评鉴活动中，高等教育评鉴中心通过开展沟通、咨询、研究及出版活动，规划和执行救济制度，改进和完善评鉴程序规制、开展后设评鉴等方式促进教育理念的沟通，提升评鉴的专业性，其在平衡和协调行政权力和学术权力、规制逻辑与自主逻辑方面发挥了重要作用。

（二）平衡点逐渐向自主价值移动

结合台湾高等教育评鉴制度规制价值和自主价值的实现历程来看，平衡价值的实现是以自我价值的增强、规制价值的减弱为主要背景。在行政主管部门规制价值诉求占主导地位的时候，高等教育评鉴中心更多以行政主管部门的意志作为自己的行为取向，同时兼顾对高校权益的救济；而当自主价值诉求逐渐增强时，其开始以多种方式为自主价值诉求的实现添砖加瓦，以此缓解矛盾冲突，保证高等教育评鉴制度的可接受性。随着高等教育评鉴制度规制程度的降低，尤其是取消强制性系所评鉴以来，高等教育评鉴中心的角色从"规范者"逐渐向"协助者"与"伙伴"转变。[①] 由此可见，以高等教育评鉴中心为代表的平衡支点在评鉴制度变迁过程中是从靠近规制价值逐渐向自主价值方向移动的。

（三）平衡价值实现程度逐渐增强

根据上文的分析可知，平衡价值在台湾高等教育评鉴制度形成的初始阶段并未显现，到20世纪90年代开始显现但却并不明显，直到2005年高等教育评鉴中心成立，其实现程度才开始显著增强。进入到制度变革时期，平衡价值依然保持较高程度的显现。但需要特别指出的是，高等教育评鉴机构作为平衡支点在尽可能地平衡规制价值与自主价值的关系，其发挥的平衡作用虽然在逐渐增强，但并未完全实现，且受制于自身结构，其调和

---

① 此处表述来源于台湾高等教育评鉴研究专家杨莹教授2018年5月11日在厦门大学台湾研究院开设的专题讲座。

矛盾的能力在本质上就具有有限性，因此，它并不能完全消解规制与自主价值之间的矛盾与冲突。

本章小结

台湾高等教育评鉴制度三种典型价值诉求的实现涉及一系列复杂的过程，总体来看，规制价值的实现主要通过"立法"保障教育主管部门评鉴权利、教育主管部门管控评鉴机构、评鉴过程突出规范与效率、评鉴结果应用于行政管理等形式；自主价值的实现主要通过高校参与评鉴规则制定、凸显自我评鉴核心地位、评鉴过程突出多元与公平、评鉴结果回归高校自用等形式；平衡价值的实现主要通过高等教育评鉴中心充当平衡支点、兼顾评鉴的政策功能与专业性、评鉴过程注重沟通救济及公正性、评鉴结果协调规制与自主诉求、设置后设评鉴机制等形式。在高等教育评鉴制度不同的发展阶段，这三种价值的实现情况和路径各不相同，呈现出各自的特点。从规制价值的实现路径来看，始终强调教育主管部门评鉴权责、转变实现方式与内容、实现程度逐渐减弱是其主要特点；从自主价值的实现路径来看，强外生性价值实现、从"形式自主"到"实质自主"、实现程度逐渐增强是其主要特点；从平衡价值的实现路径来看，高等教育评鉴中心发挥重要作用、平衡点逐渐向自主价值移动、实现程度逐渐增强是其主要特点。这些价值的实现意味着规制、自主、平衡从一种主体诉求转化为制度的现实取向。

第四章
台湾高等教育评鉴制度的价值矛盾

制度变迁的背后包含着价值系统的演化，一般而言，价值系统的演化包含着渐变和突变两种不同的过渡状态。在台湾高等教育评鉴制度发展的不同阶段，规制价值、自主价值以及平衡价值有着不同程度的实现，这种实现及其变化构成了一种不断演化的价值系统。那么，台湾高等教育评鉴制度价值系统演化的动力究竟是什么？从马克思主义哲学的角度来看，现实的客观物质世界的发展是一个由事物内在矛盾性而引发的"自己"运动的过程，矛盾是"提供理解一切现存事物自己运动的钥匙"。现实的价值系统的演化，并非是无源之水、无本之木，而是价值系统内在所具有的动力机制促成的，这种内在动力机制其根本就是价值系统的矛盾性，是价值系统内在要素竞争与协调、冲突与统一的相互作用。① 台湾高等教育评鉴制度组织系统中包含着行政主管部门、高校以及评鉴机构这三个主要的社会群体，他们依照自身不同的目标与不同的利益诉求，践行着不同的运行规则和伦理规范，而这就不可避免地产生价值的差异，甚至是价值的冲突。从共时的层面来看，规制价值、自主价值及平衡价值是台湾高等教育评鉴制度价值系统的重要组成，其本身具有差异性和矛盾性；从历史的层面来看，现实的时空环境（各种内外部因素）让价值主体的表达与互动不断更新变化，与制度规则所反映的价值产生距离与差异，呈现出竞争与合作、冲突与协调的矛盾运动过程。

因此，要想了解台湾高等教育评鉴制度价值系统的演变动力，就必须

---

① 张军. 价值与存在 [M]. 北京：中国社会科学出版社，2004：183.

聚焦其中的矛盾与冲突，并把握其历史演化的脉络。为此，本研究结合历史、比较、调查等多种视角与方法对 220 余篇期刊论文、10 余本学术著作的相关论述及 26 位受访者（包括教育主管部门前负责人、评鉴机构主要负责人、高校校长、高校校级行政人员、系所主管、系所行政人员、普通教师、学生及评鉴专家学者等，受访者相关情况见附录 1、访谈提纲见附录 2）的表述进行分析与讨论，对不同时期台湾高等教育评鉴制度的价值取向、矛盾与冲突进行分析与判断，绘制价值系统的演化路径图，总结价值矛盾运动的路径与特点，并揭示当前台湾高等教育评鉴制度的价值困境。

第一节　台湾高等教育评鉴制度价值取向的变化

根据前一章对制度文本的分析，可以发现台湾高等教育评鉴制度三种价值的实现程度在不同时期是不同的，就单个价值的纵向变化来看，规制价值的实现程度是在不断减弱，而自主价值和平衡价值的实现程度是在不断加强。但价值系统中的各种价值并非是独立存在、单方面绝对地发展，而是包含了多方力量竞争、博弈与协调的过程。因此，我们在考察台湾高等教育评鉴制度整体的价值取向时，还要进行横向比较以明确三种价值实现的相对位置。在前文的基础之上，结合相关文献的印证，笔者发现，台湾高等教育评鉴制度的价值取向属于渐进式演化，逐渐从"规制绝对主导"转向"规制主导、兼顾自主与平衡"，再转为"规制与平衡双主导、重视自主"，目前处于"规制、自主与平衡共同主导"，平衡价值的平衡点也逐渐从靠近规制转向趋于中立（见图 4.1 和图 4.2）。

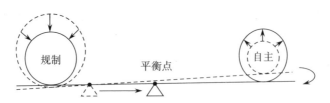

图 4.1　台湾高等教育评鉴制度平衡价值及平衡点变化图

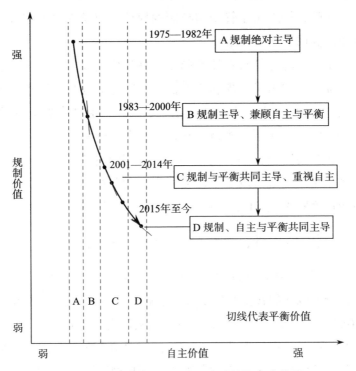

图 4.2　台湾高等教育评鉴制度价值取向变化图

一、规制价值绝对主导

　　台湾高等教育评鉴制度发展的初始阶段时值台湾社会"戒严"时期，当局行政权力远居于学术权力、市场权力之上，这种力量的悬殊贯穿在整个台湾高等教育管理文化当中。1978 年 3 月，时任台湾教育主管部门负责人的李元簇在"立法院教育委员会"上表示，今后实施大专淘汰制度来提高高等教育水准，审查对象不仅是大学生，教师也包括在内，凡不合于大学师资条件的老师，将要求转移到专科职业学校任教，大专师资的审查包括学历审查、升迁及应聘审查，著作审查等。[①] 行政主管部门用"审查、淘汰"这种强硬的行政手段介入高校内部管理足以见得规制诉求及力量的强

――――――――――

　　① 周平. 1975 年以降文件档案中大学评鉴体制的论述与反论述形成 [J]. 教育与社会研究，2011，(23)：79-125.

大。因此，有台湾学者指出，1972 年与 1982 年的"大学法"修订，教育主管部门对于大学，始终居于管理与控制的地位，而学术自由与大学自主的理想，被束之高阁，无人问津。[①]

对比该阶段台湾高等教育评鉴制度三种价值的实现程度，可以看出规制力量明显强于自主力量，规制价值占据绝对主导地位，这种判断在台湾学者的论述中得到了印证。学者郭昭佑表示"此种由'中央'主导的评鉴，其执行的特质为由上而下的规范，缺乏学校自主性的评鉴发展，评鉴的执行与接受多属被动性"[②]。亦有台湾学者明确将此阶段界定为台湾高等评鉴制度的"政治强力介入阶段"[③]。综合来看，此阶段台湾高等教育评鉴制度的规制价值占绝对主导地位。

二、规制价值主导，兼顾自主价值与平衡价值

1987 年台湾社会的"解严"和 1994 年"大学法"的修订对台湾高等教育评鉴制度价值取向的转变产生了重要影响。"解严"之后，台湾高校追求"自由与松绑"的声音开始高涨，教育主管部门也开始对高校的声音进行回应，以平衡规制与自主的诉求。1988 年台湾学术界在"大学法"修订的讨论中，痛诉台湾的高校缺乏基本的自主权，办学特色难以实现。

目前台湾的大学并无起码的自主权来规划适合本身条件的知识环境，养成自己的特色。举例而言，课程设计最影响学生所获取的知识内容与品质，直接主宰大学的生息。但"教育部"依"大学法"第四十六条自拟大学规程，再依大学规程第二十八条，规定各学系的必修与选修课目标。所列"共同科目表施行要点"，限定了大学几近四分之一的功课于单元价值的思想教育及工具性语文科目。共同必修科（28-34 学分）既须遵照"教育部"的规定授课，而当前大学体制又是科系教育，学生一进大学已隶属于某一科系，毕业时拿的也是某一科系的文凭。共同必修科之外便是科系课程，科系课程所做的是专业训练，其中一半科目（50 学分）尚由"教育

---

① 陈汉强. 大学评鉴 [M]. 台北：五南图书出版公司，1997：25.
② 郭昭佑. 教育评鉴研究：原罪与解放 [M]. 台北：五南图书出版公司，2007.
③ 林松柏. 台湾高等教育评鉴利益关系人互动模式建构：评鉴政治学理论之应用与评析 [D]. 南投：暨南国际大学博士学位论文，2009：73.

部"统一规定。专业训练较少涉及学生知识视野的拓展。因此，各校能在一般知识课程上发展的弹性，几乎断绝，几年来通识教育的实施失败，肇因于此。大学应以知识为主体，课程则在落实知识的接受与发扬。连对课程设计都无法自主，都由"教育部"一手包办，那么各大学如何形成自己的风格，孕育自己的特色?[1]

在该次讨论上，台湾高等教育界与教育主管部门达成共识，认为教育主管部门应放松对高校内部事务的管控，给予高校更多的自主权，同时认为，高校应承担起自己的责任，接受社会和教育主管部门的监督与考核。

正如众所非议，"教育部"大小事皆管的情形当然不是理想有效的监督；事实上，大学行政的监督，可透过教授主校的办法来执行，由深知大学应如何善尽功能的大学教师来监督考察校务的进展。此外，"教育部"也应透过校际评鉴的方式，对各大学在教学、研究及服务方面的表现做全面公平的考核[2]……不论哪个国家（地区），对于大学及其他教育也都采取适当的社会与国家（地区）监督制度。大学是个社会分工单位。大学不是一个社会孤立的单位，大学是一个社会分工的单位，它从社会获得生活资源，并对国家（地区）社会负有严肃的任务。社会固然应给予其自由发展的权限与机会，但其自主与自制的范围却不是漫无限制的。[3]

该次讨论会促使台湾教育主管部门重视评鉴中大学的自主性，同时也在一定程度上促成了1994年"大学法"的修订。1991年，教育主管部门委托当时的新竹师范学院（2005年改名为"新竹教育大学"，2016年合并到"台湾清华大学"）教学与学校评鉴中心，就"大学评鉴委托公正学术团体办理可行性"进行专案评估研究，针对一千两百多位大学学术主管及大学评鉴委员进行问卷调查，后于1992年、1993年委托学术团体办理学门评

① "立法院"图书馆. 立法报章资料专辑第十三辑——"大学法"［M］. 台北："立法院"图书馆，1988：55.

② "立法院"图书馆. 立法报章资料专辑第十三辑——"大学法"［M］. 台北："立法院"图书馆，1988：9.

③ "立法院"图书馆. 立法报章资料专辑第十三辑——"大学法"［M］. 台北："立法院"图书馆，1988：30-31.

鉴，将部分权力转移至专业学术学会。1994 年"大学法"的修订，首次提出将高校的"发展方向与重点"变为由高校自身"依社会需要及学校特色自行规划，报'教育部'核备后实施"，公立高校的校长从由教育主管部门指派转变为由学校自行组织遴选委员会遴选 2~3 人报教育主管部门遴选委员会择聘，共同必修课程也从由教育主管部门规定转变为"由各大学自行商订"。这次"大学法"修订传递出"放松管制，给予高校更多自主"的政策信号，这种信号随后也在高等教育评鉴制度中得以体现。

1996 年，台湾大学院校主要学术和行政主管与教育主管部门在大学教育评鉴共识座谈会上就大学评鉴的目的达成以下共识：①应以提升内在品质为主，确保外在品质为辅；②应朝向校院间的学习观摩为主；③应包括自我改善、提供校院学习观摩机会以及作为教育主管部门与大学沟通的桥梁；④应以协助各学校发展为主，而不是以奖惩为目的。

尽管，高校自主的呼声受到台湾教育主管部门的关注，并促成了评鉴制度设计者的反思与讨论，台湾教育主管部门也尝试将评鉴权力交由民间学术团体以平衡各方诉求，但就评鉴制度的整体导向来看，规制价值仍然占据主导地位。台湾相关部门表示"因为政府大幅度扩充大学数量，遭受质疑其无法对教育品质做有效的把关，故在'立法委员'（民意）的要求下制定法规、建立评鉴制度……对评等不佳的学校进行处分，以确保民众所接受的教育品质"①。因此，有学者认为，台湾高等教育评鉴发展虽已随着政策松绑与持续修"法"趋于多元，然而其间未曾改变的是教育主管部门所扮演的明显主导角色，其对高校的"操控"只是从"台前"转向了"幕后"，并用"法令掩护实质控制"②。

三、规制价值与平衡价值双主导，重视自主价值

20 世纪 90 年代末高校追求自主、自由的声音在 21 世纪初得到了台湾教育主管部门的回应。2001 年台湾教育主管部门发布的"大学教育政策白

---

① 转引自：林松柏. 台湾高等教育评鉴利益关系人互动模式建构：评鉴政治学理论之应用与评析 [D]. 南投：暨南国际大学博士学位论文，2009：77.

② 林松柏. 台湾高等教育评鉴利益关系人互动模式建构：评鉴政治学理论之应用与评析 [D]. 南投：暨南国际大学博士学位论文，2009：74-77.

皮书"明确提出要赋予高校办学更多的自主空间,让各校能够逐渐建立自己的发展特色,以应对大学功能分化的需求,并承担办学成败的责任。从该文献的论述中可以看出,台湾高等教育政策的价值导向逐渐从经济建设主导、行政主管部门主导、一元规范开始朝向教育本位、高校自主、多元特色方向转变。

　　回顾大学教育发展的轨迹,已从精英教育渐转,化成兼顾普及教育,从经建主导逐渐转化成兼顾建立教育特色,再者,从就业导向逐渐转化成兼顾消费性需求,"政府"主导逐渐转化成兼顾教育的自主性,从一元的规范走向兼顾多元的需求……大学校务繁杂,若事事需要呈报"教育部",自然会造成效率大减。所以在运作上,使大学走向自主,是各大学与"教育部"的共识……大学自主主要表现在大学与"国家"的互动关系上。大学既是社会公器,自然不能违背"国家"法制,而"政府"对大学原则上只尽监督的责任,其余由大学自行发挥,不受限制。为了使大学朝向民主与效率,必须提升大学自主。① ("大学教育政策白皮书",2001)

　　在这样的导向之下,台湾高等教育评鉴制度的自主价值也就受到了更多的重视,自我评鉴、自我改善的理念开始在评鉴制度改革中逐步落实,例如,通过政策引导鼓励高校建立自我评鉴机制、评鉴结果改"等第制"为"认可制"、放开自办系所评鉴的范围等等。但这并不意味着该阶段规制价值不再是台湾高等教育评鉴制度的主导价值,从前章的分析来看,相较于自主价值,规制价值仍然占据优势。台湾学者杨莹指出,从表面上看,台湾教育主管部门是退居二线,但从其将评鉴结果的处理作为大学院校招生总量管制、增设系所的审核、奖补助经费核发以及学杂费调整的参考等决策来看,教育主管部门在高等教育评鉴工作上仍扮演着相当强势的主导者角色。② 从受访者的表述中也可以看出,此时台湾的高等教育评鉴制度较多地体现了台湾教育主管部门希望规范办学秩序、引导高校办学方向的价值诉求。

---

　　① 台湾"教育部"."大学教育政策白皮书"(2001 年)[EB/OL]. http: //history. moe. gov. tw/important_ list. asp,2018-09-10.
　　② 杨莹."两岸四地"高等教育评鉴制度 [M]. 台北:财团法人高等教育评鉴中心基金会,2010:205.

对于"教育部"来讲，"他"看到有些学校就好像也没有很积极，所以就可能想要推，让大学能够动起来，用一个方法逼着大家回头去反省一下，那个方法就是评鉴。那个时候，境外大学已经在做一些改变，但我们台湾的大学每年还是固定着同样的做法，可能是 30 年前这样教，现在还是这样教，以后你的学生学的还是这样，就没有改进，所以，一定是看到一些问题，想用评鉴刺激大学做一些改变……就台湾来讲，"教育部"要引导你做什么事情，他就用评鉴。他要叫你做什么事情，他用评鉴去绑着你做。他可以用评鉴要求学校做那些事情，他推一些策略的话，就会要求学校纳入评鉴的指标，比如所谓的 KPI。他要推动这个政策，可能没有人理他，但是他把这个绑在这边（评鉴），你就不得不乖乖地做，所以，"教育部"是一直用这种方法在做。(UT180927)

需要指出的是，该阶段台湾教育主管部门所采取的规制价值实现工具发生了变化，从"命令—服从"模式转变为"竞争—控制"模式，即减少直接干预，以经费、资源等为诱因促进高校之间的竞争与淘汰，以实现"对大学的远端调控"①。这种转变既是出于对高校自主呼声、国际发展趋势的顺应，亦是为了应对教育经费紧张、教育资源分散以及公众要求教育质量的压力。有报道称，2005 年的"大学法"修订后，新增教育主管部门应定期办理大学评鉴，作为当局经费补助及学校调整发展规模的参考，正式宣告台湾高等教育进入"保优汰劣""适者生存"的新阶段，"大学再也不能躲在不见烈日的保护伞下，高枕无忧的沉睡了"。② 第一周期大学院校系所评鉴就是在这样的"竞争淘汰"逻辑下开展。尽管自 2011 年大专院校校务评鉴开始，台湾教育主管部门有意弱化补助经费、招生配额等利益诱因，但总体来看，这种以促进竞争实现管控目的的规制逻辑在该阶段始终存在。

为什么用系所作为评鉴单位，其他国家地区最小的评鉴单位都是学门。我跟当时"高教司"解释，因为，当时台湾已经开始少子化。所以，他希望透过第一周期，把"国内"3000 多个系所全部检核一次，让办学品质不

----

① 刘秀曦. 高等教育政策工具之探析：大学评鉴结果与"政府"经费分配之连结 [J]. 教育研究与发展期刊，2013，9 (3)：31-58.

② 系所评鉴开跑 [J]. 评鉴双月刊，2006，(1)：6.

好的（系所）退场，退场完之后，再只做学门（评鉴）。（PHT180611）

　　该阶段台湾高等教育评鉴制度价值取向的另一个重要变化就是平衡价值开始成为主导价值之一。高等教育评鉴中心的成立所代表的象征意义及其在高等教育评鉴制度中发挥的平衡作用在该阶段充分显现。根据受访者的意见来看，高等教育评鉴中心的成立基本上可以看作是平衡行政主管部门与高校之间矛盾的折中之举，高等教育评鉴中心在某种程度上充当了沟通的桥梁，并更好地兼顾了学校的利益，更多地遵循教育逻辑，注重对学生的培养。但需要指出的是，由于此时规制价值仍为主导价值，评鉴机构在杠杆平衡中的位置依然靠近规制价值一方。

　　最早期就是由"教育部"来办这件事情（评鉴）。但是，有人质疑，"教育部"是搞行政的，怎么知道大学是干什么的，所以，有很多的质疑。当时"教育部"也很头大，被一直批评，然后就改，成立了高教评鉴中心。（CT180524-2）

　　其实如果以"政府"部门来讲，它其实不想介入太多，因为他如果什么都管，其实会让高校有点反弹。可是他如果都不管，其实也不okay，但是他基本上在管的话，又怕到最后人家会觉得说你没有尊重高等教育大学自治的精神所在。所以，他们基本上必须透过所谓的第三方，那就是评鉴中心……因为"政府"一方面管，一方面又评鉴，那我们这些高校岂不是很可怜，对不对？我稍微觉得你管理得不OK，难道我不能有任何的意见吗？我一有意见你就用评鉴的方式来压我，在这种情况下，当然会引发到很多的冲突和矛盾点。可是当它透过第三方管理的时候，我们基本上有任何的意见就可以做沟通。（UT181225）

　　第一轮时，"教育部"要求我们高教评鉴中心去跟大学校长来做一个大学评鉴的规划说明。大学校长会议，我就是想亲自说明，刚开始他们大学校长对评鉴还有很多的想法、很多的意见，尤其是说你们会不会用一把尺来评量所有的学校，那么第二个，这个认可制适不适合台湾？因为那是美国过来的；第三个，你们的评鉴会不会造成很多的paper work？就是，书面资料。我们跟他——地说明，终于慢慢就化解他们。第一轮评鉴过程中，评鉴委员出现一些小问题。后来，我们慢慢把它克服了，事实上，评鉴委员在评鉴的时候，我们评鉴中心会派评鉴专员去看评鉴委员的表现，做一

些协调的工作。(CT180612)

（评鉴）实施了这么久下来，几乎各大学都在批评：全台湾只有一所"教育部"大学，认为这个评鉴制度不公平。所以，几十年下来，所有对评鉴一些检讨的论文，或者是批判性的文章，都会提"台湾应该成立一个专业评鉴机构"。所以，2005 年由"教育部"出一半的资金，各大学出一半的资金，成立高等教育评鉴中心来专门办评鉴……以前大概台湾的评鉴，不管他评鉴机制怎么设计的，设计出来最后的评鉴结果永远就是"国立"大学比私立大学要好。而且，不管他指标怎么全面设计，到最后几乎就是用几个研究指标来决定一个大学好或者是不好。评鉴中心成立了以后，真正的系所评鉴是以所谓的教学品质评鉴为主，因为是先做系所评鉴，第一周期先做适宜教学品质评鉴为主，当然也会看研究。这样第一周期五年走下来，整体可以看得到，私立的教学表现得显著优异。(PHT180611)

四、规制价值、自主价值、平衡价值共同主导

2015 年，台湾教育主管部门修订"大学法"表示将评鉴结果与行政管理部门的行政奖惩"脱钩"标志着以促进竞争实现管控的规制价值实现方式不再适用，尽管有受访者表示"现在'教育部'还是有一部分管控的力量在里面"，但这种"管控"确实在"弱化"，(CT180612) 规制价值、自主价值、平衡价值在高等教育评鉴制度中的相对位置开始发生改变。2017 年，台湾教育主管部门宣布系所评鉴完全交由高校自主自愿办理更是推动着台湾高等教育评鉴制度的价值取向朝向规制、自主、平衡共同主导的方向发展。有受访者指出"全世界都从过去比较偏中央集权，或者比较偏学校自主，到现在取得一个平衡，这大概是一个共同走向"(PHT180611)。这种价值转变在评鉴实践活动当中已有所体现，有受访者表示，高校已逐渐从被动走向主动，评鉴委员与受评单位之间的关系也从"上对下"转变为平等。

过去确实为了评鉴弄得大家怨声载道，还要花费很多不必要的（时间精力）。这几年台湾这样评鉴下来，高等教育评鉴中心聘请我们去评鉴的时候，一再地告诉我们说，不要去"鸡蛋里面挑骨头"，不要像以前有的委员那样对学校很凶，而是（从）大家求进步这样的角度，这样就好了，不要像以前那样，好像拿了"尚方宝剑"进去就乱挥。（研究者：所以原来出现过这种情

况?）早期这样的情况比较多，现在我们就没有听到。因为，在台湾这样的评鉴委员，评鉴中心就会把他 pass 掉了，评鉴不会通知他了。（CT180524-2）

我们评鉴的导向已经是走向多元化，而且我们跟高校是在一个平等的地位，不是上对下的。（研究者：之前有出现这种"上对下"的情况?）他们（高校）感觉说我们是上级派来督导的，所以，他们都是误解很深，因为台湾的高校对评鉴很多的刻板印象，很多的误解，需要不断地澄清……高校现在已经从被动走向主动。因为现在评鉴的结果有助于提高学校的声望。假如系所能通过，表示他们一定的品质，假如系所没有通过的话，可能很多家长不愿意把孩子送到这个学校系所去，所以说反正对他们讲是好事。（CT180612）

该阶段，自主价值作为高等教育评鉴制度的主导价值还表现在高校内部自主意识和自我管理能力的双重提升。笔者从访谈中可以了解到，目前部分高校已经将自我评鉴纳入内部质量保障体系当中，作为一项恒常的工作，通过选定标杆、自定目标、签订契约、自我检视、后续改进等一系列的环节来实现对自我办学质量的保障和提升，这些工作均是学校自发自愿开展的，并且总体上得到了教师们的认可。

我们学校跟高教评鉴中心不太一样的是，我们学校还定了一个标杆学校，就是说我们要选一个在国际排名上比我们来得优越的系所作为比较和学习的对象。（研究者：主要是系所层面的，还是说学校层面的?）学校有学校的，各系有各系的，各院有各院的。当然院和系可以有一种协同的形式来执行评鉴的工作。比如说，我们院就找香港大学，我们就找 XX 大学下面的 XX 学院底下的跟我们比较接近的科系，拿他们来做标杆，比较我们两个系所之间实质的员额、研究的产量、学生的来源、国际学术活动的频繁度等，来做一个反省跟对照。这个是最新我们学校采取的方式，不是评鉴中心要求的……我刚讲的把我们的标杆学校列为是我们参照的对象，而不是评鉴的标准……学校的自评还是每五年都会有一次。另外，我们学校的一个做法是，每五年评鉴完之后，每一个科系必须要定出后续施政与改善的方向和指标。（研究者：这个指标是我们系自己定的吗?）是自己制定的，然后通过院的审核和校的审核，成为一个我们自己的很明确的标准，是在接受评鉴完之后，后续的改善的指标。（研究者：这种方式与以前的系所评鉴会有本质上的区别吗?) 当然，最大的区别就是它是客观的衡量，每个系自己发展的走向，去定义你觉得合理的也是我们希望能走的方向，它的自主性比较高，它的客观性也比较高，每一个单位对自己的了解是最清楚的。它不是一个我站在外面，然后所有人都要一样的一个标准。它的个别性质存在，比如说，某一个系可能特别强调国际化，所以，它会把力量放在国际化上，那个指标他们自己可以调，不一定每一个科系都放在研究的方向。也就是说，各个系所可以因应着它们自己发展的需求，去做弹性的调整。同时，这个不是只有自己关起门来设的标准，你要在院里头，通过讨论，其他各系共同地审核、通过。当然，可能有些院他可能自己，大家都打哈哈，不是那么认真，可以通过学校的层级去检视每一个院是不是认真地执行。这个是兼容了系的自我发展走向的规划，跟客观的外部的检视……像这样的设计跟规划，我觉得蛮有价值一些。(CT180615)

在规制价值与自主价值逐渐趋于势均力敌之时，作为平衡支点的高等教育评鉴机构其角色也更加趋于中立。高等教育评鉴中心的某位专家称，以前其经费均由教育主管部门负担，现在是教育主管部门把钱补助给学校，由学校决定找谁。虽然有补助，但学校自己也要出钱，所以，评鉴中心现在是"自营单位"。(HT180612) 也有台湾学者表示，评鉴中心最开始成立的时候，行政主管部门涉入很多，慢慢地，行政力量在淡化，到现在评鉴中心更趋一个中立的角色。(CT180612) 台湾高等教育评鉴专家杨莹教授亦表示，高等教育评鉴中心已从"规范者"角色逐渐向"协助者"与"伙伴"转变。

第二节 台湾高等教育评鉴制度变迁中的价值矛盾与冲突

价值系统的矛盾性是价值系统运动演化的根本原因。就台湾高等教育评鉴制度价值系统而言，其价值取向发生变化的内在动力机制主要在于规制价值与自主价值本身的矛盾性以及平衡价值的局限性。这种矛盾性和局限性主要表现在两个层面：一是理念层面，即在评鉴目的、功能及原则等方面的认知与观念矛盾；二是实践层面，即在评鉴主体、评鉴方式、评鉴标准、评鉴结果等评鉴具体环节的争议与冲突。不同的发展阶段，这些矛盾与冲突的表现并不相同。

一、规制绝对主导时期的矛盾与冲突

1975 年至 1982 年是台湾高等教育规模大扩张后的调整期，在社会"戒严"的大环境下，由教育主管部门主导的学术评鉴、学门评鉴总体上得到了社会各界的支持。大部分人认为评鉴对台湾高等教育水平的提高有积极作用。[①] 1981 年 12 月一份针对大学评鉴工作的调查研究（以下简称：1981年吕美员的大学评鉴调查）[②] 亦显示，不论是评鉴委员还是公私立大专院校的教师大多认为评鉴工作的开展有必要，且多数人认为"应由'教育部'统一建立相关类科系所最低标准"，"师资"被认为是评鉴中最应重视的考察项目，绝大多数人认为"'教育部'首须处理的为评鉴较差的系所，促其限期改善，并提出改进方案向'教育部'报备"。这种"需要评鉴来规范办学秩序"的共识主要源于台湾高等院校规模的快速扩充让社会各界对高校办学的质量尤其是高校教师的素质产生质疑。

台湾高等教育设立之初缺乏严格审查，导致品质良莠不齐，现阶段提高学术研究水准实为当务之急。同时也有许多学者指出应提升高教师资素质，台大历史系主任孙同勋便建言，对新聘与升等教师的资格尤应严格审查；参与评鉴的学者也认为升等层级应增加（联合报，1976-01-06）；还有民众投书质疑教授的资格证书，认为应追究其学历与教学研究的实绩（联合报，1976-02-25）。[③]

尽管该时期社会各界对评鉴的规范功能给予认可，但在评鉴目的、由谁评鉴及如何评鉴等问题上仍存在分歧，这些分歧在一定程度上代表着评

---

① 苏锦丽. 高等教育评鉴：理论与实际 [M]. 台北：五南图书出版公司，1997：49.

② 该调查由台湾师范大学教育研究所郭为藩博士指导的吕美员硕士生于 1981 年12 月 10 日实施，并撰写为硕士学位论文《台湾地区大学教育评鉴之研究》（1982 年 6月）。该调查面向评鉴委员和高校教师两类群体分别发放问卷 45 份、48 份，回收问卷27 份、23 份，调查问题为两类群体对评鉴所持的态度，具体主题包括"评鉴之需要性""评鉴目的""评鉴项目""评鉴标准""评鉴负责单位""评鉴委员遴聘""评鉴过程""评鉴报告""评鉴公布""评鉴结果在学校的处理""评鉴后对各学系主要之影响""检讨与建议"等 12 项。

③ 周平. 1975 年以降文件档案中大学评鉴体制的论述与反论述形成 [J]. 教育与社会研究，2011，(23)：79-125.

鉴单位（台湾教育主管部门）和受评单位（高校系所）在评鉴价值观念上的矛盾差异。由于该阶段的评鉴委员大部分来自教育主管部门内部或由教育主管部门选聘，因此其对评鉴的看法与态度在一定程度上反映了教育主管部门的意志。1981 年吕美员的大学评鉴调查结果显示（见表 4.1），大部分的评鉴委员认为评鉴的目的是"使教育当局了解各校系所教育水准，作为行政决策之参考"，评鉴结果"仅让学校行政主管及系主任了解，提出改进计划"，而大多数的高校教师则认为评鉴的目的在于"激励各校不断提高教学水准"，评鉴结果应该"使系师生、全校师生了解，并提出改进方案"，前者持有的态度是为行政管理工作服务，属于工具导向，而后者所期待的评鉴是改进导向；关于评鉴负责单位，评鉴委员认为应由高等教育主管部门负责，而高校教师则认为应由学术团体或民间成立评鉴团体基金会负责。由此可见，在强规制的价值导向下，高校仍然保有一定的自主意识，希望能够脱离教育主管部门的直接管控，只是这种自主诉求在现实的评鉴制度中受到了压制。因此，尽管该阶段这种价值矛盾并未引发太多现实冲突，但却为之后自主诉求的大爆发埋下了伏笔。

表 4.1　高校教师与评鉴委员对评鉴具有显著差异的看法

调查主题	高校教师	评鉴委员
评鉴目的	激励各校不断提高教学水准	使教育当局了解各校系所教育水准，作为行政决策之参考
评鉴负责单位	学术团体或民间成立评鉴团体基金会	高等教育主管部门
系所评鉴时间	2-3 天	1 天
评鉴结果在学校的处理	让该系师生了解，并提出改建方案；公布让全校师生了解，并提出改进方案	仅让学校行政主管及系主任了解，提出改进计划

注：根据吕美员的硕士学位论文《台湾地区大学教育评鉴之研究》（1982 年 6 月）中的调查数据整理而得。

二、规制主导、兼顾自主与平衡时期的矛盾与冲突

1983 年，台湾教育主管部门开始重新规划高等教育评鉴制度，随后台湾教育主管部门又主导开展了新一轮学门评鉴。然而，这种由行政部门强力主导的评鉴模式在 1987 年社会"解严"之后受到了极大的冲击，高校压

抑已久的自主诉求开始爆发，以"学术自由、大学自主"为口号要求台湾教育主管部门对高等教育各项制度进行改革，并引发一系列的现实冲突。

1987 年，台湾"解严"，此时，李远哲回到台湾，公开提出"教授治校"的话题，引起了热烈的讨论，一时间，学术自由与大学自主的呼声甚嚣尘上。因而，1989 年"大学教育改革促进会（简称学改会）"，针对 1988 年台湾"教育部"提出的"大学法修正案"，举办各种座谈会、研讨会、听证会，甚至请愿、游行、静坐、抗议等活动，向"立法院"提出"教授联名建议案"。由于歧见过大，争议甚多，五年后才完成"立法"程序。在"法案"审议过程中，各方的诉求不同，虽勉强通过，但各方不甚满意。其焦点仍然集中在学术自由和大学自主这两个议题上。大家不满意的原因主要是：一觉得自己的主张没有完全被采纳，其次，对于今后教育行政机关有无诚意落实学术自由与大学自主表示怀疑。（伍振鹭，1997）[①]

针对"大学法修正案"的矛盾与冲突也延续到了高等教育评鉴制度发展过程当中。台湾高校自主价值诉求的持续高涨与当下规制价值主导的评鉴制度格格不入，不论是在评鉴理念层面还是在评鉴实践层面都产生了矛盾与冲突。

（一）评鉴理念层面

从理念层面来看，该阶段台湾高等教育评鉴制度的价值矛盾主要为绩效责任与大学自主、结果导向与协助改进、外部控制与自我管制。

1. 绩效责任与大学自主

该阶段绩效责任的理念在台湾高等教育管理中逐渐渗透，对高校办学成效进行问责逐渐与高等教育评鉴制度结合在一起。台湾高等教育主管部门在 1992 年表示，评鉴的目的在于"推动及协助各大学院校发展的整体规划，以建立各大学发展特色，并将整体高等教育资源做更有效的分配运用，以期大学的发展更能配合'国家'社会需求，也促使大学教育的素质再提升"[②]。这种从社会功能的角度来定义大学责任的理念受到部分学者的支持。有台湾学者认为："教育是一种社会事业，其产品的品质必有一定的标准保

---

① 陈汉强. 大学评鉴 [M]. 台北：五南图书出版公司，1997：27.

② 苏锦丽. 高等教育评鉴：理论与实际 [M]. 台北：五南图书出版公司，1997：60.

证，才能取信于消费大众……大学的经费不管是来自政府的预算还是其他渠道，均为社会资源，其使用不能不负绩效责任；即使大学享有高度的自主权，滥用或浪费资源仍然是不可原谅的……在市场法则的支配下，目前世界各国高等教育机构均已从过去获取无条件的政府预算方式，转为接受有条件的公共经费，而以提供学术成品换取市场资金的模式。"① 因此，他认为"实施大学评鉴，不仅有其必要，而且是必然趋势"。从本质上来讲，大学自主与大学责任并无根本的矛盾，大学自主是大学责任的基础，唯有具有足够的自主性才能对自身的行为负责。然而，在高等教育评鉴制度中过于强调大学的社会责任、绩效结果则会影响大学基于教育逻辑、学术发展逻辑办学的自主性。因此，台湾学者黄炳煌指出："大学教育的特质乃在其'大学自主、学术独立'，因此自主性更是大学评鉴的最高指导原则。"② 台湾学者陈汉强也指出，大学评鉴的内容和标准必须以不干涉"大学自主"、保障"学术自由"为前提。③

2. 结果导向与协助改进

提升高校的办学质量是台湾教育主管部门和高校共同的目标，然而在实现目标的工具与策略选择上，二者却容易产生矛盾冲突。该阶段台湾高等教育评鉴制度更多体现着管理者的行政逻辑，即利用外部奖惩手段来"控制品质"，与此时高校所希望的"协助改进"的教育逻辑相矛盾。台湾学者苏锦丽对 1992-1994 年学门评鉴试办成效的调查结果显示，受评系所主管和教授代表均认为，学门评鉴的应有功能是协助各系（所）自我改进，提供同领域内各系（所）相互观摩的计划，而不认同"学门评鉴结果作为'教育部'补助系（所）经费的参考，'教育部'应补助绩优系（所）"。④ 台湾学者黄炳煌也认为，评鉴的主要目的在于针对各校所短，积极地辅助其改善，最后达成自主、自立、自我成长的理想目标。他指出，近年来台湾教育主管部门所实施的几次公私立大学评鉴，其主要目的（明指或隐藏的），除了了解办学现况之外，似乎偏重于"控制品质"（如作为奖、补助

---

① 陈汉强. 大学评鉴 [M]. 台北：五南图书出版公司，1997：34.
② 陈汉强. 大学评鉴 [M]. 台北：五南图书出版公司，1997：58.
③ 陈汉强. 大学评鉴 [M]. 台北：五南图书出版公司，1997：91-92.
④ 苏锦丽. 大学学门评鉴试办计划成效评估的研究 [M]. 台北：师大书苑有限公司，1995：133-134.

或增设系所、增减班数的依据）。他认为台湾的大学评鉴目标应该自传统的"作为奖惩的依据"改为"协助大学发现、诊断问题，并助其改善".① 还有学者指出，以外部奖惩为诱因的质量管理方式还会产生"马太效应"，对部分高校的发展造成伤害。

"教育部"将评鉴结果视为经费补助的依据，角色不是顾问而是监督者。"教育部"此种将评鉴结果公布，并以实际的行动（经费奖助）来鼓励名列前茅的学校的做法，却对那些排名在后者造成一个无法弥补的伤害。这样的做法只会让强者愈强、弱者愈弱，那些真正需要帮助的学校可能永远无法获得支援。此外，台湾的大学评鉴结果常常被当成是排行榜，焦点常放在名校之间的名次比较，而不是单纯作为各校改进的参考，这些都违背了评鉴的最初意旨。（秦梦群，1998）②

实际上，台湾高等教育评鉴制度设有后设评鉴机制，即对受评高校进行跟踪，协助其改进。但是，台湾学者秦梦群认为该机制"无法真正去落实，对于改进一直只是做敷衍的动作"，他表示就1996、1997年度私校中程校务发展计划审查结果来说，看到的只是教育主管部门对各校的奖惩，并无帮助学校解决或改善问题的正面功能。③ "协助改进"的评鉴理念与"结果导向"的实际做法发生剧烈冲突。

3. 外部管控与自我管制

外部控制的逻辑起点在于对人或机构存在惰性的假设，会认为没有外部的监督与控制，人或机构难以持续发展。该阶段，在高等教育评鉴制度的建设上就有很多人持有这样的观点。1986年，台湾"中研院院长"吴大猷指出："没有评鉴的学术单位，研究人员很容易松懈下来，日子一久，即使有博士学位，也会变成一滩死水。评鉴关系人员去留，自然就形成活水，刺激学术生机……我们学术根底不厚，没有大师领导，再没有学术评鉴，

① 陈汉强. 大学评鉴 [M]. 台北：五南图书出版公司，1997：58.
② 胡悦伦. 海峡两岸大学教育评鉴之研究 [M]. 台北：师大书苑有限公司，1998：127.
③ 胡悦伦. 海峡两岸大学教育评鉴之研究 [M]. 台北：师大书苑有限公司，1998：128.

就更难求学术生根。"① 这种对学术研究的外部管控逻辑很快就体现到后续的学门评鉴、校务综合评鉴以及"大学学术追求卓越发展计划"当中。然而，该阶段在"大学自主、学术自由"思潮的影响之下，"自我管制"已成为众多学者认可的高等教育评鉴理念，这反映了台湾学界对质量保障过程中高校主体性的重视。

> 大学评鉴（认可）的真正目的在于发挥大学的自主精神，借由"自我研究"以改进校务，提升教学"品质"……教育是精神事业，很难用物质标准来评鉴，但是一个公司、一所学校，也是一个组织体，和个人的生命体一样，也有发展的过程、生命周期的现象，也有新陈代谢、自我反省、自我更新、回馈效应等作用，在这样一个过程中，如能自我评鉴、自我管制，则更能发挥自我改进、自求进步的效果，它的"产品"也必能达到品质管制、品质保证的要求。(陈汉强)②

> 唯有大学本身切实秉承"大学自立"的原则，充分发挥自治、自律、自省、自我批判，甚至自我超越的精神，大学评鉴才会焕然一新。(黄炳煌)③

尽管该阶段的台湾高等教育评鉴制度在一定程度上体现出了这种自我管制的理念，但在实际执行时却常常违反，许多大学校长批评台湾教育主管部门"虽口说开放，实际上却用许多法条与规定来绑住大学"。④ 也有报道指出，当外界质疑研究所在职班收费太高时，教育主管部门的官员马上表示，"各校收费标准会纳入大学评鉴的主要考量"，各校如果收费明显太高，"评鉴成绩不但不佳，还会连带影响明年度'教育部'发给学校的奖补助金"。这种以评鉴为紧箍咒的做法，会使得很多大学因为"人在屋檐下"，不得不调整发展策略甚至方向。⑤ "外部控制"与"自我管制"的价值博弈

---

① 周平. 1975 年以降文件档案中大学评鉴体制的论述与反论述形成 [J]. 教育与社会研究，2011，(23)：79-125.
② 陈汉强. 大学评鉴 [M]. 台北：五南图书出版公司，1997：5.
③ 陈汉强. 大学评鉴 [M]. 台北：五南图书出版公司，1997：58.
④ 胡悦伦. 海峡两岸大学教育评鉴之研究 [M]. 台北：师大书苑有限公司，1998：126.
⑤ 李大正，张丽鹏，蒋东霖. 大学教育评鉴的实然与应然 [J]. 网络社会学通讯期刊，2002，(23).

深刻影响着该阶段台湾高等教育评鉴制度的发展。

（二）评鉴实践层面

理念上的矛盾在很大程度上造成了现实中的冲突，就台湾高等教育评鉴制度而言，规制价值和自主价值之间的矛盾以及合适平衡支点的缺失使得各种冲突在实践中产生，主要表现为高校对评鉴制度合法性、合理性的质疑及对抗，其中以关于评鉴主体、评鉴项目与标准、评鉴结果呈现与处理这三个方面的争议居多。

1. 关于由谁办理评鉴的争议

该阶段的高等教育评鉴活动总体是由台湾教育主管部门"一手包办"，除了 1992-1994 年教育主管部门委托学术团体试办的部分学科学门评鉴。这种由当局力量主导的评鉴受到了台湾学术界的批判，有学者认为，由教育主管部门直接评鉴大学，将教育主管部门认作评鉴的主体，大学作为被评鉴的客体，这种观念"大大有悖于大学自主的理念精神与原则，非将它彻底扭转过来不可"。该学者还指出，评鉴的主体应是各大学或由大学之间组成的大学联合会，或是委由专业团体（如医学会、法律学会、各类工程学会）或学术团体（如物理学会、心理学会等）代为执行。① 这样的观点也在针对 1992-1994 年学门评鉴试办成效的调查②中得到了印证，关于"由学术学会负责办理大学学门评鉴是否比'教育部'办理更合适"，受调查者大多持肯定意见。受访者提到的理由主要是由教育主管部门直接实施的评鉴工作较难尊重学术单位的专业性和自主性，落实评鉴自我改进的功能。

受访者认为，大学学门评鉴由学术学会或"教育部"办理，在形式及过程上大致相似，但实质意义迥异。形式上，由于台湾地区幅员狭小，某一专业领域的学有专精，并能被聘为评鉴委员者，大致有限，故不管是"教育部"或学术学会来主办大学学门评鉴，其聘请的评鉴委员多为相同人员；过程上，不论谁负责评鉴，都包括受评系所的自我评鉴和访评小组到校实地访评，评鉴过程上并未差别。但是，在实质意义上，则有所不同：若由学术学会主办评鉴工作，则"教育部"不再扮演管理及控制大学学门

---

① 陈汉强. 大学评鉴 [M]. 台北：五南图书出版公司，1997：51-52.

② 该调查由台湾清华大学苏锦丽教授开展，调查对象包括受评系所主管、教授代表以及评鉴委员。

教育品质的角色，而能尊重各学术学门的专业性与自主性，这种开放态度值得肯定……评鉴委员认为，此次由学会主办大学学门评鉴，比较能够达到"协助各系所自我改进"功能且能发挥特色，包括：评鉴项目与标准更能符合专业要求，使评鉴结果更具公信力；由学会主办具有民间色彩，更能落实自我评鉴与改进的功能；以及学会制定的评鉴目的更能符合协助系（所）自我改进的评鉴精神。①

交由民间学术团体试办评鉴反映了台湾教育主管部门试图缓解矛盾的努力，此举也得到了部分学者的认可，认为"可使台湾大学学门评鉴制度逐渐脱离'中央管制'的模式"。然而，台湾此时的学术团体力量还较为薄弱，尚难发挥矛盾缓和器的作用。1994 年试办结束后，学术团体办理评鉴就再无下文。两年之后，矛盾进一步升级。1996 年 11 月，时任教育主管部门负责人的吴京表示将由"中研院"院士、研究员以"社会公正人士"身份，负责三分之一领域的大学评鉴，另外三分之二领域的评鉴成员由台湾内部相关领域的学者专家担任，将针对管理、理科、人文和生命科学等四个学术研究领域进行评鉴。此举引来轩然大波，有学者表示，这是教育主管部门控制大学的手段，评鉴的公正性势必会受影响。这种矛盾冲突一直延续到 21 世纪初，并促成了"财团法人高等教育评鉴中心"的建立。

"立委"陈汉强则指出，大学评鉴在美国是"非官方"的学术团体的事，"教育部"向来不干预。而今"教育部"突然宣布要委托"中央研究院"院士等进行大学校院系所及整体表现的评鉴工作，并把评鉴结果公诸社会。这恐怕是"教育部"在大学自主之后，不甘寂寞，想把大学评鉴作为控制大学的"紧箍咒"而已……台大化学系教授刘广定提出质疑，认为"中研院"各所不少研究人员都和大学有合聘、兼任或指导研究生的关系，视"中研院"研究员为"社会公正人士"实属可疑。其次，"中研院"并非所有研究所的"研究"表现都比每个大学为好，而且未与大学有合聘及兼任关系的研究人员对大学的"教育"功能并不见得能够了解，由他们来

---

① 苏锦丽. 大学学门评鉴试办计划成效评估的研究 [M]. 台北：师大书苑有限公司，1995：172-207.

担任评鉴工作，并不恰当。①

2. 关于评鉴项目与标准的争议

规制价值主导下的评鉴项目与标准更多呈现出统一性、规范化和偏重量化等特点，而这也成为该阶段追求自主价值者的抨击点。综合来看，抨击者主要基于以下三点理由：一是统一化的评鉴项目与标准未能尊重高校之间的差异性与多样性。例如，针对 1991 年"公立大学中程校务发展计划审查"，有学者认为"指标无法凸显各校办学精神，忽略各校系结果的差异"②；针对 1992-1995 年"私立大学中程校务发展计划"，学者陈汉强表示，将不同性质的院校放在一起不合理，以相同指标评鉴学校，各校难以发展特色，"无法达到'教育部'鼓吹的学生'选系不选校'的精神"。③学者秦梦群针对 1975 年至 20 世纪末以来的高等教育评鉴制度进行反思，认为教育主管部门将彼此属性不同的大学院校以同一标准进行评比，"就像橘子和苹果的比较一般不具意义"④。二是外部规范化的评鉴项目与标准未能尊重大学的主体性和发展性。学者陈汉强认为"大学评鉴原本是目标取向的，而目标是学校成员共同订定的，是内发的动机，而非外加的，'实地评鉴'也只是由同僚来检验自订目标完成的程度而已，并非由评鉴委员带着外在的标准来度量学校的成就，更不能用统一的指标来度量不同身材的学校"⑤。台湾学者黄炳煌则表示"现实中的大学评鉴落入了常模参照的圈套，只重视各校间的比较而忽略了各校的自我改进"⑥。三是重量化的评鉴指标无法反映教育特性与实质。台湾学者秦梦群指出，目前评鉴中所运用的主要是一些量化指标，例如，教师与学生的比率、专任教师中副教授所占的比例、博士所占的比例、每一学生获得校地面积、校舍扩充计划、教师所

① 周平. 1975 年以降文件档案中大学评鉴体制的论述与反论述形成 [J]. 教育与社会研究，2011，(23)：79-125.

② 王保进. 台湾地区高等教育表现指标现况之实证分析 [J]. 教育与心理研究，1994，(17)：61-98.

③ 陈汉强. 大学评鉴 [M]. 台北：五南图书出版公司，1997：91.

④ 胡悦伦. 海峡两岸大学教育评鉴之研究 [M]. 台北：师大书苑有限公司，1998：126.

⑤ 陈汉强. 大学评鉴 [M]. 台北：五南图书出版公司，1997：15.

⑥ 陈汉强. 大学评鉴 [M]. 台北：五南图书出版公司，1997：54.

获得研究经费多寡、单位学生藏书量……依这些指标所做的评鉴结果只是一些表面或形式的结果。①

3. 关于评鉴结果呈现与处理的争议

该阶段台湾高等教育评鉴活动所采取的结果呈现方式主要是优劣、等第、排名等为主，评鉴结果一般也与经费奖助等资源分配结合。这种具有强规制色彩的结果呈现与处理方式，除了让人批判其"对自我改进精神的违背"②，也使得高校对结果的关注远重于过程。1994 年"中国电机工程学会"的调查结果显示，"大部分主管担心的是，评鉴的结果会影响学校声誉"③，而这种心理则容易造成高校对于评鉴制度采取"选择性接受"的策略，即根据评鉴结果选择是否接受。20 世纪 90 年代开展的公私立大学中程校务发展计划审查评鉴便经历了这样的冲突，最后迫使台湾教育主管部门改变评鉴结果的呈现方式。

1990 年"教育部"开始实施的"私立大学中程校务发展计划奖助"，这是"教育部"首度将评鉴结果结合经费分配，访视范围也扩大至整体校务。此为大学校务评鉴之滥觞，每每结果一公布，媒体根据各校分配到的经费多寡加以排名，引发学校反弹，例如，1992 年 12 月，文化大学反对"教育部"以生师比须达到二十比一才能收取弹性费用的规定，认为"教育部"评鉴大学制度不公，七十多位学校教职员到"教育部"抗议，并要求"部长"毛高文为此下台，最后循法律途径解决。最后，"教育部"虽然打赢官司，但也改变做法，把"私校中程校务发展计划"受评学校予以分类，并仅公布各指标项目表现较佳的学校名单，不再全部以排名呈现。④

"教育部"自 1990 年学年度起所做的几次"私立大学校院中程校务发展计划"审查评鉴，因将结果对外公布，招致受评成绩"较差"学校的抗

① 胡悦伦. 海峡两岸大学教育评鉴之研究 [M]. 台北：师大书苑有限公司，1998：125.

② 苏锦丽. 高等教育评鉴：理论与实际 [M]. 台北：五南图书出版公司，1997：57-59.

③ 胡悦伦. 海峡两岸大学教育评鉴之研究 [M]. 台北：师大书苑有限公司，1998：180.

④ 周平. 1975 年以降文件档案中大学评鉴体制的论述与反论述形成 [J]. 教育与社会研究，2011，(23)：79-125.

议，认为评鉴结果有失公允，要求"教育部"道歉，赔偿损失，甚至指责"教育部"此举是"抹杀办学努力，伤害校誉，引发校际冲突，其中甚至有不少'国立'大学参与"。①

三、规制与平衡双主导，重视自主时期的矛盾与冲突

在矛盾与冲突的推动之下，台湾高等教育评鉴制度自主价值在该阶段得到了更多的重视，平衡价值得以较多实现并成为评鉴制度的主导价值之一，但规制与自主的价值矛盾依然在评鉴制度建设与运行过程凸显，其主要原因在于自主价值诉求在当下的评鉴制度未得到充分地满足。

（一）评鉴理念层面

高等教育评鉴制度是台湾高等教育管理制度的一部分，其内在的价值导向在很大程度上受到台湾教育主管部门整体管理理念的影响。2001 年，台湾教育主管部门发布"大学教育政策白皮书"公布未来的教育政策方向，其中的部分论述表明了台湾教育主管部门规制的价值诉求，具体表现为教育主管部门对高校自我管理、自我提升能力的不信任，对行政管理部门须承担管控责任的坚持以及对通过高等教育评鉴来加强质量管控、引导高校发展的期待。

如果教育主管当局和外界减少了对大学的管理约束，而大学又不能自我反省、求新求变以提升教育品质，则其自主将丧失意义，甚而浪费社会资源……过去大学教育，无论是质或量的发展，都由"政府"加以管控。到 1994 年，"大学法"修订后，基于尊重大学学术自由及大学自主的原则，"政府"对大学的管制乃逐渐松绑。当"政府"不再直接介入大学的运作，同时在教育自由化及大学教育的市场快速开放的趋势下"国内"明显欠缺替代"政府"管制的竞争机制。大学评鉴制度并未落实，大学内部的运作也不够透明化，社会大众无从了解或参与大学的运作，校园民主又欠缺权责相符的制衡单位，可以说整体大学教育的环境欠缺品质管控的机制……"国内"各大学的教育目标仍不明确，且彼此间的共识不足，各校对于自身功能与定位亦很模糊，一味追求成为综合型大学的风潮，也致使大学的同质性过高……就现况而言，目前"国内"大学在目标的设定上，不是缺少特殊性就

———————————

① 资料来源于台湾"教育部"2003 年委托台北市立师范学院的研究计划"规划成立办理大学评鉴事务之财团法人专责单位案"的成果报告。

是过于笼统，有赖评鉴工作善加引导。① （"大学教育政策白皮书"，2001）

而在另一面，高校则对教育主管部门表达的管控意愿予以批评和反驳。台湾《联合报》在 2002 年刊出了一位大学副教授兼系主任的严词批评，他指出，现在的大学几乎都是"国科会大学""教育部大学"，这种管控对大学的发展毫无益处。这样的声音并非个例，关于"管"与"不管"以及"管多少"已成为该阶段台湾高等教育发展中的主要矛盾，厘清教育主管部门与大学的关系也成为台湾高等教育体制改革的重要任务。

"教育部"要你追求卓越，"教育部"要做各种评鉴，"教育部"叫你去开会，"教育部"要你的大学和其他大学整合，"教育部"要你执行一大堆的政策、"教育部"还有不计其数的规定……任何大学的行政主管，都得将宝贵时间中的精华部分，像祭物放在"教育部"的祭坛上，任火燃烧成灰，却常常看不到什么具体的成果。② （联合报，2002-02-23）

大学在运作上，较明显亟待调整和厘清的问题有以下几项：一、"教育部"与大学之关系有待明确规范。"教育部"作为"全国"大学之主管机关，掌管预算分配和审核各系所之设置及教师之聘用资格。"教育部"既然掌握了人事与财政权，因此大学内部的运作，理论上事无大小，"教育部"都可以管。但是近年来，大学自治的潮流推向另一极端，以致事无大小，"教育部"似乎都不可以管，一管就成为干涉学术自由，不尊重教学专业。因此，"教育部"必须就那些事该管，那些事不必管，与各大学讨论，订立规范，建立共识。③ （"大学教育政策白皮书"，2001）

台湾教育主管部门与高校之间权责界限模糊所引发的价值矛盾与冲突进一步地反映在了高等教育评鉴制度发展过程之中。该阶段，规制和自主价值诉求之间的矛盾冲突在平衡力量的介入之后得到一定程度的缓和，但观念冲突却并未消失，而是延展为新的类型。

---

① 台湾"教育部"．"大学教育政策白皮书"（2001 年）［EB/OL］．http：//history. moe. gov. tw/important_list. asp，2018-09-10.

② 转引自：周平．1975 年以降文件档案中大学评鉴体制的论述与反论述形成［J］．教育与社会研究，2011，（23）：79-125.

③ 台湾"教育部"．"大学教育政策白皮书"（2001 年）［EB/OL］．http：//history. moe. gov. tw/important_list. asp，2018-09-10.

1. 规范发展与特色发展

规范办学秩序、控制办学品质是台湾高等教育评鉴制度规制价值的主要内容之一，这种理念在该阶段初期的评鉴制度中有非常明显的体现。由于 20 世纪 80 年代末到 21 世纪初，台湾高等教育经历了一次以政策推动的规模大扩张和结构大调整，高校总数增加了约四成，大量专科学校升格为一般学校或技术学院，学院又升格为大学。规模的快速扩张引发了社会各界对其质量的质疑，而这也使得"利用评鉴来规范办学秩序"这种理念获得了较多的认可。有受访者认为，在高等教育规模大扩张的背景下，部分学校的确需要外部评鉴来对其办学进行规范，第一周期大专院校系所评鉴也的确发挥了这样的作用。

因为那时候太多大学，一下子升格，素质真的是参差不齐。这些评鉴对谁最有效，应该是对那些真的资源不到位但硬是要升格的大学。所以，为什么会去查"专任教师比"，他们很多学校（在管理上）真的是乱七八糟。很多系所专任的（教师）可能就一个或两个。一个老师可能被三个单位合聘，师资很多是蒙混过来的。所以，那种学校的确需要这样子的机制去规范办学。（CT181024）

上一波的评鉴可以看到，确实让各大学很清楚的（意识到）专任师资不能不聘请。以前有些特别是后段班的私立大学，聘三个专业老师，其他全是兼任老师，甚至有些系统没有专业老师，一个专业老师兼两三个系所的系主任，这些评鉴完第一阶段结束完以后都消失了。（PHT180611）

规范秩序、控制品质是当下台湾高等教育发展的需求，而发展特色同样也是该阶段台湾高等教育发展的必由之路。台湾教育主管部门提出赋予大学的运作更大自主空间的主要目的就是"让各校能够逐渐建立自己的发展特色，以因应大学功能分化的需求"[1]。然而，规范秩序和发展特色这两种追求在实践中却常常相互掣肘。"大学教育政策白皮书"（2001）中指出，如何在"发展学校特色"与"确保学校最低教育品质"两大目标之间兼容并蓄，是教育主管部门与大学都要面对的问题。[2] 二者之间的矛盾在高等教

---

[1]　台湾"教育部"．"大学教育政策白皮书"（2001 年），［EB/OL］．http：//history. moe. gov. tw/important_list. asp，2018-09-10.

[2]　台湾"教育部"．"大学教育政策白皮书"（2001 年），［EB/OL］．http：//history. moe. gov. tw/important_list. asp，2018-09-10.

育评鉴制度有着充分的体现。受访者（CT181024）指出，以规范办学秩序为导向的评鉴在某种程度上伤害了高校的办学特色。他认为这种"规范"只应该针对那些设立不久的新大学，而对于一些办学历史较久的大学则应该给予更多的自主权，让他们发展自身的特色。很多高校领导者也持有这种观点。在2012年的采访中，时任义守大学校长的萧介夫表示"大学评鉴应该是个教学品质保证的机制，对于社会大众认为好的学校，'教育部'就应尽量少干预，才能让大学、系所有更多发展特色的机会"。他反复强调，教育主管部门应让每个学校拥有更多的自主权，只要让学校的品质维持在一定的水准即可，教育主管部门不用管太多，而应放手让学校去发展其特色。① 规范发展与特色发展的价值矛盾亦引发了评鉴实践层面的冲突，包括评鉴内容和指标的设定、评鉴委员的立场、评鉴结果的呈现与使用等。

　　像传统的大学，就是已经有三四十年以上（历史）的，这些学校基本上不会有那么大的问题。但是台湾的大学都叫作"教育部"大学。台大也是"教育部"大学，XX大学是"教育部"大学。因为"教育部"会用单一的标准或规范强迫所有大学都在这个标准以内。台湾高校的问题就是"教育部"管太多，所以做不出特色，私立大学应该是要做特色的。私立学校应该是以特色著称，这样才有存在的价值……比如说，XX研究所本来是XX大学做得最有特色的，但是它却被并掉了，为什么呢？因为师生比不够（达不到评鉴要求）。办学绩效再怎么好，我的学生再怎么优秀，对"国家"有多少的贡献，但是第一关是你有多少老师。这就是考量学生的受教育权，就是一个所系应该有多少老师，才能够提供多少资源给学生。台湾的"教育部"非常注重师生比。（CT181024）

2. 外部导引与学术自治

　　通过高等教育评鉴制度来影响高校的发展方向是该阶段台湾教育主管部门的重要诉求。有学者指出，第二周期大学院校系所评鉴及通识教育评鉴、"奖励大学教学卓越计划"、"大学校院增设调整院系所学位学程及招生名额总量发展审查"、将学杂费调整与学校办学绩效结合以及"高等教育创新转型方案"等都属于台湾教育主管部门引导大学教育创新的政策工具。

---

① 林杉灵. 大学评鉴创造双赢——封面故事［J］. 高教技职简讯，2012，（6）：14-67.

该学者还指出："这些政策工具的设计主要是鼓励大学发展出能立即展现学习成果且有助学生就业的专业教育，但对于能引导学生自我探索、行动实践、批判反思、开阔眼界格局、培养领袖特质的通识教育就相对缺乏政策性的支持……前述各项政策工具组合后所产生的综效，让大学教育发展的重心倾斜。"① 这种通过评鉴来实现引导高校办学方向的做法被一位台湾学者称之为评鉴的"指导性模式"。② 尽管，有学者认为这种指导性模式有其正向功能，但是对很多台湾高校而言，这是对学术自治的一种僭越，这也就导致了高校在一开始对评鉴活动的反感。

第一周期的系所评鉴、通识中心的评鉴，引发的反弹是很多的。那个时候，在高校里面，学者有不同的观点，觉得为什么要透过评鉴，这样子的外部单位来进行校内的检核。一个学校的办学，高等教育治校强调自己要有自己的一些特色。所以，那个时候有些人对于要进行评鉴这件事其实是不以为然的……很多学校就觉得是劳师动众，为什么要做这样的事情？（UT181225）

还有学者明确提出，针对"系所"这种学校内部学术单位进行评鉴，将"课程设计与教师教学"等作为评鉴的项目是对"大学自治"的侵害。台湾学者陈文政将"大学评鉴办法"（2007）中的相关规定与"大学法"以及"宪法"中的相关条款进行比对，认为"大学评鉴办法"违反了"宪法"中关于"大学自治"的规定，并逾越了母法"大学法"的授权，其核心论点之一就在于，"宪法"规定大学内部事项由大学自行决定，不受行政主管部门的外力制约，而"大学法"只是授权行政主管部门对大学进行外部评鉴，受评内容是整体校务行政，并不包括教学、研究、课程等大学核心自治的内容，但"大学评鉴办法"却将系所作为评鉴对象，将课程教学作为评鉴内容。③ 该学者还对高等教育评鉴中心2007年公布的系所评鉴报告进行了分析，台湾学者许育典和陈碧玉在2011年也对系所评鉴报告进行

① 林从一，吴明锜. 从大学通识教育评鉴看大学的自愿性服从 [J]. 评鉴双月刊，2015，(56)：12-13.

② 林尚平. 后设评鉴与未来高等技职校院评鉴的定位 [J]. 评鉴双月刊，2007，(7)：36-38.

③ 陈文政. 析论"教育部""大学评鉴办法"之"适法性与合宪性" [J]. 政大法学评论，2008，(103)：1-61.

分析，三位学者均认为此周期的系所评鉴侵害了高校系所的学术自治空间以及学术研究自由，其采用的部分佐证材料见表4.2。由此可见，评鉴的引导功能与学术自治的理想在该阶段的台湾高等教育评鉴制度中发生了矛盾冲突。

表 4.2　学者判断第一周期系所评鉴侵害学术自治的佐证资料之评鉴报告书

意见类别	评鉴报告书相关表述	来源
关于课程与教学	在课程安排方面，宜区分为"法学背景"与"文教背景"学生，才能在教学上兼顾学生之需求……建议学生分为两组授课，一组为法学背景之学生，另一组为文教背景之学生；宜尽速开设专业法律学程……对新生宜开设不计学分之第二外国语……建议开设文教机构管理法学与经营学课程。	台北教育大学文教法律研究所 2006 学年度的评鉴报告书
	实际课程规划上……缺少实验课程……建议开设一至三门实验课程……建议开设英文论文写作课程。	彰化师范大学积体电路设计研究所 2006 学年度的评鉴报告书
	师资阵容虽佳，唯该系所课程之领域与科目之属性，仍有努力之空间……建议系所课程架构图提出前，宜列出系所之具体目标，并置于该图之上方……普通体育之任课教师（专任抑或兼任），以具备教育学程素养及能力者担任为宜；师资培育专门课程，宜重视教学科目编排之逻辑顺序（譬如大三上体育教材教法，大四上体育教学实习）……适应体育仅规划 8 个学分。	彰化师范大学体育学系、应用运动科学研究所、运动健康研究所（一系二所联合评鉴）2006 学年度的评鉴报告书
	对于基础课程、核心课程乃至选修课程之规划整合性不足……建议转型后专业课程宜作完整规划……可考虑规划并推动课程学程化。	屏东教育大学应用化学暨生命科学系 2006 学年度的评鉴报告书
	授课大网中对学生阅读内容之深度及对学生考评之标准宜加强……课程设计方面，增设"比较政府与政治""经验政治理论"及"国际关系与国际法"相关课程。	台湾师范大学政治学研究所 2006 学年度的评鉴报告书
	该系所列的课程名称有很多是新课程，目前学术界尚未对这些新课程之内涵形成共识，此对将来学生谋职，雇主可能也不知其所学，因此也无法确定他是否适合。	台湾师范大学机电科技学系 2006 学年度的评鉴报告书
	该所各领域所列 2005 学年度至 2007 学年度课程之安排，未见完备，如人体移植与法律问题专题研究、仲裁及调解、企业合并、竞赛、破产、重整等法律重要问题研究，宜予增列。	台湾政治大学法律科际整合研究所 2008 学年度的评鉴报告书

续表

意见类别	评鉴报告书相关表述	来源
关于学术研究	至今并没有一篇刊登于 TSSCI 刊物的文章。虽然过去 3 年仍有不少篇期刊文章发表，但是这些期刊在品质上与声望上都尚未得到学界之认同。	台湾师范大学政治学研究所 2006 学年度的评鉴报告书
	该系专任教师计 7 位，其近三年的研究表现（SSCI、SCI、TSSCI）为平均每人 0. 29、1. l4 及 0. 43 篇，显示研究成果未达 "研究优良之教学型大学" 之水准。	台湾联合大学财务金融学系 2009 学年度的评鉴报告书

注：上表根据《析论 "教育部" "大学评鉴办法" 之 "适法性与合宪性"》（陈文政，2008）和《大学自治下大学评鉴制度的检讨：以系所评鉴为例》（许育典、陈碧玉，2011）两文中的相关内容整理。

3. 绩效问责与自我改进

绩效责任自 20 世纪 90 年代开始就是台湾高等教育管理的重要价值取向，并延续到这一阶段。台湾学者在讨论高等教育评鉴的目的导向时，常将绩效责任和改进放在一起对比，将其作为一对矛盾。根据台湾学者黄政杰和李隆盛的界定，绩效责任导向的高等教育评鉴其目的是为促进高等教育机构符合其绩效责任的需求，评估、报告及控制，通常由外在团体或受其委托的团体进行，如当局的主管单位或毕业生的雇主等，其根本的理论基础是评鉴团体应向社会大众显示高等教育机构所作所为的价值；而改进导向的高等教育评鉴其目的是协助高等教育机构自我改善其教育品质，基于高等教育体系自我内在管制精神。[①] 不论是以上的界定或是国际主流观点都认为，绩效责任和改进功能相互冲突、难以相融。首先，有绩效责任，就有相应的问责，绩效责任通常会与处罚或奖赏等后续处理手段结合，而这将对受评单位构成实质的威胁，致使其不愿真诚地接受评鉴，由此无法达到真正的改进；其次，绩效责任导向的评估制度通常会使用表现指标，而表现指标的使用，并不适用于改进导向的目的；再者，改进导向的评估需要将结果保密，而保密与绩效责任的要求是相互冲突的。当然，在实践当中，一个评鉴制度当中可能会融合多种目的，如政治目标、绩效责任、

---

① 该界定来源于 1998 年台湾 "教育部" 委托台湾师范大学教育研究中心开展的专题研究的成果资料《大学校务综合评鉴指标建构之研究》，研究主持人为黄政杰、李隆盛。

专业成长等，但有学者表示，由于这些目的内在的矛盾性，最终可能什么目的都没达成。① 台湾高等教育评鉴制度的发展中就面临着这样的困境。台湾教育主管部门在 21 世纪初反复强调高校自我改进、自我提升的重要性，并宣布在评鉴制度采用"认可制"，即强调"自我比较、自我改进和品质保证"②，但学界均认为，该阶段的高等教育评鉴制度表现出较明显的绩效问责导向，即由当局主管部门依据自身的需求来对高校的绩效表现进行评定与问责，而这与"认可制"的原本精神并不相符。

从学理和理念上，大学应"自愿"接受评鉴以决定是否被认可，高等教育评鉴中心也是如此宣示。但事实是我们的评鉴没听说过哪一所大学不参加，大家都是自愿参加。学校除非是不想争取发展规模，不想接受"教育部"的经费奖补助，否则大概没有自愿选择的空间。评鉴目的在于激发受评者拿出改善行动，朝向自我设定的目标前进……强调认可的精神，但现行评鉴制度却可说是"取得认可，取得资源"的分界线，所以尽管强调认可的精神，然连结到评鉴之后的处理措施，实质上是另一种以狭隘的评鉴本位主义的绩效导向评量。③（汤尧，2011）

2015 年，台湾高等教育评鉴中心在回顾过去四十年的大学评鉴制度时亦指出，"目前评鉴结果运用过于强调绩效责任，忽略改进功能"④。评鉴制度的绩效问责导向与当下评鉴的主要主流思想——"强调自我改进"产生了矛盾冲突，学者们纷纷对其进行批判，其批判的理由之一是绩效问责导向的高等教育评鉴制度使得高校不得不迎合当局的政治目标。

现行台湾高等教育评鉴在"政府"的主导之下，扮演着证明"政府"行政绩效，以及进行合理化资源分配的工具角色。因此，评鉴的主要政治

① 汤尧. 评鉴制度对台湾高等教育的影响 [J]. 教育资料与研究双月刊，2011，(103)：27-40.
② 吴清山. 高等教育评鉴议题研究 [M]. 台北：高等教育文化事业有限公司，2010：59.
③ 汤尧. 评鉴制度对台湾高等教育的影响 [J]. 教育资料与研究双月刊，2011，(103)：27-40.
④ 苏锦丽，黄曙东. 台湾的大学评鉴制度迈向专业化发展了吗？[J]. 评鉴双月刊，2015，(58)：9-12.

功能在于帮"政府"背书，并在社会大众的认可之下，借由执行评鉴的手段介入高等教育的发展。而在民意要求、经费资助、市场选择等压力之下，各大学只能服膺于"政府"的强制性介入，并且迎合其政治目的。在此脉络发展下，评鉴机制已背离了原先改善的理想目的，而成为绩效证明的政治工具。① （林松柏、陈庭逸，2016）

学者们批判的理由之二是绩效问责导向的高等教育评鉴制度将对高校内部自我改进文化形成造成负面影响。由于，该阶段台湾高等教育评鉴活动的结果通常与受评单位最为在意的招生名额、奖补助款联系在一起，这使得受评单位对评鉴结果异常敏感，为了以最好的"姿态"迎接评鉴，超负荷工作。这种以外力驱动的频繁的评鉴活动不仅干扰了日常办学秩序，还使学校的行政人员、教师等对评鉴产生焦虑、排斥、抗拒的心理，让其无法理性地对自身进行评估和检视，进而影响高校内部自省、自律、自我改进文化的形成。

校务评鉴的实施，对于学校人员都是一项沉重的负担，故有些学校避之唯恐不及……而且又生怕评鉴结果绩效不佳，影响校誉。此外，目前各种各类之评鉴与访视，使得学校人员疲于奔命，严重干扰整个学校行政正常运作，所以难免会产生排斥和抗拒的心理。② （颜国梁，2003）

这一波波的大学评鉴，发起的动力并不是来自大学内部，而是来自"教育部"。大学不得不接受政策所进行的校务评鉴、"配合性自我评鉴"、系所评鉴，这样的动机是外烁的，不是内建于学校内。为使评鉴能发挥学校自我改善以追求品质的功能，宜把评鉴成为学校组织内建机制，让学校文化珍视评鉴，使评鉴成为学校组织中的一项核心价值，以促进学校的成长与进步。③ （林政逸，2007）

对我来讲，我身为系所的主管、院长，我非常讨厌评鉴，因为它会让

①　林松柏，陈庭逸. 改善高等教育评鉴之道：基于评鉴厉害关系人之观点 [J]. 台湾教育评论月刊，2016，5（3）：19-34.

②　颜国梁. 校务评鉴的基本理念、问题及因应做法 [J]. 学校行政，2003，(24)：3-20

③　林政逸. 台湾地区高等教育评鉴之研究——以2006年度大学校院系所评鉴为例 [J]. 学校行政，2007，(52)：274-286.

我们觉得很烦，而且如果没有通过，要承担很大的污名，然后自己可能也会遭到一些惩处……如果不通过，可能你的系所就会被停招，如果是待观察，可能会先减班，整个对学校的运营招生会造成影响。而这个影响怎么办？就是你，你是罪魁祸首。所以，早年有系所评鉴的时候，带给系所主管很大的压力。（CT181225）

好学生即使是品学兼优的好学生，需不需要考试？有时候还是需要考试，因为考试对他有帮助，还是会让他再用功一点。但是评鉴有没有负面的？一个很好的学生，你一天到晚叫他考试，他没办法自主学习。（研究者：所以与外部考核的频率有关？）这个就涉及每个学校自己怎么去看待评鉴，那时候非常在乎系所评鉴有没有过关，这又会影响到招生。所以，那时候 XX 前校长讲得很"硬"，他说，系所评鉴只要"待观察"或是"没通过"就停招。我们系所当然会紧张，我们那时候有几个系所被停招。所以，你看这样子，系所能不紧张吗？能不去乖乖地准备"教育部"要的东西吗……我刚才讲考试会（有）正面影响，但是乱考或一天到晚考试就会影响学生的学习，这是外在因素干扰。评鉴那一段期间，我们所有老师投入多少心力，每个老师都要负责一个项目。（研究者：有没有影响到正常的教学？）都会有的……弄得鸡飞狗跳，后来"教育部"就不敢办了。（CT181024）

4. 注重效率与注重公平

公平与效率是现代大学制度的一对价值矛盾，[1] 亦是现代高等教育质量保障的价值冲突之一。[2] 在台湾高等教育评鉴制度该阶段的发展中，公平与效率的矛盾性亦体现在了自主价值和规制价值的博弈当中。规制价值主导的高等教育评鉴制度通常更加注重效率，常采用资源竞争、淘汰退场、行政奖惩等手段促使高校提高自身的运作效率，提高高等教育资源的整体使用效率；而自主价值主导的高等教育评鉴制度一般是以促进高校的共同发展、协助改进为目标，强调公平性和公正性。就该阶段的制度表现来看，

---

① 别敦荣，唐世纲. 现代大学制度的价值及其矛盾关系的调和 [J]. 苏州大学学报，2016，（4）：32-46.

② 苏永建. 高等教育质量保障中的价值冲突与整合 [J]. 中国高教研究，2013，（11）：19-25.

台湾高等教育评鉴制度更加注重效率而非公平，而这也引发了学界的讨论。有学者针对台湾社会对评鉴的各种"异"进行总结，其中一条是"评鉴不好的应该被惩罚，还是应该多给予协助？"① "评鉴不好的被惩罚"是基于"优胜劣汰"的竞争逻辑，以竞争来刺激受评高校提高效率、展现绩效或退场，实现对有限高等教育资源的最大限度使用，属于效率优先的价值取向。这种取向体现在台湾教育主管部门实行一系列竞争性经费项目计划，将评鉴与大学退场、资源分配挂钩等政策中。而对"评鉴不好的给予协助"则是基于人本逻辑，即从个体的价值出发促进高校的均衡发展，追求的是公平价值。基于这种逻辑就会对过于注重效率产生担忧："声望不足或特色不够的新近设立大学则很难得到较多特别补助，造成大学资源贫者恒贫，富者恒富，学校声望强者恒强，弱者恒弱。"② 由此可见，这样一条"异"见的背后呈现的是台湾学界关于追求效率、还是追求公平的价值矛盾。

（评鉴中心）整个制度规划下来当然会比台评会好，包括教学卓越计划，所谓的顶尖大学计划。这两个计划事实上你可以看得到，这全世界大家都在做，包括大陆的"985""211"，这个都是在国际化这一趋势下，各大学在国际竞争的市场上怎么存活下去，大家当然都会去做……台湾当时要做的时候，以台湾力量和台湾的规模，真的只有聚焦在"台清交成"，如果"清交"不合并，因为经济规模不够大，实际上你要"打国际杯"是有点难度的。所以，可以用政策引导，如果"台清交"不合并，就不补助你。如果真的把资源集中在少数的几所学校，台湾今天在国际排名上面会是另外一种的面相……台湾有些学者更加懂得高校治理，但不懂得行政运作，高校治理是什么？我认为应该要有一个提升大学竞争力的计划。可是，这些学者认为每一个大学都应该要提升竞争力。可是行政运作面应该很清楚（地）告诉大家，以我们的力量，以我们的财政状况，我们应该有几个大学去打所谓的"国际杯"，可是台湾没有（这样做）。（PHT180611）

---

① 林尚平. 评鉴取向的观点 [J]. 评鉴双月刊, 2008, (14)：23-28.

② 汤尧. 评鉴制度对台湾高等教育的影响 [J]. 教育资料与研究双月刊, 2011, (103)：27-40.

台湾的高等教育就是我讲的（学校）数量多，系所太多，系所都是隔离的，加上壁垒分明、整体资源不足，所以没办法发展强而有力的大学。资源又被稀释，要的又吃不饱，饿的也快饿死了。因为整体资源就这么多，这么多大学来抢。（研究者：您觉得如果要解决这些问题，会有哪些方法？）我觉得，"后半段"办学品质不佳的（学校）一定要淘汰，可是这涉及很大的政治因素、压力因素，要淘汰一个大学哪有这么容易。（CT180524-1）

这种矛盾也反映在评鉴指标的选择上，2006年与台湾评鉴协会的对话中，时任台湾科技大学校长的陈希舜认为，各校先天资源与条件不同，采相同指标进行评鉴，非常不公平，建议建立"进步指标"及特色指标。① 还有学者指出，在评鉴内容与标准中加入"毕业生表现"一项，是基于注重效率的价值观，期望大学院校的支出或是投资获得最佳的效益，② 而这在很大程度上也是教育主管部门规制力量的体现。

评鉴中心有自主权，可是"教育部"还是有一些指导权。甚至"立法院"还有干涉权，比如，第一周期的系所评鉴，其中有一个"毕业生表现"……为什么要加"毕业生表现"？因为当时"立法院"做了一个决议，评鉴中如果没有"毕业生表现"一项，经费不准自用。（PHT180611）

（二）评鉴实践层面

台湾高等教育评鉴制度理念层面的价值矛盾冲突也反映在实践层面。从获得的相关台湾期刊文献可以看出，价值矛盾所引发的争议与反思在评鉴主体、评鉴内容、评鉴指标、评鉴方法与程序、评鉴委员、评鉴结果等方面都有所体现。根据频次分析来看，针对评鉴结果的争议最大，其次是评鉴方法与程序，然后是评鉴指标，最后为评鉴主体、评鉴内容、评鉴委员，具体见表4.3。下面笔者将针对争议最大的三个部分进行分析。

---

① 曾惠美. 科大评鉴校长有话说 [J]. 评鉴双月刊，2006，（2）：26-28.
② 蔡博. 以教育政策"圣诞树"模式图分析大学院校系所评鉴政策 [J]. 学校行政，2010，（65）：139-154.

表4.3　台湾2001-2014年高等教育评鉴制度研究文献的主题分布与观点

类别	涉及文献	数量	主要观点
评鉴主体	陈文政(2008)；侯永琪(2010)；许育典、陈碧玉(2011)；张心怡(2012)；刘源俊(2012)；杨莹、杨国赐、刘秀曦、黄家凯(2014)；苏锦丽、黄曙东(2015)；黄荣村(2015)；汤家伟(2016)；林聪明(2016)	10	批评： 1. 以系所为评鉴对象违背大学自治理念； 2. 评鉴机构难以办理两种以上不同功能的大学评量； 3. 评鉴中心应帮助系所落实自我评鉴理念，而不只是做政策的宣导； 4. 评鉴机构经费来源大多仰赖当局补助，易使评鉴机构丧失独立性。 建议： 1. 评鉴中心朝向逐步退出评鉴执行之第一线角色之方向发展，转型为较上位的角色，包括成为评鉴的规划者、策略指导者、整体评估者与咨询建议者的角色； 2. 评鉴单位应该发挥"民间智库"功能，提出可资参考的建议； 3. 促使更多的专业评鉴机构或团体共同投入高等教育评鉴。
评鉴内容	曾惠美(2006)；陈文政(2008)；周祝瑛(2009)；邝海音(2010)；蔡博(2010)；许育典、陈碧玉(2011)；刘秀曦(2013)；杨莹、杨国赐、刘秀曦、黄家凯(2014)	8	批评： 1. 只重视评估师资、设备等； 2. 以课程教学为评鉴内容侵害大学自治； 3. 评鉴内容产业化、市场化倾向，损害大学多样性； 4. "毕业生表现"项目体现"效率"价值观； 5. 偏重研究导致对大学教学功能的忽视。 建议： 1. 评鉴项目应越简单越好； 2. 评鉴项目宜更多元、增加各校特色发展的项目。

续表

类别	涉及文献	数量	主要观点
评鉴指标	李鸿章、王扬智（2005）；曾惠美（2006）；林尚平（2007）；林政逸（2007）；高等教育评鉴中心（2008）；杨莹（2008）；谷家恒（2009）；刘维琪（2009）；王戈天（2009）；邝海音（2010）；周平（2011）；汤尧（2011）；张心怡（2012）；刘秀曦（2013）；郭添财（2013）；杨莹、杨国赐、刘秀曦、黄家凯（2014）；陈祥麟（2015）；苏锦丽、黄曙东（2015）；陈慧蓉（2016）；汤家伟（2016）	20	批评： 1. 量化指标不利于有价值的知识的产出； 2. 评鉴指标过多、单一量化，缺乏弹性，易产生同质化，妨碍学校特色发展； 3. 系所很少自主添加特色指标。 建议： 1. 尊重各校，将各校特殊性纳入评鉴设计，建立"进步指标""特色指标"，由各大学依自我发展特色自订评鉴项目与指标，以取得大学评鉴与大学自主发展的平衡； 2. 应以"解释质化"方法取代"实证量化"； 3. 效标应越简单越好； 4. 适当区分评鉴参考效标； 5. 学生学习成效的定义与标准，应由学校教师、学生、业界共同参与讨论形成。
评鉴方法与程序	汤尧（2007）；林尚平（2008）；李政翰（2008）；黄秀霜（2008）；谷家恒（2009）；刘维琪（2009）；王保进（2010）；邝海音（2010）；刘维琪（2010）；许育典、陈碧玉（2011）；张心怡（2012）；林杉灵（2012）；王如哲、杨莹、刘秀曦（2012）；秦梦群、陈遵行（2012）；郭添财（2013）；杨莹、杨国赐、刘秀曦、黄家凯（2014）；秀曦、黄家凯（2014）；陈祥麟（2015）；苏锦丽、黄曙东（2015）；陈慧蓉（2016）；汤家伟（2016）	21	批评： 1. 各种不同目的访视与评鉴项目过多，让学校疲于奔命； 2. 评鉴周期过于密集、干扰校务； 3. 自我评鉴属于"配合性自我评鉴"； 4. 将访视结果转化为评分，其计量标准与过程欠缺足够客观的依循机制； 5. 批评申复程序是一个形式大于实质意义的程序。 建议： 1. 整合各类评估，减少高校负担； 2. 外部分类评鉴不利于大学自我管制，宜以评鉴引导大学分类； 3. 雇主与学生代表等主体可参与评鉴； 4. 重视学校自我评鉴机制的构建； 5. 推动校务研究，将其与评鉴结合。

续表

类别	涉及文献	数量	主要观点
评鉴委员	颜国梁(2003)；汤尧(2007)；高等教育评鉴中心(2008)；谷家恒(2009)；陈振远(2010)；陈祥麟(2015)；陈慧蓉(2016)	7	批评： 1. 评鉴委员素质不一，影响评鉴公信力； 2. 评鉴委员专业性和评鉴伦理待加强； 3. 委员自我主管意识过强，忽视受评单位特性和情景脉络； 4. 评鉴召集人择定过程不透明。 建议： 1. 高等技职院校的评鉴应挑选了解技职教育特性的委员； 2. 加强评鉴委员遴聘、培训、考核。
评鉴结果	颜国梁(2003)；郭昭佑(2005)；李鸿章、王扬智(2005)；孙志麟(2006)；许媛翔(2007)；白亦方(2007)；林政逸(2007)；汤尧(2007)；陈曼玲(2008)；林尚平(2008)；李政翰(2008)；陈文政(2008)；高等教育评鉴中心(2008)；周祝瑛(2009)；杨智杰(2009)；周昌宏(2009)；周平(2011)；许育典、陈碧玉(2011)；汤尧(2011)；葛永光(2011)；戴伯芬、陈政亮(2012)；张心怡(2012)；苏硕斌(2012)；刘源俊(2012)；王如哲、杨莹、刘秀曦(2012)；秦梦群、陈遵行(2012)；刘秀曦(2013)；郭添财(2013)；杨莹、杨国赐、刘秀曦、黄家凯(2014)；林从一、吴明锜(2015)；陈祥麟(2015)；苏锦丽、黄曙东(2015)；陈慧蓉(2016)；林聪明(2016)；李天任(2016)	35	批评： 1. 高校为获得好的评鉴结果过分依从评鉴指标； 2. 评鉴结果所产生的压力和控制使学校及教师对评鉴存有焦虑，出现"选择性接受"评鉴结果的行为； 3. 媒体对评鉴结果擅自排名，有断章取义、误导社会大众之嫌； 4. 评比的评鉴观念根深蒂固，影响"认可"功能的发挥； 5. 评鉴结果与招生名额、经费补助挂钩具有法效性，是当局对大学的远端操控手段； 6. 评鉴结果与"大学退场机制"结合违反大学自治原则，损害学校、学生的利益； 7. 评鉴结果的行政运用削弱高校自我检查的主动性； 8. 评鉴结果的奖罚运用，过于强调绩效责任，忽略改进功能。 建议： 1. 根据评鉴结果进行赏罚，搭配鼓励制度，以此促进高校进步； 2. 评鉴结果可作为当局经费补助之参考指标，但非唯一指标； 3. 将评鉴结果与招生名额、经费补助脱钩； 4. 评鉴是个过程，如何运用结果才是重点，增进学校对评鉴结果的利用。

注：笔者自行整理。

1. 在评鉴结果方面的争议

台湾高等教育评鉴制度该阶段的规则是评鉴结果与行政奖惩挂钩，如退场机制、招生名额、经费补助等，这也是学界批评最多的一点，尽管有一位学者支持根据评鉴结果与赏罚手段的连接，但大部分的学者都主张将评鉴结果与招生名额、经费补助等脱钩，也有学者表示评鉴结果可作为当局经费补助之参考指标，但非唯一指标。总体来看，这些批评和争议主要可分为两种角度：第一种角度是基于规则的象征意义，即认为规则所反映出来的理念与自身主张不符，从这个角度出发，学者们认为，评鉴结果与招生名额、经费补助挂钩这种制度规则体现了当局对大学的远端操控，违反大学自治原则，忽略了改进功能，强化了评比观念。第二种角度是基于规制所造成的后果，这个角度出发，学者们认为，评鉴结果与招生名额、经费补助等挂钩使得高校为获得好的评鉴结果过分依从评鉴指标，使学校及教师对评鉴存有焦虑，出现"选择性接受"评鉴结果的行为，削弱高校自我检核的主动性，影响评鉴促进改进作用的发挥等。学者对制度的改进建议除了主张评鉴结果与招生名额、经费补助等脱钩之外，还提出要增进学校对评鉴结果的利用，认为评鉴是一个过程，如何运用结果帮助学校改进才是重点。

2. 在评鉴方法和程序方面的争议

该阶段，台湾高等教育评鉴包括外部访视项目、校务评鉴、系所评鉴等，主要采用学校自评与外部访评结合模式，并未对大学实行分类评估。学者们的批评与诉求主要包括以下几个方面：一是认为各种不同目的访视与评鉴项目过多，评鉴周期过于密集，干扰校务，学校疲于奔命，建议整合各类评估，减少高校负担；二是自我评鉴未实现其真正价值，属于"配合性自我评鉴"，高校的内部动力不强，建议重视学校自我评鉴机制的构建，推动校务研究与评鉴的结合；三是现阶段不宜对大学进行外部强制分类评鉴，应以评鉴引导大学自主自发分类；四是评鉴程序设计应更加注重客观公正，加强评鉴救济机制的设计；五是建议吸引雇主与学生代表等主体参与到评鉴过程当中。

3. 在评鉴指标方面的争议

该阶段台湾高等教育评鉴指标的特点可分为两个阶段，第一个阶段是2012 年之前，评鉴指标偏重量化与统一、结构化强，主要表现在 2006-2012

年大专院校的系所评鉴、校务评鉴当中；第二个阶段是 2012 年第二周期系所评鉴开始，评鉴指标设计更具弹性和开放性。学者们对评鉴指标的批评主要是基于量化、单一、数量过多、缺乏弹性的评鉴指标所带来的负面影响，例如，不利于有价值的知识的产出，易产生同质化，妨碍学校特色发展等。因此，学者们建议要尊重各校的特殊性，建立"进步指标""特色指标"，由各大学依自我发展特色自订评鉴项目与指标，以取得大学评鉴与大学自主发展的平衡。也有学者建议，应以"解释质化"方法取代"实证量化"，学生学习成效的定义与标准，应由各学校教师、学生、业界共同参与讨论形成。尽管，2012 年开始评鉴制度允许高校自己增加特色项目与指标，但有研究分析各校系所评鉴效标发现，有超过一半以上自我评鉴的大学所设计的评鉴效标和高教评鉴中心类似，约有一半学校加入新效标少于五个，甚至有一成八未加入任何新效标，只删除原本效标。① 也有受访者表示，增加特色指标，对于系所来说是额外的负担，也有学者表示，还需承担不被认可的风险。因此，有学者主张效标越简单越好，这样学校才有自主的空间。

（研究者：2012 年系所评鉴方案设计里，每个项目里都设有一个可以自行添加的特色指标，系所一般会利用这个吗?）我的经验是，一个系除非太闲了，它才会去搞这个部分，因为等于增加了一个项目。如果特色不是决定性的指标，大概大家不会用。这是一个努力，原来的设计是比较僵硬，那是不是有一个开放的空间，可以让受评鉴单位，就自己的发展重点，做一些描述和介绍以考量是不是能够得到比较高的分数，这是一个弹性的做法。但问题是，要填别的项目，就要耗费很大的心力，如果要再写这个部分，当然就负担更重。我觉得不会有太多（系所去加）。特别是公立学校、顶尖大学，大概不太会有人会利用那一块，当然"后段"的学校也许会有。（CT180615）

多数自评学校的效标和高教评鉴中心的效标很像，这不能全怪学校，因为学校会担忧如果改得太多，"教育部"是否会同意，而且效标改了之

---

① 陈祥麟. 精进大学评鉴座谈会迎接高教新挑战 [J]. 评鉴双月刊，2015，(58)：14-16.

后，评鉴委员若无类似评鉴经验，能否做出正确判断，也值得注意。①（吴和生，2015）

我接主任的第一年就是接受评鉴，几乎是人仰马翻，除了老师们必须要付出时间去帮忙撰写相关的指标之外，系办公室会把非常多的时间都挪移在准备相关的资料、数据，会影响日常教育（工作）的进行，是一个很大的负担……所以，我的建议就是，能够再逐一的检视哪些是核心，只抓住一些核心的重点来提问就可以，否则会造成正常工作没有办法运行，五年就会有半年的时间折损掉，至少半年的时间要去准备，我说半年已经是很客气的了。整个系所事务的运作都是围绕在评鉴工作上，我觉得很浪费。如果能够有一个评鉴的机制是既能够帮助系所自我检视，也能非常精简有效的，比如说半个月内，就能准备好那些重要的相关数据就好了……太多项目是没有必要的。当然你也许会说，我们也没有要你准备那么多，但是一有项目大家就会穷尽所有的力气去准备，不会说可能你不太重视，我就简单写，所有认真的系所都会穷尽所有的力量去补足所有可能的资料。而且，这个要怎么写才达到最好？这是无穷尽的，所以他会运转到接受评鉴的前一刻，就是一年前一直运转到评鉴委员离开，甚至后面都还要写一些（追踪的改进），我觉得这个很浪费时间。做教育品质保证的单位，第一个该做的工作是精简评鉴的项目，而不是把评鉴的项目列得非常地精密、巨细无遗，当你列好之后，就是灾难的开始。就是说各个大学都会花很多心思在这上面，他不是生产性的，纯粹是应付性的工作，我觉得这个比较可惜。（CT180615）

四、规制、自主、平衡共同主导时期的矛盾与冲突

台湾高等教育评鉴制度在经历了上一阶段的矛盾与冲突之后，开始了大刀阔斧地改革，分别于 2015 年、2017 年宣布评鉴结果与行政处罚脱钩，取消强制性系所评鉴，回应了台湾高校的自主诉求，但这并不能消除规制价值和自主价值之间的矛盾，其又以新的形式表现出来，主要可分为行政主

---

① 陈祥麟. 精进大学评鉴座谈会迎接高教新挑战 [J]. 评鉴双月刊，2015，(58)：14-16.

管部门监管与大学自主、对外证明与促进改进、行政逻辑与教育逻辑这三对矛盾冲突。

（一）行政主管部门监管与大学自主

该阶段的高等教育评鉴制度改革是以"松绑"为主旋律，大部分学者都认为，大学评鉴结果与经费补助脱钩，鼓励各大学办理自我评鉴的方向是正确的。① 2017 年高等教育评鉴中心针对 14 所自办外部评鉴高校的评鉴工作综合分析显示，系所通过率为 99.7%，属于高通过率，有些评鉴委员认为高通过率是可接受的，因为自评大学已有完整的内控机制，大学也皆认为自办外部评鉴可以鼓励大学建立完善的内部品保机制，促进系所不断自我改善。但是，部分评鉴委员却认为高通过率会使学校丧失自我不断改进的动机及机会。② 这种分歧在 2017 年台湾教育主管部门宣布停办系所评鉴时开始扩大，有学者担忧，在尚未确知大学校院是否能自主管理之时，就一视同仁地往松绑的方向推动，在此高教环境愈趋严峻的当口，是否能确保大学校院办学品质，须审慎思考，三思而后行。③ 更有人向教育主管部门的上级主管单位控诉其"卸责"，认为"相关配套尚未完善……后续仍待'该部'把关评鉴品质、落实评鉴自主及监督"。由此可见，行政主管部门监管与大学自主仍然是台湾高等教育评鉴制度的一对矛盾冲突。

1. 行政主管部门监管

通过评鉴对高校办学进行规范、引导和问责依然是台湾教育主管部门的价值诉求。2016 年时任教育主管部门"政务次长"的陈良基在《从评鉴1.0 到 2.0》一文中表达了自己的立场，他认为："'教育部'身为全国教育最高主导机关，必须更为主动，而不是如此被动。即使有朝一日全部大学系所都改为自评，只要执行方向不对，'教育部'就必须站出来，主动明确地告诉各大学，'教育部'期待的评鉴是什么、哪些部分学校该做、哪些部分不必再做，提供学校参酌，引导学校调整自评架构。"④ 笔者在访谈中，

---

①　吴清山. 大学评鉴的下一步［J］. 师友月刊，2016，（589）：1-4.

②　侯永琪，林劭仁，郭昭佑. 大学校院自办外部评鉴及认可的实施及其影响［J］. 评鉴双月刊，2017，（69）：14-16.

③　池俊吉. 大学评鉴变革与省思［J］. 台湾教育评论月刊，2018，7（1）：254-258.

④　陈良基. 从评鉴 1.0 到 2.0［J］. 评鉴双月刊，2016，（64）：7-9.

也有受访者表达了评鉴工作仍需教育主管部门监管的观点，其理由之一是教育主管部门需要回应社会大众需求，保障高校办学品质。有受访者甚至表示，教育主管部门放开管制后，高校会出现各种乱象，这是一种"放任"而非"民主"。

公众对于大学的问责加强了。大学应该负起他应该有的责任，民众要求高品质的教育。社会大众要求，"政府"就要有适度的一个确认体系，要回应民众的需求，回应社会大众需求。因为台湾高等教育普及化，学校品质有的高有的低，每个人都读大学，大学不能开"学店"。（CT180612）

我保证几年之内，台湾会出现卖学籍，或者整个系所没有专业师资，师资不合格等等这种乱七八糟的问题，有一天一定会重新浮现。当浮现完以后，媒体舆论又开始指责"教育部"，你们怎么可以放任大学乱搞？所以，有一天我相信一定会有一个"部长"又回来宣布，"教育部"要重新负责管理大学的责任，做大学评鉴……台湾其实提很多大学自治，但台湾事实上没有学术自由，台湾只有学术放任……你看台湾的大学教授，现在权力无限。只要你不让他参与，他就说你在违反学术自由，就拿着学术自由跟学术自主当帽子。台湾没有自由而已，台湾只有放肆，台湾没有民主，台湾只有放任，台湾从来没有真正民主过。（PHT180611）

支持行政主管部门监管的受访者还指出，台湾地区跟美国的文化脉络不同，不能像美国一样采取自愿模式，如果不采取强制形式，高校很少会主动接受评鉴。有受访者认为"大中华文化就有点被动"（UT180927），台湾高校似乎缺乏改变的内在自主动力，尤其是所谓的"比较中后段的（学校）"。但大学的外部正在发生快速的变化，因此，也有受访者认为，教育主管部门的引导和推动在一定程度上可以提高高校的办学效率，促进其改变，是一件"好事"。

很多人在主张，台湾的评鉴为什么不学美国一样，采用自愿的方式？为什么美国采用自愿的方式，因为在高校治理方面，他们原来是地方大中央小，地方的大学要为自己负责，说明办学品质，所以，他们去弄了评鉴制度。除了美国以外，全世界没有一个国家（地区）的评鉴制度是自愿的，包括欧盟所有国家（地区）都是一样的。所以，对于各大学而言，如果评鉴可以自由选择，那有没有人要评鉴？谁要跟你评鉴?! 没有人要做。（研究者：所以您认为台湾现在大学的发展需要有一个外部监督力量，不能完全是自主的发展?）是的，不可能。我们和美国的文化脉络是不一样的。为什么美国的私立大学可以发展出一流大学？那里面的学术自由和我们的学术自治一定是不一样，不能套到台湾和大陆。（PHT180611）

我们这边好像一定非要被奴役，反正非要是一定在压力之下才愿意做一件事情，没有自发自省的能力。你叫他做事情他就反抗了，就是大家都希望不要变化。可是问题外面都变化了，你不变化，你没有办法应对外面的一些变化。（研究者：所以教育主管部门一直都想要有一个力量去引导高校?）对，他是想跟国际上能够对接上去。（UT180927）

国际上现在都在谈大学生就业力，大家都在谈移动力，我（当局）也要（研究者：还有学生学习成效）。对，这是好事，因为你要大学自主自发去想，还是会有落差。比较"中后段"的（学校）如果没有靠着政策去推他一把，就有点像驴子磨墨，晃来晃去。所以，政策引导是好事，只是这中间的沟通的过程，要花时间。（PT180620）

也有受访者表示，并非所有高校都需要教育主管部门来监管，他们认为，台湾有些高校能够较好地自我管理，对于这些学校教育主管部门可以放松管制，如"管理严格"的学校、公立学校等；但对于那些可能的"学店""野鸡大学"等则需要外部强制力量对其进行管制和督促。这些观点都反映了一种分类管理的理念，但这种理念在实践中也面临问题，即如何分类？如何判定一所学校是否需要管制？而这又是否会引发公平问题？这些问题还待厘清。

外部你不强制，我看很少人会主动。（研究者：那您认同外部强制性评鉴这种方式吗?）这真的是两难……在台湾，大学对于自己的评价很高的，有的私立学校管理严格，但有些就是"学店"，他的定位就是只要收到学生就好了，可以活下去就好了……自我评鉴而言，学校自己要求很高，他会一直想要去做这件事；但如果是后端的学校呢？比如所谓"野鸡大学"，评鉴的时候也是搞得很好，那些资料真实度又是怎么样呢，不知道而已。但是，至少当（评鉴）是强制性的时候，他还是会去注意。（CT180524-2）

理想上，应该回归学校自办品质保证，改进是需要学校内部的力量。

但就台湾的情况来看，公立学校比较没有什么问题，私立学校办得很好的系所和不好的都有。所以，私立学校这个区块需要介入得深一点。因为有时候师资聘得不足、设备不足，学生毕业之后没有工作，学习提供的资源有限，这个靠他自己的力量，他可能不会（改变）。没有外部力量给他督促的话，那不行。（CT180612）

2. 大学自主

学术自由、大学自主是一种大学理想，也是台湾学界一直以来主张的改革方向。在访谈调查中，有台湾学者谈到了自己的大学理想，他认为，"大学应在一定程度上保有自由，行政主管部门应该尽可能地减少对大学的约束和控制，给予大学足够的空间和信任，不能为了'防弊'而断送了大学的尊严和精神"。这种追求大学自主的理想也决定了人们对高等教育评鉴制度自主价值的提升还有期待。很多学者都表示，评鉴改进功能实现的最关键因素是高校的自主性，"唯有自主性的自愿改善，愿意虚心接受委员所提意见的检讨修正，方能再创教育发展的另一个巅峰"[1]。有受访者认为"评鉴是外部的推力，但是系所的发展目标是要自己定，自己找，自己动能大，才有可能"（CT180616）。也有受访者认为"他（高校）是被动的，他被动你要去引导他，就很慢很慢，那他一定要自发性地做一些改变，才够快"（UT180927）。因此，当台湾教育主管部门宣布取消强制性系所评鉴时，台湾学界普遍的声音是肯定。有学者指出，走向自我评鉴是台湾高等教育发展的最终目标。[2] 也有学者表示，少了强制性的手段，学校可以理性地思考"办理评鉴的目的何在"，有了内在的动机，评鉴才能成为学校持续进步的推手。[3] 有受访者指出，高校的"独立"需要一个过程，自我意识的觉醒和不断尝试的机会是其成长的关键。

评鉴就是一个管理的方法，透过经费的分配来进行管理。你一定要发展什么，我才给你钱，你不发展这个，我就不给你钱，你怎么老发展哲学

① 张国保. 永无止境的高等教育评鉴制度 [J]. 台湾教育评论月刊，2016，5 (3)：59-64.

② 吴清山. 大学评鉴的下一步 [J]. 师友月刊，2016，(589)：1-4.

③ 詹孟儒. 评鉴自主新时代大学怎么"办"? [J]. 评鉴双月刊，2017，(69)：25-27.

呢？哲学能干什么？缩减你的学生、你的班级数……我觉得不应该管制，或者是应该尽量、尽可能地减少管制……理想上，如果能够缩减对大学的约束、控制，越是能展现大学的精神……（主管部门）要非常明白地了解到，对大学的管控越多，大学就越不像大学，不能够发展出她的特性……应该对大学或者高等教育慷慨点，应该大力地支持。因为大学是最精英的部分……当然一定有人"作弊"，有做一些坏事，一定会有。但是，我们不能因为想要"防弊"，断送了保有人类尊严的机会，那就是信任。为了"防弊"，把每一个人都管得跟小偷一样，就没有信任。我是觉得在教育中，保有每一个人尊严是最重要的……对学生是这样，对大学的教授，对大学更是这样。所以，最好不要办到怀疑大学，办到怀疑大学，那这个社会大概差不多就崩溃了。所以，我比较站在（这个立场）大学一定程度保有自由……如果我们的"国家"不能相信"全国"最精英的一群人干出来的事，那你会相信你的人民做的事吗？这是我对台湾发展的忧虑。（CT180615）

评鉴需要一个过程，你刚刚讲得没错，要让学校独立的话，一定要学校不断地去尝试，要尝试他才能长大，所以说，刚开始可能外部力量强一点，让学校自觉品质的重要性，然后慢慢觉醒之后，慢慢自己独立起来。（CT180612）

在主张行政主管部门监管的论述中，较多提到的理由是台湾高校缺乏提升自身办学品质的自主性，需要外部力量的鞭策。但从此次的访谈调查中，笔者发现，高校其实保有开展自我质量保障工作的动力，这种动力部分来源于人口少子化所带来的竞争，部分则源于学术组织追求进步的共同理想。

少子化是一定会影响到（大学），我们XX大学一年招收大学本科生也就一千多。当（适龄人口）下降了将近十万，将有将近一百所（大学）招不到学生，那是很可怕的事情。那怎么办？只有让课程和教学好，带得起学生，让学生看得出，这个学校有未来。要让学生能够留下来，课程和教学是非常重要的。（CT180616）

台湾高校慢慢觉醒到学校要自己负起品质保证的责任，已经意识到这个的重要性。这可能是因为台湾的生源少，然后竞争激烈，也有可能是评鉴，也给他们一个动力。生源少是一个动力，评鉴可能是另外一种动力了，

不能够完全是说来自评鉴的动力。(CT180612)

台湾有两所 XX（行业名）大学，其中一所就说，如果我们不做，他们做了，他们拿这个做广告。就是，我的对手如果说通过高教评鉴中心的评鉴，拿这个来做广告，而我们学校没有这个东西，这样不行。现在你会发现学校要开始做（评鉴）的理由越来越多，她会完全依照自己的需求。（HT180612）

大家现在面临少子化（危机），说老实话是不太敢不要（评鉴）……少子化的时代，就像是年轻人，你多一张证照，对你未来找工作总是有一点帮助的，多修一个专业，当然也是对未来多一点帮助。那我学校多一个认证，对招生也会多一点帮助。终归一句话就是少子化的原因，让这个供需有点颠倒了。大学不再像是以前的大学，反正我开着，你就会来念。现在我们必须尽力地让自己有竞争性……我个人觉得，评鉴的东西越简单越好，因为没有一个学校、没有一个系不想招到学生。其实现在，我们最大的评鉴利器并不是评鉴中心，其实是家长跟学生就够了，家长和学生为什么要选择（我们）。（UT180531）

多位受访者提到，在少子化的压力之下，学校或系所都有自我改进、自主发展的动力，就算没有外部强制评鉴，学校也会自我鞭策、自我改进以争取更多的学生。也有受访者表示，少子化所带来的残酷市场竞争远比当局主管借由评鉴来促进竞争的力量大得多，如果当局主管依然想通过经费分配、行政奖惩的方式来约束大学接受外部检视则大可不必。

在少子化的氛围里头，其实不太需要评鉴，我们自己就会驱策自己。所以，"教育部"的那个方向是对的，应该要坚持下去才对，尽可能地交由学校去认证，我相信没有一个学校希望自己学校变不好，招不到学生。（UT180531）

我们之所以会有成果是因为我们有共识，意识到必须改变这个系，没有那个评鉴，我们也会做。所以，有没有评鉴对我们没有影响。（CT180616）

学校也是需要通过评鉴来获得行政主管的经费，在国际高等教育市场中，也是需要通过评鉴来证明自己的品质，以方便学生的学历在国际上获得认可。所以即使是取消强制性系所评鉴，还是有很多的高校愿意去做。（H180606）

我知道有些私立学校更（严格），像 XX 大学，她不仅自己老师做自我评估，还要系上邀请校外专家学者来做评估，最后"教育部"又去评，而且她是一年自我评估一次……我觉得高校系所扮演的角色，积极的话，她认为我们就是要评鉴，如果你行政主管部门不来评鉴，我也要自我评鉴，这样才会进步。（CT180524-1）

我的看法是基本上这一块（评鉴）越来越不需要做了，因为少子化，大学的压力越来越大，只要把 IR（Institutional Research，指台湾的校务研究）的资讯公开，家长都看得到。不要评鉴，也都差不多。因为现在很多的私立学校都准备关门了，像 XX 大学就已经申请停招，这是市场的选择。所以，当市场机制更胜一筹，透过行政主管部门评鉴分钱的这个机制就要重新考量了。（PT180620）

支持外部监管的理由之二是高校缺乏自主管理的能力，有受访者表示，东亚文化下的大学普遍缺乏自我约束的精神和能力。（PHT180611）然而，这种观点也受到了反驳，有受访者认为，东亚国家和地区的知识分子并非没有自律的文化传统，只是这种自律精神在现行制度的压抑之下难以生长和传承下去。因此，他认为，所谓的"自评"并非只是自主地决定由谁来评鉴，其最核心的精神是培养自我检视、自我约束的能力，养成一种自律的组织文化，自律是自主和自由的前提。也有学者指出"评鉴的成败关键就在于各校能否落实持续自我改善之品保机制……唯有各大学能将他律机制内化成自律机制，才能确保校务永续发展、创新转型成功"①。实际上，在台湾高等教育评鉴制度自主价值的基本内涵中就包括促进高校自我管理和改进能力的提升和内部质量文化的形成，强调的就是一种自律。只是在前面几个阶段，高校自主诉求更多表现为向外争取自主的权利和空间，而在该阶段，向内提升自我管理能力开始被更多地强调。

古书不就说，要严于律己嘛……中国的知识分子有多少人可以为了他们自己的理想捐弃生命，怎么会没有自律……问题是在于，我们长久以来都是用外控，什么时候唤起自律呢？我们用什么方式、制度去培养大学可以自律呢？（研究者：所以在您看来，中国并非是没有这种自律的文化传

---

① 陈振远. 高教转型期的大学评鉴新思维［J］. 评鉴双月刊，2016，（63）：17.

统，而是现今的制度下，自律的传统没有得到延续？）是，是制度使然。（CT180616）

我们真的需要别人才能看得到我们自己的问题吗？我们更要培养一种自己发现问题的能力，自评的意思，不就是要自己发现问题吗？我觉得我们自评的能力很差，我们只是把文件做整理，整理完毕给别人去评。那这个自评的意义不大。我们要做的是不断地评估自己、反省自己，应该要有一个机制是在我们自己内部，每一个学期或每一年，自己检讨、思考，这个可能更重要。假如马云和郭台铭的公司自己反省能力很差，我公司好不好，我搞不清楚，我要请外面的人再帮我看，那这个公司就倒得很快。（研究者：所以，台湾的大学缺少这种自省的能力？）是，因为我们长期以来，我们喊的教授治校、大学自主，我们一直很希望从欧洲、中国大陆的大学那里传承过来。但我们太多强调了自由、自主，都忘了自律。实际上自律会是自由、自主的前提，这是最重要的。变成自律了之后，你的动能是自己产生的，就不断往前进。教授治校不是投票选择校长而已，而是自己知道怎么做，行政措施是对还是错……现在只是用外控的方式，没有到达内控，你能外控多久呢？所以，当一个新的大学，假定他的风气、发展，形成的组织文化可以自律，可以很好地运作，他外控的需求事实上就可以降低了。（CT180616）

3. 二者矛盾的调和

尽管行政主管部门监管和大学自主在价值观念上存在矛盾，但在实践中并非不能得到调和。对此，台湾学界也有热烈的讨论，综合而言，他们认为现阶段台湾高等教育评鉴可以采取的策略包括以下几个方面：

第一，教育主管部门适度介入，扮演辅助角色。有受访者表示，在评鉴中教育主管部门不可能完全退出，其适度的介入有必要，有助于确保学生的受教品质。那么，这种介入应该以何种角色呈现？有学者认为，教育主管部门的角色应该从"问责"转向"辅导与协助"，协助各高校找出办学问题所在，拟定适合的改善计划，以真正解决问题。要想实现这种转变，就必须给予高校更多的弹性和空间来办理自我评鉴，因为"自己永远是最了解自己优点与缺点的人，对大学而言亦是如此"。①

我觉得应该慢慢削弱（行政力量），回归到专业机构来评鉴。行政主管部门应该根据评鉴结果，来看大学需要哪些协助，行政主管部门应该用协助者的角色来帮助大学。但是，行政主管部门本身是有一个责任的，也不能说让大学为所欲为，适度的介入是有必要的，确保学生的受教品质。所以说，我是觉得不可能百分之百地退出。但是，到底怎么适度，这个值得思考。（CT180612）

第二，实行分类监管模式。分类监管模式总体上体现的还是外部控制的思想，但也在一定程度上考虑了大学自主的空间，因此也常被作为调和管控和自主二者矛盾的策略。该阶段，台湾高等教育评鉴中心就提出要发展"多元走动式"的评鉴模式，为不同类型的大学提供更有效的评核工具及协助。例如，给予"顶尖大学"更多评鉴自主空间，使其可以更有弹性地与全球同侪进行国际学术竞争；对于"教学卓越大学"，则鼓励其发展更多教学创新及跨域学术课程，以真正培育出未来市场所需之人才；对于目前经营困难之大学，也要能确保其维持一定水准的教学品质，不会造成学生受教权受到损害。②

我觉得在台湾要打"国际杯"的学校，这种自律性高，也想去国际上竞争的这类学校，就应该享有更高度的自治。其他有一些比较没有办法自我管理的（学校），我觉得"教育部"某种程度的品控我觉得可以接受，但你不能把所有的大学都等同视之……不能对所有的大学都是用一样的方法在管制。（T180613）

第三，由独立第三方评鉴机构主导评鉴。第三方监管体现的是一种平衡思想，即在大学完全自主和行政主管部门强力管控之间寻找一个平衡。在台湾高等教育评鉴制度中，高等教育评鉴中心在很大程度上是这种平衡思想的结果。但就现阶段而言，人们并不满足高等教育评鉴中心所发挥的

---

① 林聪明. 拿掉大学评鉴的紧箍咒 [J]. 评鉴双月刊，2016，(64)：16.
② 侯永琪，池俊吉，周华琪. 大学评鉴的新视野 [J]. 评鉴双月刊，2016，(64)：18-21.

平衡作用。大部分受访者都认为，高等教育评鉴中心算不上"第三方"，他们认为只有当局的经费和人员从中撤出，高等教育评鉴中心才是真正的"独立"。

外部评鉴不一定是来自于官方，台湾一直讲是"半官方"，我一直认为还是"官方"，所以可以引进第三方民间的评鉴机构进来。（CT180524-2）

高教评鉴中心现在还有点官方色彩，它的经费补助大部分来自"教育部"，所以还不是纯粹的专业机构。理想的评鉴应该是第三方来评鉴，而不是行政主管部门来评鉴，理想上的第三方机构应该是自筹经费，那才是真正的独立。（CT180612）

我觉得行政主管部门如果真的要他（评鉴中心）是公正的第三方，你就应该给他一笔基金，让他自行运作。他跟行政主管部门的联系是很密切的，而且跟高等院校的这些人的联系也很密切，所以对我来说，他比较没有办法做到公正第三方的角色。而且董事会委员很大比例是官派的。这就很尴尬了，"教育部"不就可以主导评鉴中心的走向是怎样的，让评鉴中心顺从自己的意志。（T180613）

因为评鉴中心都还是"教育部"在压。如果去看国外文献，他们会谈评鉴中心的弱势、弱点。评鉴第三方机构，一定是要公正，这个没有问题，可是公正背后有一个前提是，行政主管部门的手不要进去，你才能公正。可是今天这个机构他们的薪水都是在"教育部"手里头的，董事会也有"教育部"的人在里面，那这个难免会被质疑。（PT180620）

第四，强调高校主体性。这种理念其实融合外部规制和自主发展的诉求，即从规制面强调高校的主体责任，从自主面强调尊重高校的主体性。有台湾学者表示，社会大众无法容忍没有品质的大学教育，因此，提升大学教育品质，是一种承诺，也是一种责任。[①] 也有学者表示，教育主管部门不主动办理系所评鉴，并不代表系所评鉴不重要，而是系所品质应由大学校院自身负起社会责任。[②] 同时，这种理念也要求在评鉴的所有环节中，高

[①] 吴清山. 大学评鉴的下一步 [J]. 师友月刊, 2016, (589): 1-4.
[②] 侯永琪, 林劭仁, 池俊吉. "教育部"停办系所评鉴与各大学因应之道 [J]. 评鉴双月刊, 2017, (67): 7-10.

校的主体性应该被充分地尊重，例如，评鉴委员访评应谨慎给予主观的建议。有学者建议，访评委员要重视大学教师专业自主，如该位教师教学已采多元教学方法，委员自认自己可找到更佳教学方式，则未必需要提出，即使提出也应强调仅供参考，不列入书面记录。①

第五，加强校务研究与评鉴工作的连结。校务研究是台湾教育主管部门近些年大力推动的教育政策，其目的在于帮助高校"提升校务专业管理能力"。目前，大部分的台湾高校都在致力于发展校务研究。总体上来看，这是高校提升自身管理能力的有益尝试，对于构建自我改善机制以及大学自评机制的运作都有帮助。而校务研究和评鉴工作的结合则是统一外部监管和大学自主矛盾的重要策略。该阶段，台湾多位学者提出了此类建议。有学者认为，应该鼓励大学将自我评鉴与校务研究加以整合，使学校借由自我评鉴的办理，确实掌握自己的办学特色与重点方向。② 也有学者认为，唯有以校务研究为核心开展校内自我改进机制，才能使得自我评鉴与外部评鉴形成有建设性的对话机制，也才能引导大学真正实践并实现自我管理。③

第六，培育评鉴文化与评鉴专业。有受访者认为，造成台湾高等教育评鉴活动中种种矛盾冲突的根本原因在于台湾社会中教育评鉴文化还未形成，教育评鉴的专业特性还未受到大众的认可。评鉴文化建立的前提在于高校内部普遍形成自主开展品质保障活动的行为共识，其次还包括评鉴思维、评鉴能力的自我构建与提升。因此，有学者表示，评鉴最终的目标是"建立大学的评鉴文化，促使大学自发性地永续维持教育品质"④。台湾高等教育评鉴中心已表明将在此方面做出努力，其希望"通过一系列的分区座谈、研习营、工作坊等方式激发学校正向的评鉴思维，提升学校评鉴文化，

① 秦梦群，庄俊儒，温子欣. 高等教育评鉴实地访评委员意见陈述 [J]. 台湾教育评论月刊，2016，5（3）：35-39.
② 张国保. 永无止境的高等教育评鉴制度 [J]. 台湾教育评论月刊，2016，5（3）：59-64.
③ 傅远智. 校务研究与大学校务评鉴 [J]. 评鉴双月刊，2016，（60）：18-21.
④ 陈慧蓉. 大学质性评鉴的挑战：系所评鉴与外部专家评鉴观点的一致性分析 [J]. 当代教育研究季刊，2016，24（2）：75-109.

增进人员评鉴素养"①。

另一个隐藏的重要要素，就是评鉴文化。也就是说大家怎么来看待评鉴这件事情？医师、律师、会计师之所以被称为专业，被公认是专业，是因为他们背后有一套很严谨的评鉴制度。你医师没有参加多少培训，没有经过什么评鉴事实上不能当这个医师，可是台湾的教育没有。所以，除非今天教育界的人，学校教育的人普遍可以认知到，评鉴是他们专业不可分割的一部分，否则评鉴文化这个东西在台湾，在我们这种评鉴刚开始发展的地方，它要成为一种文化，要成为一种所谓的价值信念，实际上还有很长一段路要走……外面现在还有人在攻击，说评鉴这个东西还可以当成一个专业在做研究？所以，从这种思维就可以看到，他们不认为评鉴是个专业，评鉴只是一个技术学科。动态面的评鉴委员专业性的不足，实际上就在于评鉴文化的沉淀和累积还不够……整个评鉴制度和设计最大的问题跟困难在哪里？我觉得归根结底，大概就是评鉴机制或者评鉴制度的专业化，也就是学术社群的这一群人，他们到底有没有把评鉴认为是一个专业？我觉得这个实际上还有一段路要走。（PHT180611）

（二）对外证明与促进改进

评鉴的目的是"改善"还是"证明"在过去很长一段时间都是学界争论的焦点，前者强调过程，后者强调结果。但总体来说，美国著名教育评鉴学者史塔佛宾（Stufflebeam）所主张的"评价的目的在于追求改进而非为了证明"得到了广泛的认可。这种价值理念在台湾高等教育评鉴制度的建设过程中被反复提到，且受访者们也都认同评鉴的这种功能，他们认为外部的检视可以帮助学校、系所意识到自己的问题，以此促进自身的改进，并提出了"健康检查"一词作为比喻。

评鉴是用另外一种眼睛来看自己本身的做法。因为有外部的一个观察和记录，提供意见，应该可以促进系所的进步……我认为，外部评鉴真的是有需要，内部看自己有没有去解释，我认为这本来是很重要的，外部就

---

① 林劭仁. 认可制度的进化与评鉴中心的转型 [J]. 评鉴双月刊, 2016, (64): 22-24.

是用另外一只眼来看，其实在评鉴里面有一个理论提倡用另外一只眼来观察，所以，我认为（评鉴）是好的……我们校长说要全校都做，认为这样做等于是自我做健康检查一样。（CT180524-2）

因为我们通常自己看自己的时候，有些盲区。可是透过所谓的同样专业的不同委员，来提供一些建议，至少是提供一个思考或者让系所可以改进的重要的依据。系所的发展，每一个老师都有自己的本位主义，或者是自我专业的一个局限。在这个情况下，在随着时代改变当中，如何能够让系所的发展最好，这个部分其实有个外部单位给予一些建议，我觉得这是好的。（UT181225）

然而，从实践中来看，上至教育主管部门，下到高校行政主管、系所主管均表现出"证明为主"的价值取向。2018年的一项针对科技大学教职员关于"评鉴结果运用的用途与影响因素的看法"的调查研究表明，"评鉴结果作为学校招生宣传与学校行销之依据"受到过度重视。[①] 对于台湾教育主管部门来讲，高等教育评鉴不仅是地区内部的管理事务，还涉及高等教育的国际认证，也就是需要向国际社会证明自己地区的高等教育品质，因此，有受访者表示，尽管系所评鉴已被宣布停办，但其还将作为一项考核指标以证明系所的办学品质。而对于高校而言，在全球化时代，国际交流与竞争的压力之下，他们不得不通过评鉴向外证明自己的办学质量。

他（潘文忠）当了"教育部长"以后，就马上开记者会，当下就宣布，今年开始停办大学评鉴，所有评鉴全部都停。政治新闻宣布后第二天，马来西亚的官员就跟我们这边的评鉴中心联系说："你们的'部长'宣布说大学评鉴制度要停办。我们讲清楚，只要你们的系所没有通过评鉴中心的认证，以后你们的学历我们就不能承认了"……大学评鉴涉及国际接轨的事情。所以，因为这样的原因，"教育部"后来为了要自圆其说，说不是不办评鉴，而是只办大学的校务评鉴，而系所评鉴基于大学自主，"教育部"只会在校务评鉴指标里面加一个指标，就是个大学确保系所办学品质的做法。（PHT180611）

---

① 曾淑惠，张仁杰. 科技大学校务评鉴之运用及其影响因素 [J]. 教育研究与发展期刊，2018，14（3）：1-32.

学校也是矛盾，一说不办（系所评鉴），就很高兴。我听说去年，很多学校就说"教育部"真的是德政，不办系所评鉴多好，很高兴，甚至有人说，"教育部"终于做对一件事情……后来，大家觉得不办会不会有问题？又开始担心。然后，"教育部"就说你还是要确保教学品质没有问题，下一周期校务评鉴还是要看这个。大家开始变得有点生气，后来自己想想，不办好像还真的有点国际认证的问题。（HT180612）

假如你没有系所评鉴，你的毕业生到底品质如何？万一你的毕业生要跟其他的国家（地区），比如说你要跟欧美国家（地区）或者是马来西亚，甚至将来有一天跟中国大陆的系所（比较），至少要你的系所评鉴结果可以给人家看，有没有通过。国际交流比较或者国际相互承认，相互承认才有办法。（CT180612）

除了国际认证的需要，对于高校行政主管而言，台湾内部激烈的生源竞争也是其更加注重评鉴"证明"功能的原因之一。有受访者认为，台湾高等教育现在处于"消费者时代"，如果系所不参加评鉴认证或没有通过评鉴认证的话，就无法得到家长的"认同"，如此也就招不到学生。（CT180524-1，UT180531）也有受访者认为，评鉴对于台湾高校与其"品牌"价值密切相关，获得了评鉴认证就会对学校品牌进行加分。（UT181225）为了快速地、直接地外界证明其品质，高校行政主管们就会倾斜于选择具有明确区分性的绩效表现指标，通常以量化指标为主，在前面的分析中已被指出，这种模式将引发新的矛盾，且这种矛盾将深入到高校内部。

我会觉得，目前"证明"比"提升"更来得重要，其实两个是勾芡得非常紧的，你要"证明"一定要"提升"嘛，你没办法提升，人家怎么证明？所以联系得很紧。但是，"证明"是非常非常重要的，我们要让家长们知道，送你的小朋友进到这个学校来，这个学校的整个教学体系是有一定的 SOP（Standard Operation Procedure）和 QS（Quality Standard）的。那这样子的话，大家才愿意把小朋友送过来。否则的话，他现在有好多学校都可以送，为什么要千里迢迢送到 XX（地名）来。（UT180531）

为什么大家（高校）后来觉得评鉴很重要，关键是因为你如何来证明你的品保？评鉴不完全等同于品保。可评鉴确实是在品保中可以作为体检的一个工具。学校要对社会大众、利益相关者去交代我们学校的品保是 OK

的，而不是自说自话。所以，通过评鉴其实是一个品牌的附加价值。办评鉴这件事叫作两个字，叫花钱。办评鉴不会节省成本。可是办评鉴有它的价值，它是我们品保的认可，品牌的加分点。（UT181225）

很多事情抓几个最重要的关键指标就好了，举例来讲，注册率就是一个非常好的关键指标……现在大家都很害怕提排名，虽然我觉得这个也是有帮助……他们因为看到 XX 大学的排名，一定某种程度可以让国际认可，最有用的是国际化。我觉得"教育部"其实就可以从这些地方来判断一个学校办学，不需要搞得这么复杂……技职院校就从就业率和薪资去看，像我们综合大学就从排名、注册率跟分发率去看。（UT180531）

实际上，这种追求改进还是为了证明的矛盾在学生群体中也存在。对于学生而言，以认证为导向的外部评鉴让其陷入两难的困境。学生们认同评鉴的改进功能，这也是他们参与评鉴工作的动力之一。但在实践当中，他们却发现，如果在评鉴中说出自己的意见，则可能会影响自己学校或系所的声誉，这对他们自身来说是不利的。因此，是为了让"系上加紧改善"而提出意见，还是为了让"系能够通过"而回避问题，是学生所面对的艰难选择。

他们（学生）的心情是双重的，一方面是希望帮助系上提供充足的资料，展现美好的一面，协助系上通过评鉴。系上通过评鉴，他们有跟系上站在同一阵线的感觉，有这个好处。另外一方面，在评鉴的过程当中，也让学生有机会说说他们的想法，谈他们对系上改进方向的建议。因为这提供一个管道，这一点来说，学生多半会觉得适当的评鉴是必要的……一方面希望系在评鉴上表现得很好，另一方面也希望系里头再加紧改善。改善的重要性，学生知觉到可以透过评鉴，彰显重要性。因为，他们跟评鉴委员讲了，如果得到共鸣，评鉴委员就会在评鉴基础上，去做建议，就会形成系上改变的压力。所以，对学生来讲，评鉴就是他们的一线生机，也许有些事情多年都没有改善，透过评鉴的机会，他们可以提出应该改善的部分。但学生不全然是站在哪一边，两边都有……评鉴来的时候，他们一方面希望系能够通过，但另一方面他们也希望借着这个机会，把自己的诉求表达出来。（CT180615）

（三）行政逻辑与教育逻辑

行政逻辑与教育逻辑的矛盾冲突在评估活动中一般体现在评估目的、评估指标的选择、评估方法的使用以及评估程序的设计等方面。基于行政逻辑的评估倾向于选择明确、量化、可比较的指标，在评估方法和程序的设计上更多以方便行政管理为主，注重结果而非过程，更倾向于将评鉴作为一种管理工具；而基于教育逻辑的评估则倾向于选择开放、质性、个性化的指标，在评估方法和程序的设计上更多考虑教育的特性、学术研究的特性，注重过程而非结果，更倾向于将评估作为一种促进改进的目的。根据访谈调查，笔者发现该阶段台湾高等教育评鉴制度中的这种矛盾表现得较为明显，受访者所提到的问题主要为以下三个方面：一是认为当前所采用的部分标准不符合教育规律，如开课数量、中辍率、毕业生流向、论文数量等；（CT180524-2、CT180615）二是认为评鉴中所要求提供的大多材料没有教育意义，只是一种证明，比如，教师辅导学生的记录；（CT180615）三是认为评鉴中所采用的"入班观察"并不属于同侪/行评鉴，并不能发挥促进教师教学改进的作用。（CT180524-2）

第一个是开课的（数量），就是学生到底有得选没得选。选修课很多就叫有效能吗？还有是中辍率，就是有让几个学生退学或者休学，多或是少才是有效的？后来发觉，在评鉴里面，也没有一个标准了。有些人说，学生全部都通过，就叫作很有效的，因为你把学生指导得很不错，但是有人说你都没有做到把控。所以，我过去在做评鉴委员时，也觉得这里面的确也很难有一个好的规则。第二个是学生毕业以后他的发展又会有几个不同的层面：一个层面，继续升学就表示有成效吗？第二，让他都能够就业就有成效吗？你是要看一年或是五年或是十年？后来发觉这个真的很难解读……还有一个是，大学他要有宏观的事业，有些系所性质不同，例如，哲学系、考古系，就业不好就没用吗……就像刚刚提到的，有些人认为要有明确的指标，但是明确的指标其实太难了。因为有明确的指标，这些指标就会变成"等而下至"。比如，学生评价，有些采用常态分布，一门课不管多少人，一定要有人"当"掉。所以，一直在争议，比如，来的学生程度很好，都很认真，但结果你还是"一刀切"。当没有限制的时候，也会出现这个问题，有些老师可能会全部打 A+。（CT180524-2）

除非老师犯了很大的错，否则不应该一天到晚拿着一些指标去评定他合格或者不合格，更何况评鉴的人是依据什么标准来选定？我觉得这个都有讨论的空间。一篇文章还是十篇文章，你要根据什么来评断？我觉得很多时候很难。（CT180615）

有很多没有必要特别去积累的材料……比如说，你对学生辅导工作的进行，很多老师会在评鉴来的时候，回想他以前做的事，要做一些记录。我想大学老师平常的工作，还有跟学生的互动，他不会精细到每一次跟学生有什么样的活动就记下来。他是忙着解决学生的问题，他不会在解决之后（做一些记录），很少人有时间在事后再做一些记录。像评鉴的时候，老师们有很多时候是在回溯或是重新收集他以前的这种资料，像这类的东西还很多……虽然你没有说一定要这样做，但是他一定会这样做，因为他要证明。（CT180615）

我们过去评鉴，都会有一个"入班观察"，到课堂上去看去听课。上一回系所评鉴的时候，评鉴委员就进我教室去看，那时候感觉是不好的了。为什么说不好？本来去看你上课是好事，但是……同侪，你们大陆叫同行评鉴……那个过程我发觉我们做不到，你光是看他的几堂课，又能怎么样？只有那几分钟。后来，我们自己去当评鉴委员的时候，大家就讲好，既然上级有安排，我们就去看，但是去看了以后不给意见。为什么不给意见？因为这里没有所谓的同行，也没有真正同侪评鉴的过程……同行或同侪评鉴，尤其是教学，我认为在大学太难做了，因为所谓的教学自主。我刚才讲的备课、说课、观课、议课，它是有这样的过程的，这个过程就是我们原来讲的教师专业发展评鉴，因为它强调教师专业成长，假设你是一个大学教授，希望你教得更好。我认为这一套程序是很好的。为什么叫同侪？就是我们要建立信任的关系，也就是如果我批评你，你会认为我是善意的。（CT180524-2）

行政逻辑和教育逻辑的矛盾冲突还反映在高校内部的管理之中，一般而言，引发矛盾的主要原因是行政权力凌驾于学术权力之上，教育规律、学术研究工作的特性未能得到足够的重视。对于台湾高等教育评鉴制度而言，长期的规制价值导向对高校内部管理文化产生了同化作用，即学校更倾向于用外部的行政命令、考核、评比、奖惩诱因等来管控教师的教学和研究。如有受访者提到，高校行政主管会以"注册率高低"为标准增减系所单位来年的招生名额。（C180528）也有受访者指出，高校内部的"品保机制"包括教学评量、各式各样的评比以及量化指标等。

我们这边的大学，每年都要开一个所谓的总量会议，也就是全校多少名额，"教育部"分配给多少，然后分配到各系，如果某个系所的评鉴不好，学校就有权决定给其减招，（名额）流到别的（评鉴）比较好的系去。就像现在"教育部"它会对招生不好，就是注册率不好的系所，它也会要求管控。学校的做法，开总量会议的用意就在于，招生比较不好的系，我会先提醒你，我不会第一年就给你减掉（名额），可是会提醒你要不要改善，你不改善有可能明年就流到别的（系所）。就变成，你本来可以招 30 人的，就可能变成 25 人。（C180528）

我们要透过订定各式各样的办法，譬如说，我们有个教学评量，学生们在学期末的时候，透过网络上线要填对老师这门课的一个问卷调查。当然，这个教学评量是我们对教学品质的一个参考依据，但不能完全依照它。因为老师反弹得也很厉害，因为很明显的，你要分数打的延宕的人比较多的话，教学评价或许就会比较差……当然还有，比如说鼓励老师在教学上有所谓的"教学杰出奖"，各院都有自己的"杰出奖"，然后校也有这种"教学杰出奖"。所以各式各样的这样的评比，来确保我们的教学上有一定的水准。教学毕竟是大学里最重要的一件事情。大学老师是分成三块——教学、研究、服务。我们研究当然有另外一块的品保机制，准确来讲，比如，管理学院一年要出几篇文章，人社学院要出几本专著，等等。（UT180531）

规制价值的同化作用使得行政逻辑和教育逻辑的矛盾和冲突下移，主要表现为学校内部行政管理人员遵循的行政逻辑与教师群体秉承的教育逻辑之间的矛盾冲突。对于行政主管而言，需要向外争取资源、对外证明，这些压力迫使其对内实行符合外部需求的行政管理制度，以取得自身的合法性。而作为教师，则更多从教育教学规律、学术传统以及自身的利益出发来看待评鉴制度。有受访者表示，从行政主管的角度来看，内外部的评鉴是有必要的，因为有些教师"不成长"，但若从教师的角度，则不主张外部强加的评鉴。

它的主要矛盾还是存在，相当于是教师的声音跟行政主管部门的声音或者是学校校长的观点不一样，教师可能会觉得说我们自己管自己就好了，你不要来（管）。但是，我们认为很多老师都不成长。（研究者：所以只是部分的教师有这样的一种声音吗？）基本上，从教师角度，会认为你不要来评鉴我。从行政角度来说，我总是要有一个（评鉴来展示）系所品质，内外部评的（这种），一般老师只顾教学……所以，虽然前任"部长"说取消（系所评鉴）……我们校长可能觉得，反正有补助，也不太会影响学校财源，然后又能够有个证明……能向社会去证明我们是有品质保证的。一般老师说，我只管我的教学就好了。（CT180524-1）

基本上我是很反对评鉴的人……对我们老师的教学评鉴，还有三年一次的评鉴。我就觉得这个都是没有必要的。（T180601）

那么，教师反对评鉴的理由是什么？根据笔者的访谈调查来看，受访者所提到的理由主要有两点：一是认为评鉴制度妨碍了学术自由精神的彰显；二是认为评鉴制度损害了"尊师重道"文化传统。有受访者表示，大学的精神核心在于自由，不应被当作"小学"来管理，大学教授应该是自由人，应受到足够的尊重和信任，教育工作者不应该被当成公司员工来管理，但是目前大学老师却"都被各项指标管得紧紧的"（CT180615）。该受访者也提到了，师道尊严也是大学最核心的精神。还有受访者直接表示，评鉴是控制老师的工具，反对学生评鉴老师的方式，他认为，这是一种"消费市场导向"，这将会破坏大学里"尊师重道"文化传统。由此可见，大学教师和行政主管们在价值观念上的矛盾冲突，当二者的矛盾不能得到有效的沟通，评鉴制度促进改进的作用就难以发挥。以学生评教制度为例，制度的初衷是希望老师能够更多地关注学生的需求，但当教师对该制度不认可或评鉴结果与奖惩挂钩，则会造成教师的反抗或不理睬，学生的失望情绪，最终评鉴制度就变成了教师和学生都消极对待的形式作业。

大学教授应该是自由人，大学老师还要受评鉴，有些人会觉得这是非常不开放的一个表现。要是我来创设了一所大学，我的教授都不用受评鉴，我会主张这样，我宁可在一开始聘人的时候，就非常用心严格地去了解每一个人，他一旦进来就完全地尊重，即使他一辈子都没有写东西，也不会说他不及格，你要被开除……因为我觉得在教育这个行业里面，只有老师受尊重，学生比较能够学到好的榜样。每一个老师每五年都要被评一次，学生也知道老师在受评鉴啊，我觉得这个在尊严上不是一个好事。（研究者：您说的"五年评一次"是指的教师评鉴？）教师评鉴和系所评鉴都一样，都是对师道的一种损害……现在的这套评鉴制度，实际上有一点企业化的样貌。我比较不太提倡这个，当然它有它的好处，但是，你把老师当作一个平常人，当作跟员工一样，所有员工都要受评鉴啊，这是商业的那一套。我觉得教育应该有点不一样。像大陆那么大，如果创造一个大学，他的老师免受评鉴，学生进去那样的学校，他会觉得很光荣，我们学校的老师都是受国家和社会完全尊重的，他们都是自由人。（研究者：所以您觉得，现在台湾的大学老师其实并没有完全受到尊重？）对，我个人觉得目前台湾没有一所"大学"，都是"小学"，因为老师都被各项指标管得紧紧的，严格上讲，在精神上没有一个大学称得上"大学"……（研究者：您觉得真正的大学其实最核心的是什么？）师道的尊严和自由。（CT180615）

我会觉得大学老师的被重视的那种感觉会比小学还要差……有评鉴就会有控制，这两个一定是离不开的。等于说，评鉴其实是可以当成控制老师的一种机制……我个人是比较反对去采用这种学生评鉴老师的方式。我个人会认为，其实每一个老师都应该是很认真地教学，当老师的本来的天分就应该要这样，就是要很认真。可是当学生在评鉴老师的时候，师生之间原来尊师重道的那一种观念会打破……它是一个思潮价值的转变，就是从原来尊师重道的价值观转变成为消费市场导向。所谓消费市场导向就是说一种有点类似商场交易的行为。今天是因为我付了学费，然后老师才有机会来教，我评鉴老师变成是一种理所当然的事情。但是我会认为，当评鉴过程中，存在这一种理念的时候，就是对老师那种传道的尊重的感觉不见了，我比较在乎的是这个层面的东西。在这边我可以举两个例子，我们这边经常会发生，老师对学生的要求太严苛的时候，老师就会被学生"当"掉。所以，我个人不太认同这种评鉴的方式，从尊师重道这一层面，传统的那种价值可能就不见了。（T180601）

像有时候，我遇到一些我觉得上（课）的方法没那么好的老师，然后期中给他意见很认真打，但发现好像也没有什么改变，而且是每一年都这样，就会觉得蛮可惜的，可能老师觉得这种方法是他自己比较习惯的，学生应该是要配合他。有的老师会根据学生意见去调整，有些就不会，有些就会在课上解释一下……我们期末选课之前要填完才可以选课，所以很多人就赶快勾，勾完才可以赶快选，所以，期末反而比较少人认真填，像我就全部都打普通/同意。(S180528-1)

第三节　台湾高等教育评鉴制度价值冲突的消极影响

在过去的四十多年里，台湾高等教育评鉴制度的价值矛盾与冲突主要源于规制价值主导之下高校自主的诉求未能得到充分满足，这种矛盾冲突是推动评鉴制度发展和改革的原动力，但不可否认的是，矛盾冲突未得到有效缓解所引发的价值主体行为失范也阻碍了评鉴制度价值的发挥。总体来看，这些价值冲突对台湾高等教育的消极影响主要包括高等教育系统同质僵化、高等教育的功利化发展、滋生官僚文化与形式主义以及价值主体之间的信任缺失等。

一、高等教育系统同质僵化

统一、繁琐的指标再配以外部强制的力量在很大程度上会对高校产生规训作用。外部强规训要求和内部自主性的矛盾冲突迫使高校不得不权衡利弊做出选择。为了维持自身合法性，高校一般会选择迎合外部的规训要求，而这种选择会使高校内部还未发展成熟的自主意识和创新能力进一步受到抑制，由此造成高等教育系统的同质化和僵化。

（一）高校发展的同质化

评鉴指标缺乏弹性、繁琐，采用"同一把尺子"是台湾高等教育评鉴制度曾经被批评的重要的一点，并认为是导致台湾高校同质化、丧失特色的重要原因。台湾某位高校校长曾指出"一大堆指标铺天盖地而来，最后牺牲的就是高教体系的特色发展"①。2012年的系所评鉴开始，评鉴指标逐渐朝向开放的方向转变，允许高校自主添加特色项目和指标，想以此扭转同质化的局面，但这种努力在现实的实践中并未取得较好的效果。有学者指出，现有的指标框架之下，受评单位依然采用"模仿"这种策略，走不

① 刘源俊. 说高等教育评鉴 [J]. 台湾教育评论月刊, 2012, 1 (8)：1-6.

出同质化的怪圈。外部强制的力量是引发同质化的另一个因素。有台湾学者指出，评鉴应该是针对个别学校的体质与现况而对症问诊的健检活动，但是"教育部"太急躁想要用以处理退场的问题，以过于迅速、过于强力的手段（包括减招、经费、公布排名等方式），成为一体适用全台湾的"标准化塑身运动"。① 在这些因素的作用之下，高校同质化发展的问题就难以避免。2016 年时任教育主管部门"政务次长"的陈良基就指出，台湾高等教育评鉴制度最后被批评为"'教育部'的评鉴把大学都变成了同一个模式"，因为大家都在使用同一个框架。结果，为了迎合评鉴成绩好看，你喜欢我穿红色的衣服，我就尽量穿上各种红衣，导致大学虽多，最后却没有一所学校敢走出自己的特色。②

有些人说，我希望的是有一个所谓的标准……当你的评鉴指标写得很细，就会造成什么？到时候大家都一样。所以，他们认为在台湾的大学因为有一些指标的执行，造成只有一种大学了……像你是属于教育学门的，教育学我就拿同一把尺去量，最后大家都是同样的这把尺子。（CT180524-2）

个性化的、反对的声音，在抄录、模仿的过程，一层层被阻挡，最后成为 Elisabeth Noelle-Neumann（1974）所说的"沉默的螺旋"，反对声音渐消融在表面的共识。如高教评鉴中心的计划书，各系所应根据自身特色去调整效标，但由访谈得知实际的运作，事情并不照评鉴中心的想象。5 大项目、41 项效标的提出，框限了系所撰写报告的能量，也注定系所必须在急迫时间内相互抄袭、相互参考。相互"模仿"的力量，才是不同组织出现同质性的重点。③（苏硕斌，2012）

（二）抑制高校创新动力

长期的外部规训和自主管理能力的缺位对高校内在的创新动力也是一

① 苏硕斌. 评鉴的制度化与制度的评鉴化——一个以台湾社会学者为对象的研究 [J]. 台湾社会研究季刊，2012，（89）：47–82.
② 陈良基. 从评鉴 1.0 到 2.0 [J]. 评鉴双月刊，2016，（64）：7–9.
③ 苏硕斌. 评鉴的制度化与制度的评鉴化——一个以台湾社会学者为对象的研究 [J]. 台湾社会研究季刊，2012，（89）：47–82.

种消磨和抑制，高校逐渐从被迫性服从走向自愿性服从。有学者指出，在
2012 年开始的大专院校通识教育评鉴的过程中，部分学校往往不了解评鉴
的意义和功能，也不深究评鉴的执行方法和步骤，只能僵化地收集每一个
通识认可指标项下可能需要的资料，或带着想要找到"最佳通识实务"的
迷思，希望透过校外学者专家得知"什么是'教育部'要的通识教育"，借
以为学校觅得解决问题或创造亮点（争取计划补助）的机会。① 那么，真的
是学校缺失创新的动力吗？并不尽然，更大的可能是并非不愿创新，而是
不敢创新。有学者表示，若有学校想走出特色，也会担心遭评鉴委员打枪
"这个不行""那个不行"，而评鉴委员似乎也未真正花心思正视学校特色的
凸显性，只一再强调"制度"的重要。② 有受访者表示，台湾高校有参与国
际竞争的动力和能力，但"都被'教育部'卡死了"（T180613）。也有受
访者表示，在类似于"圣旨"的外部指标面前，高校只能先服从，之后才
有可能考虑再定自己的特色。（UT180531）这种保守、被动的惯性在外部强
制力量消失之后继续影响着台湾高校的行为。台湾高等教育评鉴中心针对
14 所自办大学评鉴高校的综合分析显示，多数大学在制度规划上仍趋于保
守，由于部分学校仍然担心无法通过第一阶段的机制审查，因此，评鉴设
计皆仍以过去高教评鉴中心的模式为基础进行。③ 即使是 2017 年宣布系所
评鉴完全交由各大学"自办"之后，这种情况也未得到较大改变。陈良基
在文中指出，尽管相关"司处"已规划系所评鉴将朝大学自办评鉴的方向
推动，但问题是大学早已习惯之前的评鉴架构，现在教育主管部门突然放
手不管，开放让学校自己做，结果评鉴现场发现所有自评大学几乎都还是
依循之前的评鉴架构办理自评，没有学校敢改变与突破。④ 由此可见，长期
外部规训对高校心理和习惯的影响并不能随着制度的改变立刻消失。

---

① 林从一，吴明锜. 从大学通识教育评鉴看大学的自愿性服从 [J]. 评鉴双月
刊，2015，(56)：12-13.

② 陈良基. 从评鉴 1.0 到 2.0 [J]. 评鉴双月刊，2016，(64)：7-9.

③ 侯永琪，林劭仁，郭昭佑. 大学校院自办外部评鉴及认可的实施及其影响
[J]. 评鉴双月刊，2017，(69)：14-16.

④ 陈良基. 从评鉴 1.0 到 2.0 [J]. 评鉴双月刊，2016，(64)：7-9.

大学需要很快的创新，因为大学面对的绝对是国际性的竞争。高等教育绝对是要拿到国际舞台上跟大家竞争的，这种变动多快啊，所以台湾的大学其实我觉得不是不聪明，尤其是顶尖的这些大学。这些人的国际视野一定也都够，但他们就被"教育部"卡死了。（T180613）

"教育部"当然每一次都会说，我定的这些KPI都是（供你）参考的，你可以自己想怎么拟定。一般的大学总会说，你定的就像是"圣旨"一样，怎样都要先完成你定的，然后，我们自己想的就再说嘛。（UT180531）

二、高等教育的功利化发展

强调绩效责任，促进竞争，追求卓越是进入21世纪之后台湾高等教育评鉴制度的另一个重要导向。然而，单纯相信"有竞争就有进步"是天真的，以追逐外部利益为主的大学文化是危险的。在由外部评估构建的"强竞争"环境中，高校极易迎合评估指标，采取短线操作，而无法坚持自主、自由的精神，以较长远的眼光，从教育理想与追求知识的角度规划大学的发展方向。目标和手段的矛盾性让台湾高等教育进入功利化发展的危险境地。

可以从利益和功能这两个概念去看。功能是指一个系统的运作……台湾长期以来的高教政策想改变功能，但事实上，外部的额外的竞争性经费给这些大学，那他就得到的是利益，功能事实上是没有改变，这才是台湾高教发展最大的弱势。（CT180616）

2001年开始的一系列竞争性计划评鉴遭到很多学者的批评，认为其将学术研究带向功利化、商品化的发展道路。有学者指出，在追求世界一流大学与大学卓越的政策导引下，目前各大学不分专长科系，充斥着以量化（如SSCI、SCI、EI发表上述期刊篇数指标）来评鉴个人学术表现与大学办学绩效。过去所强调的学术自主与专业判断几乎已被取代。[①] 有些学校因为

---

① 周祝瑛. 大学评鉴与大学自主［EB/OL］. http：//www3. nccu. edu. tw/~iaezcpc/C-%20evaluation%20%20&%20independence%20of%20university. htm，2018-09-10.

评鉴要看研究论文，就鼓励系所自办刊物（尤其是人文社会系所）、发行学报，来增加论文数量，有些学校干脆以每篇科学引用指标论文奖励二到四万元的高额奖金，激励教授积极研究，甚至于因为科技相关科系容易拿到补助，就多设立科技相关科系。① 2004 年学界自发组织的"反思台湾的（人文及社会）高教学术评鉴研讨会"对这些问题进行披露，认为各大学为争抢资源量化研究的短线操作，造成学术商品化，不重视教学，损害学生受教权。② 2006 年爆发的"台大终身教授退聘事件"更是将这些问题暴露无遗。

2006 年 11 月，台大公布首创的终身特聘教授名单，这是台大迈向世界百大计划的方案之一，共有一百零三人获聘，名单中人文社会领域相关受聘教授只有九人。政治系教授石之瑜却提出退聘要求，他在发给系内部的文件中指出，台湾高等教育评鉴制度越来越窄化，各大学教师奖惩或升等办法，都面临以论文数量产出"量化"教师，老师沦为论文机器，这和社会科学领域重视的道德思想传承的学风大相径庭，台大近年的领导越来越重视速成和产出，这反映出台湾高等教育管理的片面性，以教师论文发表数量决定教师奖惩、升迁和他坚持的道德、学问不符，所以拒绝受聘……石之瑜教授之后发表文章，指出在一片数字管理声中，近十年来，师生同仁之间的关系发生变化，而研究品质却未必提升，或只有在校方关心的发表或募款项目上有所提升。教授的研究与教学生活日益个人化，外在指标的冰冷取代了内生的热情，为评鉴而包装取代了为思想道德而砥砺。这种情况导致象牙塔里弥漫着比赛科学的气氛，以至于台湾的科学文化不再是思想的泉源，而是权力的依附，名利的交易，沦为展示品与宰制术。③

---

① 李大正，张丽鹃，蒋东霖. 大学教育评鉴的实然与应然 [J]. 网络社会学通讯期刊，2002，（23）.

② 周平. 1975 年以降文件档案中大学评鉴体制的论述与反论述形成 [J]. 教育与社会研究，2011，（23）：79-125.

③ 周平. 1975 年以降文件档案中大学评鉴体制的论述与反论述形成 [J]. 教育与社会研究，2011，（23）：79-125.

　　这种功利化的发展趋势并未因学者们的疾呼而得到根本性的扭转。一项针对 2006 年至 2011 年间大学学风的研究表明，制度化评价的客观计分指标被大学复制成为内部教师评鉴的准则，并将教学研究的内涵化约为全面性、定期性、数量性的评比奖惩，成为"评鉴化的制度"，这个过程形塑了新的制度性环境，迫使教研人员放弃传统师生伦理的教育理念，转而追求具有制度正当性的出版绩效。① 有学者指出，功利化导向已经内化到台湾学术研究人员的思想中，使之"不自觉地"跟随能带给自己利益的"指标"。事实上，这种功利化的风气不仅体现在学术研究当中，也体现在高校教学教育活动当中。有受访者指出，台湾现在的评鉴指标过于注重学生的就业，注重产学连接，而忘记了教育的本质不是职业培训，而是培养完人。（CT181024）

　　这套评鉴体制不仅仅具有外在约束性，它更植入到许多社会科学学者的意识和无意识心灵结构中。从此，我们的所思、所言、所行无不以此为判准。衍生出来的是，我们不自觉地调整自己的身体律动、时间表、空间配置和社会关系，以利生产 SSCI 论文。当我们成功地达成理想的论文发表数时，物质性和象征性的奖赏便伴随而来。获得奖赏的"成功者"，作为既得利益者，自然会永不停歇地"督促自己"继续从事此类学术生产活动。反之，达不到目标的学者，内心的恐惧、焦虑也常常转化成全天候全面的自我监控机制。这个缺乏本土关联性、充满学术代工性质、学术影响力在世界排名居后的知识生产活动，居然成了台湾社会科学社群共同构筑的"铁的牢笼"。可怕的是，这个牢笼已经不是别人建构的，是我们为自己打造的。②（周平，2011）

　　一切都以学生将来就业为导向考量。那为何设哲学系、历史系？一个社会需要培养这些，不能用金钱、将来的就业市场来衡量。而且，这些人就业不是立即就可以看出它的市场性。但是，我们现在都是这样子啊。现

---

　　① 苏硕斌. 评鉴的制度化与制度的评鉴化——一个以台湾社会学者为对象的研究 [J]. 台湾社会研究季刊, 2012, (89): 47-82.

　　② 周平. 1975 年以降文件档案中大学评鉴体制的论述与反论述形成 [J]. 教育与社会研究, 2011, (23): 79-125.

在因为太在乎学跟产之间的连接，如果这个系所的能力指标对应到社会上的产业需求，那我觉得最后是偏的。高校不应该是这样子的，高等教育应该是完人教育，我们不是在 teach a skill……现在的评鉴会用数字化管理，比如学生就业率、学生毕业的薪水……希望回到教育的本质。（CT181024）

三、滋生官僚文化与形式主义

规制价值和自主价值的矛盾冲突也会影响高等教育管理文化。组织行为学的相关研究已指出正式问责制可能导致工作流程的官僚化、形式主义。台湾高等教育评鉴制度自成立以来就与正式问责制联系起来，而这也就导致官僚文化和形式主义在台湾高等教育系统中的渗透。

（一）滋生官僚文化

从理论上来讲，行政主管部门虽然有权对高校办学进行监督，但并不代表高校是行政主管的下属职能部门，高校作为学术组织理应保有独立的精神、自由的思想，而由上至下、等级森严、强调一致与服从的官僚文化并不有利于这种特性的彰显。从台湾高等教育评鉴制度的演变过程来看，过于强力的问责使得官僚文化在评鉴过程中滋生。这种官僚文化主要表现在高校将评鉴指标当作"圣旨"，将评鉴委员当作"官员"，对其卑躬屈膝。有学者揭示，"公告其结果，作为'政府'教育经费补助及学校调整发展规模之参考"成了"立法院"授予教育主管部门驯服大学的"尚方宝剑"，于是，即使如台湾大学，在评鉴过程中都有拉红布条，学生列队欢迎"评鉴大员"的现象。① 有受访者表示，这种官僚做派对于高校教师心理的影响是很大的，当教师只知服从，这样的大学是难以培养出独立思考、具有批评思维的学生。（CT181024）

第一次（系所评鉴）压力真的是太大了，真的让大家觉得很无聊，而且是很丢人。评鉴那一天，所有老师西装笔挺，还要（被）分配到任务，到行政大楼那边去接评鉴委员。像大官出巡，要去接驾，那个样子。我们都诚惶诚恐、毕恭毕敬，评鉴委员也是教授，我们也是教授，我们为什么

---

① 刘源俊. 说高等教育评鉴 [J]. 台湾教育评论月刊, 2012, 1 (8): 1-6.

今天要变成像哈巴狗一样。所以，你看那个影响很大，心理层面的影响。大学应该是很自主，大学是要培养学生独立思考，要有批判性。老师如果是跟狗一样地服从，那学生会有独立思考的能力吗？所以，当初对老师是一个很大的侮辱。(CT181024)

这些作态确实占据接受评鉴单位许多准备时间，因为他们除了挑选俊男美女一路护送评鉴委员往返，张灯结彩者有之，欢迎光临者有之，不仅师道溃散，就连年轻学子也在这种评鉴文化的示范下，学会如何为莫名其妙的事卑躬屈膝。(《知识通讯评论》，2009 年 3 月，作者为台大教授。)

为了制止这种文化，高等教育评鉴中心曾做出重要努力，不断完善评鉴伦理规则，并反复在评鉴说明会上、委员培训会上予以强调。但需要指出的是，在根本矛盾没有解除的情况下，高校与评鉴者之间的不平等关系、高校对评鉴紧张的心理并不能得以消除。就最近一周期校务评鉴（2017-2018 年）来看，为了迎接评鉴委员，"亲善大使列队欢迎"的现象依然存在。这在受访者的表述中得以证实，(HT180612) 同时，在笔者的实地观察中也有所表现。（见表 4.4）

表 4.4　2018 年 XX 月 XX 日 XX 学校校务评鉴观察记录表

时间	地点	现象
9：00-10：30	XX 学生宿舍	1. 宿舍广播播报：今日校务评鉴，请同学们注意衣装，举止礼貌； 2. 宿舍侧门口有穿统一马甲的学生/管理人员拿大扫帚清扫墙面蜘蛛网； 3. 宿舍楼前门口，垃圾车停靠（非正常收垃圾时间），管理人员 5 人左右，身着统一蓝色 T 恤等候。
10：30-10：40	XX 校内餐厅	1. 有两位带工作牌的人员在出入口伫立； 2. 出入口处多了宣传展板。
11：00-11：20	学校图书馆	1. 4 位学生/老师佩戴工作牌在门口等候； 2. 带有工作牌的评鉴委员自大巴下车进入图书馆，大约 15 人，由校长领队讲解，在一楼停留时长约 8 分钟后离开。

时间	地点	现象
		该校内部访评行程表（仅摘录部分）： 08：30~09：00 评鉴委员到校 ※8：40 本校一级主管于行政大楼 1F 迎接 09：00~09：30 评鉴委员预备会议（XX 会议室） ※9：20 本校一级主管会场外等候入场 10：40~11：40 大学校院主管座谈（XX 会议室） ※当日方知委员勾选之主管座谈名单 16：00~16：40 参观学校相关设施（开放拍照） ※随车主管及教师：校长、XX 副校长、XX 副校长、主秘、教务长、学务长、研发处处长、其他随车教师

注：为遵守研究伦理，上表中所有涉及具体学校的信息均用 XX 替代。

台湾早期在评鉴的时候，就差没有铺红地毯……有委员违反评鉴伦理的，也有学校违反评鉴伦理的，明明交代不能送礼，他还是要送礼……可是，走了这一周期下来，台湾现在做的最好的是评鉴伦理。不该拿的他绝对不敢拿，学校也不会再做馈赠这件事情。所以，你如果说台湾这十年评鉴最大的进步，实际上就是评鉴伦理的恪守。（PHT180611）。

我们这一周期去校务评鉴，也发生很多事，发现很多学生，所谓的亲善大使，学校都很喜欢玩这个，特别是私立学校，（评鉴委员）一去就是列队欢迎。我们其实很不希望这种事情发生，希望学校平常心去看待这件事情。（HT180612）

（二）滋生形式主义

评估中容易出现的"形式主义"现象一般包括受评单位通过包装手段美化资料、自评报告等，弄虚作假、提供不实信息以及评估活动结束后无任何后续改进行动。这些现象在台湾高等教育评鉴活动的开展过程中也都显现，以至于 2012 年 9 月台湾高教工会的评鉴活动调查报告中显示，大专教师最痛恨的事项是"作文比赛""形式主义"。[①]

---

① 戴伯芬，陈政亮. 评鉴、反评鉴：两种评鉴"高教评鉴制度"结果比较 [J]. 跨界：大学与社会参与，2012，2（2）：77-115.

1. 注重包装美化，而不注重实质内容

这种情况在早期由台湾教育主管部门主办的学门评鉴中就已开始出现。有学者指出，各单位在自我评鉴的填表中，总是想表现较好的数据，准备的资料也偏向好的一面，原来应该要有的自我检讨与改进过程，也就自然而然地不太被重视，给系所的感觉是在评定办学的绩效，以作为教育主管部门对大学系所补助的参考，因此，在评鉴过程中，各系所会花时间去准备"好"的资料，以争取"好"的评鉴结果，却少有时间去规划系所发展的方向。[①] 在后续的系所评鉴、校务评鉴中，这种现象更是屡禁不止，甚至有学者表示，评鉴委员看学校提供的自评报告是需要一定的"行道"的。学校之间相互模仿，"做"材料，甚至请公关公司制作评鉴报告等这些现象都有出现。

常见的是，学校在书面报告上大做文章，但华而不实，美编一流但内容空洞者不乏其校；评鉴委员要能从中找出避重就轻、转移重点之处，要能从其报告中看出表面效度和内容信度，考验着评鉴工作者的道行。这种形式主义的思考，常年来出现在评鉴场域。[②]

"评鉴日期排在越后面的学校，报告写得越好，因为可以参考前面学校的评鉴报告。"XX 校长笑着说，有些大学为了做出一份好看又美观的评鉴报告，甚至特别请公关公司制作评鉴报告。[③]

像我在大学工作，我也不会去看我小孩就读的学校，他的评鉴结果是什么，因为我们知道这些都是做出来的书面资料……会有别的大学先做，因为每个大学被评的时间不一样，我们会看哪个大学是通过了的，他的系的属性跟我们很接近，我们就开始去抓别人的资料，然后，看他们的书写方式怎么样，就我们的现况应该怎么书写。所以说，其实是有范本在的。（C180528）

---

① 胡悦伦. 海峡两岸大学教育评鉴之研究 [M]. 台北：师大书苑有限公司，1998：171.

② 汤尧. 台湾高等教育评鉴制度的实务探究 [J]. 教育政策论坛，2007，10 (4)：1-17.

③ 林杉灵. 大学评鉴创造双赢——封面故事 [J]. 高教技职简讯，2012，(6)：14-67.

当有一个规定的时候，有人就喜欢从里面去找缝隙，做一个很好的东西对外面，实际上并没有反省。我可以做一个报告，很漂亮，就是应付一下，并没有内部真的检讨，只是为了骗我上面的长官，为应付而已，实际上没有达到效果。（UT180927）

2. 弄虚作假，提供不实信息

对于那些又想呈现好看结果，又达不到理想要求的学校，会倾向于提供虚假信息。这种情况在 20 世纪 90 年代末台湾高等教育评鉴活动中就有出现，有学者指出"各校自我评鉴时，皆不愿据实填报"①。还有学者指出，许多学校还会在问卷调查和接受评鉴委员实地访评时，在选中接受填答和谈话的师生名单上做文章，用尽一切可能方法，尽量让对学校友善的师生接受问答。②

像量化，有时候人很容易做到，像台湾的私立学校，有时候还会做手脚，学门评鉴四年一次，快要评鉴的一年两年，就聘了一些人进来，评鉴一结束马上就把你解雇掉。只是要符合你的量化的指标啊。（CT180524-2）

3. 将评鉴结果报告"束之高阁"，并无后续改进

1981 年吕美员大学评鉴调查显示，公私立院校均有一部分系所将评鉴报告"束之高阁"，而对评鉴报告从未听说，亦不知如何处理的教师也不在少数。③ 有学者指出，对许多学校来讲，没有评鉴，就没有资源，没有资源，就没有行动，学校资源的配置几乎是为了应付评鉴所需，学校办学所需资源也从评鉴后得到的奖补助经费而来，评鉴以及评鉴结果变成一种外加（added on）的办学附设机制，没有真正内化进入办学的各项工作系统。④ 对此，台湾教育主管部门的官员陈良基也表示，评鉴工作在台湾的确面临

---

① 苏锦丽. 高等教育评鉴：理论与实际 ［M］. 台北：五南图书出版公司，1997：66-68.

② 汤尧. 台湾高等教育评鉴制度的实务探究 ［J］. 教育政策论坛，2007，10（4）：1-17.

③ 吕美员. 台湾地区大学教育评鉴之研究 ［D］台北：台湾师范大学硕士学位论文，1982：154.

④ 汤尧. 评鉴制度对台湾高等教育的影响 ［J］. 教育资料与研究双月刊，2011，（103）：27-40.

着"形式大于实质"问题。

过去"教育部"所做的评鉴，无非就是要求大学依循这个系统，照着演练。但或许是华人的特质使然，评鉴系统在这样的框架底下，慢慢演变成形式胜于实质，而忽略了过程与目标的重要性。①

四、价值主体之间的信任缺失

台湾高等教育评鉴制度在很长一段时间里都是由台湾教育主管部门发起和主导，且多以绩效责任为目的、正式问责制为手段，各高校多以被动接受为主，自身接受评鉴的动力并不强烈，由此形成了"由上而下的监控模式"。这种模式一方面反映了社会、行政主管部门对大学组织的信任受到侵蚀，另一方面也使大学组织感受到威胁，并引发防卫心态，而无法信任评鉴者。② 受访者指出，台湾的教育主管部门对大学没有太高的信任，将"最高级的知识分子管得像小孩一样"（CT180615）。还有受访者表示，这种不信任正出现在台湾高校、教育主管部门以及高等教育评鉴中心之间。（PT180620）这些价值主体之间信任的缺失则使得台湾高等教育评鉴制度的改革难以顺利、有效地开展下去。

台湾的大学就面临一个问题，过去给他很多指标，他觉得麻烦死了。可是有一天我说好了，我不要了，你自己写，他又说我没方向……倒不尽然是他不会指标，而是他不放心这个政策，担心用他自己的标准来列自己大学的 KPI 指标，会不会有一天写完了，自评报告书送到评鉴中心或"教育部"，给这些委员会去审，他们又说缺了这个缺了那个。所以，我现在要讲第一个结论是一个信任的问题，学校端跟"教育部"端，跟评鉴中心端的信任问题……台湾不是第一天做评鉴，已经走完了两三周期的评鉴，到今天还是这种状态。所以，我才会跟你讲，要从 cultural perspective 去看，它其实就是信任，也包含制度不断地改变，也包含到在互动过程中人与人、

① 陈良基. 从评鉴 1.0 到 2.0 [J]. 评鉴双月刊, 2016, (64): 7-9.
② 林松柏. 台湾高等教育评鉴利益关系人互动模式建构：评鉴政治学理论之应用与评析 [D]. 南投：暨南国际大学博士学位论文, 2009: 81.

机构跟组织之间的不了解。都是信任，我如果今天信任这个制度，我为何还观望？（PT180620）

本章小结

在台湾高等教育评鉴制度发展的不同阶段，规制价值、自主价值以及平衡价值有着不同程度的实现，这个过程构成了一种不断演化的价值系统。总体来看，台湾高等教育评鉴制度的价值取向逐渐从"规制绝对主导"转向"规制主导、兼顾自主与平衡"，再转为"规制与平衡双主导、重视自主"，目前处于"规制、自主与平衡共同主导"，平衡价值的平衡点也逐渐从靠近规制转向趋于中立。

价值系统的矛盾性是价值系统运动演化的根本原因。规制价值和自主价值本身的矛盾性以及平衡价值的局限性是台湾高等教育评鉴制度价值取向变化的内在动力。在规制价值绝对主导的时期，高校仍然保有一定的自主意识，希望能够脱离教育主管部门的直接管控，只是这种自主诉求在现实中受到了压制。在规制价值主导、兼顾自主与平衡价值的时期，高校压抑已久的自主诉求开始爆发，形成了绩效责任与大学自主、结果导向与协助改进、外部控制与自我管制这三对主要的理念矛盾，这些矛盾在实践层面的反映主要表现在对教育主管部门直接主导评鉴、统一量化的评鉴项目与标准、评鉴结果等级化且与行政奖惩挂钩等制度规则的批判。在规则与平衡价值双主导并重视自主价值的时期，规制与自主的价值矛盾性在评鉴理念层面主要表现为规范发展与特色发展、外部导引与学术自治、绩效问责与自我改进、注重效率与注重公平等四对矛盾冲突；在实践层面，评鉴结果的行政使用、评鉴类型和项目的繁多、"配合性自我评鉴"、评鉴指标的单一量化、评鉴对象的合法性、高等教育评鉴中心的角色与定位等问题受到了重点关注，并引起了较大争论。在规制、自主与平衡价值共同主导的时期，前一时期的矛盾冲突在改革中得到了一定的缓解，但规制与自主的矛盾性又以新的形式呈现出来，主要表现为行政主管部门监管与大学自主、对外证明与促进改进、行政逻辑与教育逻辑这三对矛盾冲突。在过去的四十多年里，价值矛盾与冲突在一定程度上对台湾高等教育的发展造成了消极影响，包括高等教育系统同质僵化、高等教育的功利化发展、滋生官僚文化与形式主义以及价值主体之间的信任缺失等。

第五章
台湾高等教育评鉴制度的价值展望

价值系统中各构成要素之间的竞争与冲突是系统演化的原动力，而构成要素的相互协调与统一则是系统整体性内在的必然要求。① 台湾高等教育评鉴制度的价值系统就是这样一种矛盾与统一的存在，并将在矛盾与统一的辩证关系中继续发展演化。当然，这种发展演化脱离不了现实的环境，包括社会经济、人口发展的大环境，也包括高等教育政策、国际评估理念发展的小环境。从大环境来看，台湾社会的人口少子化、高龄化问题未来可能继续加重，而这将继续对高等教育系统带来冲击，造成更加严峻的生源竞争态势。同时，当局财政匮乏、教育经费紧张的问题在短期内也难以解决，而这又将使高校面临更加激烈的资源竞争。从小环境来看，注重高校自主性、强调高校的社会责任、重视高等教育质量是近些年台湾高等教育政策的主要方向。在此现实环境下，基于前文对台湾高等教育评鉴制度价值取向历史变化轨迹及矛盾冲突变化历程的研判，结合受访专家学者的观点，台湾高等教育评鉴制度及其价值关系未来的演变趋势在一定程度上可以预见。

第一节　台湾高等教育评鉴制度的发展趋势

在追求绩效责任和高校自主性的双重任务之下，台湾高等教育评鉴制度将以行政主管部门主导的校务评鉴、综合视导等与高校自主开展的系所评鉴、专业认证等两大部分组成，高等教育评鉴机构将朝向更加独立、专

① 张军. 价值与存在 [M]. 北京：中国社会科学出版社，2004：184-186.

业、多元的方向发展，校务研究将逐渐与自我评鉴、校务评鉴等评鉴活动连接在一起。

一、基于品质管控的校务评鉴和综合视导

台湾教育主管部门将继续作为高等教育评鉴制度的核心主体之一主导和参与评鉴工作。有受访者表示，因为台湾教育主管部门要接受"立法院"民意代表的质询，所以，其一定会继续做评鉴工作以了解各大学的办学质量，"只是若干松绑，若干弹性，不太可能废掉"。（CT180524-1）从目前来看，台湾教育主管部门还将继续主导校务评鉴、综合视导以及其他的检视项目，用以管控高校的办学质量，淘汰部分"后段大学"，这些工作很大可能还将委托给台湾高等教育评鉴中心来具体实施。有高等教育评鉴中心的相关人员表示，目前评鉴中心已经在接受台湾教育主管部门的委托对一些办学效益不好的学校进行查核与管控。

为了回应社会的批评和建议，"减轻负担、提升效能"将成为校务评鉴未来一段时间的主旋律，具体包括：从形式上，校务评鉴将朝向简化、恒常化的方向发展，采取的措施将包括继续简化评鉴项目及指标，建构和运用校务资料库，建立和改进大学院校基本信息和评鉴结果信息公开共享平台等；从内容上，校务评鉴将更加注重对高校自我改善机制、内部评鉴文化、学生学习成效（尤其是学生就业力）等方面的考察。

我们现在大概有六个专案同时在做，就是除了系所评鉴和校务评鉴之外的，比如"专科以上学校教学品质查核"，这个是"教育部"特别管控的。因为，我们现在越来越担心，少子化越来越严重。现在台湾的私立大学很可怜，特别是后段的大学……然后很多是升格的科技大学，本身的条件比较弱。他们就是极力想要办好，但是大环境不好，"专科以上学校教学品质查核"就是要去查这种注册率低的或是被投诉的（高校）。（HT180612）

二、基于自保品质的系所评鉴和专业认证

在外部竞争日益激烈的环境之下，即使台湾教育主管部门取消了强制性系所评鉴，但大部分高校仍将以自办品质保证认定或委托办理品质保证认可的形式，自主继续开展系所评鉴，并将其作为内部质量保障机制的一

部分。有受访者表示，即使仍然还存有很多的争议，台湾很多高校已经慢慢接受评鉴这种形式，尤其是对于高校行政主管来说。（UT181225）有受访者明确表明，从学校层面应该是要办的，因为学校需要有自己的体制和办法以确保质量。（UT80522）2017 年，中华大学、龙华科技大学、台湾清华大学、逢甲大学、台湾科技大学、南台科技大学等纷纷表态将继续办理系所评鉴。其中，南台科技大学表示，自 2019 学年度起，自我评鉴将朝"简化、常态化、资讯化、大数据化、严谨化"等五化方向调整，以提升评鉴机制的效率及品质，并促进系所发展与提升学生学习成效。① 而从台湾高等教育评鉴中心公布的 2019-2021 年实际办理"自办品质保证认定"和"委托办理品质保证认可"的信息来看，已有超过一半的学校自愿完成了首次品质保证认定或认可。

从目前的制度设计来看，选择办理系所评鉴的一般大学院校主要有两种选择：一是自己组织办理，并将评鉴结果拿到高等教育评鉴中心认证，教育主管部门将对每一系（科）所、学位学程补助 2 万新台币；二是委托外部专业评鉴机构办理，教育主管部门将对每一系（科）所、学位学程补助 10 万新台币，医学系补助 20 万新台币。2017 年台湾高等教育评鉴中心的调查显示，大学可能仍会先考量自办外部评鉴，而非申请高教评鉴中心的品质保证服务，② 但由于此次调查是台湾教育主管部门公布经费补助之前，所以，其并不能代表未来的趋势。事实上，笔者在调查中发现，高校选择委托外部评鉴机构办理系所评鉴的理由越来越多，其一是教育主管部门的经费补助能够减轻学校的经济负担或行政工作负担；其二则是可以避免因评鉴工作而产生的内部矛盾；除此之外，有受访者认为外部评鉴机构来开展评鉴更具客观性。（UT181225）

它（系所评鉴）虽然取消了，可是我们校长说还是要来评……校长还是批示，建议系所评鉴还是要参加。所以，我们明年就会去跟评鉴中心申请参加他们的文件，而且，"教育部"有经费补助。（CT180524-1）

① 张明华，陈曼玲. 大学校长：学校自办系所评鉴有助于国际接轨与品质保证 [J]. 评鉴双月刊，2017，（67）：23-24.
② 侯永琪，林劭仁，郭昭佑，等. 第一轮台湾地区大学自办外部系所评鉴大学观点之调查分析 [J]. 评鉴双月刊，2017，（70）：26-30.

甚至有一个学校的教务长，在我们宣布不办的时候，跑过来找我们，说要办。这个是一个私立大学，在南部很有名的科技大学。他们的商管就走 ACCSB 这种，其他找我们办。他就说："不办系所评鉴听起来很好，但不办系所评鉴，系所不会动。系所会觉得不评鉴好好，我就做我自己，然后学校去弄他，他就骂学校，说学校干涉怎样怎样。那我们就冠你们的名来做，反正都是要做的。"所以，有些学校就说，我们一定要做，让系所每五年检查一次，随时要确保你的东西，那就是随时都要做，要重视自己的教学品质。（HT180612）

从内检视的时候，你可能会发现可能大家的客观性不见得会一样，所以这个时候评鉴中心他的角色就变得很重要。（UT181225）

台湾高等教育评鉴中心公布的实际办理"自办品质保证认定"和"委托办理品质保证认可"的数据情况验证了这一猜想，2019-2021 年，有 50 多所高校选择"委托办理品质保证认可"，有 20 多所高校选择了"自办品质保证认定"。

其次，专业认证将成为台湾高校自主开展的另一项重要评鉴活动。以台湾中华大学为例，该校多数工程领域与商业管理科系都是采取"中华工程教育学会（IEET）"、国际商管学院促进协会（The Association to Advance Collegiate Schools of Business，AACSB）等国际认证机制。逢甲大学的校长也表示，该校的工程科系是交由 IEET 进行国际认证，商管领域则由 AACSB 认证。有校长表示，在生源竞争如此之激烈的情况下，国际认证将有助学校招收外籍生，[①] 学校会自愿去办理专业认证等评鉴工作。

大家现在面临少子化，说老实话是不太敢不要（评鉴）。而且我们管院还要去参加国际的认证。我们理工学院还有 IEP 的认证，都是自己"伸的头"出去给人家去"砍"的。（UT180531）

但需要说明的是，台湾高校采取专业认证这种模式的科系主要集中在管理学、商学、工程学、医学等学科，有研究指出，其他学科领域愿意涉

---

① 张明华，陈曼玲. 大学校长：学校自办系所评鉴有助于国际接轨与品质保证 [J]. 评鉴双月刊，2017，（67）：23-24.

入品质保证领域者并不多。① 因此，对大部分的系所而言，未来可能还将走系所评鉴的道路。

三、更加独立、专业、多元的评鉴机构发展

停办强制性系所评鉴之后，台湾最主要的高等教育评鉴机构——高等教育评鉴中心和台湾评鉴协会将不再直接从教育主管部门获得办理系所评鉴的经费，而是改由向学校收取费用。高等教育评鉴中心的负责人在接受访谈时表示，经费不直接来源于教育主管部门，会让他们变得更加独立，更加注重专业性，评鉴机构将扮演"协助者"与"伙伴"的角色，而非"规范者"的角色。（H180606）除此之外，学校的自由选择也引发了评鉴机构之间的竞争。高校或系所不再是"受评单位"，而是"服务对象"。从制度设计来看，高等教育评鉴中心和台湾评鉴协会的服务对象已经打通，一般大学院校和高等技职院校有了多种选择。这种竞争也使得评鉴机构更加注重提升自身的专业性，展现特色。例如，台湾评鉴协会提出"客制化服务"，即学校可依本身需求提出申请，台评会将据以规划客制化服务内容；高等教育评鉴中心也提出将更加注重彰显高校办学的自主性；二者均表示自身的品质保证服务能够帮助服务对象提升国际能见度，具体见表5.1。高等教育评鉴中心的有关人员还指出，未来的高等教育评鉴中心办理的系所评鉴将从偏重"绩效考核"转为"专业认可"，他们将在认可形式、评鉴委员选择、访评方式等方面做出调整，以回应服务对象的诉求，具体见表5.2。除此之外，高等教育评鉴中心还表示，会通过一系列的分区座谈、研习营、工作坊等方式，主动与学校分享及交换评鉴知识，深入了解各校对评鉴的正反意见及对评鉴中心的建议，以激发学校正向的评鉴思维，提升学校评鉴文化，增进人员评鉴素养。② 由此可见，未来台湾高等教育评鉴机构将朝向更加独立、专业、多元的方向发展。

---

① 苏锦丽，黄曙东. 台湾的大学评鉴制度迈向专业化发展了吗？［J］. 评鉴双月刊，2015，（58）：9-12.

② 林劭任. 认可制度的进化与评鉴中心的转型［J］. 评鉴双月刊，2016，（64）：22-24.

表 5.1 评鉴机构"大专院校系所品质保证服务计划"

项目	机构	
	台湾评鉴协会	高等教育评鉴中心
对象	全台大学院校、科技大学、技术学院及专科学校，授予副学士、学士、硕士或博士学位的科、系、所、学程等教学单位。	全台大学院校、科技大学、技术学院及专科学校，授予副学士、学士、硕士或博士学位的科、系、所、学程等教学单位。
目的	1. 形塑特色为实——确立定位，创造价值； 2. 学习成效为本——确保品质，奠定成长； 3. 持续精进为则——追求卓越，永续发展。	1. 协助各大专校院系所提升办学品质，发展特色； 2. 促进各大专校院系所建立自我品质保证与改善机制； 3. 协助提升各大专校院系所之国际能见度； 4. 提供品保资讯，作为社会大众了解大专校院系所品质与办学现况参考。
特色	1. 客制化服务，协助办理评鉴事宜； 2. 多元评鉴委员资料库，确保评鉴作业品质； 3. 协助学校持续提升办学品质； 4. 提供国际接轨管道； 5. 高效率且高素质的行政团队。	1. 彰显学校办学的自主性； 2. 由品保机构认定其结果； 3. 提升国际的能见度。

资料来源：社团法人台湾评鉴协会 2017 年 8 月发布《大专校院教学品保服务计划》，财团法人高等教育评鉴协会 2018 年 8 月发布的《大专校院委托办理品质认可实施计划》及其部门负责人林劭仁的公开演讲《大学自办系所评鉴现况与问题分析》（2019 年 7 月 6 日，厦门大学）。

表 5.2 高等教育评鉴中心品保服务改革措施

改革项目	改革措施
品保项目	1. 系所发展、经营与改善； 2. 教师与教学； 3. 学生与学习。
认可形式	1. 通过，六年的有效期； 2. 通过，三年的有效期； 3. 重新审查。
访评委员	委员人数大量缩减，一个独立系所，去三个委员，其中，学校也可以推荐委员，也可以回避委员。

续表

改革项目	改革措施
访评方式	步骤一：实地访评前，评鉴中心会把学校的自评报告寄给他们看，委员看有什么"待厘清"的问题先寄给评鉴中心，评鉴中心会和学校沟通； 步骤二："待厘清"完了之后，访评前一个礼拜，把评鉴委员邀到评鉴中心，把评鉴报告的初稿写出来，讨论完，大家再交换一下意见，看一下哪些是需要现场去看的，把它记下来，做好准备； 步骤三：一个礼拜之后，就再去学校。 这样安排的好处是比较有效率，学校也只需要花一天的时间接受访评委员前来评鉴。

注：上表根据受访者（HT180612）的讲述整理。

四、评鉴与院校研究结合

校务研究是近些年台湾教育主管部门大力推动的教育政策，其目的在于"协助大学提升校务专业管理能力，善用教育资源以提升学生学习成效"。有学者指出，校务研究是支持大学建立自我评鉴机制，连结资料管理、校务决策、办学品质、追踪改善和永续发展的重要策略与做法。[①] 在实践当中，很多学校已经开始尝试将校务研究与自我评鉴、校务评鉴等评鉴活动相结合。中原大学研发长曾表示"IR 与评鉴都很重要，两者应绑在一起，当评鉴点出问题，就要进行校务研究，才有一体性"。[②] 总体来讲，不论是在制度层面还是在实践层面，校务研究在评鉴中的重要性将进一步凸显，二者的有机结合也是必然趋势。

第二节　台湾高等教育评鉴制度价值关系的发展趋势

根据前文台湾高等教育评鉴制度价值取向的变化趋势及价值矛盾的变化历程，再结合当前台湾高等教育发展所面临的内外部形势和受访专家学者的观点来看，台湾高等教育评鉴制度价值关系的演变趋势在一定程度上

---

① 何希慧. 建立校务专业管理体制：连结校务研究、校务发展与自我评鉴 [J]. 台湾教育评论月刊，2016，5（3）：40-43.

② 杨莹. 大学评鉴未来的改革方向 [J]. 台湾教育评论月刊，2016，5（3）：1-9.

可以预见。

一、规制、自主、平衡价值共同主导的格局短期内不会改变

自 1975 年以来，台湾高等教育评鉴制度的价值取向逐渐从"规制绝对主导""规制主导、兼顾自主与平衡""规制与平衡共同主导、重视自主"转向目前的"规制、自主与平衡共同主导"，平衡价值的平衡点也逐渐从靠近规制转向趋于中立，其变化过程属于渐变式的，而非突变式。因此，从价值取向的运动轨迹来看，台湾高等教育评鉴制度价值关系变化将有两种可能：一是较长一段时间保持在"规制、自主与平衡价值共同主导"；二是朝向"自主价值绝对主导"的方向运动。从价值矛盾的变化历程来看，规制和自主的价值矛盾虽然在不断地调和之中，但并未消失，并倾向于以新的形态显现出来，因此，评鉴制度朝向"自主绝对主导"的方向运动在短期内阻力还是很大。更重要的是，台湾高等教育评鉴制度价值取向刚刚经历一次调整，评鉴机构的沟通协调工作已见成效，社会大众对目前的制度形态接受度还较高。从这两方面来看，规制、自主、平衡价值共同主导的格局短期内将不会改变。

先由系所针对指标来自我评估，并写成报告书，然后把报告书交到"教育部"的评鉴中心，然后，"教育部"邀请外面的专家学者进来学习评鉴，我是觉得两者都兼顾比较适合……因为这两种方式本身都有优缺点，如果两者都能够兼顾实施，等于取其优点，降低其缺点……如果是撇开国外学会认证，我觉得还是兼顾自我评鉴和外部评鉴。（CT180524-1）

过渡到现在这样，大多数人应该是持比较正面的态度……现在评鉴委员的态度其实有很大的改变，透过评鉴可以让你知道要怎么去做努力，关起门来办事有时候不知道自己的缺失在哪里。所以，我认为是受益的，有时候去看别人，也会回想自己系上的情况。（CT180524-2）

现在大家也慢慢了解得比较多。所以，现在的关系是，评鉴没有那么可怕，他们（高校）对评鉴中心就比较不会有敌意……台湾有一个台湾高教产业工会，就有台湾高教界的一些老师，大概前五六年每天骂评鉴中心。这一两年也不骂了，大家真的会从品保的角度去看这件事情。（HT180612）

二、价值矛盾逐渐从显性转为隐性、从高校外部转为内部

价值矛盾的运动是一个动态的过程，从台湾高等教育评鉴制度的价值矛盾运动来看，规制价值和自主价值的核心矛盾依然存在，只是逐渐从显性转为隐性，从高校外部转为高校内部。

（一）价值矛盾从显性转为隐性

在高等教育评鉴制度变革过程中，制度的设计者极力缓和其中矛盾冲突，以保证制度的合法性和稳定性。然而，想要从根本上消除价值矛盾并不容易，在外在压力和内在条件不满足的情况之下，价值矛盾会倾向于从显性转为隐性，即不再彰显在正式的制度文本之中，而是隐藏在非正式的规则之中，如评鉴的文化、习惯等。因此，即便是台湾教育主管部门宣布评鉴结果将与行政处罚等脱钩，回归高校自用，但只要评鉴结果对外公布，只要社会大众仍将评鉴当作是评价高校好坏的指标，其造成的社会舆论压力、生源压力都会对高校的选择产生巨大影响，而这无疑是对高校自主性的一种削弱。可以预见的是，未来针对台湾高等教育评鉴制度文本规则的争议将会越来越少，但在实践当中的矛盾与冲突依然会存在。

其实就算脱钩，因为我们现在是少子化，所以，"教育部"核定你的员额，可以核定你很多，但你不一定招得到。所以，基本上，就算是脱钩了，还是没改变员额。如果他评鉴不理想的话，学生家长就会倒过来说这个学校不能够来念，所以，即使没有扣员额，而实质上你收不到那么多的学生，也受到了惩罚，所以说是脱钩，其实是紧密结合在一起的。因为现在是学校找学生，不是学生找学校……举例来讲，台湾"教育部"每年会公布……各大学注册率，大家都非常非常紧张这个注册率，因为我们就不希望自己的注册率很难看。像我们 XX 大学还是有保持注册率在（百分之）九十五点多，这就已经"阿弥陀佛"了。现在这么（严重的）少子化，（招生）只会越来越辛苦。所以，大家都绷紧神经来应对这些事情。（UT180531）

（二）价值矛盾从高校外部转为内部

价值矛盾向高校内部转移的趋势在台湾高等教育评鉴制度稳定阶段和变革阶段就已显现。外部导引还是学术自治，注重效率与注重公平，基于

证明还是追求改进，行政逻辑还是教育逻辑等已成为高校管理者不得不面临的内部价值矛盾。2017 年由高等教育评鉴中心开展的一项针对自办外部系所评鉴高校的调查显示，自评学校负责评鉴的"专责单位"，不论是"研发处""教务处""执行小组""秘书处"或是新设的"评鉴中心"，皆在校内扮演另一个"高教评鉴中心"的角色，同时受到系所及教育主管部门认可小组的双重压力，处于角色两难之中——若将自身定位为"学校内部的评鉴中心"严格执行时，会遭遇到来自系所的反弹，反之，则怕影响评鉴效能。① 2018 年开展的一项针对第二周期校务评鉴的满意度调查显示，学校一级主管的满意度普遍较高，而一般行政人员的满意度则最低。② 有受访者表示，学校在自办系所评鉴时面临较大的内部阻力。

在第二轮评鉴的时候，"教育部"就是有自主系所评鉴……因为我自己负责评鉴，当我是自办评鉴的时候，在学校很难推动。假如是"教育部"来评，他是从外面来，可以拿着"宝剑"说，你一定要这样这样，因为有这个"尚方宝剑"，那我也可以要求系所一定要做到这样这样，有一个（外部）推动的力量。可是，假如这个"尚方宝剑"是拿在我自己手上，我自己在学校说，你们要怎样。系所就不着急，就说我们都是自己人，我们都是同一个学校，你不要这么认真好不好，不要找麻烦。(UT180927)

作为学校的行政主管，为了避免内部矛盾，更倾向于引进外部的力量来对内进行评鉴管理。这种做法无可厚非，但却很清晰地展现了学校行政主管与二级单位、普通教师之间的价值矛盾与冲突。这种矛盾冲突在高校从外部获得更多办学自主权之后，将会暴露得更加明显。

借由外在力量能让学校面对一些人情压力的时候，能够设定一些比较具挑战性的标准。老师们每三年都要评鉴一次，以教学研究服务来对他们进行评鉴。评鉴不通过的话，就会再评鉴，两年再不通过的话，我们甚至会把他从专任老师转成专案老师，然后，再过三年就要请他走了。所以借

---

① 侯永琪，林劭仁，郭昭佑. 大学校院自办外部评鉴及认可的实施及其影响 [J]. 评鉴双月刊, 2017, (69)：14-16.

② 林劭仁. 第二周期大学校务评鉴实地访评问卷调查结果探析 [J]. 评鉴双月刊, 2018, (73)：39-41.

由外部的要求内部可以订定到这样子的情形。(UT180531)

三、价值矛盾的调和取决于第三方专业评鉴机构的发展

作为教育主管部门和高校之间的第三方，高等教育评鉴机构在台湾高等教育评鉴制度价值矛盾与冲突的调和过程中发挥了重要作用，但因其自身结构的局限性，在过去的十多年里，它的调和能力较为有限。随着台湾高等教育评鉴制度的变革，高等教育评鉴机构的结构和属性或将发生变化，而这也使人们对它的矛盾调和功能寄予了新的期望。

独立性是第三方专业评鉴机构发挥协调作用的基础。以第三方专业评鉴机构作为直接评估者既是台湾高等教育评鉴制度的选择，也符合国际高等教育评估制度发展的总体趋势。第三方专业评鉴机构的产生打破了台湾教育主管部门和高校在评鉴活动中"对立"的局面，既具有象征意义，也具有一定的实践意义，但总体来看，这种象征意义大于实践意义。然而，随着自主价值诉求的增强，高校不再满足这种象征意义，评鉴机构与其委托者——教育主管部门之间的"暧昧关系"① 越来越不被接受。提升第三方专业评鉴机构的独立性、公正性开始成为缓解价值矛盾与冲突的关键。独立性的提升将使第三方评鉴机构摆脱教育主管部门"行政权威"的影响，以更加平等的态度对待自愿接受评鉴的学术单位，真正为不同价值主体提供平等对话的平台。

多元性是第三方专业评鉴机构发挥协调作用的关键。台湾地区的高等教育评鉴机构在很长一段时间里都陷入教育主管部门和高校的一元关系之中，与其他利益相关者（如学生群体、用人单位等）的关系较为疏远。然而，当前台湾高等教育评鉴制度中的矛盾冲突已无法用这种一元思维来解决。根据前文的访谈内容可知，学生和家长的选择已成为高校最为关注的风向标，而学生和家长的选择又与社会网络媒体、就业市场等紧密相连，市场的力量正影响着规制与自主的格局走向。因此，若高等教育评鉴机构仍拘泥于单一的主体关系之中，不能促使多元主体参与到评鉴中来，那么，

---

① ［美］埃贡·G. 古贝（Egon G. Guba），伊冯娜·S. 林肯（Yvonna S. Lincoln）. 第四代评估［M］. 北京：中国人民大学出版社，2008：2.

不仅规制与自主的矛盾困境无法打破，其自身的合法性也将受到威胁。相反，若高等教育评鉴机构能够打破一元思维，秉承多元价值观，更加注重各利益相关群体（包括高校教师、行政管理人员和学生，用人单位，社会媒体，教育主管部门等）之间的沟通与协商，则有可能推动教育主管部门和高校对彼此诉求的真正"理解"，而这种理解将缓解评鉴过程中的焦虑、争议和矛盾。

就如价值哲学理论所言，只有充分尊重和宽容他人主体，立足主体际的交往、沟通、对话与合作，才可能基于复杂的相关、依存关系，化解相互之间的价值矛盾与冲突，解决面临的共同价值难题，建构合理的价值秩序。① 第三方专业评鉴机构正是这样一个枢纽，其独立性和多元性的提升能够唤醒台湾高等教育评鉴制度主体际之间的对话，促进主体际信任关系的重建，进而更加接近评鉴制度终极目标——高等教育质量的提升。

第三节　台湾高等教育评鉴制度价值演化的省思

台湾高等教育评鉴制度的价值问题不仅仅是我国台湾地区内部的问题，它还具有一定的代表性和启示性，它能够在一定程度上反映世界高等教育评估制度发展的特点，还能为解决高等教育评估理论和实践中的问题提供启示。

一、台湾高等教育评鉴制度价值演化的代表性

台湾高等教育评鉴制度的产生与发展离不开国际主流评估理念的影响，如"绩效责任""学生为中心"等，其价值系统的演变也具有一定的代表性。基于全球视野可以发现，世界主要国家和地区高等教育评估制度价值关系的发展特点与我国台湾地区有相同之处，具体表现在以下几个方面：

（一）规制与自主平衡化发展趋势

我国台湾地区的高等教育评鉴制度长期以来呈现出"规制主导"的价值取向，但很明显规制程度正逐渐降低，自主价值越来越得以彰显，二者逐渐朝向平衡的方向发展。从全球发展动态来看，尽管各地区的高等教育

---

① 孙伟平. 价值哲学方法论 [J]. 北京：中国社会科学出版社，2008：76.

评估制度发展历史、整体形态、具体规则都不尽相同，但总体也朝向规制与自主平衡化发展的方向迈进。例如，美国高等教育评估制度属于"弱规制、强自主"的认证模式，政府部门一般较少干预评估工作。但近些年，加强政府监督和干预的声音逐渐增大，并在制度中有所反映。2015 年 11 月，美国教育部发布《推进教育认证透明化议程》，加强政府对认证工作的干预。① 2018 年 1 月，一项关于美国高等教育认证问题的提案被提交到众议院，该提案指出国会在高等教育认证中的权威和监管力度正在加强，"公共责任（Public Accountability）"应该作为认证的首要任务，未来要重点关注高校的办学效率，保障联邦资源的有效使用。② 英国高等教育评估制度一直以来都体现出较强的规制价值取向，卓越研究评估、卓越教学评估、院校审核等都是在政府部门的推动下开展的，不论是高等教育基金委员会（HEFCs）还是高等教育质量保证署（QAA）都与政府部门保持千丝万缕的联系。但近些年，强调自主、多元、弹性的制度理念正被落实，例如，引入风险管控的理念，依据风险状况对高校分级分类，给予针对性的风险预警。风险管控评估方式也被看作是一种平衡规制和自主诉求的策略，在为高校"减负"的同时，发挥监管作用，这种方式也被澳大利亚所采用。③ 2018 年 11 月 QAA 和英国质量评估常设委员会（the UK Standing Committee for Quality Assessment，简称 UKSCQA）共同发布的《英国质量标准——高等教育》（*The UK Quality Code for Higher Education*）指出，"标准"要能够灵活地反映质量，更好地服务快速发展的高等教育行业。④ 大陆的高等教育评估制度也正从强调外部规制朝向更加注重自主的方向发展。2013 年开始实施的"五位一体"本科教学评估制度更加注重突出学校的主体地位，强

---

①　方乐. 国际高等教育质量保障改革发展及其启示［J］. 上海教育评估研究，2017，（5）：56-61.

②　Council for Higher Education Accreditation（CHEA）. Accreditation and Reauthorization of the Higher Education Act（HR 4508）［EB/OL］. https：//www. chea. org/accreditation-and-reauthorization-higher-education-act-hr-4508？ Action=CMS_ Document & DocID=1125 & MenuKey=main，2018-09-20.

③　TEQSA. Risk Assessment Framework ［EB/OL］. http：//www. teqsa. gov. au/sites/default/files/publication-documents/TEQSARiskAssessFramework_ v2. 1_1. pdf，2018-09-20.

④　QAA. The revised UK Quality Code ［EB/OL］. http：//www. qaa. ac. uk/quality-code/the-revised-uk-quality-code，2018-09-20.

调分类评估分类指导，推动"管办评"分离等。①

（二）规制与自主的价值矛盾长期存在

从前文的分析中可以看出，规制与自主的价值矛盾与冲突在我国台湾地区高等教育评鉴制度演变过程中始终存在，且成为推动制度发展的主要力量。从世界各地区高等教育评估制度发展实践来看，这种价值矛盾的长期存在具有一定的普遍性。例如，是追求绩效问责，还是追求质量提升（Quality Improvement）是影响美国高等教育认证制度发展方向的主要矛盾，在过去的很长一段时间里，美国高等教育认证都将质量提升作为核心目标，而近些年来，追求绩效问责的声音则占据上风。② 2017 年，欧洲高等教育质量保障协会（European Association For Quality Assurance in Higher Education，简称 ENQA）联合起其他机构发布的报告《提高质量：从政策到实践》（*ENHANCING QUALITY：From policy to practice*）中指出，高等教育质量保障体系建设中始终存在这样的矛盾困境：从理论上来看，高等教育的目标具有多元性，但在实践当中，相关制度却总是强调单个目标，如就业力；强调高校的责任和质量文化，但在实践中却常常变成"官僚负担（Bureaucratic Burden）"。③ 在大陆高等教育评估制度中，自我评估很早就被提出，但其在实践中的地位和作用却一直备受批评。有学者指出，过去一段时间里，自我评估只是政府开展的外部评估的附属物，从属、服务和服从于外部评估，由此造成了"被动迎评"的现象。④ 规制与自主价值矛盾在世界范围内的普遍存在还体现在评估类型上，实践中形成的评估模式有选优型评估、保障型评估、引导型评估、防控型评估、认证型评估，等等。这些评估模

---

① 刘振天. 我国新一轮高校本科教学评估总体设计与制度创新 [J]. 高等教育研究，2012，33（3）：23-28.

② Council for Higher Education Accreditation（CHEA）. Accreditation and Reauthorization of the Higher Education Act（HR 4508）[EB/OL]. https：//www. chea. org/accreditation-and-reauthorization-higher-education-act-hr-4508？Action＝CMS_ Document & DocID＝1125 & MenuKey＝main，2018-09-20.

③ European Association For Quality Assurance in Higher Education（ENQA）. Enhancing Quality：From Policy to Practice [EB/OL]. http：//www. enqa. eu/index. php/publications/papers-reports/associated-reports/#，2018-09-23.

④ 刘振天. 我国新一轮高校本科教学评估总体设计与制度创新 [J]. 高等教育研究，2012，33（3）：23-28.

式体现了人们在价值博弈中的选择，多种模式的产生也反映了人们在平衡二者关系上所做出的努力。

（三）第三方评估机构发挥平衡作用

在我国台湾地区高等教育评鉴制度中，第三方专业评鉴机构在平衡规制和自主价值上发挥了重要作用。事实上，引入第三方评估机构以调节政府与高校的矛盾关系是国际上普遍采用的策略。从世界主要国家和地区的最新动态来看，政府部门将质量评估的具体工作委托给第三方评估机构已成为一种普遍趋势。[①] 尽管，第三方评估机构的独立程度在各地区并不相同，但它的产生就反映了平衡价值诉求，并在一定程度上发挥着中介作用。例如，英国的高等教育质量保证局（QAA），它是英国大学校长委员会建立的一个组织，但也与英国教育部保持密切的合作关系。法国 20 世纪 80 年代的高等教育质量评估工作主要由政府把控，到 2007 年为了 "博洛尼亚进程" 相适应，创设 "研究与高等教育评估部（AERES）"，后因其所具有的官僚气息被公众抨击，在 2014 年，更具包容性和学术性的 "研究与高等教育评估高级委员会（HCERES）" 成立接替了它的角色。[②] 由此可见，公众对于第三方评估机构的期待。

二、台湾高等教育评鉴制度价值演化的启示性

台湾高等教育评鉴制度价值演化过程中所产生的问题具有一定的普遍性，例如，强规制导致的高等教育系统同质僵化、官僚文化的滋生，面对冲突高校所采取的 "表面配合" 的策略，各价值主体之间信任的缺失，等等。如何解决或避免类似的问题，这是台湾高等教育评鉴制度价值探究所引发的思考。基于台湾经验和相关理论，针对高等评估制度中的矛盾问题，笔者尝试提出以下几点建议：

---

① 别敦荣，易梦春，李志义，等. 国际高等教育质量保障与评估发展趋势及其启示——基于 11 个国家（地区）高等教育质量保障体系的考察 [J]. 中国高教研究，2018，（11）：35-44.

② GEORGIOS S, JOSHI K M, PAIVANDI S. Quality assurance in higher education: A global perspective [M]. Delhi, IN: Studera Press, 2017: 170-172.

（一）注重多元价值主体及其权利的保障

第四代评估理论①指出，如果仅仅是评估者和委托者有权决定调查哪些问题、使用何种手段和数据分析模型以及做出何种解释等，那么很可能剥夺其他利益相关者追求合法利益的权利。② 在台湾高等教育评鉴制度的发展过程中，高校作为最重要的利益相关者一直在争取自身的合法权利，当其诉求未能在制度中实现时，它通常会采取"表面配合"的策略或消极抵抗，前者会导致形式主义，后者则不利于评估功能的发挥。因此，重视高校合法权利和价值诉求是缓解矛盾的基础。除此之外，台湾经验还显示价值矛盾存在向高校内部渗透的趋势。教师、学生等利益相关者也是评估制度的重要价值主体，如何保障他们的知情权、参与权也是未来需要重点思考的问题。

（二）推动协商式评估理念的应用

台湾经验还显示价值观的博弈具有长期性、反复性等特点，过度强调规制或自主都将引发矛盾冲突，追求平衡是一种趋势。那么，如何实现这样的平衡？最关键的在于建立起价值主体之间的信任关系，只有存在信任，各价值主体才能平和地面对、思考和理解那些与自己不同的价值诉求与主张，最终实现对话与合作。第四代评估理念所倡导的"协商式评估"为这种信任关系的建立提供的方法。这种评估方法超越了纯粹的科学范畴（即仅为获得事实），覆盖了人性的、政治的、社会的、文化的以及其他各种相关因素，提倡一种全面的积极参与，将不同的利益相关者置于平等的地位之上，全面考虑不同的价值观和不同的关联。与传统评估方法不同的是，这种评估模式的"产品"并不是一系列的结论、建议或价值判断，而是关于那些主张、焦虑和争议的协商程序，而这可以使"利益相关者相互之间

---

① 第四代评估理论是由美国著名学者埃贡·G. 古贝（Egon G. Guba）和伊冯娜·S. 林肯（Yvonna S. Lincoln）在 1989 年提出并完整论述，他们所定义的"第四代评估"主要是与第一代的"测量评估"、第二代的"描述评估"以及第三代的"判断评估"相对，其核心是"谈判协调"。

② ［美］埃贡·G. 古贝（Egon G. Guba），伊冯娜·S. 林肯（Yvonna S. Lincoln）. 第四代评估［M］. 北京：中国人民大学出版社，2008：2.

得到教育"①。很明显，这种评估模式对于解决各主体之间的信任危机大有裨益。

（三）加强高等教育质量文化建设

我国台湾地区高等教育评鉴制度的发展在很长一段时间都是依靠教育主管部门的外部强制力推动，关于高等教育质量保障的文化自觉较为薄弱，因此，不论是外部评鉴，还是内部自我评鉴都表现出较强的行政管控逻辑，而这给高等教育发展带来的负面影响至今存在。大陆高等教育评估制度的发展路径与台湾大体相同，如何激发高校的内生动力，由制度规制转向文化自觉②是两岸面临的共同问题。加强高等教育质量文化建设，尤其是高校内部质量文化建设，是解决这个问题的重要方法。

本章小结

在内外部环境的影响之下，台湾高等教育评鉴制度将主要以行政主管部门主导的校务评鉴、综合视导与高校自主开展的系所评鉴、专业认证这两大部分组成，高等教育评鉴机构将朝向更加独立、专业、多元的方向发展，校务研究将逐渐与自我评鉴、校务评鉴等评鉴活动连接在一起。从价值关系变化来看，以规制、自主、平衡共同主导的高等教育评鉴制度价值格局短期内不会改变，价值矛盾将逐渐从显性转为隐性、从高校外部转为内部，矛盾的调和将取决于第三方专业评鉴机构独立性和多元性的提升。台湾高等教育评鉴制度价值演化具有一定的代表性，它反映了世界高等教育评估制度发展的共同特点，如规制与自主平衡化发展趋势、规制与自主价值矛盾长期存在、第三方评估机构发挥平衡作用等。台湾高等教育评鉴制度价值演化过程中所出现的冲突问题具有一定的普遍性，注重多元价值主体及其权利的保障，推动协商式评估理念的应用，加强高等教育质量文化建设等可以作为缓解矛盾冲突的策略。

---

① ［美］埃贡·G. 古贝（Egon G. Guba），伊冯娜·S. 林肯（Yvonna S. Lincoln）. 第四代评估［M］. 北京：中国人民大学出版社，2008：28.
② 齐艳杰. 高校质量文化建设现状与改进策略——基于"高等教育第三方评估"个案调研［J］. 中国高教研究，2016，（3）：22-30.

参考文献

一、中文文献

（一）中文著作

［1］别敦荣. 高等教育管理与评估［M］. 青岛：中国海洋大学出版社，2009.

［2］陈朝宗. 制度学理论与我国制度创新实践［M］. 北京：中共中央党校出版社，2008.

［3］陈汉强. 大学评鉴［M］. 台北：五南图书出版公司，1997.

［4］陈玉琨. 教育评鉴学［M］. 台北：五南图书出版公司，2004.

［5］郭昭佑. 教育评鉴研究：原罪与解放［M］. 台北：五南图书出版公司，2007.

［6］胡悦伦. 海峡两岸大学教育评鉴之研究［M］. 台北：师大书苑，1998.

［7］李德顺. 价值论（第2版）［M］. 北京：中国人民大学出版社，2007.

［8］李连科. 哲学价值论［M］. 北京：中国人民大学出版社，1991.

［9］刘复兴. 教育政策的价值分析［M］. 北京：教育科学出版社，2003.

［10］施惠玲. 制度伦理研究论纲［M］. 北京：北京师范大学出版社，2003.

［11］苏锦丽. 高等教育评鉴理论与实际［M］. 台北：五南图书出版公司，1997.

[12] 孙伟平. 价值哲学方法论 [M]. 北京：中国社会科学出版社，2008.

[13] 唐世纲. 大学制度价值论 [M]. 青岛：中国海洋大学出版社，2017.

[14] 汪知亭. 台湾教育史料新编 [M]. 台北：台湾商务印书馆，1978.

[15] 吴清山，王令宜，等. 台湾地区高等教育评鉴发展与实务 [M]. 台北：财团法人高等教育评鉴中心基金会，2012.

[16] 吴清山. 高等教育评鉴议题研究 [M]. 台北：高等教育文化事业有限公司，2009.

[17] 谢地. 政府规制经济学 [M]. 北京：高等教育出版社，2003.

[18] 杨朝祥. 一九九九年"全国"教育改革检讨会议实录 [M]. 台北：台湾教育资料馆，2000.

[19] 杨莹. "两岸四地"高等教育评鉴制度 [M]. 台北：财团法人高等教育评鉴中心基金会，2010.

[20] 袁贵仁. 价值学引论 [M]. 北京：北京师范大学出版社，1991.

[21] 袁庆明. 新制度经济学 [M]. 上海：复旦大学出版社，2012.

[22] 张军. 价值与存在 [M]. 北京：中国社会科学出版社，2004.

[23] 邹吉忠. 自由与秩序——制度价值研究 [M]. 北京：北京师范大学出版社，2003.

（二）中文译作

[1][德] 伍多·库卡茨. 质性文本分析：方法、实践与软件使用指南 [M]. 朱志勇，范晓慧，译. 重庆：重庆大学出版社，2017.

[2][德] 马克思. 价值形态 [M]. 北京：人民出版社，1957.

[3][德] 马克斯·韦伯. 社会科学方法论 [M]. 韩水法，莫茜，译. 北京：中央编译出版社，1999.

[4][德] 马克斯·韦伯. 经济与社会（上卷）[M]. 林荣远，译. 北京：商务印书馆，1997.

[5][美] R. 科斯，A. 阿尔钦，D. 诺斯，等. 财产权利与制度变迁——产权学派与新制度学派译文集 [M]. 刘守英，等，译. 上海：上海人民出版社，1994.

［6］［美］埃贡·G. 古贝，伊冯娜·S. 林肯. 第四代评估［M］. 北京：中国人民大学出版社，2008.

［7］［美］道格拉斯·C. 诺斯. 制度、制度变迁与经济绩效［M］. 刘守英，译. 上海：上海三联书店，1994.

［8］［美］赫钦斯. 民主社会中教育上的冲突［M］. 陆有铨，译. 台北：桂冠图书股份有限公司，1994.

［9］［美］凯尔士. 大学自我评鉴［M］. 王保进，译. 台北：正中书局，2002.

［10］［美］康芒斯. 制度经济学（上卷）［M］. 于树生，译. 北京：商务印书馆，1962.

［11］［美］约翰·S. 布鲁贝克. 高等教育哲学［M］. 王承绪，等，译. 杭州：浙江教育出版社，2001.

［12］［英］罗伯特鲍·德温，马丁·凯夫，马丁·洛奇. 牛津规制手册［M］. 宋华林，李鸽，等，译. 上海：上海三联书店，2017.

［13］Daniel L. Stufflebeam, George F. Madaus, Thomas Kellaghan. 评鉴模式：教育及人力服务的评鉴观点［M］. 苏锦丽，王丽云，郭昭佑，等，译. 台北：高等教育文化事业有限公司，2005.

（三）学位论文

［1］康宏. 高等教育评价标准的价值反思［D］. 武汉：华中科技大学博士学位论文，2010.

［2］林松柏. 台湾高等教育评鉴利害关系人互动模式建构：评鉴政治学理论之应用与评析［D］. 暨南国际大学博士学位论文，2009.

［3］荀振芳. 大学教学评价的价值反思［D］. 武汉：华中科技大学博士学位论文，2005.

［4］张继平. 从冲突走向和谐：高等教育评估价值取向的社会学分析［D］. 武汉：华中师范大学博士学位论文，2011.

（四）期刊论文

［1］别敦荣，唐世纲. 现代大学制度的价值及其矛盾关系的调和［J］. 苏州大学学报，2016，（4）：32-46.

［2］别敦荣. 论高等教育评估的功能［J］. 高等教育研究，2002，23

（6）：34-38.

［3］别敦荣. 论高等教育评估的基本特征［J］. 辽宁教育研究, 2004,（4）：14-16.

［4］陈良基, 陈曼玲. 从评鉴1.0到2.0［J］. 评鉴双月刊, 2016,（64）：7-9.

［5］陈文政. 析论"教育部""大学评鉴办法"之适法性与"合宪性"［J］. 政大法学评论, 2008,（103）：1-61.

［6］池俊吉. 从大学校园系所评鉴救济规定与成效探究"国内"评鉴事务之现况研究［J］. 高教评鉴与发展, 2015, 9（1）：63-90.

［7］戴伯芬, 陈政亮. 评鉴、反评鉴：两种评鉴"高教评鉴制度"结果比较［J］. 跨界：大学与社会参与, 2012, 2（2）：77-115.

［8］何希慧. 建立校务专业管理体制：连结校务研究、校务发展与自我评鉴［J］. 台湾教育评论月刊, 2016, 5（3）：40-43.

［9］贺陈弘. 大学评鉴的必要与困难［J］. 评鉴双月刊, 2016,（64）：13.

［10］侯永琪, 池俊吉. 系所品质保证蓝图与系所自办品质认定计划［J］. 评鉴双月刊, 2017,（69）：10-13.

［11］侯永琪, 林劭仁, 郭昭佑, 等. 第一轮台湾地区大学自办外部系所评鉴大学观点之调查分析［J］. 评鉴双月刊, 2017,（70）：26-30.

［12］林劭仁. 第二周期大学校务评鉴实地访评问卷调查结果探析［J］. 评鉴双月刊, 2018,（73）：39-41.

［13］林劭仁. 认可制度的进化与评鉴中心的转型［J］. 评鉴双月刊, 2016,（64）：22-24.

［14］林松柏, 陈庭逸. 改善高等教育评鉴之道：基于评鉴厉害关系人之观点［J］. 台湾教育评论月刊, 2016, 5（3）：19-34.

［15］刘慧珍, 张红伟. 论高等教育评估的价值选择［J］. 国家教育行政学院学报, 2015,（3）：50-53.

［16］刘秀曦. 高等教育政策工具之探析：大学评鉴结果与政府经费分配之连结［J］. 教育研究与发展期刊, 2013, 9（3）：31-58.

［17］刘振天. 从象征性评估走向真实性评估——高等教育评估制度的反思与重建［J］. 高等教育研究, 2014,（2）：27-32.

［18］秦梦群, 庄俊儒, 温子欣. 高等教育评鉴实地访评委员意见陈述

[J]．台湾教育评论月刊，2016，5（3）：35-39.

[19] 苏锦丽，黄曙东．台湾的大学评鉴制度迈向专业化发展了吗？[J]．评鉴双月刊，2015，(58)：9-12.

[20] 苏硕斌．评鉴的制度化与制度的评鉴化——一个以台湾社会学者为对象的研究 [J]．台湾社会研究季刊，2012，(89)：47-82.

[21] 苏永建．高等教育质量保障中的价值冲突与整合 [J]．中国高教研究，2013，(11)：19-25.

[22] 汤家伟．从大学系所评鉴指标之设定论系所发展持续自我改善能力之可能与限制 [J]．台湾教育评论月刊，2016，5（3）：21-24.

[23] 汤尧．评鉴制度对台湾高等教育的影响 [J]．教育资料与研究双月刊，2011，(103)：27-40.

[24] 王如哲，杨莹．台湾高等教育评鉴的回顾与展望 [J]．台湾教育，2012，(674)：20-24.

[25] 萧玉真．以校务研究改进大学校院评鉴指标与方式 [J]．台湾教育评论月刊，2016，5（3）：48-51.

[26] 谢卓君．从政策工具选择省思台湾高等教育治理 [J]．教育研究集刊，2017，63（3）：41-75.

[27] 许育典，陈碧玉．大学自治下大学评鉴制度的检讨：以系所评鉴为例 [J]．当代教育研究，2011，19（2）：119-158.

[28] 杨莹，杨国赐，黄家凯，许宗仁．2007-2009 年度大学校院系所评鉴后设评鉴研究 [J]．高教评鉴，2012，(3)：1-26.

[29] 杨莹，杨国赐，刘秀曦，黄家凯．2011 年度大学校院校务评鉴后设评鉴研究之分析 [J]．高教评鉴与发展，2014，8（1）：1-40.

[30] 杨莹．台湾地区高等教育评鉴制度建构的省思 [J]．教育研究月刊，2008，(168)：5-20.

[31] 杨莹．大学评鉴未来的改革方向 [J]．台湾教育评论月刊，2016，5（3）：1-9.

[32] 易鹏，程诗婷．台湾地区大学外部评鉴对大学自治的限制分析及启示 [J]．中国人民大学教育学刊，2015，(3)：168-180.

[33] 詹盛如．台湾高等教育治理政策之改革——新管理主义的观点 [J]．教育资料与研究双月刊，2010，(94)：1-20.

（五）网络文献

[1]"国家教育研究院"."中华民国"教育年报1998年版[EB/OL]. https：//www. naer. edu. tw/files/15-1000-7853，c1310-1. php，2018-10-10.

[2]"国家教育研究院"."中华民国"教育年报2001年版[EB/OL]. https：//www. naer. edu. tw/files/15-1000-7856，c1310-1. php，2018-10-10.

[3]"国家教育研究院". 第七次"中华民国"教育年鉴[EB/OL]. http：//www. naer. edu. tw/ezfiles/0/1000/attach/32/pta_5456_1563025_23798. pdf， 2018-06-11.

[4]"教育部"主管法规查询系统."大学评鉴办法"[EB/OL]. http：//edu. law. moe. gov. tw/LawContentHistory. aspx？hid=1167，2018-06-11.

[5]"教育部"主管法规查询系统. 专科学校评鉴办法[EB/OL]. http：//edu. law. moe. gov. tw/LawContent. aspx？id=FL032500，2018-06-13.

[6]"教育部部史"."大学教育政策白皮书"[EB/OL]. http：//history. moe. gov. tw/important_ list. asp，2017-07-16.

[7]台湾当局"监察院". 高等教育评鉴诸多疏失，"监察院"纠正"教育部"[EB/OL]. https：//www. cy. gov. tw/sp. asp？xdURL=. /di/Message/message _1. asp & ctNode=903 & msg_id=3113,2011-08-12/2018-05-12.

[8]财团法人高等教育评鉴中心基金会. 大学院校校务评鉴申复办法[EB/OL]. http：//www. heeact. edu. tw/ct. asp？xItem=16003 & ctNode=323 & mp=2，2017-07-15.

[9]台湾"教育部"主管法规查询系统."教育部"补助大专院校自主办理系所品质保证要点[EB/OL]. http：//edu. law. moe. gov. tw/LawContent. aspx？id=GL001708，2018-07-22.

[10]台湾"教育部高等教育司". 高等教育深耕计划正式启动[EB/OL]. https：//depart. moe. edu. tw/ED2200/News_ Content. aspx？n=90774906 111B0527 & sms=F0EAFEB716DE7FFA & s=C85106C3E60F68F5，2017-12-20.

[11]台湾"教育部高等教育司". 落实大学自我课责公开大专校院校务资讯[EB/OL]. https：//depart. moe. edu. tw/ed2200/News_Content. aspx？n =90774906111B0527 & s=CB98ACC812421D0F，2017-12-28/2018-07-23.

[12]台湾"教育部综合规划司"."教育部"将于2017年底前全面完成

访视评鉴简化工作［EB/OL］. https：//depart. moe. edu. tw/ed2100/News_Content. aspx? n=1BC1E5C3DD8E7C26 & s=A87F33F004EAA6E2，2018-07-22.

二、外文文献

［1］EDWARDS A，KNIGHT P. *Assessing Competence in Higher Education* ［M］. London：Biddles Ltd，Guildford and King's Lynn，1995.

［2］CALLINGFORD C. *Assessment Versus Evaluation*［M］. London：Cassell，Wellington House，1997.

［3］RUSSO CJ. *Handbook of Comparative Higher Education Law*［M］. Maryland：Rowman & Littlefield Publishing Group，2013.

［4］BRYAN C，CLEGG K. *Innovative Assessment in Higher Education*［M］. London：Routledge，2006.

［5］GORGIOS S，JOSHIK M，PAIVANDI S. *Quality Assurance in Higher Education：A Global Perspective*［M］. Delhi，IN：Studera Press，2017.

［6］MCCAFFERY P. *The Higher Education Manager's Handbook*［M］. Abingdon：RoutledgeFalmer，2004.

［7］NOLL RG. *Regulatory Policy and the Social Sciences*［M］. Berkeley：University of California Press，1985.

［8］BLACK J. Decentring Regulation：Understanding the Role of Regulation and Self-Regulation in a "Post-Regulatory" world［J］. *Current Legal Problem*，2001，(54)：103-147.

［9］SINGH M. Quality Assurance in Higher Education：Which Pasts to Build on，What Futures to Contemplate? ［J］. *Quality in Higher Education*，2010，16(2)：189-194.

［10］BARNETT R. Power，Enlightenment and Quality Evaluation［J］. *European Journal of Education*，1994，29(2)：165-179.

附录1：
受访者信息与代码

受访者信息与代码

序号	身份	受访时间	代码
1	高等教育评鉴专家、高等教育评鉴中心研究员、私立大学教授	20180511	PHT180511
2	公立大学行政部门主管、教授	20180522	UT180522
3	公立大学系所行政主管、教授	20180523	CT180523
4	公立大学二级学院院长、教授	20180524	CT180524-1
5	公立大学系所行政主管、教授	20180524	CT180524-2
6	公立大学系所行政人员	20180528	C180528
7	公立大学校长、教授	20180531	UT180531
8	公立大学教授	20180601	T180601
9	高等教育评鉴中心主管	20180606	H180606
10	私立大学教授	20180608	T180608
11	高等教育评鉴专家、高等教育评鉴中心研究员、公立大学教授	20180611	PHT180611
12	高等教育评鉴中心兼职主管、大学教授	20180612	HT180612
13	公立大学系所行政主管、教授	20180612	CT180612
14	公立大学副教授	20180613	T180613
15	公立大学系所行政主管、教授	20180615	CT180615
16	公立大学系所行政主管、副教授	20180616	CT180616
17	高等教育评鉴专家、教育主管部门官员、公立大学前校长	20180616	PGU180616
18	私立大学副校长、教授	20180617	UT180617
19	高等教育评鉴专家、公立大学教授	20180620	PT180620

续表

序号	身份	受访时间	代码
20	公立大学系所行政主管、教授	20180626	CT180626
21	私立大学行政人员、讲师	20180926	UT180926
22	私立大学行政部门主管、副教授	20180927	UT180927
23	私立大学系所行政主管、教授	20181024	CT181024
24	公立大学系所行政主管、教授	20181130	CT181130
25	私立大学二级学院院长、教授	20181225	CT181225
26	私立大学行政部门主管、教授	20181225	UT181225
27	私立大学校长、教授	20190107	UT190107
28	私立大学讲师	20190107	T190107
29	公立大学大四学生、系办助理	20180528	S180528-1
30	公立大学大四学生、系办助理	20180528	S180528-2

注：高等教育评鉴专家、教育主管部门官员、高等教育评鉴中心人员（研究员、主管等）、高校一级主管（校长、行政主管）、系所行政主管（行政人员）、教师（教授）、学生的身份分别用 P、G、H、U、C、T、S 来代表，多重身份者将用多个字母组合的形式代表。访谈日期采用简写，例如，"180511"表示访谈时间为 2018 年 5 月 11 日。受访者代码由身份代码和访谈日期代码组成，若出现二者都相同的情况，则在末尾处添加一位数作为区分。

附录 2：
访谈提纲

台湾高等教育评鉴制度价值研究访谈提纲（高校）

1. 在您看来，台湾过去所开展的一系列高等教育评鉴活动（校务评鉴、系所评鉴等）是否有必要？对学校发展或系所发展所产生的作用与影响有哪些？

2. 您如何看待教育主管部门 2017 年宣布"所有高校自办系所评鉴"的制度调整？

3. 就您了解，近二十年高校对高等教育评鉴活动的态度与反应是否发生变化？

4. 您认为，台湾教育主管部门在高等教育评鉴工作中扮演什么角色？近二十年来是否发生变化？

5. 在评鉴过程中，高校或系所与教育主管部门是否曾发生过矛盾冲突？

6. 您如何看待高等教育评鉴中心作为公行政机构的界定？您认为，高等教育评鉴中心与教育主管部门、高等教育评鉴中心与学校之间是何种关系？

7. 在评鉴过程中，学校与高等教育评鉴中心是否曾发生过矛盾冲突？

8. 您认为，是什么力量或原因在推动台湾开展高等教育评鉴工作？未来是否还有开展的必要？若有，您对高等教育评鉴制度有何建议？

台湾高等教育评鉴制度价值研究访谈提纲
（专家、评鉴中心）

1. 在您看来，台湾教育主管部门所主导实施的一系列评鉴活动（校务评鉴、系所评鉴等）对台湾高等教育的发展所产生的作用与影响有哪些？

2. 您如何看待教育主管部门 2017 年宣布"所有高校自办系所评鉴"的制度调整？

3. 就您了解，近二十年高校对高等教育评鉴制度的态度与反应是否发生变化？

4. 您认为，台湾教育主管部门在高等教育评鉴制度中扮演什么角色？近二十年来是否发生变化？

5. 您如何看待许育典、周志宏等公法学者对高等教育评鉴中心作为公行政机构的界定？高等教育评鉴中心与教育主管部门、高校之间是何种法律关系？

6. 高校与高等教育评鉴中心之间是如何开展互动的，二者是否曾发生过矛盾冲突？

7. 台湾高等教育评鉴制度改革与发展的推动力量有哪些？在制度设计中，曾经遭遇的主要矛盾与问题是什么？

附录 3：
观察记录表

2018 年____月____日_____学校评鉴观察记录

评鉴类别与对象：		
时间	地点	现象描述
其他信息：		

后　记

　　在过去无数个搔头抓耳的日夜里，总会不时地幻想一下，等到写后记的时候，自己该是怎样的心境，是如释重负、欢欣雀跃，挥手画上一个期待已久的句号，还是找个明媚的午后，泡上一壶茶，平静地回味个中滋味？时光荏苒，而今真的敲下久违的"后记"二字时，却是难以言明的别样心境，是岁月的厚重，抑或是感情的复杂，实在说不清，唯一能肯定的是，这种心境前所未有，值得纪念。

　　如果说书稿是在用理性的学术语言来记录我的发现与认识，那这篇后记则是希冀用感性的个人语言描绘求学过程中的所感所得。从 21 岁到 28 岁，从懵懂莽撞的"初生牛犊"到内心笃定的科研"朝圣者"，七年多的研究生时光不仅是最美的青春年华，更是成长与蜕变的最好见证。然而，没有一种成长是不遭遇风雨的，没有一种蜕变是不经历挣扎的。我是幸运的，因为不论是风雨还是挣扎，始终有一个伟岸的身影引导着我走向光明的彼岸，那就是我的恩师别敦荣教授。在过去的七年多时间里，老师如孔夫子那般"循循然善诱人，博我以文，约我以礼"，使我不断地完善自身，向自己的目标迈进。

　　读万卷书，行万里路，身居斗室，心怀天下，是老师教导的"博文"之道。从七年前参加的第一次师门沙龙再到几天前的沙龙，老师一直在强调阅读的重要性，教导我们"无论有多忙，看书是最重要的事情，要将看书作为一种习惯"。对阅读重要性的深刻认识更体现在写论文的过程中，一旦发现自己无从下笔、了无头绪，我就会反思应该是书读少了，继而赶紧阅读"补课"，大多数时候都能从中得到启发。除了教导我们"读万卷书"，老师也同样鼓励我们"行万里路"。在过去的七年多时间里，我跟着老师先后到福州大学阳光学院、华东交通大学、青岛农业大学、潍坊科技学院、三亚学院、三亚航空旅游职业学院、黑龙江工程学院等高校开展实地调研，到武汉、北京、大连、徐州等地参加过数场重要的学术研讨会。正是老师在此过程中的引领和教导，让我意识到做研究一定要深入实践，扎根现实，交流探讨，只有这样，学术才会有生命，文字才会有力量。"身居斗室，心怀天下"是老师给我留下的另一大精神财富，至今还记得在某个暑假我回到家乡鄂州，老师给我发了一条信息"身在小城，视野要大"，寥寥数语却道出了我彼时所处的思维困境，也为后续我与老师合作完成世界高等教育普及化发展的系列论文提供了莫大的支持。当然，"心怀天下"不仅是一种情怀，更是一种能力，拨开云雾见本质的能力。因此，老师也一直致力锻炼我们的抽象思维能力，通过苏格拉底式的发问，迫使我们进行复杂的、有深度的思考。毫无疑问，这个过程是痛苦的，无力感、挫败感、焦虑感常常充斥其中。然而，现在想来，这个过程又是必须的，只有经历了这样的磨砺，我们才能学会有意识地从纷繁复杂的表象世界中走出，真正独立自由地去感知本质世界。

泰而不骄，周而不比，通达仁义，勤敏慎言，这是老师教导的"约礼"之道。老师不仅是我们学术研究上的导师，更是我们品德修养上的榜样。作为一名大学教授，不论是对待学院的保洁阿姨、门卫大叔，还是差旅途中遇到的各行各业的工作人员，老师从来没有半点架子，一直都是主动问候、彬彬有礼、和蔼谦逊。在这样的榜样之下，我也慢慢形成了一种习惯，在日常生活中主动与周围的工作人员打招呼，譬如，清晨跟宿管阿姨道声早安，扔掷垃圾时向保洁人员说声辛苦了，我慢慢懂得尊重、感恩其实就在简单的一言一行之中。"周而不比"也是老师时常教导我们的，不论是对内还是对外，老师始终强调我们是一个团队，而团结、友爱、互助则是团队的核心精神。在这种团队文化之下，我深深地感受到了集体的温暖，人与人之间真诚纯粹的情感。通达仁义、勤敏慎言是君子之道，亦是老师对我们的言传身教。老师在学术上数十年如一日的专注勤勉、苦心孤诣常常令我们惭愧、汗颜。无论是办公室，还是候机室，无论是飞机，还是火车，都是老师思考写作的地方；无论是工作日，还是节日、假日，都是老师开展研究的时间。也正是这样对待学术无比执着的精神激励着我不断学习、不断成长。

研究高等教育时常会涉及的一个话题是师生关系，学者们常常希望找到一种理想的师生关系模式。然而，学生的个性是多样的，老师的特质亦是不同的，即使是同一个老师，与不同的学生都有不同的相处模式。我是一个不善言辞又缺乏自信的人，常常会陷入自我怀疑之中，而每当这个时候，我总会适时地收到老师鼓励的话语。即使手机换了、QQ不常用了，微信空间不足了，但老师发的每一条鼓励、肯定的信息，我都不忍删除。因为，我知道那是支持我继续走下去的动力。自我怀疑时拿出来看看，好像又有了信心；不开心时拿出来看看，好像心情都变好了。不仅是言语上的鼓励，在求学过程中，老师还为我提供了无数次的锻炼机会，给予了我足够的信任。带我参加教育部组织的专家咨询会并替他发言，让我成为大咖云集的国际研讨会上唯一的学生发言者，这些"偏爱"让我慢慢地从心底里接受自己、认可自己，坚定自己走的道路。七年过去，老师对我还是不苟言笑，我对老师还是又敬、又爱、又怕，但我明白，我们之间已经形成了一种良好的师生关系，那是一种无需多言、彼此信任的默契。

四年前，我踏入台湾研究领域，这是一种偶然，也是一种必然，是一种选择，也是一种使命。作为台湾研究院两岸所的第一位博士生，一开始我是彷徨和迷茫的。幸运的是，在这里我又遇到了一位对我喃喃相教、不离不弃的恩师——张宝蓉教授，她引导着我走出迷茫。如果说别老师是"严父"，张老师则更像是"慈母"，不仅在学习上悉心指导，也常常在生活中给我提供帮助。还记得，2016年的暑假，我第一次到台湾调研，吃的第一顿正餐就是张老师亲手做的饭。张老师常常教导我们，做台湾研究一定要去台湾当地看看，深入到自己的研究对象之中，绝对不能想当然。但由于两岸关系的起伏不定，赴台调研并不是一件容易的事情。为了让我们有更多的机会接触台湾、深入自己的研究问题，张老师几乎是拼尽全力为我们牵线搭桥、创造机会。因为有张老师的帮助，我在第一次赴台就参访了13所台湾学校，包括9所大学、1所职业高中、2所小学、1所幼儿园，利用听课、单独拜访、座谈会等形式与29位教师或校长建立了联系。为了让我们即使不到台湾，也能接触到台湾学界最新的成果和动向，张老师还坚持每个学期至少邀请1位台湾教育领域的知名学者前来讲座，至少开展一次两岸学术研讨会。这些都为我开展博士学位论文的研究工作创造了宝贵的条件。除此之外，张老师的认真、严谨和超强毅力也深深激励着我。2016

年12月我赴台开展第二次调研，那时张老师在台湾访学，到台的第一次见面就在台师大图书馆，那时我才知道，张老师已经一个人在那里"驻扎"很久了，每天都是接近闭馆才离开。即使回到了厦大，有了繁重的教学、行政等任务，张老师依然常常出现在图书馆，她总说，自己需要学习的还有很多。尽管读博之路充满挑战，但面对如此勤勉的老师，我实在想不出不努力的理由。

梅贻琦曾言，所谓大学者，非谓有大楼之谓也，有大师之谓也。作为一个在大学待了十一个年头的学生，我深深认同着这句话。我的大学里除了有别老师、张老师这样一直陪伴的"大师"之外，还有无数令我感恩、难忘、崇敬的"大师"。九十九岁高龄的潘懋元先生就是其中让我无比崇敬、高山仰止的身影，上过潘先生的课，跟着潘先生游学、参访成了我求学生涯中最自豪的事情和最珍贵的记忆。"板凳敢做十年冷，文章不写半句空"既是潘先生学术生涯的真实写照，也是他留给我们后辈的精神财富。台湾研究院的陈孔立老师也是这样的楷模，是他让我对台湾研究充满信心，是他让我看到做台湾研究是一种深入骨髓的情怀。在研究过程中，还有太多的老师给予了我无私的帮助。严谨而又幽默的李鹏老师、博学睿智的高和荣老师、儒雅亲和的刘振天老师、温文尔雅的张羽老师、认真帅气的郭建鹏老师、犀利而又随和的周序老师、敬业风趣的肖日葵老师、温柔亲切的张彩霞老师、文思敏捷的何晓繁老师，他们都为本书的完善提供了非常宝贵的建议。还有学院的陈文副书记、敏娟老师、陈玉老师等在平时给予了我很多的关照和帮助。

进入台湾研究领域不仅使我在学术上打开了视野，确立了目标，更让我亲身地感受到两岸人民之间血浓于水的情感，也让我收获了太多的感动和温暖。初到台湾，有如亲人般的蔡锦城师兄、黄遵诚师兄的周到照顾，深入研究领域，有杨莹老师、杨国赐老师、张钿富老师、何希慧老师等学术大咖们的全程指引，还有访学期间将自己的"座驾"借给我，为我准备棉被的梁金盛老师，如同姐姐般与我谈心的许丽萍老师、蒋慧姝老师，还有钟宜兴老师、陈盛贤老师、林坤灿老师，是他们让我见识到了台湾学者身上的那种风度与魅力。

学贵得师，亦贵得友。在求学过程中，真心感谢那些志同道合的朋友的陪伴和激励。见面不多，却极其投缘的梁燕玲师姐，总能给予我最暖心支持的赵映川师姐，还有"厦大别动队"已经毕业的叶本刚、李家新、唐汉琦、石猛、刘鎏等师兄，胡颖、王莹、王严淞、李连梅等师姐，陈晨、恬雨、姜笛、赵柳、静远、李瑞等师妹，肖楚杰师弟。感谢吕挺师兄、莉娜师姐、陈洁师姐、Amina、文丽、美丹、泽光、丽超、周昱、苏悦等给予我的无私帮助，还有一起奋斗、相互扶持的夏颖、闵琴琴、亢萌、蔡武，不断为我加油打气、帮我分析书稿的俊雅师兄。我何其幸运在最美丽的大学校园，在最珍贵的青春年华里与这样一群朝气蓬勃、热情纯真的人儿相遇。

最后，我要特别感谢我的家人，是他们的支持让我能够心无旁骛地学习，专心追求自己的梦想。父亲的那句"你做什么决定，我都支持你"，母亲的那句"在外要照顾好自己"，弟弟的那句"当然去读书啊，父母我来照顾"，丈夫的那句"做你自己喜欢的事情就好"，支撑我走过了无数个迷茫焦虑的日夜。这篇后记，是一个句号，也是一个开始，未来我将带着你们给予我的勇气、力量和信心继续向前。

易梦春

于厦大思明图书馆

2019 年 11 月 20 日